税务机关依法行政相关制度文件汇编

(2017 年版)

国家税务总局政策法规司　编

中国税务出版社

图书在版编目（CIP）数据

税务机关依法行政相关制度文件汇编：2017 年版/
国家税务总局政策法规司编. --北京：中国
税务出版社，2017.7
ISBN 978-7-5678-0506-4

Ⅰ.①税… Ⅱ.①国… Ⅲ.①税收管理-行政执法-
法规-汇编-中国②税收管理-行政执法-文件-
汇编-中国 Ⅳ.①D922.220.9

中国版本图书馆 CIP 数据核字（2016）第 287225 号

书　　名：税务机关依法行政相关制度文件汇编（2017 年版）
作　　者：国家税务总局政策法规司　编
责任编辑：刘　菲
责任校对：于　玲
技术设计：刘冬珂
出版发行：中国税务出版社
北京市丰台区广安路 9 号国投财富广场 1 号楼 11 层
邮政编码：100055
http：//www.taxation.cn
E-mail：swcb@taxation.cn
发行中心电话：（010）83362083/86/89
传真：（010）83362046/47/48/49
经　　销：各地新华书店
印　　刷：北京天宇星印刷厂
规　　格：787 毫米×1092 毫米　1/16
印　　张：30.25
字　　数：476000 字
版　　次：2017 年 7 月第 1 版　2017 年 7 月第 1 次印刷
书　　号：ISBN 978-7-5678-0506-4
定　　价：60.00 元

编 者 说 明

为推进“十三五”时期税务系统全面依法治税工作，根据国家税务总局工作安排，对2012年出版的《税务机关依法行政相关制度文件汇编（修订版）》予以修订再版。

本书汇编了截至2016年底的依法行政相关制度文件和相关讲话。为工作需要，增编了2017年5月修订发布的《税收规范性文件制定管理办法》。

本书内容分为三部分：第一部分是现行有效的有关法律、行政法规和税务部门规章；第二部分是党中央、国务院及国家税务总局关于依法治国、依法行政的相关重要文件；第三部分是习近平总书记、李克强总理及国家税务总局领导关于依法治国、依法行政、依法治税的相关重要讲话和文章。

由于编辑人员能力、水平有限，以及受其他相关条件限制，本书存在一些不足之处，敬请读者谅解和批评指正。

国家税务总局政策法规司

2017年7月

目录

一、法律、法规、规章

二、重要文件

三、重要讲话

一、法律、法规、规章

中华人民共和国立法法

2000年3月15日第九届全国人民代表大会第三次会议通过，同日中华人民共和国主席令第三十一号公布，自2000年7月1日起施行；根据2015年3月15日第十二届全国人民代表大会第三次会议通过的《关于修改〈中华人民共和国立法法〉的决定》修正，自公布之日起施行

目　　录

第一章 总 则

第一条 为了规范立法活动，健全国家立法制度，提高立法质量，完善中国特色社会主义法律体系，发挥立法的引领和推动作用，保障和发展社会主义民主，全面推进依法治国，建设社会主义法治国家，根据宪法，制定本法。

第二条 法律、行政法规、地方性法规、自治条例和单行条例的制定、修改和废止，适用本法。国务院部门规章和地方政府规章的制定、修改和废止，依照本法的有关规定执行。

第三条 立法应当遵循宪法的基本原则，以经济建设为中心，坚持社会主义道路、坚持人民民主专政、坚持中国共产党的领导、坚持马克思列宁主义毛泽东思想邓小平理论，坚持改革开放。

第四条 立法应当依照法定的权限和程序，从国家整体利益出发，维护社会主义法制的统一和尊严。

第五条 立法应当体现人民的意志，发扬社会主义民主，坚持立法公开，保障人民通过多种途径参与立法活动。

第六条 立法应当从实际出发，适应经济社会发展和全面深化改革的要求，科学合理地规定公民、法人和其他组织的权利与义务、国家机关的权力与责任。法律规范应当明确、具体，具有针对性和可执行性。

第二章 法 律

第一节 立法权限

第七条 全国人民代表大会和全国人民代表大会常务委员会行使国家立法权。全国人民代表大会制定和修改刑事、民事、国家机构的和其他的基本法律。全国人民代表大会常务委员会制定和修改除应当由全国人民代表大会制定的法律以外的其他法律；在全国人民代表大会闭会期间，对全国人民代表大会制定的法律进行部分补充和修改，但是不得同该法律的基本原则相抵触。

第八条 下列事项只能制定法律：（一）国家主权的事项；（二）各级人民代表大会、人民政府、人民法院和人民检察院的产生、组织和职权；（三）民族区域自治制度、特别行政区制度、基层群众自治制度；（四）犯罪和刑罚；（五）对公民政治权利的剥夺、限制人身自由的强制措施和处罚；（六）税种的设立、税率的确定和税收征收管理等税收基本制度；（七）对非国有财产的征收、征用；（八）民事基本制度；（九）基本经济制度以及财政、海关、金融和外贸的基本制度；（十）诉讼和仲裁制度；（十一）必须由全国人民代表大会及其常务委员会制定法律的其他事项。

第九条 本法第八条规定的事项尚未制定法律的，全国人民代表大会及其常务委员会有权作出决定，授权国务院可以根据实际需要，对其中的部分事项先制定行政法规，但是有关犯罪和刑罚、对公民政治权利的剥夺和限制人身自由的强制措施和处罚、司法制度等事项除外。

第十条 授权决定应当明确授权的目的、事项、范围、期限以及被授权机关实施授权决定应当遵循的原则等。授权的期限不得超过五年，但是授权决定另有规定的除外。被授权机关应当在授权期限届满的六个月以前，向授权机关报告授权决定实施的情况，并提出是否需要制定有关法律的意见；需要继续授权的，可以提出相关意见，由全国人民代表大会及其常务委员会决定。

第十一条 授权立法事项，经过实践检验，制定法律的条件成熟时，由全国人民代表大会及其常务委员会及时制定法律。法律制定后，相应立法事项的授权终止。

第十二条 被授权机关应当严格按照授权决定行使被授予的权力。被授权机关不得将被授予的权力转授给其他机关。

第十三条 全国人民代表大会及其常务委员会可以根据改革发展的需要，决定就行政管理等领域的特定事项授权在一定期限内在部分地方暂时调整或者暂时停止适用法律的部分规定。

第二节　全国人民代表大会立法程序

第十四条　全国人民代表大会主席团可以向全国人民代表大会提出法律案，由全国人民代表大会会议审议。全国人民代表大会常务委员会、国务院、中央军事委员会、最高人民法院、最高人民检察院、全国人民代表大会各专门委员会，可以向全国人民代表大会提出法律案，由主席团决定列入会议议程。

第十五条　一个代表团或者三十名以上的代表联名，可以向全国人民代表大会提出法律案，由主席团决定是否列入会议议程，或者先交有关的专门委员会审议、提出是否列入会议议程的意见，再决定是否列入会议议程。专门委员会审议的时候，可以邀请提案人列席会议，发表意见。

第十六条　向全国人民代表大会提出的法律案，在全国人民代表大会闭会期间，可以先向常务委员会提出，经常务委员会会议依照本法第二章第三节规定的有关程序审议后，决定提请全国人民代表大会审议，由常务委员会向大会全体会议作说明，或者由提案人向大会全体会议作说明。常务委员会依照前款规定审议法律案，应当通过多种形式征求全国人民代表大会代表的意见，并将有关情况予以反馈；专门委员会和常务委员会工作机构进行立法调研，可以邀请有关的全国人民代表大会代表参加。

第十七条　常务委员会决定提请全国人民代表大会会议审议的法律案，应当在会议举行的一个月前将法律草案发给代表。

第十八条　列入全国人民代表大会会议议程的法律案，大会全体会议听取提案人的说明后，由各代表团进行审议。各代表团审议法律案时，提案人应当派人听取意见，回答询问。各代表团审议法律案时，根据代表团的要求，有关机关、组织应当派人介绍情况。

第十九条　列入全国人民代表大会会议议程的法律案，由有关的专门委员会进行审议，向主席团提出审议意见，并印发会议。

第二十条　列入全国人民代表大会会议议程的法律案，由法律委员会根据各代表团和有关的专门委员会的审议意见，对法律案进行统一审议，向主席团提出审议结果报告和法律草案修改稿，对重要的不同意见应当在审议结果报告中予以说明，经主席团会议审议通过后，印发会议。

第二十一条 列入全国人民代表大会会议议程的法律案，必要时，主席团常务主席可以召开各代表团团长会议，就法律案中的重大问题听取各代表团的审议意见，进行讨论，并将讨论的情况和意见向主席团报告。主席团常务主席也可以就法律案中的重大的专门性问题，召集代表团推选的有关代表进行讨论，并将讨论的情况和意见向主席团报告。

第二十二条 列入全国人民代表大会会议议程的法律案，在交付表决前，提案人要求撤回的，应当说明理由，经主席团同意，并向大会报告，对该法律案的审议即行终止。

第二十三条 法律案在审议中有重大问题需要进一步研究的，经主席团提出，由大会全体会议决定，可以授权常务委员会根据代表的意见进一步审议，作出决定，并将决定情况向全国人民代表大会下次会议报告；也可以授权常务委员会根据代表的意见进一步审议，提出修改方案，提请全国人民代表大会下次会议审议决定。

第二十四条 法律草案修改稿经各代表团审议，由法律委员会根据各代表团的审议意见进行修改，提出法律草案表决稿，由主席团提请大会全体会议表决，由全体代表的过半数通过。

第二十五条 全国人民代表大会通过的法律由国家主席签署主席令予以公布。

第三节 全国人民代表大会常务委员会立法程序

第二十六条 委员长会议可以向常务委员会提出法律案，由常务委员会会议审议。国务院、中央军事委员会、最高人民法院、最高人民检察院、全国人民代表大会各专门委员会，可以向常务委员会提出法律案，由委员长会议决定列入常务委员会会议议程，或者先交有关的专门委员会审议、提出报告，再决定列入常务委员会会议议程。如果委员长会议认为法律案有重大问题需要进一步研究，可以建议提案人修改完善后再向常务委员会提出。

第二十七条 常务委员会组成人员十人以上联名，可以向常务委员会提出法律案，由委员长会议决定是否列入常务委员会会议议程，或者先交有关的专门委员会审议、提出是否列入会议议程的意见，再决定是否列入常务委员会会议议程。不列入常务委员会会议议程的，应当向常务委员会会议报告或者向提案人说明。专门委员会审议的时候，可以邀请提案人列席会议，发表意见。

第二十八条 列入常务委员会会议议程的法律案，除特殊情况外，应当在会议举行的七日前将法律草案发给常务委员会组成人员。常务委员会会议审议法律案时，应当邀请有关的全国人民代表大会代表列席会议。

第二十九条 列入常务委员会会议议程的法律案，一般应当经三次常务委员会会议审议后再交付表决。常务委员会会议第一次审议法律案，在全体会议上听取提案人的说明，由分组会议进行初步审议。常务委员会会议第二次审议法律案，在全体会议上听取法律委员会关于法律草案修改情况和主要问题的汇报，由分组会议进一步审议。常务委员会会议第三次审议法律案，在全体会议上听取法律委员会关于法律草案审议结果的报告，由分组会议对法律草案修改稿进行审议。常务委员会审议法律案时，根据需要，可以召开联组会议或者全体会议，对法律草案中的主要问题进行讨论。

第三十条 列入常务委员会会议议程的法律案，各方面意见比较一致的，可以经两次常务委员会会议审议后交付表决；调整事项较为单一或者部分修改的法律案，各方面的意见比较一致的，也可以经一次常务委员会会议审议即交付表决。

第三十一条 常务委员会分组会议审议法律案时，提案人应当派人听取意见，回答询问。常务委员会分组会议审议法律案时，根据小组的要求，有关机关、组织应当派人介绍情况。

第三十二条 列入常务委员会会议议程的法律案，由有关的专门委员会进行审议，提出审议意见，印发常务委员会会议。有关的专门委员会审议法律案时，可以邀请其他专门委员会的成员列席会议，发表意见。

第三十三条 列入常务委员会会议议程的法律案，由法律委员会根据常务委员会组成人员、有关的专门委员会的审议意见和各方面提出的意见，对法律案进行统一审议，提出修改情况的汇报或者审议结果报告和法律草案修改稿，对重要的不同意见应当在汇报或者审议结果报告中予以说明。对有关的专门委员会的审议意见没有采纳的，应当向有关的专门委员会反馈。法律委员会审议法律案时，应当邀请有关的专门委员会的成员列席会议，发表意见。

第三十四条 专门委员会审议法律案时，应当召开全体会议审议，根据需要，可以要求有关机关、组织派有关负责人说明情况。

第三十五条 专门委员会之间对法律草案的重要问题意见不一致时，应当向委员长会议报告。

第三十六条 列入常务委员会会议议程的法律案，法律委员会、有关的专门委员会和常务委员会工作机构应当听取各方面的意见。听取意见可以采取座谈会、论证会、听证会等多种形式。法律案有关问题专业性较强，需要进行可行性评价的，应当召开论证会，听取有关专家、部门和全国人民代表大会代表等方面的意见。论证情况应当向常务委员会报告。法律案有关问题存在重大意见分歧或者涉及利益关系重大调整，需要进行听证的，应当召开听证会，听取有关基层和群体代表、部门、人民团体、专家、全国人民代表大会代表和社会有关方面的意见。听证情况应当向常务委员会报告。常务委员会工作机构应当将法律草案发送相关领域的全国人民代表大会代表、地方人民代表大会常务委员会以及有关部门、组织和专家征求意见。

第三十七条 列入常务委员会会议议程的法律案，应当在常务委员会会议后将法律草案及其起草、修改的说明等向社会公布，征求意见，但是经委员长会议决定不公布的除外。向社会公布征求意见的时间一般不少于三十日。征求意见的情况应当向社会通报。

第三十八条 列入常务委员会会议议程的法律案，常务委员会工作机构应当收集整理分组审议的意见和各方面提出的意见以及其他有关资料，分送法律委员会和有关的专门委员会，并根据需要，印发常务委员会会议。

第三十九条 拟提请常务委员会会议审议通过的法律案，在法律委员会提出审议结果报告前，常务委员会工作机构可以对法律草案中主要制度规范的可行性、法律出台时机、法律实施的社会效果和可能出现的问题等进行评估。评估情况由法律委员会在审议结果报告中予以说明。

第四十条 列入常务委员会会议议程的法律案，在交付表决前，提案人要求撤回的，应当说明理由，经委员长会议同意，并向常务委员会报告，对该法律案的审议即行终止。

第四十一条 法律草案修改稿经常务委员会会议审议，由法律委员会根据常务委员会组成人员的审议意见进行修改，提出法律草案表决稿，由委员长会议提请常务委员会全体会议表决，由常务委员会全体组成人员的过半数通过。法律草案表决稿交付常务委员会会议表决前，委员长会议根据常务委员会会议审议的情况，可以决定将个别意见分歧较大的重要条款提请常务委员会会议单独表决。单独表决的条款经常务委员会会议表决后，委员长会议根据单独表决的情况，可以决定将法律草案表决稿交付表决，也可以决定暂不付表决，交法律委员会和有关的专门委员会进一步审议。

第四十二条 列入常务委员会会议审议的法律案，因各方面对制定该法律的必要性、可行性等重大问题存在较大意见分歧搁置审议满两年的，或者因暂不付表决经过两年没有再次列入常务委员会会议议程审议的，由委员长会议向常务委员会报告，该法律案终止审议。

第四十三条 对多部法律中涉及同类事项的个别条款进行修改，一并提出法律案的，经委员长会议决定，可以合并表决，也可以分别表决。

第四十四条 常务委员会通过的法律由国家主席签署主席令予以公布。

第四节 法律解释

第四十五条 法律解释权属于全国人民代表大会常务委员会。法律有以下情况之一的，由全国人民代表大会常务委员会解释：（一）法律的规定需要进一步明确具体含义的；（二）法律制定后出现新的情况，需要明确适用法律依据的。

第四十六条 国务院、中央军事委员会、最高人民法院、最高人民检察院和全国人民代表大会各专门委员会以及省、自治区、直辖市的人民代表大会常务委员会可以向全国人民代表大会常务委员会提出法律解释要求。

第四十七条 常务委员会工作机构研究拟订法律解释草案，由委员长会议决定列入常务委员会会议议程。

第四十八条 法律解释草案经常务委员会会议审议，由法律委员会根据常务委员会组成人员的审议意见进行审议、修改，提出法律解释草案表决稿。

第四十九条 法律解释草案表决稿由常务委员会全体组成人员的过半数通过，由常务委员会发布公告予以公布。

第五十条 全国人民代表大会常务委员会的法律解释同法律具有同等效力。

第五节 其他规定

第五十一条 全国人民代表大会及其常务委员会加强对立法工作的组织协调，发挥在立法工作中的主导作用。

第五十二条 全国人民代表大会常务委员会通过立法规划、年度立法计划等形式，加强对立法工作的统筹安排。编制立法规划和年度立法计划，应当认真研究代表议案和建议，广泛征集意见，科学论证评估，根据经济社会发展和民主法治建设的需要，确定立法项目，提高立法的及时性、针对性和系统性。立法规划和年度立法计划由委员长会议通过并向社会公布。全国人民代表大会常务委员会工作机构负责编制立法规划和拟订年度立法计划，并按照全国人民代表大会常务委员会的要求，督促立法规划和年度立法计划的落实。

第五十三条 全国人民代表大会有关的专门委员会、常务委员会工作机构应当提前参与有关方面的法律草案起草工作；综合性、全局性、基础性的重要法律草案，可以由有关的专门委员会或者常务委员会工作机构组织起草。专业性较强的法律草案，可以吸收相关领域的专家参与起草工作，或者委托有关专家、教学科研单位、社会组织起草。

第五十四条 提出法律案，应当同时提出法律草案文本及其说明，并提供必要的参阅资料。修改法律的，还应当提交修改前后的对照文本。法律草案的说明应当包括制定或者修改法律的必要性、可行性和主要内容以及起草过程中对重大分歧意见的协调处理情况。

第五十五条 向全国人民代表大会及其常务委员会提出的法律案，在列入会议议程前，提案人有权撤回。

第五十六条 交付全国人民代表大会及其常务委员会全体会议表决未获得通过的法律案，如果提案人认为必须制定该法律，可以按照法律规定的程序重新提出，由主席团、委员长会议决定是否列入会议议程；其中，未获得全国人民代表大会通过的法律案，应当提请全国人民代表大会审议决定。

第五十七条 法律应当明确规定施行日期。

第五十八条 签署公布法律的主席令载明该法律的制定机关、通过和施行日期。法律签署公布后，及时在全国人民代表大会常务委员会公报和中国人大网以及在全国范围内发行的报纸上刊载。在常务委员会公报上刊登的法律文本为标准文本。 1

第五十九条 法律的修改和废止程序，适用本章的有关规定。法律被修改的，应当公布新的法律文本。法律被废止的，除由其他法律规定废止该法律的以外，由国家主席签署主席令予以公布。

第六十条 法律草案与其他法律相关规定不一致的，提案人应当予以说明并提出处理意见，必要时应当同时提出修改或者废止其他法律相关规定的议案。法律委员会和有关的专门委员会审议法律案时，认为需要修改或者废止其他法律相关规定的，应当提出处理意见。

第六十一条 法律根据内容需要，可以分编、章、节、条、款、项、目。编、章、节、条的序号用中文数字依次表述，款不编序号，项的序号用中文数字加括号依次表述，目的序号用阿拉伯数字依次表述。法律标题的题注应当载明制定机关、通过日期。经过修改的法律，应当依次载明修改机关、修改日期。

第六十二条 法律规定明确要求有关国家机关对专门事项作出配套的具体规定的，有关国家机关应当自法律施行之日起一年内作出规定，法律对配套的具体规定制定期限另有规定的，从其规定。有关国家机关未能在期限内作出配套的具体规定的，应当向全国人民代表大会常务委员会说明情况。

第六十三条 全国人民代表大会有关的专门委员会、常务委员会工作机构可以组织对有关法律或者法律中有关规定进行立法后评估。评估情况应当向常务委员会报告。

第六十四条 全国人民代表大会常务委员会工作机构可以对有关具体问题的法律询问进行研究予以答复，并报常务委员会备案。

第三章　行政法规

第六十五条　国务院根据宪法和法律，制定行政法规。行政法规可以就下列事项作出规定：（一）为执行法律的规定需要制定行政法规的事项；（二）宪法第八十九条规定的国务院行政管理职权的事项。应当由全国人民代表大会及其常务委员会制定法律的事项，国务院根据全国人民代表大会及其常务委员会的授权决定先制定的行政法规，经过实践检验，制定法律的条件成熟时，国务院应当及时提请全国人民代表大会及其常务委员会制定法律。

第六十六条　国务院法制机构应当根据国家总体工作部署拟订国务院年度立法计划，报国务院审批。国务院年度立法计划中的法律项目应当与全国人民代表大会常务委员会的立法规划和年度立法计划相衔接。国务院法制机构应当及时跟踪了解国务院各部门落实立法计划的情况，加强组织协调和督促指导。国务院有关部门认为需要制定行政法规的，应当向国务院报请立项。

第六十七条　行政法规由国务院有关部门或者国务院法制机构具体负责起草，重要行政管理的法律、行政法规草案由国务院法制机构组织起草。行政法规在起草过程中，应当广泛听取有关机关、组织、人民代表大会代表和社会公众的意见。听取意见可以采取座谈会、论证会、听证会等多种形式。行政法规草案应当向社会公布，征求意见，但是经国务院决定不公布的除外。

第六十八条　行政法规起草工作完成后，起草单位应当将草案及其说明、各方面对草案主要问题的不同意见和其他有关资料送国务院法制机构进行审查。国务院法制机构应当向国务院提出审查报告和草案修改稿，审查报告应当对草案主要问题作出说明。

第六十九条　行政法规的决定程序依照中华人民共和国国务院组织法的有关规定办理。

第七十条　行政法规由总理签署国务院令公布。有关国防建设的行政法规，可以由国务院总理、中央军事委员会主席共同签署国务院、中央军事委员会令公布。

第七十一条 行政法规签署公布后，及时在国务院公报和中国政府法制信息网以及在全国范围内发行的报纸上刊载。在国务院公报上刊登的行政法规文本为标准文本。

第四章 地方性法规、自治条例和单行条例、规章

第一节 地方性法规、自治条例和单行条例

第七十二条 省、自治区、直辖市的人民代表大会及其常务委员会根据本行政区域的具体情况和实际需要，在不同宪法、法律、行政法规相抵触的前提下，可以制定地方性法规。设区的市的人民代表大会及其常务委员会根据本市的具体情况和实际需要，在不同宪法、法律、行政法规和本省、自治区的地方性法规相抵触的前提下，可以对城乡建设与管理、环境保护、历史文化保护等方面的事项制定地方性法规，法律对设区的市制定地方性法规的事项另有规定的，从其规定。设区的市的地方性法规须报省、自治区的人民代表大会常务委员会批准后施行。省、自治区的人民代表大会常务委员会对报请批准的地方性法规，应当对其合法性进行审查，同宪法、法律、行政法规和本省、自治区的地方性法规不抵触的，应当在四个月内予以批准。省、自治区的人民代表大会常务委员会在对报请批准的设区的市的地方性法规进行审查时，发现其同本省、自治区的人民政府的规章相抵触的，应当作出处理决定。除省、自治区的人民政府所在地的市，经济特区所在地的市和国务院已经批准的较大的市以外，其他设区的市开始制定地方性法规的具体步骤和时间，由省、自治区的人民代表大会常务委员会综合考虑本省、自治区所辖的设区的市的人口数量、地域面积、经济社会发展情况以及立法需求、立法能力等因素确定，并报全国人民代表大会常务委员会和国务院备案。自治州的人民代表大会及其常务委员会可以依照本条第二款规定行使设区的市制定地方性法规的职权。自治

州开始制定地方性法规的具体步骤和时间，依照前款规定确定。省、自治区的人民政府所在地的市，经济特区所在地的市和国务院已经批准的较大的市已经制定的地方性法规，涉及本条第二款规定事项范围以外的，继续有效。

第七十三条 地方性法规可以就下列事项作出规定：（一）为执行法律、行政法规的规定，需要根据本行政区域的实际情况作具体规定的事项；（二）属于地方性事务需要制定地方性法规的事项。除本法第八条规定的事项外，其他事项国家尚未制定法律或者行政法规的，省、自治区、直辖市和设区的市、自治州根据本地方的具体情况和实际需要，可以先制定地方性法规。在国家制定的法律或者行政法规生效后，地方性法规同法律或者行政法规相抵触的规定无效，制定机关应当及时予以修改或者废止。设区的市、自治州根据本条第一款、第二款制定地方性法规，限于本法第七十二条第二款规定的事项。制定地方性法规，对上位法已经明确规定的内容，一般不作重复性规定。

第七十四条 经济特区所在地的省、市的人民代表大会及其常务委员会根据全国人民代表大会的授权决定，制定法规，在经济特区范围内实施。

第七十五条 民族自治地方的人民代表大会有权依照当地民族的政治、经济和文化的特点，制定自治条例和单行条例。自治区的自治条例和单行条例，报全国人民代表大会常务委员会批准后生效。自治州、自治县的自治条例和单行条例，报省、自治区、直辖市的人民代表大会常务委员会批准后生效。自治条例和单行条例可以依照当地民族的特点，对法律和行政法规的规定作出变通规定，但不得违背法律或者行政法规的基本原则，不得对宪法和民族区域自治法的规定以及其他有关法律、行政法规专门就民族自治地方所作的规定作出变通规定。

第七十六条 规定本行政区域特别重大事项的地方性法规，应当由人民代表大会通过。

第七十七条 地方性法规案、自治条例和单行条例案的提出、审议和表决程序，根据中华人民共和国地方各级人民代表大会和地方各级人民政府组织法，参照本法第二章第二节、第三节、第五节的规定，由本级人民代表大会规定。地方性法规草案由负责统一审议的机构提出审议结果的报告和草案修改稿。

第七十八条 省、自治区、直辖市的人民代表大会制定的地方性法规由大会主席团发布公告予以公布。省、自治区、直辖市的人民代表大会常务委员会制定的地方性法规由常务委员会发布公告予以公布。设区的市、自治州的人民代表大会及其常务委员会制定的地方性法规报经批准后，由设区的市、自治州的人民代表大会常务委员会发布公告予以公布。自治条例和单行条例报经批准后，分别由自治区、自治州、自治县的人民代表大会常务委员会发布公告予以公布。

第七十九条 地方性法规、自治区的自治条例和单行条例公布后，及时在本级人民代表大会常务委员会公报和中国人大网、本地方人民代表大会网站以及在本行政区域范围内发行的报纸上刊载。在常务委员会公报上刊登的地方性法规、自治条例和单行条例文本为标准文本。

第二节 规 章

第八十条 国务院各部、委员会、中国人民银行、审计署和具有行政管理职能的直属机构，可以根据法律和国务院的行政法规、决定、命令，在本部门的权限范围内，制定规章。部门规章规定的事项应当属于执行法律或者国务院的行政法规、决定、命令的事项。没有法律或者国务院的行政法规、决定、命令的依据，部门规章不得设定减损公民、法人和其他组织权利或者增加其义务的规范，不得增加本部门的权力或者减少本部门的法定职责。

第八十一条 涉及两个以上国务院部门职权范围的事项，应当提请国务院制定行政法规或者由国务院有关部门联合制定规章。

第八十二条 省、自治区、直辖市和设区的市、自治州的人民政府，可以根据法律、行政法规和本省、自治区、直辖市的地方性法规，制定规章。地方政府规章可以就下列事项作出规定：（一）为执行法律、行政法规、地方性法规的规定需要制定规章的事项；（二）属于本行政区域的具体行政管理事项。设区的市、自治州的人民政府根据本条第一款、第二款制定地方政府规章，限于城乡建设与管理、环境保护、历史文化保护等方面的事项。已经制定的地方政府规章，涉及上述事项范围以外的，继续有效。除省、自治区的人民政府所在地的市，经济特区所在地的市和国务院已经批准的较大的市以外，其他设区的市、自治州的人民政府开始制定规章的时间，与本省、自治区人民代表大会常务委员会确定的本市、自治州开始制定地方性法规的时间同步。应当制定地方性法规但条件尚不成熟的，因行政管理迫切需要，可以先制定地方政府规章。规章实施满两年需要继续实施规章所规定的行政措施的，应当提请本级人民代表大会或者其常务委员会制定地方性法规。没有法律、行政法规、地方性法规的依据，地方政府规章不得设定减损公民、法人和其他组织权利或者增加其义务的规范。

第八十三条 国务院部门规章和地方政府规章的制定程序，参照本法第三章的规定，由国务院规定。

第八十四条 部门规章应当经部务会议或者委员会会议决定。地方政府规章应当经政府常务会议或者全体会议决定。

第八十五条 部门规章由部门首长签署命令予以公布。地方政府规章由省长、自治区主席、市长或者自治州州长签署命令予以公布。

第八十六条 部门规章签署公布后，及时在国务院公报或者部门公报和中国政府法制信息网以及在全国范围内发行的报纸上刊载。地方政府规章签署公布后，及时在本级人民政府公报和中国政府法制信息网以及在本行政区域范围内发行的报纸上刊载。在国务院公报或者部门公报和地方人民政府公报上刊登的规章文本为标准文本。

第五章 适用与备案审查

第八十七条 宪法具有最高的法律效力，一切法律、行政法规、地方性法规、自治条例和单行条例、规章都不得同宪法相抵触。

第八十八条 法律的效力高于行政法规、地方性法规、规章。行政法规的效力高于地方性法规、规章。

第八十九条 地方性法规的效力高于本级和下级地方政府规章。省、自治区的人民政府制定的规章的效力高于本行政区域内的设区的市、自治州的人民政府制定的规章。

第九十条 自治条例和单行条例依法对法律、行政法规、地方性法规作变通规定的，在本自治地方适用自治条例和单行条例的规定。经济特区法规根据授权对法律、行政法规、地方性法规作变通规定的，在本经济特区适用经济特区法规的规定。

第九十一条 部门规章之间、部门规章与地方政府规章之间具有同等效力，在各自的权限范围内施行。

第九十二条 同一机关制定的法律、行政法规、地方性法规、自治条例和单行条例、规章，特别规定与一般规定不一致的，适用特别规定；新的规定与旧的规定不一致的，适用新的规定。

第九十三条 法律、行政法规、地方性法规、自治条例和单行条例、规章不溯及既往，但为了更好地保护公民、法人和其他组织的权利和利益而作的特别规定除外。

第九十四条 法律之间对同一事项的新的一般规定与旧的特别规定不一致，不能确定如何适用时，由全国人民代表大会常务委员会裁决。行政法规之间对同一事项的新的一般规定与旧的特别规定不一致，不能确定如何适用时，由国务院裁决。

第九十五条 地方性法规、规章之间不一致时，由有关机关依照下列规定的权限作出裁决：（一）同一机关制定的新的一般规定与旧的特别规定不一致时，由制定机关裁决；（二）地方性法规与部门规章之间对同一事项的规定不一致，不能确定如何适用时，由国务院提出意见，国务院认为应当适用地方性法规的，应当决定在该地方适用地方性法规的规定；认为应当适用部门规章的，应当提请全国人民代表大会常务委员会裁决；（三）部门规章之间、部门规章与地方政府规章之间对同一事项的规定不一致时，由国务院裁决。根据授权制定的法规与法律规定不一致，不能确定如何适用时，由全国人民代表大会常务委员会裁决。

第九十六条 法律、行政法规、地方性法规、自治条例和单行条例、规章有下列情形之一的，由有关机关依照本法第九十七条规定的权限予以改变或者撤销：（一）超越权限的；（二）下位法违反上位法规定的；（三）规章之间对同一事项的规定不一致，经裁决应当改变或者撤销一方的规定的；（四）规章的规定被认为不适当，应当予以改变或者撤销的；（五）违背法定程序的。

第九十七条 改变或者撤销法律、行政法规、地方性法规、自治条例和单行条例、规章的权限是：（一）全国人民代表大会有权改变或者撤销它的常务委员会制定的不适当的法律，有权撤销全国人民代表大会常务委员会批准的违背宪法和本法第七十五条第二款规定的自治条例和单行条例；（二）全国人民代表大会常务委员会有权撤销同宪法和法律相抵触的行政法规，有权撤销同宪法、法律和行政法规相抵触的地方性法规，有权撤销省、自治区、直辖市的人民代表大会常务委员会批准的违背宪法和本法第七十五条第二款规定的自治条例和单行条例；（三）国务院有权改变或者撤销不适当的部门规章和地方政府规章；（四）省、自治区、直辖市的人民代表大会有权改变或者撤销它的常务委员会制定的和批准的不适当的地方性法规；（五）地方人民代表大会常务委员会有权撤销本级人民政府制定的不适当的规章；（六）省、自治区的人民政府有权改变或者撤销下一级人民政府制定的不适当的规章；（七）授权机关有权撤销被授权机关制定的超越授权范围或者违背授权目的的法规，必要时可以撤销授权。

第九十八条 行政法规、地方性法规、自治条例和单行条例、规章应当在公布后的三十日内依照下列规定报有关机关备案：（一）行政法规报全国人民代表大会常务委员会备案；（二）省、自治区、直辖市的人民代表大会及其常务委员会制定的地方性法规，报全国人民代表大会常务委员会和国务院备案；设区的市、自治州的人民代表大会及其常务委员会制定的地方性法规，由省、自治区的人民代表大会常务委员会报全国人民代表大会常务委员会和国务院备案；（三）自治州、自治县的人民代表大会制定的自治条例和单行条例，由省、自治区、直辖市的人民代表大会常务委员会报全国人民代表大会常务委员会和国务院备案；自治条例、单行条例报送备案时，应当说明对法律、行政法规、地方性法规作出变通的情况；（四）部门规章和地方政府规章报国务院备案；地方政府规章应当同时报本级人民代表大会常务委员会备案；设区的市、自治州的人民政府制定的规章应当同时报省、自治区的人民代表大会常务委员会和人民政府备案；（五）根据授权制定的法规应当报授权决定规定的机关备案；经济特区法规报送备案时，应当说明对法律、行政法规、地方性法规作出变通的情况。

第九十九条 国务院、中央军事委员会、最高人民法院、最高人民检察院和各省、自治区、直辖市的人民代表大会常务委员会认为行政法规、地方性法规、自治条例和单行条例同宪法或者法律相抵触的，可以向全国人民代表大会常务委员会书面提出进行审查的要求，由常务委员会工作机构分送有关的专门委员会进行审查、提出意见。前款规定以外的其他国家机关和社会团体、企业事业组织以及公民认为行政法规、地方性法规、自治条例和单行条例同宪法或者法律相抵触的，可以向全国人民代表大会常务委员会书面提出进行审查的建议，由常务委员会工作机构进行研究，必要时，送有关的专门委员会进行审查、提出意见。有关的专门委员会和常务委员会工作机构可以对报送备案的规范性文件进行主动审查。

第一百条 全国人民代表大会专门委员会、常务委员会工作机构在审查、研究中认为行政法规、地方性法规、自治条例和单行条例同宪法或者法律相抵触的，可以向制定机关提出书面审查意见、研究意见；也可以由法律委员会与有关的专门委员会、常务委员会工作机构召开联合审查会议，要求制定机关到会说明情况，再向制定机关提出书面审查意见。制定机关应当在两个月内研究提出是否修改的意见，并向全国人民代表大会法律委员会和有关的专门委员会或者常务委员会工作机构反馈。全国人民代表大会法律委员会、有关的专门委员会、常务委员会工作机构根据前款规定，向制定机关提出审查意见、研究意见，制定机关按照所提意见对行政法规、地方性法规、自治条例和单行条例进行修改或者废止的，审查终止。全国人民代表大会法律委员会、有关的专门委员会、常务委员会工作机构经审查、研究认为行政法规、地方性法规、自治条例和单行条例同宪法或者法律相抵触而制定机关不予修改的，应当向委员长会议提出予以撤销的议案、建议，由委员长会议决定提请常务委员会会议审议决定。

第一百零一条 全国人民代表大会有关的专门委员会和常务委员会工作机构应当按照规定要求，将审查、研究情况向提出审查建议的国家机关、社会团体、企业事业组织以及公民反馈，并可以向社会公开。

第一百零二条 其他接受备案的机关对报送备案的地方性法规、自治条例和单行条例、规章的审查程序，按照维护法制统一的原则，由接受备案的机关规定。

第六章 附 则

第一百零三条 中央军事委员会根据宪法和法律，制定军事法规。中央军事委员会各总部、军兵种、军区、中国人民武装警察部队，可以根据法律和中央军事委员会的军事法规、决定、命令，在其权限范围内，制定军事规章。军事法规、军事规章在武装力量内部实施。军事法规、军事规章的制定、修改和废止办法，由中央军事委员会依照本法规定的原则规定。

第一百零四条 最高人民法院、最高人民检察院作出的属于审判、检察工作中具体应用法律的解释，应当主要针对具体的法律条文，并符合立法的目的、原则和原意。遇有本法第四十五条第二款规定情况的，应当向全国人民代表大会常务委员会提出法律解释的要求或者提出制定、修改有关法律的议案。最高人民法院、最高人民检察院作出的属于审判、检察工作中具体应用法律的解释，应当自公布之日起三十日内报全国人民代表大会常务委员会备案。最高人民法院、最高人民检察院以外的审判机关和检察机关，不得作出具体应用法律的解释。

第一百零五条 本法自 2000 年 7 月 1 日起施行。

中华人民共和国行政处罚法

1996年3月17日第八届全国人民代表大会第四次会议通过，同日中华人民共和国主席令第六十三号公布，自1996年10月1日起施行；根据2009年8月27日第十一届全国人民代表大会常务委员会第十次会议通过的《关于修改部分法律的决定》修正，自公布之日起施行

目　录

第一章　总　　则

第一条　为了规范行政处罚的设定和实施，保障和监督行政机关有效实施行政管理，维护公共利益和社会秩序，保护公民、法人或者其他组织

的合法权益，根据宪法，制定本法。

第二条 行政处罚的设定和实施，适用本法。

第三条 公民、法人或者其他组织违反行政管理秩序的行为，应当给予行政处罚的，依照本法由法律、法规或者规章规定，并由行政机关依照本法规定的程序实施。

没有法定依据或者不遵守法定程序的，行政处罚无效。

第四条 行政处罚遵循公正、公开的原则。

设定和实施行政处罚必须以事实为依据，与违法行为的事实、性质、情节以及社会危害程度相当。

对违法行为给予行政处罚的规定必须公布；未经公布的，不得作为行政处罚的依据。

第五条 实施行政处罚，纠正违法行为，应当坚持处罚与教育相结合，教育公民、法人或者其他组织自觉守法。

第六条 公民、法人或者其他组织对行政机关所给予的行政处罚，享有陈述权、申辩权；对行政处罚不服的，有权依法申请行政复议或者提起行政诉讼。

公民、法人或者其他组织因行政机关违法给予行政处罚受到损害的，有权依法提出赔偿要求。

第七条 公民、法人或者其他组织因违法受到行政处罚，其违法行为对他人造成损害的，应当依法承担民事责任。

违法行为构成犯罪，应当依法追究刑事责任，不得以行政处罚代替刑事处罚。

第二章 行政处罚的种类和设定

第八条 行政处罚的种类：

（一）警告；

（二）罚款；

（三）没收违法所得、没收非法财物；

（四）责令停产停业；

（五）暂扣或者吊销许可证、暂扣或者吊销执照；

（六）行政拘留；

（七）法律、行政法规规定的其他行政处罚。

第九条　法律可以设定各种行政处罚。

限制人身自由的行政处罚，只能由法律设定。

第十条　行政法规可以设定除限制人身自由以外的行政处罚。

法律对违法行为已经作出行政处罚规定，行政法规需要作出具体规定的，必须在法律规定的给予行政处罚的行为、种类和幅度的范围内规定。

第十一条　地方性法规可以设定除限制人身自由、吊销企业营业执照以外的行政处罚。

法律、行政法规对违法行为已经作出行政处罚规定，地方性法规需要作出具体规定的，必须在法律、行政法规规定的给予行政处罚的行为、种类和幅度的范围内规定。

第十二条　国务院部、委员会制定的规章可以在法律、行政法规规定的给予行政处罚的行为、种类和幅度的范围内作出具体规定。

尚未制定法律、行政法规的，前款规定的国务院部、委员会制定的规章对违反行政管理秩序的行为，可以设定警告或者一定数量罚款的行政处罚。罚款的限额由国务院规定。

国务院可以授权具有行政处罚权的直属机构依照本条第一款、第二款的规定，规定行政处罚。

第十三条　省、自治区、直辖市人民政府和省、自治区人民政府所在地的市人民政府以及经国务院批准的较大的市人民政府制定的规章可以在法律、法规规定的给予行政处罚的行为、种类和幅度的范围内作出具体规定。

尚未制定法律、法规的，前款规定的人民政府制定的规章对违反行政管理秩序的行为，可以设定警告或者一定数量罚款的行政处罚。罚款的限额由省、自治区、直辖市人民代表大会常务委员会规定。

第十四条　除本法第九条、第十条、第十一条、第十二条以及第十三条的规定外，其他规范性文件不得设定行政处罚。

第三章 行政处罚的实施机关

第十五条 行政处罚由具有行政处罚权的行政机关在法定职权范围内实施。

第十六条 国务院或者经国务院授权的省、自治区、直辖市人民政府可以决定一个行政机关行使有关行政机关的行政处罚权，但限制人身自由的行政处罚权只能由公安机关行使。

第十七条 法律、法规授权的具有管理公共事务职能的组织可以在法定授权范围内实施行政处罚。

第十八条 行政机关依照法律、法规或者规章的规定，可以在其法定权限内委托符合本法第十九条规定条件的组织实施行政处罚。行政机关不得委托其他组织或者个人实施行政处罚。

委托行政机关对受委托的组织实施行政处罚的行为应当负责监督，并对该行为的后果承担法律责任。

受委托组织在委托范围内，以委托行政机关名义实施行政处罚；不得再委托其他任何组织或者个人实施行政处罚。

第十九条 受委托组织必须符合以下条件：

（一）依法成立的管理公共事务的事业组织；

（二）具有熟悉有关法律、法规、规章和业务的工作人员；

（三）对违法行为需要进行技术检查或者技术鉴定的，应当有条件组织进行相应的技术检查或者技术鉴定。

第四章 行政处罚的管辖和适用

第二十条 行政处罚由违法行为发生地的县级以上地方人民政府具有行政处罚权的行政机关管辖。法律、行政法规另有规定的除外。

第二十一条 对管辖发生争议的，报请共同的上一级行政机关指定管辖。

第二十二条 违法行为构成犯罪的，行政机关必须将案件移送司法机关，依法追究刑事责任。

第二十三条 行政机关实施行政处罚时，应当责令当事人改正或者限期改正违法行为。

第二十四条 对当事人的同一个违法行为，不得给予两次以上罚款的行政处罚。

第二十五条 不满十四周岁的人有违法行为的，不予行政处罚，责令监护人加以管教；已满十四周岁不满十八周岁的人有违法行为的，从轻或者减轻行政处罚。

第二十六条 精神病人在不能辨认或者不能控制自己行为时有违法行为的，不予行政处罚，但应当责令其监护人严加看管和治疗。间歇性精神病人在精神正常时有违法行为的，应当给予行政处罚。

第二十七条 当事人有下列情形之一的，应当依法从轻或者减轻行政处罚：

（一）主动消除或者减轻违法行为危害后果的；

（二）受他人胁迫有违法行为的；

（三）配合行政机关查处违法行为有立功表现的；

（四）其他依法从轻或者减轻行政处罚的。

违法行为轻微并及时纠正，没有造成危害后果的，不予行政处罚。

第二十八条 违法行为构成犯罪，人民法院判处拘役或者有期徒刑时，行政机关已经给予当事人行政拘留的，应当依法折抵相应刑期。

违法行为构成犯罪，人民法院判处罚金时，行政机关已经给予当事人罚款的，应当折抵相应罚金。

第二十九条 违法行为在二年内未被发现的，不再给予行政处罚。法律另有规定的除外。

前款规定的期限，从违法行为发生之日起计算；违法行为有连续或者继续状态的，从行为终了之日起计算。

第五章　行政处罚的决定

第三十条　公民、法人或者其他组织违反行政管理秩序的行为，依法应当给予行政处罚的，行政机关必须查明事实；违法事实不清的，不得给予行政处罚。

第三十一条　行政机关在作出行政处罚决定之前，应当告知当事人作出行政处罚决定的事实、理由及依据，并告知当事人依法享有的权利。

第三十二条　当事人有权进行陈述和申辩。行政机关必须充分听取当事人的意见，对当事人提出的事实、理由和证据，应当进行复核；当事人提出的事实、理由或者证据成立的，行政机关应当采纳。

行政机关不得因当事人申辩而加重处罚。

第一节　简 易 程 序

第三十三条　违法事实确凿并有法定依据，对公民处以五十元以下、对法人或者其他组织处以一千元以下罚款或者警告的行政处罚的，可以当场作出行政处罚决定。当事人应当依照本法第四十六条、第四十七条、第四十八条的规定履行行政处罚决定。

第三十四条　执法人员当场作出行政处罚决定的，应当向当事人出示执法身份证件，填写预定格式、编有号码的行政处罚决定书。行政处罚决定书应当当场交付当事人。

前款规定的行政处罚决定书应当载明当事人的违法行为、行政处罚依据、罚款数额、时间、地点以及行政机关名称，并由执法人员签名或者盖章。

执法人员当场作出的行政处罚决定，必须报所属行政机关备案。

第三十五条　当事人对当场作出的行政处罚决定不服的，可以依法申请行政复议或者提起行政诉讼。

第二节　一般程序

第三十六条　除本法第三十三条规定的可以当场作出的行政处罚外，行政机关发现公民、法人或者其他组织有依法应当给予行政处罚的行为的，必须全面、客观、公正地调查，收集有关证据；必要时，依照法律、法规的规定，可以进行检查。

第三十七条　行政机关在调查或者进行检查时，执法人员不得少于两人，并应当向当事人或者有关人员出示证件。当事人或者有关人员应当如实回答询问，并协助调查或者检查，不得阻挠。询问或者检查应当制作笔录。

行政机关在收集证据时，可以采取抽样取证的方法；在证据可能灭失或者以后难以取得的情况下，经行政机关负责人批准，可以先行登记保存，并应当在七日内及时作出处理决定，在此期间，当事人或者有关人员不得销毁或者转移证据。

执法人员与当事人有直接利害关系的，应当回避。

第三十八条　调查终结，行政机关负责人应当对调查结果进行审查，根据不同情况，分别作出如下决定：

（一）确有应受行政处罚的违法行为的，根据情节轻重及具体情况，作出行政处罚决定；

（二）违法行为轻微，依法可以不予行政处罚的，不予行政处罚；

（三）违法事实不能成立的，不得给予行政处罚；

（四）违法行为已构成犯罪的，移送司法机关。

对情节复杂或者重大违法行为给予较重的行政处罚，行政机关的负责人应当集体讨论决定。

第三十九条　行政机关依照本法第三十八条的规定给予行政处罚，应当制作行政处罚决定书。行政处罚决定书应当载明下列事项：

（一）当事人的姓名或者名称、地址；

（二）违反法律、法规或者规章的事实和证据；

（三）行政处罚的种类和依据；

（四）行政处罚的履行方式和期限；

（五）不服行政处罚决定，申请行政复议或者提起行政诉讼的途径和期限；

（六）作出行政处罚决定的行政机关名称和作出决定的日期。

行政处罚决定书必须盖有作出行政处罚决定的行政机关的印章。

第四十条 行政处罚决定书应当在宣告后当场交付当事人；当事人不在场的，行政机关应当在七日内依照民事诉讼法的有关规定，将行政处罚决定书送达当事人。

第四十一条 行政机关及其执法人员在作出行政处罚决定之前，不依照本法第三十一条、第三十二条的规定向当事人告知给予行政处罚的事实、理由和依据，或者拒绝听取当事人的陈述、申辩，行政处罚决定不能成立；当事人放弃陈述或者申辩权利的除外。

第三节 听证程序

第四十二条 行政机关作出责令停产停业、吊销许可证或者执照、较大数额罚款等行政处罚决定之前，应当告知当事人有要求举行听证的权利；当事人要求听证的，行政机关应当组织听证。当事人不承担行政机关组织听证的费用。听证依照以下程序组织：

（一）当事人要求听证的，应当在行政机关告知后三日内提出；

（二）行政机关应当在听证的七日前，通知当事人举行听证的时间、地点；

（三）除涉及国家秘密、商业秘密或者个人隐私外，听证公开举行；

（四）听证由行政机关指定的非本案调查人员主持；当事人认为主持人与本案有直接利害关系的，有权申请回避；

（五）当事人可以亲自参加听证，也可以委托一至二人代理；

（六）举行听证时，调查人员提出当事人违法的事实、证据和行政处罚建议；当事人进行申辩和质证；

（七）听证应当制作笔录；笔录应当交当事人审核无误后签字或者盖章。

当事人对限制人身自由的行政处罚有异议的，依照治安管理处罚法有关规定执行。

第四十三条 听证结束后，行政机关依照本法第三十八条的规定，作出决定。

第六章 行政处罚的执行

第四十四条 行政处罚决定依法作出后，当事人应当在行政处罚决定的期限内，予以履行。

第四十五条 当事人对行政处罚决定不服申请行政复议或者提起行政诉讼的，行政处罚不停止执行，法律另有规定的除外。

第四十六条 作出罚款决定的行政机关应当与收缴罚款的机构分离。

除依照本法第四十七条、第四十八条的规定当场收缴的罚款外，作出行政处罚决定的行政机关及其执法人员不得自行收缴罚款。

当事人应当自收到行政处罚决定书之日起十五日内，到指定的银行缴纳罚款。银行应当收受罚款，并将罚款直接上缴国库。

第四十七条 依照本法第三十三条的规定当场作出行政处罚决定，有下列情形之一的，执法人员可以当场收缴罚款：

（一）依法给予二十元以下的罚款的；

（二）不当场收缴事后难以执行的。

第四十八条 在边远、水上、交通不便地区，行政机关及其执法人员依照本法第三十三条、第三十八条的规定作出罚款决定后，当事人向指定的银行缴纳罚款确有困难，经当事人提出，行政机关及其执法人员可以当场收缴罚款。

第四十九条 行政机关及其执法人员当场收缴罚款的，必须向当事人出具省、自治区、直辖市财政部门统一制发的罚款收据；不出具财政部门统一制发的罚款收据的，当事人有权拒绝缴纳罚款。

第五十条 执法人员当场收缴的罚款，应当自收缴罚款之日起二日内，交至行政机关；在水上当场收缴的罚款，应当自抵岸之日起二日内交至行政机关；行政机关应当在二日内将罚款缴付指定的银行。

第五十一条 当事人逾期不履行行政处罚决定的，作出行政处罚决定的行政机关可以采取下列措施：

（一）到期不缴纳罚款的，每日按罚款数额的百分之三加处罚款；

（二）根据法律规定，将查封、扣押的财物拍卖或者将冻结的存款划拨抵缴罚款；

（三）申请人民法院强制执行。

第五十二条 当事人确有经济困难，需要延期或者分期缴纳罚款的，经当事人申请和行政机关批准，可以暂缓或者分期缴纳。

第五十三条 除依法应当予以销毁的物品外，依法没收的非法财物必须按照国家规定公开拍卖或者按照国家有关规定处理。

罚款、没收违法所得或者没收非法财物拍卖的款项，必须全部上缴国库，任何行政机关或者个人不得以任何形式截留、私分或者变相私分；财政部门不得以任何形式向作出行政处罚决定的行政机关返还罚款、没收的违法所得或者返还没收非法财物的拍卖款项。

第五十四条 行政机关应当建立健全对行政处罚的监督制度。县级以上人民政府应当加强对行政处罚的监督检查。

公民、法人或者其他组织对行政机关作出的行政处罚，有权申诉或者检举；行政机关应当认真审查，发现行政处罚有错误的，应当主动改正。

第七章 法律责任

第五十五条 行政机关实施行政处罚，有下列情形之一的，由上级行政机关或者有关部门责令改正，可以对直接负责的主管人员和其他直接责任人员依法给予行政处分：

（一）没有法定的行政处罚依据的；

（二）擅自改变行政处罚种类、幅度的；

（三）违反法定的行政处罚程序的；

（四）违反本法第十八条关于委托处罚的规定的。

第五十六条 行政机关对当事人进行处罚不使用罚款、没收财物单据或者使用非法定部门制发的罚款、没收财物单据的，当事人有权拒绝处罚，并有权予以检举。上级行政机关或者有关部门对使用的非法单据予以收缴销毁，对直接负责的主管人员和其他直接责任人员依法给予行政处分。

第五十七条 行政机关违反本法第四十六条的规定自行收缴罚款的，财政部门违反本法第五十三条的规定向行政机关返还罚款或者拍卖款项的，由上级行政机关或者有关部门责令改正，对直接负责的主管人员和其他直接责任人员依法给予行政处分。

第五十八条 行政机关将罚款、没收的违法所得或者财物截留、私分或者变相私分的，由财政部门或者有关部门予以追缴，对直接负责的主管人员和其他直接责任人员依法给予行政处分；情节严重构成犯罪的，依法追究刑事责任。

执法人员利用职务上的便利，索取或者收受他人财物、收缴罚款据为己有，构成犯罪的，依法追究刑事责任；情节轻微不构成犯罪的，依法给予行政处分。

第五十九条 行政机关使用或者损毁扣押的财物，对当事人造成损失的，应当依法予以赔偿，对直接负责的主管人员和其他直接责任人员依法给予行政处分。

第六十条 行政机关违法实行检查措施或者执行措施，给公民人身或者财产造成损害、给法人或者其他组织造成损失的，应当依法予以赔偿，对直接负责的主管人员和其他直接责任人员依法给予行政处分；情节严重构成犯罪的，依法追究刑事责任。

第六十一条 行政机关为牟取本单位私利，对应当依法移交司法机关追究刑事责任的不移交，以行政处罚代替刑罚，由上级行政机关或者有关部门责令纠正；拒不纠正的，对直接负责的主管人员给予行政处分；徇私舞弊、包庇纵容违法行为的，依照刑法有关规定追究刑事责任。

{原条文：行政机关为牟取本单位私利，对应当依法移交司法机关追究刑事责任的不移交，以行政处罚代替刑罚，由上级行政机关或者有关部门责令纠正；拒不纠正的，对直接负责的主管人员给予行政处分；徇私舞弊、包庇纵容违法行为的，比照刑法第一百八十八条的规定追究刑事责任。}

第六十二条 执法人员玩忽职守，对应当予以制止和处罚的违法行为不予制止、处罚，致使公民、法人或者其他组织的合法权益、公共利益和社会秩序遭受损害的，对直接负责的主管人员和其他直接责任人员依法给予行政处分；情节严重构成犯罪的，依法追究刑事责任。

第八章 附 则

第六十三条 本法第四十六条罚款决定与罚款收缴分离的规定，由国务院制定具体实施办法。

第六十四条 本法自1996年10月1日起施行。

本法公布前制定的法规和规章关于行政处罚的规定与本法不符合的，应当自本法公布之日起，依照本法规定予以修订，在1997年12月31日前修订完毕。

中华人民共和国行政许可法

2003年8月27日第十届全国人民代表大会常务委员会第四次会议通过，同日中华人民共和国主席令第七号公布，自2004年7月1日起施行

目　录

第一章　总　　则

第一条　为了规范行政许可的设定和实施，保护公民、法人和其他组织的合法权益，维护公共利益和社会秩序，保障和监督行政机关有效实施

行政管理，根据宪法，制定本法。

第二条 本法所称行政许可，是指行政机关根据公民、法人或者其他组织的申请，经依法审查，准予其从事特定活动的行为。

第三条 行政许可的设定和实施，适用本法。

有关行政机关对其他机关或者对其直接管理的事业单位的人事、财务、外事等事项的审批，不适用本法。

第四条 设定和实施行政许可，应当依照法定的权限、范围、条件和程序。

第五条 设定和实施行政许可，应当遵循公开、公平、公正的原则。

有关行政许可的规定应当公布；未经公布的，不得作为实施行政许可的依据。行政许可的实施和结果，除涉及国家秘密、商业秘密或者个人隐私的外，应当公开。

符合法定条件、标准的，申请人有依法取得行政许可的平等权利，行政机关不得歧视。

第六条 实施行政许可，应当遵循便民的原则，提高办事效率，提供优质服务。

第七条 公民、法人或者其他组织对行政机关实施行政许可，享有陈述权、申辩权；有权依法申请行政复议或者提起行政诉讼；其合法权益因行政机关违法实施行政许可受到损害的，有权依法要求赔偿。

第八条 公民、法人或者其他组织依法取得的行政许可受法律保护，行政机关不得擅自改变已经生效的行政许可。

行政许可所依据的法律、法规、规章修改或者废止，或者准予行政许可所依据的客观情况发生重大变化的，为了公共利益的需要，行政机关可以依法变更或者撤回已经生效的行政许可。由此给公民、法人或者其他组织造成财产损失的，行政机关应当依法给予补偿。

第九条 依法取得的行政许可，除法律、法规规定依照法定条件和程序可以转让的外，不得转让。

第十条 县级以上人民政府应当建立健全对行政机关实施行政许可的监督制度，加强对行政机关实施行政许可的监督检查。

行政机关应当对公民、法人或者其他组织从事行政许可事项的活动实施有效监督。

第二章　行政许可的设定

第十一条　设定行政许可，应当遵循经济和社会发展规律，有利于发挥公民、法人或者其他组织的积极性、主动性，维护公共利益和社会秩序，促进经济、社会和生态环境协调发展。

第十二条　下列事项可以设定行政许可：

（一）直接涉及国家安全、公共安全、经济宏观调控、生态环境保护以及直接关系人身健康、生命财产安全等特定活动，需要按照法定条件予以批准的事项；

（二）有限自然资源开发利用、公共资源配置以及直接关系公共利益的特定行业的市场准入等，需要赋予特定权利的事项；

（三）提供公众服务并且直接关系公共利益的职业、行业，需要确定具备特殊信誉、特殊条件或者特殊技能等资格、资质的事项；

（四）直接关系公共安全、人身健康、生命财产安全的重要设备、设施、产品、物品，需要按照技术标准、技术规范，通过检验、检测、检疫等方式进行审定的事项；

（五）企业或者其他组织的设立等，需要确定主体资格的事项；

（六）法律、行政法规规定可以设定行政许可的其他事项。

第十三条　本法第十二条所列事项，通过下列方式能够予以规范的，可以不设行政许可：

（一）公民、法人或者其他组织能够自主决定的；

（二）市场竞争机制能够有效调节的；

（三）行业组织或者中介机构能够自律管理的；

（四）行政机关采用事后监督等其他行政管理方式能够解决的。

第十四条　本法第十二条所列事项，法律可以设定行政许可。尚未制定法律的，行政法规可以设定行政许可。

必要时，国务院可以采用发布决定的方式设定行政许可。实施后，除临时性行政许可事项外，国务院应当及时提请全国人民代表大会及其常务委员会制定法律，或者自行制定行政法规。

第十五条 本法第十二条所列事项，尚未制定法律、行政法规的，地方性法规可以设定行政许可；尚未制定法律、行政法规和地方性法规的，因行政管理的需要，确需立即实施行政许可的，省、自治区、直辖市人民政府规章可以设定临时性的行政许可。临时性的行政许可实施满一年需要继续实施的，应当提请本级人民代表大会及其常务委员会制定地方性法规。

地方性法规和省、自治区、直辖市人民政府规章，不得设定应当由国家统一确定的公民、法人或者其他组织的资格、资质的行政许可；不得设定企业或者其他组织的设立登记及其前置性行政许可。其设定的行政许可，不得限制其他地区的个人或者企业到本地区从事生产经营和提供服务，不得限制其他地区的商品进入本地区市场。

第十六条 行政法规可以在法律设定的行政许可事项范围内，对实施该行政许可作出具体规定。

地方性法规可以在法律、行政法规设定的行政许可事项范围内，对实施该行政许可作出具体规定。

规章可以在上位法设定的行政许可事项范围内，对实施该行政许可作出具体规定。

法规、规章对实施上位法设定的行政许可作出的具体规定，不得增设行政许可；对行政许可条件作出的具体规定，不得增设违反上位法的其他条件。

第十七条 除本法第十四条、第十五条规定的外，其他规范性文件一律不得设定行政许可。

第十八条 设定行政许可，应当规定行政许可的实施机关、条件、程序、期限。

第十九条 起草法律草案、法规草案和省、自治区、直辖市人民政府规章草案，拟设定行政许可的，起草单位应当采取听证会、论证会等形式听取意见，并向制定机关说明设定该行政许可的必要性、对经济和社会可能产生的影响以及听取和采纳意见的情况。

第二十条 行政许可的设定机关应当定期对其设定的行政许可进行评价；对已设定的行政许可，认为通过本法第十三条所列方式能够解决的，应当对设定该行政许可的规定及时予以修改或者废止。

行政许可的实施机关可以对已设定的行政许可的实施情况及存在的必要性适时进行评价，并将意见报告该行政许可的设定机关。

公民、法人或者其他组织可以向行政许可的设定机关和实施机关就行政许可的设定和实施提出意见和建议。

第二十一条 省、自治区、直辖市人民政府对行政法规设定的有关经济事务的行政许可，根据本行政区域经济和社会发展情况，认为通过本法第十三条所列方式能够解决的，报国务院批准后，可以在本行政区域内停止实施该行政许可。

第三章 行政许可的实施机关

第二十二条 行政许可由具有行政许可权的行政机关在其法定职权范围内实施。

第二十三条 法律、法规授权的具有管理公共事务职能的组织，在法定授权范围内，以自己的名义实施行政许可。被授权的组织适用本法有关行政机关的规定。

第二十四条 行政机关在其法定职权范围内，依照法律、法规、规章的规定，可以委托其他行政机关实施行政许可。委托机关应当将受委托行政机关和受委托实施行政许可的内容予以公告。

委托行政机关对受委托行政机关实施行政许可的行为应当负责监督，并对该行为的后果承担法律责任。

受委托行政机关在委托范围内，以委托行政机关名义实施行政许可；不得再委托其他组织或者个人实施行政许可。

第二十五条 经国务院批准，省、自治区、直辖市人民政府根据精简、统一、效能的原则，可以决定一个行政机关行使有关行政机关的行政许可权。

第二十六条 行政许可需要行政机关内设的多个机构办理的，该行政机关应当确定一个机构统一受理行政许可申请，统一送达行政许可决定。

行政许可依法由地方人民政府两个以上部门分别实施的，本级人民政府可以确定一个部门受理行政许可申请并转告有关部门分别提出意见后统一办理，或者组织有关部门联合办理、集中办理。

第二十七条 行政机关实施行政许可，不得向申请人提出购买指定商品、接受有偿服务等不正当要求。

行政机关工作人员办理行政许可，不得索取或者收受申请人的财物，不得谋取其他利益。

第二十八条 对直接关系公共安全、人身健康、生命财产安全的设备、设施、产品、物品的检验、检测、检疫，除法律、行政法规规定由行政机关实施的外，应当逐步由符合法定条件的专业技术组织实施。专业技术组织及其有关人员对所实施的检验、检测、检疫结论承担法律责任。

第四章 行政许可的实施程序

第一节 申请与受理

第二十九条 公民、法人或者其他组织从事特定活动，依法需要取得行政许可的，应当向行政机关提出申请。申请书需要采用格式文本的，行政机关应当向申请人提供行政许可申请书格式文本。申请书格式文本中不得包含与申请行政许可事项没有直接关系的内容。

申请人可以委托代理人提出行政许可申请。但是，依法应当由申请人到行政机关办公场所提出行政许可申请的除外。

行政许可申请可以通过信函、电报、电传、传真、电子数据交换和电子邮件等方式提出。

第三十条 行政机关应当将法律、法规、规章规定的有关行政许可的事项、依据、条件、数量、程序、期限以及需要提交的全部材料的目录和申请书示范文本等在办公场所公示。

申请人要求行政机关对公示内容予以说明、解释的，行政机关应当说明、解释，提供准确、可靠的信息。

第三十一条 申请人申请行政许可，应当如实向行政机关提交有关材料和反映真实情况，并对其申请材料实质内容的真实性负责。行政机关不得要求申请人提交与其申请的行政许可事项无关的技术资料和其他材料。

第三十二条 行政机关对申请人提出的行政许可申请，应当根据下列情况分别作出处理：

（一）申请事项依法不需要取得行政许可的，应当即时告知申请人不受理；

（二）申请事项依法不属于本行政机关职权范围的，应当即时作出不予受理的决定，并告知申请人向有关行政机关申请；

（三）申请材料存在可以当场更正的错误的，应当允许申请人当场更正；

（四）申请材料不齐全或者不符合法定形式的，应当当场或者在五日内一次告知申请人需要补正的全部内容，逾期不告知的，自收到申请材料之日起即为受理；

（五）申请事项属于本行政机关职权范围，申请材料齐全、符合法定形式，或者申请人按照本行政机关的要求提交全部补正申请材料的，应当受理行政许可申请。

行政机关受理或者不予受理行政许可申请，应当出具加盖本行政机关专用印章和注明日期的书面凭证。

第三十三条 行政机关应当建立和完善有关制度，推行电子政务，在行政机关的网站上公布行政许可事项，方便申请人采取数据电文等方式提出行政许可申请；应当与其他行政机关共享有关行政许可信息，提高办事效率。

第二节 审查与决定

第三十四条 行政机关应当对申请人提交的申请材料进行审查。

申请人提交的申请材料齐全、符合法定形式，行政机关能够当场作出决定的，应当当场作出书面的行政许可决定。

根据法定条件和程序，需要对申请材料的实质内容进行核实的，行政机关应当指派两名以上工作人员进行核查。

第三十五条 依法应当先经下级行政机关审查后报上级行政机关决定的行政许可，下级行政机关应当在法定期限内将初步审查意见和全部申请材料直接报送上级行政机关。上级行政机关不得要求申请人重复提供申请材料。

第三十六条 行政机关对行政许可申请进行审查时，发现行政许可事项直接关系他人重大利益的，应当告知该利害关系人。申请人、利害关系人有权进行陈述和申辩。行政机关应当听取申请人、利害关系人的意见。

第三十七条 行政机关对行政许可申请进行审查后，除当场作出行政许可决定的外，应当在法定期限内按照规定程序作出行政许可决定。

第三十八条 申请人的申请符合法定条件、标准的，行政机关应当依法作出准予行政许可的书面决定。

行政机关依法作出不予行政许可的书面决定的，应当说明理由，并告知申请人享有依法申请行政复议或者提起行政诉讼的权利。

第三十九条 行政机关作出准予行政许可的决定，需要颁发行政许可证件的，应当向申请人颁发加盖本行政机关印章的下列行政许可证件：

（一）许可证、执照或者其他许可证书；

（二）资格证、资质证或者其他合格证书；

（三）行政机关的批准文件或者证明文件；

（四）法律、法规规定的其他行政许可证件。

行政机关实施检验、检测、检疫的，可以在检验、检测、检疫合格的设备、设施、产品、物品上加贴标签或者加盖检验、检测、检疫印章。

第四十条 行政机关作出的准予行政许可决定，应当予以公开，公众有权查阅。

第四十一条 法律、行政法规设定的行政许可，其适用范围没有地域限制的，申请人取得的行政许可在全国范围内有效。

第三节 期　　限

第四十二条 除可以当场作出行政许可决定的外，行政机关应当自受理行政许可申请之日起二十日内作出行政许可决定。二十日内不能作出决定的，经本行政机关负责人批准，可以延长十日，并应当将延长期限的理由告知申请人。但是，法律、法规另有规定的，依照其规定。

依照本法第二十六条的规定，行政许可采取统一办理或者联合办理、集中办理的，办理的时间不得超过四十五日；四十五日内不能办结的，经本级人民政府负责人批准，可以延长十五日，并应当将延长期限的理由告知申请人。

第四十三条 依法应当先经下级行政机关审查后报上级行政机关决定的行政许可，下级行政机关应当自其受理行政许可申请之日起二十日内审查完毕。但是，法律、法规另有规定的，依照其规定。

第四十四条 行政机关作出准予行政许可的决定，应当自作出决定之日起十日内向申请人颁发、送达行政许可证件，或者加贴标签、加盖检验、检测、检疫印章。

第四十五条 行政机关作出行政许可决定，依法需要听证、招标、拍卖、检验、检测、检疫、鉴定和专家评审的，所需时间不计算在本节规定的期限内。行政机关应当将所需时间书面告知申请人。

第四节 听　　证

第四十六条 法律、法规、规章规定实施行政许可应当听证的事项，或者行政机关认为需要听证的其他涉及公共利益的重大行政许可事项，行政机关应当向社会公告，并举行听证。

第四十七条 行政许可直接涉及申请人与他人之间重大利益关系的，行政机关在作出行政许可决定前，应当告知申请人、利害关系人享有要求听证的权利；申请人、利害关系人在被告知听证权利之日起五日内提出听证申请的，行政机关应当在二十日内组织听证。

申请人、利害关系人不承担行政机关组织听证的费用。

第四十八条 听证按照下列程序进行：

（一）行政机关应当于举行听证的七日前将举行听证的时间、地点通知申请人、利害关系人，必要时予以公告；

（二）听证应当公开举行；

（三）行政机关应当指定审查该行政许可申请的工作人员以外的人员为听证主持人，申请人、利害关系人认为主持人与该行政许可事项有直接利害关系的，有权申请回避；

（四）举行听证时，审查该行政许可申请的工作人员应当提供审查意见的证据、理由，申请人、利害关系人可以提出证据，并进行申辩和质证；

（五）听证应当制作笔录，听证笔录应当交听证参加人确认无误后签字或者盖章。

行政机关应当根据听证笔录，作出行政许可决定。

第五节 变更与延续

第四十九条 被许可人要求变更行政许可事项的，应当向作出行政许可决定的行政机关提出申请；符合法定条件、标准的，行政机关应当依法办理变更手续。

第五十条 被许可人需要延续依法取得的行政许可的有效期的，应当在该行政许可有效期届满三十日前向作出行政许可决定的行政机关提出申请。但是，法律、法规、规章另有规定的，依照其规定。

行政机关应当根据被许可人的申请，在该行政许可有效期届满前作出是否准予延续的决定；逾期未作决定的，视为准予延续。

第六节 特别规定

第五十一条 实施行政许可的程序，本节有规定的，适用本节规定；本节没有规定的，适用本章其他有关规定。

第五十二条 国务院实施行政许可的程序，适用有关法律、行政法规的规定。

第五十三条 实施本法第十二条第二项所列事项的行政许可的，行政机关应当通过招标、拍卖等公平竞争的方式作出决定。但是，法律、行政法规另有规定的，依照其规定。

行政机关通过招标、拍卖等方式作出行政许可决定的具体程序，依照有关法律、行政法规的规定。

行政机关按照招标、拍卖程序确定中标人、买受人后，应当作出准予行政许可的决定，并依法向中标人、买受人颁发行政许可证件。

行政机关违反本条规定，不采用招标、拍卖方式，或者违反招标、拍卖程序，损害申请人合法权益的，申请人可以依法申请行政复议或者提起行政诉讼。

第五十四条 实施本法第十二条第三项所列事项的行政许可，赋予公民特定资格，依法应当举行国家考试的，行政机关根据考试成绩和其他法定条件作出行政许可决定；赋予法人或者其他组织特定的资格、资质的，行政机关根据申请人的专业人员构成、技术条件、经营业绩和管理水平等的考核结果作出行政许可决定。但是，法律、行政法规另有规定的，依照其规定。

公民特定资格的考试依法由行政机关或者行业组织实施，公开举行。行政机关或者行业组织应当事先公布资格考试的报名条件、报考办法、考试科目以及考试大纲。但是，不得组织强制性的资格考试的考前培训，不得指定教材或者其他助考材料。

第五十五条 实施本法第十二条第四项所列事项的行政许可的，应当按照技术标准、技术规范依法进行检验、检测、检疫，行政机关根据检验、检测、检疫的结果作出行政许可决定。

行政机关实施检验、检测、检疫，应当自受理申请之日起五日内指派两名以上工作人员按照技术标准、技术规范进行检验、检测、检疫。不需要对检验、检测、检疫结果作进一步技术分析即可认定设备、设施、产品、物品是否符合技术标准、技术规范的，行政机关应当当场作出行政许可决定。

行政机关根据检验、检测、检疫结果，作出不予行政许可决定的，应当书面说明不予行政许可所依据的技术标准、技术规范。

第五十六条 实施本法第十二条第五项所列事项的行政许可，申请人提交的申请材料齐全、符合法定形式的，行政机关应当当场予以登记。需要对申请材料的实质内容进行核实的，行政机关依照本法第三十四条第三款的规定办理。

第五十七条 有数量限制的行政许可，两个或者两个以上申请人的申请均符合法定条件、标准的，行政机关应当根据受理行政许可申请的先后顺序作出准予行政许可的决定。但是，法律、行政法规另有规定的，依照其规定。

第五章 行政许可的费用

第五十八条 行政机关实施行政许可和对行政许可事项进行监督检查，不得收取任何费用。但是，法律、行政法规另有规定的，依照其规定。

行政机关提供行政许可申请书格式文本，不得收费。

行政机关实施行政许可所需经费应当列入本行政机关的预算，由本级财政予以保障，按照批准的预算予以核拨。

第五十九条 行政机关实施行政许可，依照法律、行政法规收取费用的，应当按照公布的法定项目和标准收费；所收取的费用必须全部上缴国库，任何机关或者个人不得以任何形式截留、挪用、私分或者变相私分。财政部门不得以任何形式向行政机关返还或者变相返还实施行政许可所收取的费用。

第六章 监督检查

第六十条 上级行政机关应当加强对下级行政机关实施行政许可的监督检查，及时纠正行政许可实施中的违法行为。

第六十一条 行政机关应当建立健全监督制度，通过核查反映被许可人从事行政许可事项活动情况的有关材料，履行监督责任。

行政机关依法对被许可人从事行政许可事项的活动进行监督检查时，应当将监督检查的情况和处理结果予以记录，由监督检查人员签字后归档。公众有权查阅行政机关监督检查记录。

行政机关应当创造条件，实现与被许可人、其他有关行政机关的计算机档案系统互联，核查被许可人从事行政许可事项活动情况。

第六十二条 行政机关可以对被许可人生产经营的产品依法进行抽样检查、检验、检测，对其生产经营场所依法进行实地检查。检查时，行政机关可以依法查阅或者要求被许可人报送有关材料；被许可人应当如实提供有关情况和材料。

行政机关根据法律、行政法规的规定，对直接关系公共安全、人身健康、生命财产安全的重要设备、设施进行定期检验。对检验合格的，行政机关应当发给相应的证明文件。

第六十三条 行政机关实施监督检查，不得妨碍被许可人正常的生产经营活动，不得索取或者收受被许可人的财物，不得谋取其他利益。

第六十四条 被许可人在作出行政许可决定的行政机关管辖区域外违法从事行政许可事项活动的，违法行为发生地的行政机关应当依法将被许可人的违法事实、处理结果抄告作出行政许可决定的行政机关。

第六十五条 个人和组织发现违法从事行政许可事项的活动，有权向行政机关举报，行政机关应当及时核实、处理。

第六十六条 被许可人未依法履行开发利用自然资源义务或者未依法履行利用公共资源义务的，行政机关应当责令限期改正；被许可人在规定期限内不改正的，行政机关应当依照有关法律、行政法规的规定予以处理。

第六十七条 取得直接关系公共利益的特定行业的市场准人行政许可的被许可人，应当按照国家规定的服务标准、资费标准和行政机关依法规定的条件，向用户提供安全、方便、稳定和价格合理的服务，并履行普遍服务的义务；未经作出行政许可决定的行政机关批准，不得擅自停业、歇业。

被许可人不履行前款规定的义务的，行政机关应当责令限期改正，或者依法采取有效措施督促其履行义务。

第六十八条 对直接关系公共安全、人身健康、生命财产安全的重要设备、设施，行政机关应当督促设计、建造、安装和使用单位建立相应的自检制度。

行政机关在监督检查时，发现直接关系公共安全、人身健康、生命财产安全的重要设备、设施存在安全隐患的，应当责令停止建造、安装和使用，并责令设计、建造、安装和使用单位立即改正。

第六十九条 有下列情形之一的，作出行政许可决定的行政机关或者其上级行政机关，根据利害关系人的请求或者依据职权，可以撤销行政许可：

（一）行政机关工作人员滥用职权、玩忽职守作出准予行政许可决定的；

（二）超越法定职权作出准予行政许可决定的；

（三）违反法定程序作出准予行政许可决定的；

（四）对不具备申请资格或者不符合法定条件的申请人准予行政许可的；

（五）依法可以撤销行政许可的其他情形。

被许可人以欺骗、贿赂等不正当手段取得行政许可的，应当予以撤销。

依照前两款的规定撤销行政许可，可能对公共利益造成重大损害的，不予撤销。

依照本条第一款的规定撤销行政许可，被许可人的合法权益受到损害的，行政机关应当依法给予赔偿。依照本条第二款的规定撤销行政许可的，被许可人基于行政许可取得的利益不受保护。

第七十条 有下列情形之一的，行政机关应当依法办理有关行政许可的注销手续：

（一）行政许可有效期届满未延续的；

（二）赋予公民特定资格的行政许可，该公民死亡或者丧失行为能力的；

（三）法人或者其他组织依法终止的；

（四）行政许可依法被撤销、撤回，或者行政许可证件依法被吊销的；

（五）因不可抗力因素导致行政许可事项无法实施的；

（六）法律、法规规定的应当注销行政许可的其他情形。

第七章 法律责任

第七十一条 违反本法第十七条规定设定的行政许可，有关机关应当责令设定该行政许可的机关改正，或者依法予以撤销。

第七十二条 行政机关及其工作人员违反本法的规定，有下列情形之一的，由其上级行政机关或者监察机关责令改正；情节严重的，对直接负责的主管人员和其他直接责任人员依法给予行政处分：

（一）对符合法定条件的行政许可申请不予受理的；

（二）不在办公场所公示依法应当公示的材料的；

（三）在受理、审查、决定行政许可过程中，未向申请人、利害关系人履行法定告知义务的；

（四）申请人提交的申请材料不齐全、不符合法定形式，不一次告知申请人必须补正的全部内容的；

（五）未依法说明不受理行政许可申请或者不予行政许可的理由的；

（六）依法应当举行听证而不举行听证的。

第七十三条 行政机关工作人员办理行政许可、实施监督检查，索取或者收受他人财物或者谋取其他利益，构成犯罪的，依法追究刑事责任；尚不构成犯罪的，依法给予行政处分。

第七十四条 行政机关实施行政许可，有下列情形之一的，由其上级行政机关或者监察机关责令改正，对直接负责的主管人员和其他直接责任人员依法给予行政处分；构成犯罪的，依法追究刑事责任：

（一）对不符合法定条件的申请人准予行政许可或者超越法定职权作出准予行政许可决定的；

（二）对符合法定条件的申请人不予行政许可或者不在法定期限内作出准予行政许可决定的；

（三）依法应当根据招标、拍卖结果或者考试成绩择优作出准予行政许可决定，未经招标、拍卖或者考试，或者不根据招标、拍卖结果或者考试成绩择优作出准予行政许可决定的。

第七十五条 行政机关实施行政许可，擅自收费或者不按照法定项目和标准收费的，由其上级行政机关或者监察机关责令退还非法收取的费用；对直接负责的主管人员和其他直接责任人员依法给予行政处分。

截留、挪用、私分或者变相私分实施行政许可依法收取的费用的，予以追缴；对直接负责的主管人员和其他直接责任人员依法给予行政处分；构成犯罪的，依法追究刑事责任。

第七十六条 行政机关违法实施行政许可，给当事人的合法权益造成损害的，应当依照国家赔偿法的规定给予赔偿。

第七十七条 行政机关不依法履行监督职责或者监督不力，造成严重后果的，由其上级行政机关或者监察机关责令改正，对直接负责的主管人员和其他直接责任人员依法给予行政处分；构成犯罪的，依法追究刑事责任。

第七十八条 行政许可申请人隐瞒有关情况或者提供虚假材料申请行政许可的，行政机关不予受理或者不予行政许可，并给予警告；行政许可申请属于直接关系公共安全、人身健康、生命财产安全事项的，申请人在一年内不得再次申请该行政许可。

第七十九条 被许可人以欺骗、贿赂等不正当手段取得行政许可的，行政机关应当依法给予行政处罚；取得的行政许可属于直接关系公共安全、人身健康、生命财产安全事项的，申请人在三年内不得再次申请该行政许可；构成犯罪的，依法追究刑事责任。

第八十条 被许可人有下列行为之一的，行政机关应当依法给予行政处罚；构成犯罪的，依法追究刑事责任：

（一）涂改、倒卖、出租、出借行政许可证件，或者以其他形式非法转让行政许可的；

（二）超出行政许可范围进行活动的；

（三）向负责监督检查的行政机关隐瞒有关情况、提供虚假材料或者拒绝提供反映其活动情况的真实材料的；

（四）法律、法规、规章规定的其他违法行为。

第八十一条 公民、法人或者其他组织未经行政许可，擅自从事依法应当取得行政许可的活动的，行政机关应当依法采取措施予以制止，并依法给予行政处罚；构成犯罪的，依法追究刑事责任。

第八章　附　　则

第八十二条 本法规定的行政机关实施行政许可的期限以工作日计算，不含法定节假日。

第八十三条 本法自2004年7月1日起施行。

本法施行前有关行政许可的规定，制定机关应当依照本法规定予以清理；不符合本法规定的，自本法施行之日起停止执行。

中华人民共和国行政强制法

2011 年 6 月 30 日第十一届全国人民代表大会常务委员会第二十一次会议通过，同日中华人民共和国主席令第四十九号公布，自 2012 年 1 月 1 日起施行

目　　录

第一章　总　　则

第一条　为了规范行政强制的设定和实施，保障和监督行政机关依法履行职责，维护公共利益和社会秩序，保护公民、法人和其他组织的合法

权益，根据宪法，制定本法。

第二条 本法所称行政强制，包括行政强制措施和行政强制执行。

行政强制措施，是指行政机关在行政管理过程中，为制止违法行为、防止证据损毁、避免危害发生、控制危险扩大等情形，依法对公民的人身自由实施暂时性限制，或者对公民、法人或者其他组织的财物实施暂时性控制的行为。

行政强制执行，是指行政机关或者行政机关申请人民法院，对不履行行政决定的公民、法人或者其他组织，依法强制履行义务的行为。

第三条 行政强制的设定和实施，适用本法。

发生或者即将发生自然灾害、事故灾难、公共卫生事件或者社会安全事件等突发事件，行政机关采取应急措施或者临时措施，依照有关法律、行政法规的规定执行。

行政机关采取金融业审慎监管措施、进出境货物强制性技术监控措施，依照有关法律、行政法规的规定执行。

第四条 行政强制的设定和实施，应当依照法定的权限、范围、条件和程序。

第五条 行政强制的设定和实施，应当适当。采用非强制手段可以达到行政管理目的的，不得设定和实施行政强制。

第六条 实施行政强制，应当坚持教育与强制相结合。

第七条 行政机关及其工作人员不得利用行政强制权为单位或者个人谋取利益。

第八条 公民、法人或者其他组织对行政机关实施行政强制，享有陈述权、申辩权；有权依法申请行政复议或者提起行政诉讼；因行政机关违法实施行政强制受到损害的，有权依法要求赔偿。

公民、法人或者其他组织因人民法院在强制执行中有违法行为或者扩大强制执行范围受到损害的，有权依法要求赔偿。

第二章 行政强制的种类和设定

第九条 行政强制措施的种类：

（一）限制公民人身自由；

（二）查封场所、设施或者财物；

（三）扣押财物；

（四）冻结存款、汇款；

（五）其他行政强制措施。

第十条 行政强制措施由法律设定。

尚未制定法律，且属于国务院行政管理职权事项的，行政法规可以设定除本法第九条第一项、第四项和应当由法律规定的行政强制措施以外的其他行政强制措施。

尚未制定法律、行政法规，且属于地方性事务的，地方性法规可以设定本法第九条第二项、第三项的行政强制措施。

法律、法规以外的其他规范性文件不得设定行政强制措施。

第十一条 法律对行政强制措施的对象、条件、种类作了规定的，行政法规、地方性法规不得作出扩大规定。

法律中未设定行政强制措施的，行政法规、地方性法规不得设定行政强制措施。但是，法律规定特定事项由行政法规规定具体管理措施的，行政法规可以设定除本法第九条第一项、第四项和应当由法律规定的行政强制措施以外的其他行政强制措施。

第十二条 行政强制执行的方式：

（一）加处罚款或者滞纳金；

（二）划拨存款、汇款；

（三）拍卖或者依法处理查封、扣押的场所、设施或者财物；

（四）排除妨碍、恢复原状；

（五）代履行；

（六）其他强制执行方式。

第十三条 行政强制执行由法律设定。

法律没有规定行政机关强制执行的，作出行政决定的行政机关应当申请人民法院强制执行。

第十四条 起草法律草案、法规草案，拟设定行政强制的，起草单位应当采取听证会、论证会等形式听取意见，并向制定机关说明设定该行政强制的必要性、可能产生的影响以及听取和采纳意见的情况。

第十五条 行政强制的设定机关应当定期对其设定的行政强制进行评价，并对不适当的行政强制及时予以修改或者废止。

行政强制的实施机关可以对已设定的行政强制的实施情况及存在的必要性适时进行评价，并将意见报告该行政强制的设定机关。

公民、法人或者其他组织可以向行政强制的设定机关和实施机关就行政强制的设定和实施提出意见和建议。有关机关应当认真研究论证，并以适当方式予以反馈。

第三章 行政强制措施实施程序

第一节 一般规定

第十六条 行政机关履行行政管理职责，依照法律、法规的规定，实施行政强制措施。

违法行为情节显著轻微或者没有明显社会危害的，可以不采取行政强制措施。

第十七条 行政强制措施由法律、法规规定的行政机关在法定职权范围内实施。行政强制措施权不得委托。

依据《中华人民共和国行政处罚法》的规定行使相对集中行政处罚权的行政机关，可以实施法律、法规规定的与行政处罚权有关的行政强制措施。

行政强制措施应当由行政机关具备资格的行政执法人员实施，其他人员不得实施。

第十八条 行政机关实施行政强制措施应当遵守下列规定：

（一）实施前须向行政机关负责人报告并经批准；

（二）由两名以上行政执法人员实施；

（三）出示执法身份证件；

（四）通知当事人到场；

（五）当场告知当事人采取行政强制措施的理由、依据以及当事人依法享有的权利、救济途径；

（六）听取当事人的陈述和申辩；

（七）制作现场笔录；

（八）现场笔录由当事人和行政执法人员签名或者盖章，当事人拒绝的，在笔录中予以注明；

（九）当事人不到场的，邀请见证人到场，由见证人和行政执法人员在现场笔录上签名或者盖章；

（十）法律、法规规定的其他程序。

第十九条 情况紧急，需要当场实施行政强制措施的，行政执法人员应当在二十四小时内向行政机关负责人报告，并补办批准手续。行政机关负责人认为不应当采取行政强制措施的，应当立即解除。

第二十条 依照法律规定实施限制公民人身自由的行政强制措施，除应当履行本法第十八条规定的程序外，还应当遵守下列规定：

（一）当场告知或者实施行政强制措施后立即通知当事人家属实施行政强制措施的行政机关、地点和期限；

（二）在紧急情况下当场实施行政强制措施的，在返回行政机关后，立即向行政机关负责人报告并补办批准手续；

（三）法律规定的其他程序。

实施限制人身自由的行政强制措施不得超过法定期限。实施行政强制措施的目的已经达到或者条件已经消失，应当立即解除。

第二十一条 违法行为涉嫌犯罪应当移送司法机关的，行政机关应当将查封、扣押、冻结的财物一并移送，并书面告知当事人。

第二节 查封、扣押

第二十二条 查封、扣押应当由法律、法规规定的行政机关实施，其他任何行政机关或者组织不得实施。

第二十三条 查封、扣押限于涉案的场所、设施或者财物，不得查封、扣押与违法行为无关的场所、设施或者财物；不得查封、扣押公民个人及其所扶养家属的生活必需品。

当事人的场所、设施或者财物已被其他国家机关依法查封的，不得重复查封。

第二十四条 行政机关决定实施查封、扣押的，应当履行本法第十八条规定的程序，制作并当场交付查封、扣押决定书和清单。

查封、扣押决定书应当载明下列事项：

（一）当事人的姓名或者名称、地址；

（二）查封、扣押的理由、依据和期限；

（三）查封、扣押场所、设施或者财物的名称、数量等；

（四）申请行政复议或者提起行政诉讼的途径和期限；

（五）行政机关的名称、印章和日期。

查封、扣押清单一式二份，由当事人和行政机关分别保存。

第二十五条 查封、扣押的期限不得超过三十日；情况复杂的，经行政机关负责人批准，可以延长，但是延长期限不得超过三十日。法律、行政法规另有规定的除外。

延长查封、扣押的决定应当及时书面告知当事人，并说明理由。

对物品需要进行检测、检验、检疫或者技术鉴定的，查封、扣押的期间不包括检测、检验、检疫或者技术鉴定的期间。检测、检验、检疫或者技术鉴定的期间应当明确，并书面告知当事人。检测、检验、检疫或者技术鉴定的费用由行政机关承担。

第二十六条 对查封、扣押的场所、设施或者财物，行政机关应当妥善保管，不得使用或者损毁；造成损失的，应当承担赔偿责任。

对查封的场所、设施或者财物，行政机关可以委托第三人保管，第三人不得损毁或者擅自转移、处置。因第三人的原因造成的损失，行政机关先行赔付后，有权向第三人追偿。

因查封、扣押发生的保管费用由行政机关承担。

第二十七条 行政机关采取查封、扣押措施后，应当及时查清事实，在本法第二十五条规定的期限内作出处理决定。对违法事实清楚，依法应当没收的非法财物予以没收；法律、行政法规规定应当销毁的，依法销毁；应当解除查封、扣押的，作出解除查封、扣押的决定。

第二十八条 有下列情形之一的，行政机关应当及时作出解除查封、扣押决定：

（一）当事人没有违法行为；

（二）查封、扣押的场所、设施或者财物与违法行为无关；

（三）行政机关对违法行为已经作出处理决定，不再需要查封、扣押；

（四）查封、扣押期限已经届满；

（五）其他不再需要采取查封、扣押措施的情形。

解除查封、扣押应当立即退还财物；已将鲜活物品或者其他不易保管的财物拍卖或者变卖的，退还拍卖或者变卖所得款项。变卖价格明显低于市场价格，给当事人造成损失的，应当给予补偿。

第三节 冻 结

第二十九条 冻结存款、汇款应当由法律规定的行政机关实施，不得委托给其他行政机关或者组织；其他任何行政机关或者组织不得冻结存款、汇款。

冻结存款、汇款的数额应当与违法行为涉及的金额相当；已被其他国家机关依法冻结的，不得重复冻结。

第三十条 行政机关依照法律规定决定实施冻结存款、汇款的，应当履行本法第十八条第一项、第二项、第三项、第七项规定的程序，并向金融机构交付冻结通知书。

金融机构接到行政机关依法作出的冻结通知书后，应当立即予以冻结，不得拖延，不得在冻结前向当事人泄露信息。

法律规定以外的行政机关或者组织要求冻结当事人存款、汇款的，金融机构应当拒绝。

第三十一条 依照法律规定冻结存款、汇款的，作出决定的行政机关应当在三日内向当事人交付冻结决定书。冻结决定书应当载明下列事项：

（一）当事人的姓名或者名称、地址；

（二）冻结的理由、依据和期限；

（三）冻结的账号和数额；

（四）申请行政复议或者提起行政诉讼的途径和期限；

（五）行政机关的名称、印章和日期。

第三十二条 自冻结存款、汇款之日起三十日内，行政机关应当作出处理决定或者作出解除冻结决定；情况复杂的，经行政机关负责人批准，可以延长，但是延长期限不得超过三十日。法律另有规定的除外。

延长冻结的决定应当及时书面告知当事人，并说明理由。

第三十三条 有下列情形之一的，行政机关应当及时作出解除冻结决定：

（一）当事人没有违法行为；

（二）冻结的存款、汇款与违法行为无关；

（三）行政机关对违法行为已经作出处理决定，不再需要冻结；

（四）冻结期限已经届满；

（五）其他不再需要采取冻结措施的情形。

行政机关作出解除冻结决定的，应当及时通知金融机构和当事人。金融机构接到通知后，应当立即解除冻结。

行政机关逾期未作出处理决定或者解除冻结决定的，金融机构应当自冻结期满之日起解除冻结。

第四章 行政机关强制执行程序

第一节 一般规定

第三十四条 行政机关依法作出行政决定后，当事人在行政机关决定的期限内不履行义务的，具有行政强制执行权的行政机关依照本章规定强制执行。

第三十五条 行政机关作出强制执行决定前，应当事先催告当事人履行义务。催告应当以书面形式作出，并载明下列事项：

（一）履行义务的期限；

（二）履行义务的方式；

（三）涉及金钱给付的，应当有明确的金额和给付方式；

（四）当事人依法享有的陈述权和申辩权。

第三十六条 当事人收到催告书后有权进行陈述和申辩。行政机关应当充分听取当事人的意见，对当事人提出的事实、理由和证据，应当进行记录、复核。当事人提出的事实、理由或者证据成立的，行政机关应当采纳。

第三十七条 经催告，当事人逾期仍不履行行政决定，且无正当理由的，行政机关可以作出强制执行决定。

强制执行决定应当以书面形式作出，并载明下列事项：

（一）当事人的姓名或者名称、地址；

（二）强制执行的理由和依据；

（三）强制执行的方式和时间；

（四）申请行政复议或者提起行政诉讼的途径和期限；

（五）行政机关的名称、印章和日期。

在催告期间，对有证据证明有转移或者隐匿财物迹象的，行政机关可以作出立即强制执行决定。

第三十八条 催告书、行政强制执行决定书应当直接送达当事人。当事人拒绝接收或者无法直接送达当事人的，应当依照《中华人民共和国民事诉讼法》的有关规定送达。

第三十九条 有下列情形之一的，中止执行：

（一）当事人履行行政决定确有困难或者暂无履行能力的；

（二）第三人对执行标的主张权利，确有理由的；

（三）执行可能造成难以弥补的损失，且中止执行不损害公共利益的；

（四）行政机关认为需要中止执行的其他情形。

中止执行的情形消失后，行政机关应当恢复执行。对没有明显社会危害，当事人确无能力履行，中止执行满三年未恢复执行的，行政机关不再执行。

第四十条 有下列情形之一的，终结执行：

（一）公民死亡，无遗产可供执行，又无义务承受人的；

（二）法人或者其他组织终止，无财产可供执行，又无义务承受人的；

（三）执行标的灭失的；

（四）据以执行的行政决定被撤销的；

（五）行政机关认为需要终结执行的其他情形。

第四十一条 在执行中或者执行完毕后，据以执行的行政决定被撤销、变更，或者执行错误的，应当恢复原状或者退还财物；不能恢复原状或者退还财物的，依法给予赔偿。

第四十二条 实施行政强制执行，行政机关可以在不损害公共利益和他人合法权益的情况下，与当事人达成执行协议。执行协议可以约定分阶段履行；当事人采取补救措施的，可以减免加处的罚款或者滞纳金。

执行协议应当履行。当事人不履行执行协议的，行政机关应当恢复强制执行。

第四十三条 行政机关不得在夜间或者法定节假日实施行政强制执行。但是，情况紧急的除外。

行政机关不得对居民生活采取停止供水、供电、供热、供燃气等方式迫使当事人履行相关行政决定。

第四十四条 对违法的建筑物、构筑物、设施等需要强制拆除的，应当由行政机关予以公告，限期当事人自行拆除。当事人在法定期限内不申请行政复议或者提起行政诉讼，又不拆除的，行政机关可以依法强制拆除。

第二节 金钱给付义务的执行

第四十五条 行政机关依法作出金钱给付义务的行政决定，当事人逾期不履行的，行政机关可以依法加处罚款或者滞纳金。加处罚款或者滞纳金的标准应当告知当事人。

加处罚款或者滞纳金的数额不得超出金钱给付义务的数额。

第四十六条 行政机关依照本法第四十五条规定实施加处罚款或者滞纳金超过三十日，经催告当事人仍不履行的，具有行政强制执行权的行政机关可以强制执行。

行政机关实施强制执行前，需要采取查封、扣押、冻结措施的，依照本法第三章规定办理。

没有行政强制执行权的行政机关应当申请人民法院强制执行。但是，当事人在法定期限内不申请行政复议或者提起行政诉讼，经催告仍不履行的，在实施行政管理过程中已经采取查封、扣押措施的行政机关，可以将查封、扣押的财物依法拍卖抵缴罚款。

第四十七条 划拨存款、汇款应当由法律规定的行政机关决定，并书面通知金融机构。金融机构接到行政机关依法作出划拨存款、汇款的决定后，应当立即划拨。

法律规定以外的行政机关或者组织要求划拨当事人存款、汇款的，金融机构应当拒绝。

第四十八条 依法拍卖财物，由行政机关委托拍卖机构依照《中华人民共和国拍卖法》的规定办理。

第四十九条 划拨的存款、汇款以及拍卖和依法处理所得的款项应当上缴国库或者划入财政专户。任何行政机关或者个人不得以任何形式截留、私分或者变相私分。

第三节 代 履 行

第五十条 行政机关依法作出要求当事人履行排除妨碍、恢复原状等义务的行政决定，当事人逾期不履行，经催告仍不履行，其后果已经或者将危害交通安全、造成环境污染或者破坏自然资源的，行政机关可以代履行，或者委托没有利害关系的第三人代履行。

第五十一条 代履行应当遵守下列规定：

（一）代履行前送达决定书，代履行决定书应当载明当事人的姓名或者名称、地址，代履行的理由和依据、方式和时间、标的、费用预算以及代履行人；

（二）代履行三日前，催告当事人履行，当事人履行的，停止代履行；

（三）代履行时，作出决定的行政机关应当派员到场监督；

（四）代履行完毕，行政机关到场监督的工作人员、代履行人和当事人或者见证人应当在执行文书上签名或者盖章。

代履行的费用按照成本合理确定，由当事人承担。但是，法律另有规定的除外。

代履行不得采用暴力、胁迫以及其他非法方式。

第五十二条 需要立即清除道路、河道、航道或者公共场所的遗洒物、障碍物或者污染物，当事人不能清除的，行政机关可以决定立即实施代履行；当事人不在场的，行政机关应当在事后立即通知当事人，并依法作出处理。

第五章 申请人民法院强制执行

第五十三条 当事人在法定期限内不申请行政复议或者提起行政诉讼，又不履行行政决定的，没有行政强制执行权的行政机关可以自期限届满之日起三个月内，依照本章规定申请人民法院强制执行。

第五十四条 行政机关申请人民法院强制执行前，应当催告当事人履行义务。催告书送达十日后当事人仍未履行义务的，行政机关可以向所在地有管辖权的人民法院申请强制执行；执行对象是不动产的，向不动产所在地有管辖权的人民法院申请强制执行。

第五十五条 行政机关向人民法院申请强制执行，应当提供下列材料：

（一）强制执行申请书；

（二）行政决定书及作出决定的事实、理由和依据；

（三）当事人的意见及行政机关催告情况；

（四）申请强制执行标的情况；

（五）法律、行政法规规定的其他材料。

强制执行申请书应当由行政机关负责人签名，加盖行政机关的印章，并注明日期。

第五十六条 人民法院接到行政机关强制执行的申请，应当在五日内受理。

行政机关对人民法院不予受理的裁定有异议的，可以在十五日内向上一级人民法院申请复议，上一级人民法院应当自收到复议申请之日起十五日内作出是否受理的裁定。

第五十七条 人民法院对行政机关强制执行的申请进行书面审查，对符合本法第五十五条规定，且行政决定具备法定执行效力的，除本法第五十八条规定的情形外，人民法院应当自受理之日起七日内作出执行裁定。

第五十八条 人民法院发现有下列情形之一的，在作出裁定前可以听取被执行人和行政机关的意见：

（一）明显缺乏事实根据的；

（二）明显缺乏法律、法规依据的；

（三）其他明显违法并损害被执行人合法权益的。

人民法院应当自受理之日起三十日内作出是否执行的裁定。裁定不予执行的，应当说明理由，并在五日内将不予执行的裁定送达行政机关。

行政机关对人民法院不予执行的裁定有异议的，可以自收到裁定之日起十五日内向上一级人民法院申请复议，上一级人民法院应当自收到复议申请之日起三十日内作出是否执行的裁定。

第五十九条 因情况紧急，为保障公共安全，行政机关可以申请人民法院立即执行。经人民法院院长批准，人民法院应当自作出执行裁定之日起五日内执行。

第六十条 行政机关申请人民法院强制执行，不缴纳申请费。强制执行的费用由被执行人承担。

人民法院以划拨、拍卖方式强制执行的，可以在划拨、拍卖后将强制执行的费用扣除。

依法拍卖财物，由人民法院委托拍卖机构依照《中华人民共和国拍卖法》的规定办理。

划拨的存款、汇款以及拍卖和依法处理所得的款项应当上缴国库或者划入财政专户，不得以任何形式截留、私分或者变相私分。

第六章 法律责任

第六十一条 行政机关实施行政强制，有下列情形之一的，由上级行政机关或者有关部门责令改正，对直接负责的主管人员和其他直接责任人员依法给予处分：

（一）没有法律、法规依据的；

（二）改变行政强制对象、条件、方式的；

（三）违反法定程序实施行政强制的；

（四）违反本法规定，在夜间或者法定节假日实施行政强制执行的；

（五）对居民生活采取停止供水、供电、供热、供燃气等方式迫使当事人履行相关行政决定的；

（六）有其他违法实施行政强制情形的。

第六十二条 违反本法规定，行政机关有下列情形之一的，由上级行政机关或者有关部门责令改正，对直接负责的主管人员和其他直接责任人员依法给予处分：

（一）扩大查封、扣押、冻结范围的；

（二）使用或者损毁查封、扣押场所、设施或者财物的；

（三）在查封、扣押法定期间不作出处理决定或者未依法及时解除查封、扣押的；

（四）在冻结存款、汇款法定期间不作出处理决定或者未依法及时解除冻结的。

第六十三条 行政机关将查封、扣押的财物或者划拨的存款、汇款以及拍卖和依法处理所得的款项，截留、私分或者变相私分的，由财政部门或者有关部门予以追缴；对直接负责的主管人员和其他直接责任人员依法给予记大过、降级、撤职或者开除的处分。

行政机关工作人员利用职务上的便利，将查封、扣押的场所、设施或者财物据为已有的，由上级行政机关或者有关部门责令改正，依法给予记大过、降级、撤职或者开除的处分。

第六十四条 行政机关及其工作人员利用行政强制权为单位或者个人谋取利益的，由上级行政机关或者有关部门责令改正，对直接负责的主管人员和其他直接责任人员依法给予处分。

第六十五条 违反本法规定，金融机构有下列行为之一的，由金融业监督管理机构责令改正，对直接负责的主管人员和其他直接责任人员依法给予处分：

（一）在冻结前向当事人泄露信息的；

（二）对应当立即冻结、划拨的存款、汇款不冻结或者不划拨，致使存款、汇款转移的；

（三）将不应当冻结、划拨的存款、汇款予以冻结或者划拨的；

（四）未及时解除冻结存款、汇款的。

第六十六条 违反本法规定，金融机构将款项划入国库或者财政专户以外的其他账户的，由金融业监督管理机构责令改正，并处以违法划拨款项二倍的罚款；对直接负责的主管人员和其他直接责任人员依法给予处分。

违反本法规定，行政机关、人民法院指令金融机构将款项划入国库或者财政专户以外的其他账户的，对直接负责的主管人员和其他直接责任人员依法给予处分。

第六十七条 人民法院及其工作人员在强制执行中有违法行为或者扩大强制执行范围的，对直接负责的主管人员和其他直接责任人员依法给予处分。

第六十八条 违反本法规定，给公民、法人或者其他组织造成损失的，依法给予赔偿。

违反本法规定，构成犯罪的，依法追究刑事责任。

第七章 附 则

第六十九条 本法中十日以内期限的规定是指工作日，不含法定节假日。

第七十条 法律、行政法规授权的具有管理公共事务职能的组织在法定授权范围内，以自己的名义实施行政强制，适用本法有关行政机关的规定。

第七十一条 本法自2012年1月1日起施行。

中华人民共和国行政复议法

1999年4月29日第九届全国人民代表大会常务委员会第九次会议通过，同日中华人民共和国主席令第十六号公布，自1999年10月1日起施行；根据2009年8月27日第十一届全国人民代表大会常务委员会第十次会议通过的《关于修改部分法律的决定》修正，自公布之日起施行

目　录

第一章　总　　则

第一条　为了防止和纠正违法的或者不当的具体行政行为，保护公民、法人和其他组织的合法权益，保障和监督行政机关依法行使职权，根据宪法，制定本法。

第二条　公民、法人或者其他组织认为具体行政行为侵犯其合法权益，向行政机关提出行政复议申请，行政机关受理行政复议申请、作出行政复议决定，适用本法。

第三条 依照本法履行行政复议职责的行政机关是行政复议机关。行政复议机关负责法制工作的机构具体办理行政复议事项，履行下列职责：

（一）受理行政复议申请；

（二）向有关组织和人员调查取证，查阅文件和资料；

（三）审查申请行政复议的具体行政行为是否合法与适当，拟订行政复议决定；

（四）处理或者转送对本法第七条所列有关规定的审查申请；

（五）对行政机关违反本法规定的行为依照规定的权限和程序提出处理建议；

（六）办理因不服行政复议决定提起行政诉讼的应诉事项；

（七）法律、法规规定的其他职责。

第四条 行政复议机关履行行政复议职责，应当遵循合法、公正、公开、及时、便民的原则，坚持有错必纠，保障法律、法规的正确实施。

第五条 公民、法人或者其他组织对行政复议决定不服的，可以依照行政诉讼法的规定向人民法院提起行政诉讼，但是法律规定行政复议决定为最终裁决的除外。

第二章　行政复议范围

第六条 有下列情形之一的，公民、法人或者其他组织可以依照本法申请行政复议：

（一）对行政机关作出的警告、罚款、没收违法所得、没收非法财物、责令停产停业、暂扣或者吊销许可证、暂扣或者吊销执照、行政拘留等行政处罚决定不服的；

（二）对行政机关作出的限制人身自由或者查封、扣押、冻结财产等行政强制措施决定不服的；

（三）对行政机关作出的有关许可证、执照、资质证、资格证等证书变更、中止、撤销的决定不服的；

（四）对行政机关作出的关于确认土地、矿藏、水流、森林、山岭、草原、荒地、滩涂、海域等自然资源的所有权或者使用权的决定不服的；

（五）认为行政机关侵犯合法的经营自主权的；

（六）认为行政机关变更或者废止农业承包合同，侵犯其合法权益的；

（七）认为行政机关违法集资、征收财物、摊派费用或者违法要求履行其他义务的；

（八）认为符合法定条件，申请行政机关颁发许可证、执照、资质证、资格证等证书，或者申请行政机关审批、登记有关事项，行政机关没有依法办理的；

（九）申请行政机关履行保护人身权利、财产权利、受教育权利的法定职责，行政机关没有依法履行的；

（十）申请行政机关依法发放抚恤金、社会保险金或者最低生活保障费，行政机关没有依法发放的；

（十一）认为行政机关的其他具体行政行为侵犯其合法权益的。

第七条 公民、法人或者其他组织认为行政机关的具体行政行为所依据的下列规定不合法，在对具体行政行为申请行政复议时，可以一并向行政复议机关提出对该规定的审查申请：

（一）国务院部门的规定；

（二）县级以上地方各级人民政府及其工作部门的规定；

（三）乡、镇人民政府的规定。

前款所列规定不含国务院部、委员会规章和地方人民政府规章。规章的审查依照法律、行政法规办理。

第八条 不服行政机关作出的行政处分或者其他人事处理决定的，依照有关法律、行政法规的规定提出申诉。

不服行政机关对民事纠纷作出的调解或者其他处理，依法申请仲裁或者向人民法院提起诉讼。

第三章 行政复议申请

第九条 公民、法人或者其他组织认为具体行政行为侵犯其合法权益的，可以自知道该具体行政行为之日起六十日内提出行政复议申请；但是法律规定的申请期限超过六十日的除外。

因不可抗力或者其他正当理由耽误法定申请期限的，申请期限自障碍消除之日起继续计算。

第十条 依照本法申请行政复议的公民、法人或者其他组织是申请人。

有权申请行政复议的公民死亡的，其近亲属可以申请行政复议。有权申请行政复议的公民为无民事行为能力人或者限制民事行为能力人的，其法定代理人可以代为申请行政复议。有权申请行政复议的法人或者其他组织终止的，承受其权利的法人或者其他组织可以申请行政复议。

同申请行政复议的具体行政行为有利害关系的其他公民、法人或者其他组织，可以作为第三人参加行政复议。

公民、法人或者其他组织对行政机关的具体行政行为不服申请行政复议的，作出具体行政行为的行政机关是被申请人。

申请人、第三人可以委托代理人代为参加行政复议。

第十一条 申请人申请行政复议，可以书面申请，也可以口头申请；口头申请的，行政复议机关应当当场记录申请人的基本情况、行政复议请求、申请行政复议的主要事实、理由和时间。

第十二条 对县级以上地方各级人民政府工作部门的具体行政行为不服的，由申请人选择，可以向该部门的本级人民政府申请行政复议，也可以向上一级主管部门申请行政复议。

对海关、金融、国税、外汇管理等实行垂直领导的行政机关和国家安全机关的具体行政行为不服的，向上一级主管部门申请行政复议。

第十三条 对地方各级人民政府的具体行政行为不服的，向上一级地方人民政府申请行政复议。

对省、自治区人民政府依法设立的派出机关所属的县级地方人民政府的具体行政行为不服的，向该派出机关申请行政复议。

第十四条 对国务院部门或者省、自治区、直辖市人民政府的具体行政行为不服的，向作出该具体行政行为的国务院部门或者省、自治区、直辖市人民政府申请行政复议。对行政复议决定不服的，可以向人民法院提起行政诉讼；也可以向国务院申请裁决，国务院依照本法的规定作出最终裁决。

第十五条 对本法第十二条、第十三条、第十四条规定以外的其他行政机关、组织的具体行政行为不服的，按照下列规定申请行政复议：

（一）对县级以上地方人民政府依法设立的派出机关的具体行政行为不服的，向设立该派出机关的人民政府申请行政复议；

（二）对政府工作部门依法设立的派出机构依照法律、法规或者规章规定，以自己的名义作出的具体行政行为不服的，向设立该派出机构的部门或者该部门的本级地方人民政府申请行政复议；

（三）对法律、法规授权的组织的具体行政行为不服的，分别向直接管理该组织的地方人民政府、地方人民政府工作部门或者国务院部门申请行政复议；

（四）对两个或者两个以上行政机关以共同的名义作出的具体行政行为不服的，向其共同上一级行政机关申请行政复议；

（五）对被撤销的行政机关在撤销前所作出的具体行政行为不服的，向继续行使其职权的行政机关的上一级行政机关申请行政复议。

有前款所列情形之一的，申请人也可以向具体行政行为发生地的县级地方人民政府提出行政复议申请，由接受申请的县级地方人民政府依照本法第十八条的规定办理。

第十六条 公民、法人或者其他组织申请行政复议，行政复议机关已经依法受理的，或者法律、法规规定应当先向行政复议机关申请行政复议、对行政复议决定不服再向人民法院提起行政诉讼的，在法定行政复议期限内不得向人民法院提起行政诉讼。

公民、法人或者其他组织向人民法院提起行政诉讼，人民法院已经依法受理的，不得申请行政复议。

第四章 行政复议受理

第十七条 行政复议机关收到行政复议申请后，应当在五日内进行审查，对不符合本法规定的行政复议申请，决定不予受理，并书面告知申请人；对符合本法规定，但是不属于本机关受理的行政复议申请，应当告知申请人向有关行政复议机关提出。

除前款规定外，行政复议申请自行政复议机关负责法制工作的机构收到之日起即为受理。

第十八条 依照本法第十五条第二款的规定接受行政复议申请的县级地方人民政府，对依照本法第十五条第一款的规定属于其他行政复议机关受理的行政复议申请，应当自接到该行政复议申请之日起七日内，转送有关行政复议机关，并告知申请人。接受转送的行政复议机关应当依照本法第十七条的规定办理。

第十九条 法律、法规规定应当先向行政复议机关申请行政复议、对行政复议决定不服再向人民法院提起行政诉讼的，行政复议机关决定不予受理或者受理后超过行政复议期限不作答复的，公民、法人或者其他组织可以自收到不予受理决定书之日起或者行政复议期满之日起十五日内，依法向人民法院提起行政诉讼。

第二十条 公民、法人或者其他组织依法提出行政复议申请，行政复议机关无正当理由不予受理的，上级行政机关应当责令其受理；必要时，上级行政机关也可以直接受理。

第二十一条 行政复议期间具体行政行为不停止执行；但是，有下列情形之一的，可以停止执行：

（一）被申请人认为需要停止执行的；

（二）行政复议机关认为需要停止执行的；

（三）申请人申请停止执行，行政复议机关认为其要求合理，决定停止执行的；

（四）法律规定停止执行的。

第五章 行政复议决定

第二十二条 行政复议原则上采取书面审查的办法，但是申请人提出要求或者行政复议机关负责法制工作的机构认为有必要时，可以向有关组织和人员调查情况，听取申请人、被申请人和第三人的意见。

第二十三条 行政复议机关负责法制工作的机构应当自行政复议申请受理之日起七日内，将行政复议申请书副本或者行政复议申请笔录复印件发送被申请人。被申请人应当自收到申请书副本或者申请笔录复印件之日起十日内，提出书面答复，并提交当初作出具体行政行为的证据、依据和其他有关材料。

申请人、第三人可以查阅被申请人提出的书面答复、作出具体行政行为的证据、依据和其他有关材料，除涉及国家秘密、商业秘密或者个人隐私外，行政复议机关不得拒绝。

第二十四条 在行政复议过程中，被申请人不得自行向申请人和其他有关组织或者个人收集证据。

第二十五条 行政复议决定作出前，申请人要求撤回行政复议申请的，经说明理由，可以撤回；撤回行政复议申请的，行政复议终止。

第二十六条 申请人在申请行政复议时，一并提出对本法第七条所列有关规定的审查申请的，行政复议机关对该规定有权处理的，应当在三十日内依法处理；无权处理的，应当在七日内按照法定程序转送有权处理的行政机关依法处理，有权处理的行政机关应当在六十日内依法处理。处理期间，中止对具体行政行为的审查。

第二十七条 行政复议机关在对被申请人作出的具体行政行为进行审查时，认为其依据不合法，本机关有权处理的，应当在三十日内依法处理；无权处理的，应当在七日内按照法定程序转送有权处理的国家机关依法处理。处理期间，中止对具体行政行为的审查。

第二十八条 行政复议机关负责法制工作的机构应当对被申请人作出的具体行政行为进行审查，提出意见，经行政复议机关的负责人同意或者集体讨论通过后，按照下列规定作出行政复议决定：

（一）具体行政行为认定事实清楚，证据确凿，适用依据正确，程序合法，内容适当的，决定维持；

（二）被申请人不履行法定职责的，决定其在一定期限内履行；

（三）具体行政行为有下列情形之一的，决定撤销、变更或者确认该具体行政行为违法；决定撤销或者确认该具体行政行为违法的，可以责令被申请人在一定期限内重新作出具体行政行为：

1. 主要事实不清、证据不足的；
2. 适用依据错误的；
3. 违反法定程序的；
4. 超越或者滥用职权的；

5. 具体行政行为明显不当的。

（四）被申请人不按照本法第二十三条的规定提出书面答复、提交当初作出具体行政行为的证据、依据和其他有关材料的，视为该具体行政行为没有证据、依据，决定撤销该具体行政行为。

行政复议机关责令被申请人重新作出具体行政行为的，被申请人不得以同一的事实和理由作出与原具体行政行为相同或者基本相同的具体行政行为。

第二十九条 申请人在申请行政复议时可以一并提出行政赔偿请求，行政复议机关对符合国家赔偿法的有关规定应当给予赔偿的，在决定撤销、变更具体行政行为或者确认具体行政行为违法时，应当同时决定被申请人依法给予赔偿。

申请人在申请行政复议时没有提出行政赔偿请求的，行政复议机关在依法决定撤销或者变更罚款，撤销违法集资、没收财物、征收财物、摊派费用以及对财产的查封、扣押、冻结等具体行政行为时，应当同时责令被申请人返还财产，解除对财产的查封、扣押、冻结措施，或者赔偿相应的价款。

第三十条 公民、法人或者其他组织认为行政机关的具体行政行为侵犯其已经依法取得的土地、矿藏、水流、森林、山岭、草原、荒地、滩涂、海域等自然资源的所有权或者使用权的，应当先申请行政复议；对行政复议决定不服的，可以依法向人民法院提起行政诉讼。

根据国务院或者省、自治区、直辖市人民政府对行政区划的勘定、调整或者征收土地的决定，省、自治区、直辖市人民政府确认土地、矿藏、水流、森林、山岭、草原、荒地、滩涂、海域等自然资源的所有权或者使用权的行政复议决定为最终裁决。

{原条款：根据国务院或者省、自治区、直辖市人民政府对行政区划的勘定、调整或者征用土地的决定，省、自治区、直辖市人民政府确认土地、矿藏、水流、森林、山岭、草原、荒地、滩涂、海域等自然资源的所有权或者使用权的行政复议决定为最终裁决。}

第三十一条 行政复议机关应当自受理申请之日起六十日内作出行政复议决定；但是法律规定的行政复议期限少于六十日的除外。情况复杂，不能在规定期限内作出行政复议决定的，经行政复议机关的负责人批准，可以适当延长，并告知申请人和被申请人；但是延长期限最多不超过三十日。

行政复议机关作出行政复议决定，应当制作行政复议决定书，并加盖印章。

行政复议决定书一经送达，即发生法律效力。

第三十二条 被申请人应当履行行政复议决定。

被申请人不履行或者无正当理由拖延履行行政复议决定的，行政复议机关或者有关上级行政机关应当责令其限期履行。

第三十三条 申请人逾期不起诉又不履行行政复议决定的，或者不履行最终裁决的行政复议决定的，按照下列规定分别处理：

（一）维持具体行政行为的行政复议决定，由作出具体行政行为的行政机关依法强制执行，或者申请人民法院强制执行；

（二）变更具体行政行为的行政复议决定，由行政复议机关依法强制执行，或者申请人民法院强制执行。

第六章 法律责任

第三十四条 行政复议机关违反本法规定，无正当理由不予受理依法提出的行政复议申请或者不按照规定转送行政复议申请的，或者在法定期限内不作出行政复议决定的，对直接负责的主管人员和其他直接责任人员依法给予警告、记过、记大过的行政处分；经责令受理仍不受理或者不按照规定转送行政复议申请，造成严重后果的，依法给予降级、撤职、开除的行政处分。

第三十五条 行政复议机关工作人员在行政复议活动中，徇私舞弊或者有其他渎职、失职行为的，依法给予警告、记过、记大过的行政处分；情节严重的，依法给予降级、撤职、开除的行政处分；构成犯罪的，依法追究刑事责任。

第三十六条 被申请人违反本法规定，不提出书面答复或者不提交作出具体行政行为的证据、依据和其他有关材料，或者阻挠、变相阻挠公民、法人或者其他组织依法申请行政复议的，对直接负责的主管人员和其他直接责任人员依法给予警告、记过、记大过的行政处分；进行报复陷害的，依法给予降级、撤职、开除的行政处分；构成犯罪的，依法追究刑事责任。

第三十七条 被申请人不履行或者无正当理由拖延履行行政复议决定的，对直接负责的主管人员和其他直接责任人员依法给予警告、记过、记大过的行政处分；经责令履行仍拒不履行的，依法给予降级、撤职、开除的行政处分。

第三十八条 行政复议机关负责法制工作的机构发现有无正当理由不予受理行政复议申请、不按照规定期限作出行政复议决定、徇私舞弊、对申请人打击报复或者不履行行政复议决定等情形的，应当向有关行政机关提出建议，有关行政机关应当依照本法和有关法律、行政法规的规定作出处理。

第七章 附 则

第三十九条 行政复议机关受理行政复议申请，不得向申请人收取任何费用。行政复议活动所需经费，应当列入本机关的行政经费，由本级财政予以保障。

第四十条 行政复议期间的计算和行政复议文书的送达，依照民事诉讼法关于期间、送达的规定执行。

本法关于行政复议期间有关“五日”、“七日”的规定是指工作日，不含节假日。

第四十一条 外国人、无国籍人、外国组织在中华人民共和国境内申请行政复议，适用本法。

第四十二条 本法施行前公布的法律有关行政复议的规定与本法的规定不一致的，以本法的规定为准。

第四十三条 本法自1999年10月1日起施行。1990年12月24日国务院发布、1994年10月9日国务院修订发布的《行政复议条例》同时废止。

中华人民共和国行政诉讼法

1989 年 4 月 4 日第七届全国人民代表大会第二次会议通过，同日中华人民共和国主席令第十六号公布，自 1990 年 10 月 1 日起施行；根据 2014 年 11 月 1 日第十二届全国人民代表大会常务委员会第十一次会议通过的《关于修改〈中华人民共和国行政诉讼法〉的决定》修正，自 2015 年 5 月 1 日起施行

目　　录

第一章　总　　则

第一条　为保证人民法院公正、及时审理行政案件，解决行政争议，保护公民、法人和其他组织的合法权益，监督行政机关依法行使职权，根据宪法，制定本法。

第二条　公民、法人或者其他组织认为行政机关和行政机关工作人员的行政行为侵犯其合法权益，有权依照本法向人民法院提起诉讼。前款所称行政行为，包括法律、法规、规章授权的组织作出的行政行为。

第三条　人民法院应当保障公民、法人和其他组织的起诉权利，对应当受理的行政案件依法受理。行政机关及其工作人员不得干预、阻碍人民法院受理行政案件。被诉行政机关负责人应当出庭应诉。不能出庭的，应当委托行政机关相应的工作人员出庭。

第四条　人民法院依法对行政案件独立行使审判权，不受行政机关、社会团体和个人的干涉。人民法院设行政审判庭，审理行政案件。

第五条　人民法院审理行政案件，以事实为根据，以法律为准绳。

第六条　人民法院审理行政案件，对行政行为是否合法进行审查。

第七条　人民法院审理行政案件，依法实行合议、回避、公开审判和两审终审制度。

第八条　当事人在行政诉讼中的法律地位平等。

第九条　各民族公民都有用本民族语言、文字进行行政诉讼的权利。在少数民族聚居或者多民族共同居住的地区，人民法院应当用当地民族通用的语言、文字进行审理和发布法律文书。人民法院应当对不通晓当地民族通用的语言、文字的诉讼参与人提供翻译。

第十条　当事人在行政诉讼中有权进行辩论。

第十一条　人民检察院有权对行政诉讼实行法律监督。

第二章 受案范围

第十二条 人民法院受理公民、法人或者其他组织提起的下列诉讼：（一）对行政拘留、暂扣或者吊销许可证和执照、责令停产停业、没收违法所得、没收非法财物、罚款、警告等行政处罚不服的；（二）对限制人身自由或者对财产的查封、扣押、冻结等行政强制措施和行政强制执行不服的；（三）申请行政许可，行政机关拒绝或者在法定期限内不予答复，或者对行政机关作出的有关行政许可的其他决定不服的；（四）对行政机关作出的关于确认土地、矿藏、水流、森林、山岭、草原、荒地、滩涂、海域等自然资源的所有权或者使用权的决定不服的；（五）对征收、征用决定及其补偿决定不服的；（六）申请行政机关履行保护人身权、财产权等合法权益的法定职责，行政机关拒绝履行或者不予答复的；（七）认为行政机关侵犯其经营自主权或者农村土地承包经营权、农村土地经营权的；（八）认为行政机关滥用行政权力排除或者限制竞争的；（九）认为行政机关违法集资、摊派费用或者违法要求履行其他义务的；（十）认为行政机关没有依法支付抚恤金、最低生活保障待遇或者社会保险待遇的；（十一）认为行政机关不依法履行、未按照约定履行或者违法变更、解除政府特许经营协议、土地房屋征收补偿协议等协议的；（十二）认为行政机关侵犯其他人身权、财产权等合法权益的。除前款规定外，人民法院受理法律、法规规定可以提起诉讼的其他行政案件。

第十三条 人民法院不受理公民、法人或者其他组织对下列事项提起的诉讼：（一）国防、外交等国家行为；（二）行政法规、规章或者行政机关制定、发布的具有普遍约束力的决定、命令；（三）行政机关对行政机关工作人员的奖惩、任免等决定；（四）法律规定由行政机关最终裁决的行政行为。

第三章 管 辖

第十四条 基层人民法院管辖第一审行政案件。

第十五条 中级人民法院管辖下列第一审行政案件：（一）对国务院部门或者县级以上地方人民政府所作的行政行为提起诉讼的案件；（二）海关处理的案件；（三）本辖区内重大、复杂的案件；（四）其他法律规定由中级人民法院管辖的案件。

第十六条 高级人民法院管辖本辖区内重大、复杂的第一审行政案件。

第十七条 最高人民法院管辖全国范围内重大、复杂的第一审行政案件。

第十八条 行政案件由最初作出行政行为的行政机关所在地人民法院管辖。经复议的案件，也可以由复议机关所在地人民法院管辖。经最高人民法院批准，高级人民法院可以根据审判工作的实际情况，确定若干人民法院跨行政区域管辖行政案件。

第十九条 对限制人身自由的行政强制措施不服提起的诉讼，由被告所在地或者原告所在地人民法院管辖。

第二十条 因不动产提起的行政诉讼，由不动产所在地人民法院管辖。

第二十一条 两个以上人民法院都有管辖权的案件，原告可以选择其中一个人民法院提起诉讼。原告向两个以上有管辖权的人民法院提起诉讼的，由最先立案的人民法院管辖。

第二十二条 人民法院发现受理的案件不属于本院管辖的，应当移送有管辖权的人民法院，受移送的人民法院应当受理。受移送的人民法院认为受移送的案件按照规定不属于本院管辖的，应当报请上级人民法院指定管辖，不得再自行移送。

第二十三条 有管辖权的人民法院由于特殊原因不能行使管辖权的，由上级人民法院指定管辖。人民法院对管辖权发生争议，由争议双方协商解决。协商不成的，报它们的共同上级人民法院指定管辖。

第二十四条 上级人民法院有权审理下级人民法院管辖的第一审行政案件。下级人民法院对其管辖的第一审行政案件，认为需要由上级人民法院审理或者指定管辖的，可以报请上级人民法院决定。

第四章 诉讼参加人

第二十五条 行政行为的相对人以及其他与行政行为有利害关系的公民、法人或者其他组织，有权提起诉讼。有权提起诉讼的公民死亡，其近亲属可以提起诉讼。有权提起诉讼的法人或者其他组织终止，承受其权利的法人或者其他组织可以提起诉讼。

第二十六条 公民、法人或者其他组织直接向人民法院提起诉讼的，作出行政行为的行政机关是被告。经复议的案件，复议机关决定维持原行政行为的，作出原行政行为的行政机关和复议机关是共同被告；复议机关改变原行政行为的，复议机关是被告。复议机关在法定期限内未作出复议决定，公民、法人或者其他组织起诉原行政行为的，作出原行政行为的行政机关是被告；起诉复议机关不作为的，复议机关是被告。两个以上行政机关作出同一行政行为的，共同作出行政行为的行政机关是共同被告。行政机关委托的组织所作的行政行为，委托的行政机关是被告。行政机关被撤销或者职权变更的，继续行使其职权的行政机关是被告。

第二十七条 当事人一方或者双方为二人以上，因同一行政行为发生的行政案件，或者因同类行政行为发生的行政案件、人民法院认为可以合并审理并经当事人同意的，为共同诉讼。

第二十八条 当事人一方人数众多的共同诉讼，可以由当事人推选代表人进行诉讼。代表人的诉讼行为对其所代表的当事人发生效力，但代表人变更、放弃诉讼请求或者承认对方当事人的诉讼请求，应当经被代表的当事人同意。

第二十九条 公民、法人或者其他组织同被诉行政行为有利害关系但没有提起诉讼，或者同案件处理结果有利害关系的，可以作为第三人申请参加诉讼，或者由人民法院通知参加诉讼。人民法院判决第三人承担义务或者减损第三人权益的，第三人有权依法提起上诉。

第三十条 没有诉讼行为能力的公民，由其法定代理人代为诉讼。法定代理人互相推诿代理责任的，由人民法院指定其中一人代为诉讼。

第三十一条 当事人、法定代理人，可以委托一至二人作为诉讼代理人。下列人员可以被委托为诉讼代理人：（一）律师、基层法律服务工作者；（二）当事人的近亲属或者工作人员；（三）当事人所在社区、单位以及有关社会团体推荐的公民。

第三十二条 代理诉讼的律师，有权按照规定查阅、复制本案有关材料，有权向有关组织和公民调查，收集与本案有关的证据。对涉及国家秘密、商业秘密和个人隐私的材料，应当依照法律规定保密。当事人和其他诉讼代理人有权按照规定查阅、复制本案庭审材料，但涉及国家秘密、商业秘密和个人隐私的内容除外。

第五章 证 据

第三十三条 证据包括：（一）书证；（二）物证；（三）视听资料；（四）电子数据；（五）证人证言；（六）当事人的陈述；（七）鉴定意见；（八）勘验笔录、现场笔录。以上证据经法庭审查属实，才能作为认定案件事实的根据。

第三十四条 被告对作出的行政行为负有举证责任，应当提供作出该行政行为的证据和所依据的规范性文件。被告不提供或者无正当理由逾期提供证据，视为没有相应证据。但是，被诉行政行为涉及第三人合法权益，第三人提供证据的除外。

第三十五条 在诉讼过程中，被告及其诉讼代理人不得自行向原告、第三人和证人收集证据。

第三十六条 被告在作出行政行为时已经收集了证据，但因不可抗力等正当事由不能提供的，经人民法院准许，可以延期提供。原告或者第三人提出了其在行政处理程序中没有提出的理由或者证据的，经人民法院准许，被告可以补充证据。

第三十七条 原告可以提供证明行政行为违法的证据。原告提供的证据不成立的，不免除被告的举证责任。

第三十八条 在起诉被告不履行法定职责的案件中，原告应当提供其向被告提出申请的证据。但有下列情形之一的除外：（一）被告应当依职权主动履行法定职责的；（二）原告因正当理由不能提供证据的。在行政赔偿、补偿的案件中，原告应当对行政行为造成的损害提供证据。因被告的原因导致原告无法举证的，由被告承担举证责任。

第三十九条 人民法院有权要求当事人提供或者补充证据。

第四十条 人民法院有权向有关行政机关以及其他组织、公民调取证据。但是，不得为证明行政行为的合法性调取被告作出行政行为时未收集的证据。

第四十一条 与本案有关的下列证据，原告或者第三人不能自行收集的，可以申请人民法院调取：（一）由国家机关保存而须由人民法院调取的证据；（二）涉及国家秘密、商业秘密和个人隐私的证据；（三）确因客观原因不能自行收集的其他证据。

第四十二条 在证据可能灭失或者以后难以取得的情况下，诉讼参加人可以向人民法院申请保全证据，人民法院也可以主动采取保全措施。

第四十三条 证据应当在法庭上出示，并由当事人互相质证。对涉及国家秘密、商业秘密和个人隐私的证据，不得在公开开庭时出示。人民法院应当按照法定程序，全面、客观地审查核实证据。对未采纳的证据应当在裁判文书中说明理由。以非法手段取得的证据，不得作为认定案件事实的根据。

第六章　起诉和受理

第四十四条 对属于人民法院受案范围的行政案件，公民、法人或者其他组织可以先向行政机关申请复议，对复议决定不服的，再向人民法院提起诉讼；也可以直接向人民法院提起诉讼。法律、法规规定应当先向行政机关申请复议，对复议决定不服再向人民法院提起诉讼的，依照法律、法规的规定。

第四十五条 公民、法人或者其他组织不服复议决定的，可以在收到复议决定书之日起十五日内向人民法院提起诉讼。复议机关逾期不作决定的，申请人可以在复议期满之日起十五日内向人民法院提起诉讼。法律另有规定的除外。

第四十六条 公民、法人或者其他组织直接向人民法院提起诉讼的，应当自知道或者应当知道作出行政行为之日起六个月内提出。法律另有规定的除外。因不动产提起诉讼的案件自行政行为作出之日起超过二十年，其他案件自行政行为作出之日起超过五年提起诉讼的，人民法院不予受理。

第四十七条 公民、法人或者其他组织申请行政机关履行保护其人身权、财产权等合法权益的法定职责，行政机关在接到申请之日起两个月内不履行的，公民、法人或者其他组织可以向人民法院提起诉讼。法律、法规对行政机关履行职责的期限另有规定的，从其规定。公民、法人或者其他组织在紧急情况下请求行政机关履行保护其人身权、财产权等合法权益的法定职责，行政机关不履行的，提起诉讼不受前款规定期限的限制。

第四十八条 公民、法人或者其他组织因不可抗力或者其他不属于其自身的原因耽误起诉期限的，被耽误的时间不计算在起诉期限内。公民、法人或者其他组织因前款规定以外的其他特殊情况耽误起诉期限的，在障碍消除后十日内，可以申请延长期限，是否准许由人民法院决定。

第四十九条 提起诉讼应当符合下列条件：（一）原告是符合本法第二十五条规定的公民、法人或者其他组织；（二）有明确的被告；（三）有具体的诉讼请求和事实根据；（四）属于人民法院受案范围和受诉人民法院管辖。

第五十条 起诉应当向人民法院递交起诉状，并按照被告人数提出副本。书写起诉状确有困难的，可以口头起诉，由人民法院记入笔录，出具注明日期的书面凭证，并告知对方当事人。

第五十一条 人民法院在接到起诉状时对符合本法规定的起诉条件的，应当登记立案。对当场不能判定是否符合本法规定的起诉条件的，应当接收起诉状，出具注明收到日期的书面凭证，并在七日内决定是否立案。不符合起诉条件的，作出不予立案的裁定。裁定书应当载明不予立案的理由。原告对裁定不服的，可以提起上诉。起诉状内容欠缺或者有其他错误的，应当给予指导和释明，并一次性告知当事人需要补正的内容。不得未经指导和释明即以起诉不符合条件为由不接收起诉状。对于不接收起诉状、接收起诉状后不出具书面凭证，以及不一次性告知当事人需要补正的起诉状内容的，当事人可以向上级人民法院投诉，上级人民法院应当责令改正，并对直接负责的主管人员和其他直接责任人员依法给予处分。

第五十二条 人民法院既不立案，又不作出不予立案裁定的，当事人可以向上一级人民法院起诉。上一级人民法院认为符合起诉条件的，应当立案、审理，也可以指定其他下级人民法院立案、审理。

第五十三条 公民、法人或者其他组织认为行政行为所依据的国务院部门和地方人民政府及其部门制定的规范性文件不合法，在对行政行为提起诉讼时，可以一并请求对该规范性文件进行审查。前款规定的规范性文件不含规章。

第七章 审理和判决

第一节 一般规定

第五十四条 人民法院公开审理行政案件，但涉及国家秘密、个人隐私和法律另有规定的除外。涉及商业秘密的案件，当事人申请不公开审理的，可以不公开审理。

第五十五条 当事人认为审判人员与本案有利害关系或者有其他关系可能影响公正审判，有权申请审判人员回避。审判人员认为自己与本案有利害关系或者有其他关系，应当申请回避。前两款规定，适用于书记员、翻译人员、鉴定人、勘验人。院长担任审判长时的回避，由审判委员会决定；审判人员的回避，由院长决定；其他人员的回避，由审判长决定。当事人对决定不服的，可以申请复议一次。

第五十六条 诉讼期间，不停止行政行为的执行。但有下列情形之一的，裁定停止执行：（一）被告认为需要停止执行的；（二）原告或者利害关系人申请停止执行，人民法院认为该行政行为的执行会造成难以弥补的损失，并且停止执行不损害国家利益、社会公共利益的；（三）人民法院认为该行政行为的执行会给国家利益、社会公共利益造成重大损害的；（四）法律、法规规定停止执行的。当事人对停止执行或者不停止执行的裁定不服的，可以申请复议一次。

第五十七条 人民法院对起诉行政机关没有依法支付抚恤金、最低生活保障金和工伤、医疗社会保险金的案件，权利义务关系明确、不先予执行将严重影响原告生活的，可以根据原告的申请，裁定先予执行。当事人对先予执行裁定不服的，可以申请复议一次。复议期间不停止裁定的执行。

第五十八条 经人民法院传票传唤，原告无正当理由拒不到庭，或者未经法庭许可中途退庭的，可以按照撤诉处理；被告无正当理由拒不到庭，或者未经法庭许可中途退庭的，可以缺席判决。

第五十九条 诉讼参与人或者其他人有下列行为之一的，人民法院可以根据情节轻重，予以训诫、责令具结悔过或者处一万元以下的罚款、十五日以下的拘留；构成犯罪的，依法追究刑事责任：（一）有义务协助调查、执行的人，对人民法院的协助调查决定、协助执行通知书，无故推拖、拒绝或者妨碍调查、执行的；（二）伪造、隐藏、毁灭证据或者提供虚假证明材料，妨碍人民法院审理案件的；（三）指使、贿买、胁迫他人作伪证或者威胁、阻止证人作证的；（四）隐藏、转移、变卖、毁损已被查封、扣押、冻结的财产的；（五）以欺骗、胁迫等非法手段使原告撤诉的；（六）以暴力、威胁或者其他方法阻碍人民法院工作人员执行职务，或者以哄闹、冲击法庭等方法扰乱人民法院工作秩序的；（七）对人民法院审判人员或者其他工作人员、诉讼参与人、协助调查和执行的人员恐吓、侮辱、诽谤、诬陷、殴打、围攻或者打击报复的。人民法院对有前款规定的行为之一的单位，可以对其主要负责人或者直接责任人员依照前款规定予以罚款、拘留；构成犯罪的，依法追究刑事责任。罚款、拘留须经人民法院院长批准。当事人不服的，可以向上一级人民法院申请复议一次。复议期间不停止执行。

第六十条 人民法院审理行政案件，不适用调解。但是，行政赔偿、补偿以及行政机关行使法律、法规规定的自由裁量权的案件可以调解。调解应当遵循自愿、合法原则，不得损害国家利益、社会公共利益和他人合法权益。

第六十一条 在涉及行政许可、登记、征收、征用和行政机关对民事争议所作的裁决的行政诉讼中，当事人申请一并解决相关民事争议的，人民法院可以一并审理。在行政诉讼中，人民法院认为行政案件的审理需以民事诉讼的裁判为依据的，可以裁定中止行政诉讼。

第六十二条 人民法院对行政案件宣告判决或者裁定前，原告申请撤诉的，或者被告改变其所作的行政行为，原告同意并申请撤诉的，是否准许，由人民法院裁定。

第六十三条 人民法院审理行政案件，以法律和行政法规、地方性法规为依据。地方性法规适用于本行政区域内发生的行政案件。人民法院审理民族自治地方的行政案件，并以该民族自治地方的自治条例和单行条例为依据。人民法院审理行政案件，参照规章。

第六十四条 人民法院在审理行政案件中，经审查认为本法第五十三条规定的规范性文件不合法的，不作为认定行政行为合法的依据，并向制定机关提出处理建议。

第六十五条 人民法院应当公开发生法律效力的判决书、裁定书，供公众查阅，但涉及国家秘密、商业秘密和个人隐私的内容除外。

第六十六条 人民法院在审理行政案件中，认为行政机关的主管人员、直接责任人员违法违纪的，应当将有关材料移送监察机关、该行政机关或者其上一级行政机关；认为有犯罪行为的，应当将有关材料移送公安、检察机关。人民法院对被告经传票传唤无正当理由拒不到庭，或者未经法庭许可中途退庭的，可以将被告拒不到庭或者中途退庭的情况予以公告，并可以向监察机关或者被告的上一级行政机关提出依法给予其主要负责人或者直接责任人员处分的司法建议。

第二节 第一审普通程序

第六十七条 人民法院应当在立案之日起五日内，将起诉状副本发送被告。被告应当在收到起诉状副本之日起十五日内向人民法院提交作出行政行为的证据和所依据的规范性文件，并提出答辩状。人民法院应当在收到答辩状之日起五日内，将答辩状副本发送原告。被告不提出答辩状的，不影响人民法院审理。

第六十八条 人民法院审理行政案件，由审判员组成合议庭，或者由审判员、陪审员组成合议庭。合议庭的成员，应当是三人以上的单数。

第六十九条 行政行为证据确凿，适用法律、法规正确，符合法定程序的，或者原告申请被告履行法定职责或者给付义务理由不成立的，人民法院判决驳回原告的诉讼请求。

第七十条 行政行为有下列情形之一的，人民法院判决撤销或者部分撤销，并可以判决被告重新作出行政行为：（一）主要证据不足的；（二）适用法律、法规错误的；（三）违反法定程序的；（四）超越职权的；（五）滥用职权的；（六）明显不当的。

第七十一条 人民法院判决被告重新作出行政行为的，被告不得以同一的事实和理由作出与原行政行为基本相同的行政行为。

第七十二条 人民法院经过审理，查明被告不履行法定职责的，判决被告在一定期限内履行。

第七十三条 人民法院经过审理，查明被告依法负有给付义务的，判决被告履行给付义务。

第七十四条 行政行为有下列情形之一的，人民法院判决确认违法，但不撤销行政行为：（一）行政行为依法应当撤销，但撤销会给国家利益、社会公共利益造成重大损害的；（二）行政行为程序轻微违法，但对原告权利不产生实际影响的。行政行为有下列情形之一，不需要撤销或者判决履行的，人民法院判决确认违法：（一）行政行为违法，但不具有可撤销内容的；（二）被告改变原违法行政行为，原告仍要求确认原行政行为违法的；（三）被告不履行或者拖延履行法定职责，判决履行没有意义的。

第七十五条 行政行为有实施主体不具有行政主体资格或者没有依据等重大且明显违法情形，原告申请确认行政行为无效的，人民法院判决确认无效。

第七十六条 人民法院判决确认违法或者无效的，可以同时判决责令被告采取补救措施；给原告造成损失的，依法判决被告承担赔偿责任。

第七十七条 行政处罚明显不当，或者其他行政行为涉及对款额的确定、认定确有错误的，人民法院可以判决变更。人民法院判决变更，不得加重原告的义务或者减损原告的权益。但利害关系人同为原告，且诉讼请求相反的除外。

第七十八条 被告不依法履行、未按照约定履行或者违法变更、解除本法第十二条第一款第十一项规定的协议的，人民法院判决被告承担继续履行、采取补救措施或者赔偿损失等责任。被告变更、解除本法第十二条第一款第十一项规定的协议合法，但未依法给予补偿的，人民法院判决给予补偿。

第七十九条 复议机关与作出原行政行为的行政机关为共同被告的案件，人民法院应当对复议决定和原行政行为一并作出裁判。

第八十条 人民法院对公开审理和不公开审理的案件，一律公开宣告判决。当庭宣判的，应当在十日内发送判决书；定期宣判的，宣判后立即发给判决书。宣告判决时，必须告知当事人上诉权利、上诉期限和上诉的人民法院。

第八十一条 人民法院应当在立案之日起六个月内作出第一审判决。有特殊情况需要延长的，由高级人民法院批准，高级人民法院审理第一审案件需要延长的，由最高人民法院批准。

第三节 简易程序

第八十二条 人民法院审理下列第一审行政案件，认为事实清楚、权利义务关系明确、争议不大的，可以适用简易程序：（一）被诉行政行为是依法当场作出的；（二）案件涉及款额二千元以下的；（三）属于政府信息公开案件的。除前款规定以外的第一审行政案件，当事人各方同意适用简易程序的，可以适用简易程序。发回重审、按照审判监督程序再审的案件不适用简易程序。

第八十三条 适用简易程序审理的行政案件，由审判员一人独任审理，并应当在立案之日起四十五日内审结。

第八十四条 人民法院在审理过程中，发现案件不宜适用简易程序的，裁定转为普通程序。

第四节 第二审程序

第八十五条 当事人不服人民法院第一审判决的，有权在判决书送达之日起十五日内向上一级人民法院提起上诉。当事人不服人民法院第一审裁定的，有权在裁定书送达之日起十日内向上一级人民法院提起上诉。逾期不提起上诉的，人民法院的第一审判决或者裁定发生法律效力。

第八十六条 人民法院对上诉案件，应当组成合议庭，开庭审理。经过阅卷、调查和询问当事人，对没有提出新的事实、证据或者理由，合议庭认为不需要开庭审理的，也可以不开庭审理。

第八十七条 人民法院审理上诉案件，应当对原审人民法院的判决、裁定和被诉行政行为进行全面审查。

第八十八条 人民法院审理上诉案件，应当在收到上诉状之日起三个月内作出终审判决。有特殊情况需要延长的，由高级人民法院批准，高级人民法院审理上诉案件需要延长的，由最高人民法院批准。

第八十九条 人民法院审理上诉案件，按照下列情形，分别处理：（一）原判决、裁定认定事实清楚，适用法律、法规正确的，判决或者裁定驳回上诉，维持原判决、裁定；（二）原判决、裁定认定事实错误或者适用法律、法规错误的，依法改判、撤销或者变更；（三）原判决认定基本事实不清、证据不足的，发回原审人民法院重审，或者查清事实后改判；（四）原判决遗漏当事人或者违法缺席判决等严重违反法定程序的，裁定撤销原判决，发回原审人民法院重审。原审人民法院对发回重审的案件作出判决后，当事人提起上诉的，第二审人民法院不得再次发回重审。人民法院审理上诉案件，需要改变原审判决的，应当同时对被诉行政行为作出判决。

第五节 审判监督程序

第九十条 当事人对已经发生法律效力的判决、裁定，认为确有错误的，可以向上一级人民法院申请再审，但判决、裁定不停止执行。

第九十一条 当事人的申请符合下列情形之一的，人民法院应当再审：（一）不予立案或者驳回起诉确有错误的；（二）有新的证据，足以推翻原判决、裁定的；（三）原判决、裁定认定事实的主要证据不足、未经质证或者系伪造的；（四）原判决、裁定适用法律、法规确有错误的；（五）违反法律规定的诉讼程序，可能影响公正审判的；（六）原判决、裁定遗漏诉讼请求的；（七）据以作出原判决、裁定的法律文书被撤销或者变更的；（八）审判人员在审理该案件时有贪污受贿、徇私舞弊、枉法裁判行为的。

第九+二条各级人民法院院长对本院已经发生法律效力的判决、裁定，发现有本法第九十一条规定情形之一，或者发现调解违反自愿原则或者调解书内容违法，认为需要再审的，应当提交审判委员会讨论决定。最高人民法院对地方各级人民法院已经发生法律效力的判决、裁定，上级人民法院对下级人民法院已经发生法律效力的判决、裁定，发现有本法第九十一条规定情形之一，或者发现调解违反自愿原则或者调解书内容违法的，有权提审或者指令下级人民法院再审。

第九十三条 最高人民检察院对各级人民法院已经发生法律效力的判决、裁定，上级人民检察院对下级人民法院已经发生法律效力的判决、裁定，发现有本法第九十一条规定情形之一，或者发现调解书损害国家利益、社会公共利益的，应当提出抗诉。地方各级人民检察院对同级人民法院已经发生法律效力的判决、裁定，发现有本法第九十一条规定情形之一，或者发现调解书损害国家利益、社会公共利益的，可以向同级人民法院提出检察建议，并报上级人民检察院备案；也可以提请上级人民检察院向同级人民法院提出抗诉。各级人民检察院对审判监督程序以外的其他审判程序中审判人员的违法行为，有权向同级人民法院提出检察建议。

第八章 执 行

第九十四条 当事人必须履行人民法院发生法律效力的判决、裁定、调解书。

第九十五条 公民、法人或者其他组织拒绝履行判决、裁定、调解书的，行政机关或者第三人可以向第一审人民法院申请强制执行，或者由行政机关依法强制执行。

第九十六条 行政机关拒绝履行判决、裁定、调解书的，第一审人民法院可以采取下列措施：（一）对应当归还的罚款或者应当给付的款额，通知银行从该行政机关的账户内划拨；（二）在规定期限内不履行的，从期满之日起，对该行政机关负责人按日处五十元至一百元的罚款；（三）将行政机关拒绝履行的情况予以公告；（四）向监察机关或者该行政机关的上一级行政机关提出司法建议。接受司法建议的机关，根据有关规定进行处理，并将处理情况告知人民法院；（五）拒不履行判决、裁定、调解书，社会影响恶劣的，可以对该行政机关直接负责的主管人员和其他直接责任人员予以拘留；情节严重，构成犯罪的，依法追究刑事责任。

第九十七条 公民、法人或者其他组织对行政行为在法定期限内不提起诉讼又不履行的，行政机关可以申请人民法院强制执行，或者依法强制执行。

第九章 涉外行政诉讼

第九十八条 外国人、无国籍人、外国组织在中华人民共和国进行行政诉讼，适用本法。法律另有规定的除外。

第九十九条 外国人、无国籍人、外国组织在中华人民共和国进行行政诉讼，同中华人民共和国公民、组织有同等的诉讼权利和义务。外国法院对中华人民共和国公民、组织的行政诉讼权利加以限制的，人民法院对该国公民、组织的行政诉讼权利，实行对等原则。

第一百条 外国人、无国籍人、外国组织在中华人民共和国进行行政诉讼，委托律师代理诉讼的，应当委托中华人民共和国律师机构的律师。

第十章 附　　则

第一百零一条 人民法院审理行政案件，关于期间、送达、财产保全、开庭审理、调解、中止诉讼、终结诉讼、简易程序、执行等，以及人民检察院对行政案件受理、审理、裁判、执行的监督，本法没有规定的，适用《中华人民共和国民事诉讼法》的相关规定。

第一百零二条 人民法院审理行政案件，应当收取诉讼费用。诉讼费用由败诉方承担，双方都有责任的由双方分担。收取诉讼费用的具体办法另行规定。

第一百零三条 本法自1990年10月1日起施行。

中华人民共和国国家赔偿法

1994年5月12日第八届全国人民代表大会常务委员会第七次会议通过，同日中华人民共和国主席令第二十三号公布，自1995年1月1日起施行；根据2010年4月29日第十一届全国人民代表大会常务委员会第十四次会议通过的《关于修改〈中华人民共和国国家赔偿法〉的决定》第一次修正，自2010年12月1日起施行；根据2012年10月26日第十一届全国人民代表大会常务委员会第二十九次会议通过的《关于修改〈中华人民共和国国家赔偿法〉的决定》第二次修正，自2013年1月1日起施行

目　录

第一章　总　　则

第一条　为保障公民、法人和其他组织享有依法取得国家赔偿的权利，促进国家机关依法行使职权，根据宪法，制定本法。

第二条　国家机关和国家机关工作人员行使职权，有本法规定的侵犯公民、法人和其他组织合法权益的情形，造成损害的，受害人有依照本法

取得国家赔偿的权利。本法规定的赔偿义务机关，应当依照本法及时履行赔偿义务。

第二章 行政赔偿

第一节 赔偿范围

第三条 行政机关及其工作人员在行使行政职权时有下列侵犯人身权情形之一的，受害人有取得赔偿的权利：（一）违法拘留或者违法采取限制公民人身自由的行政强制措施的；（二）非法拘禁或者以其他方法非法剥夺公民人身自由的；（三）以殴打、虐待等行为或者唆使、放纵他人以殴打、虐待等行为造成公民身体伤害或者死亡的；（四）违法使用武器、警械造成公民身体伤害或者死亡的；（五）造成公民身体伤害或者死亡的其他违法行为。

第四条 行政机关及其工作人员在行使行政职权时有下列侵犯财产权情形之一的，受害人有取得赔偿的权利：（一）违法实施罚款、吊销许可证和执照、责令停产停业、没收财物等行政处罚的；（二）违法对财产采取查封、扣押、冻结等行政强制措施的；（三）违法征收、征用财产的；（四）造成财产损害的其他违法行为。

第五条 属于下列情形之一的，国家不承担赔偿责任：（一）行政机关工作人员与行使职权无关的个人行为；（二）因公民、法人和其他组织自己的行为致使损害发生的；（三）法律规定的其他情形。

第二节 赔偿请求人和赔偿义务机关

第六条 受害的公民、法人和其他组织有权要求赔偿。受害的公民死亡，其继承人和其他有扶养关系的亲属有权要求赔偿。受害的法人或者其他组织终止的，其权利承受人有权要求赔偿。

第七条 行政机关及其工作人员行使行政职权侵犯公民、法人和其他组织的合法权益造成损害的，该行政机关为赔偿义务机关。两个以上行政机关共同行使行政职权时侵犯公民、法人和其他组织的合法权益造成损害的，共同行使行政职权的行政机关为共同赔偿义务机关。法律、法规授权的组织在行使授予的行政权力时侵犯公民、法人和其他组织的合法权益造成损害的，被授权的组织为赔偿义务机关。受行政机关委托的组织或者个人在行使受委托的行政权力时侵犯公民、法人和其他组织的合法权益造成损害的，委托的行政机关为赔偿义务机关。赔偿义务机关被撤销的，继续行使其职权的行政机关为赔偿义务机关；没有继续行使其职权的行政机关的，撤销该赔偿义务机关的行政机关为赔偿义务机关。

第八条 经复议机关复议的，最初造成侵权行为的行政机关为赔偿义务机关，但复议机关的复议决定加重损害的，复议机关对加重的部分履行赔偿义务。

第三节 赔偿程序

第九条 赔偿义务机关有本法第三条、第四条规定情形之一的，应当给予赔偿。赔偿请求人要求赔偿，应当先向赔偿义务机关提出，也可以在申请行政复议或者提起行政诉讼时一并提出。

第十条 赔偿请求人可以向共同赔偿义务机关中的任何一个赔偿义务机关要求赔偿，该赔偿义务机关应当先予赔偿。

第十一条 赔偿请求人根据受到的不同损害，可以同时提出数项赔偿要求。

第十二条 要求赔偿应当递交申请书，申请书应当载明下列事项：（一）受害人的姓名、性别、年龄、工作单位和住所，法人或者其他组织的名称、住所和法定代表人或者主要负责人的姓名、职务；（二）具体的要求、事实根据和理由；（三）申请的年、月、日。赔偿请求人书写申请书确有困难的，可以委托他人代书；也可以口头申请，由赔偿义务机关记入笔录。赔偿请求人不是受害人本人的，应当说明与受害人的关系，并提供相应证明。赔偿请求人当面递交申请书的，赔偿义务机关应当当场出具加盖本行政机关专用印章并注明收讫日期的书面凭证。申请材料不齐全的，赔偿义务机关应当当场或者在五日内一次性告知赔偿请求人需要补正的全部内答。

第十三条 赔偿义务机关应当自收到申请之日起两个月内，作出是否赔偿的决定。赔偿义务机关作出赔偿决定，应当充分听取赔偿请求人的意见，并可以与赔偿请求人就赔偿方式、赔偿项目和赔偿数额依照本法第四章的规定进行协商。赔偿义务机关决定赔偿的，应当制作赔偿决定书，并自作出决定之日起十日内送达赔偿请求人。赔偿义务机关决定不予赔偿的，应当自作出决定之日起十日内书面通知赔偿请求人，并说明不予赔偿的理由。

第十四条 赔偿义务机关在规定期限内未作出是否赔偿的决定，赔偿请求人可以自期限届满之日起三个月内，向人民法院提起诉讼。赔偿请求人对赔偿的方式、项目、数额有异议的，或者赔偿义务机关作出不予赔偿决定的，赔偿请求人可以自赔偿义务机关作出赔偿或者不予赔偿决定之日起三个月内，向人民法院提起诉讼。

第十五条 人民法院审理行政赔偿案件，赔偿请求人和赔偿义务机关对自己提出的主张，应当提供证据。赔偿义务机关采取行政拘留或者限制人身自由的强制措施期间，被限制人身自由的人死亡或者丧失行为能力的，赔偿义务机关的行为与被限制人身自由的人的死亡或者丧失行为能力是否存在因果关系，赔偿义务机关应当提供证据。

第十六条 赔偿义务机关赔偿损失后，应当责令有故意或者重大过失的工作人员或者受委托的组织或者个人承担部分或者全部赔偿费用。对有故意或者重大过失的责任人员，有关机关应当依法给予处分；构成犯罪的，应当依法追究刑事责任。

第三章 刑事赔偿

第一节 赔偿范围

第十七条 行使侦查、检察、审判职权的机关以及看守所、监狱管理机关及其工作人员在行使职权时有下列侵犯人身权情形之一的，受害人有取得赔偿的权利：（一）违反刑事诉讼法的规定对公民采取拘留措施的，或者依照刑事诉讼法规定的条件和程序对公民采取拘留措施，但是拘留时间超过刑事诉讼法规定的时限，其后决定撤销案件、不起诉或者判决宣告无罪终止追究刑事责任的；（二）对公民采取逮捕措施后，决定撤销案件、不起诉或者判决宣告无罪终止追究刑事责任的；（三）依照审判监督程序再审改判无罪，原判刑罚已经执行的；（四）刑讯逼供或者以殴打、虐待等行为或者唆使、放纵他人以殴打、虐待等行为造成公民身体伤害或者死亡的；（五）违法使用武器、警械造成公民身体伤害或者死亡的。

第十八条 行使侦查、检察、审判职权的机关以及看守所、监狱管理机关及其工作人员在行使职权时有下列侵犯财产权情形之一的，受害人有取得赔偿的权利：（一）违法对财产采取查封、扣押、冻结、追缴等措施的；（二）依照审判监督程序再审改判无罪，原判罚金、没收财产已经执行的。

第十九条 属于下列情形之一的，国家不承担赔偿责任：（一）因公民自己故意作虚伪供述，或者伪造其他有罪证据被羁押或者被判处刑罚的；（二）依照刑法第十七条、第十八条规定不负刑事责任的人被羁押的；（三）依照刑事诉讼法第十五条、第一百七十三条第二款、第二百七十三条第二款、第二百七十九条规定不追究刑事责任的人被羁押的；（四）行使侦查、检察、审判职权的机关以及看守所、监狱管理机关的工作人员与行使职权无关的个人行为；（五）因公民自伤、自残等故意行为致使损害发生的；（六）法律规定的其他情形。

第二节　赔偿请求人和赔偿义务机关

第二十条 赔偿请求人的确定依照本法第六条的规定。

第二十一条 行使侦查、检察、审判职权的机关以及看守所、监狱管理机关及其工作人员在行使职权时侵犯公民、法人和其他组织的合法权益造成损害的，该机关为赔偿义务机关。对公民采取拘留措施，依照本法的规定应当给予国家赔偿的，作出拘留决定的机关为赔偿义务机关。对公民采取逮捕措施后决定撤销案件、不起诉或者判决宣告无罪的，作出逮捕决定的机关为赔偿义务机关。再审改判无罪的，作出原生效判决的人民法院为赔偿义务机关。二审改判无罪，以及二审发回重审后作无罪处理的，作出一审有罪判决的人民法院为赔偿义务机关。

第三节 赔 偿 程 序

第二十二条 赔偿义务机关有本法第十七条、第十八条规定情形之一的，应当给予赔偿。赔偿请求人要求赔偿，应当先向赔偿义务机关提出。赔偿请求人提出赔偿请求，适用本法第十一条、第十二条的规定。

第二十三条 赔偿义务机关应当自收到申请之日起两个月内，作出是否赔偿的决定。赔偿义务机关作出赔偿决定，应当充分听取赔偿请求人的意见，并可以与赔偿请求人就赔偿方式、赔偿项目和赔偿数额依照本法第四章的规定进行协商。赔偿义务机关决定赔偿的，应当制作赔偿决定书，并自作出决定之日起十日内送达赔偿请求人。赔偿义务机关决定不予赔偿的，应当自作出决定之日起十日内书面通知赔偿请求人，并说明不予赔偿的理由。

第二十四条 赔偿义务机关在规定期限内未作出是否赔偿的决定，赔偿请求人可以自期限届满之日起三十日内向赔偿义务机关的上一级机关申请复议。赔偿请求人对赔偿的方式、项目、数额有异议的，或者赔偿义务机关作出不予赔偿决定的，赔偿请求人可以自赔偿义务机关作出赔偿或者不予赔偿决定之日起三十日内，向赔偿义务机关的上一级机关申请复议。赔偿义务机关是人民法院的，赔偿请求人可以依照本条规定向其上一级人民法院赔偿委员会申请作出赔偿决定。

第二十五条 复议机关应当自收到申请之日起两个月内作出决定。赔偿请求人不服复议决定的，可以在收到复议决定之日起三十日内向复议机关所在地的同级人民法院赔偿委员会申请作出赔偿决定；复议机关逾期不作决定的，赔偿请求人可以自期限届满之日起三十日内向复议机关所在地的同级人民法院赔偿委员会申请作出赔偿决定。

第二十六条 人民法院赔偿委员会处理赔偿请求，赔偿请求人和赔偿义务机关对自己提出的主张，应当提供证据。被羁押人在羁押期间死亡或者丧失行为能力的，赔偿义务机关的行为与被羁押人的死亡或者丧失行为能力是否存在因果关系，赔偿义务机关应当提供证据。

第二十七条 人民法院赔偿委员会处理赔偿请求，采取书面审查的办法。必要时，可以向有关单位和人员调查情况、收集证据。赔偿请求人与赔偿义务机关对损害事实及因果关系有争议的，赔偿委员会可以听取赔偿请求人和赔偿义务机关的陈述和申辩，并可以进行质证。

第二十八条 人民法院赔偿委员会应当自收到赔偿申请之日起三个月内作出决定；属于疑难、复杂、重大案件的，经本院院长批准，可以延长三个月。

第二十九条 中级以上的人民法院设立赔偿委员会，由人民法院三名以上审判员组成，组成人员的人数应当为单数。赔偿委员会作赔偿决定，实行少数服从多数的原则。赔偿委员会作出的赔偿决定，是发生法律效力的决定，必须执行。

第三十条 赔偿请求人或者赔偿义务机关对赔偿委员会作出的决定，认为确有错误的，可以向上一级人民法院赔偿委员会提出申诉。赔偿委员会作出的赔偿决定生效后，如发现赔偿决定违反本法规定的，经本院院长决定或者上级人民法院指令，赔偿委员会应当在两个月内重新审查并依法作出决定，上一级人民法院赔偿委员会也可以直接审查并作出决定。最高人民检察院对各级人民法院赔偿委员会作出的决定，上级人民检察院对下级人民法院赔偿委员会作出的决定，发现违反本法规定的，应当向同级人民法院赔偿委员会提出意见，同级人民法院赔偿委员会应当在两个月内重新审查并依法作出决定。

第三十一条 赔偿义务机关赔偿后，应当向有下列情形之一的工作人员追偿部分或者全部赔偿费用：（一）有本法第十七条第四项、第五项规定情形的；（二）在处理案件中有贪污受贿，徇私舞弊，枉法裁判行为的。对有前款规定情形的责任人员，有关机关应当依法给予处分；构成犯罪的，应当依法追究刑事责任。

第四章　赔偿方式和计算标准

第三十二条 国家赔偿以支付赔偿金为主要方式。能够返还财产或者恢复原状的，予以返还财产或者恢复原状。

第三十三条 侵犯公民人身自由的，每日赔偿金按照国家上年度职工日平均工资计算。

第三十四条 侵犯公民生命健康权的，赔偿金按照下列规定计算：（一）造成身体伤害的，应当支付医疗费、护理费，以及赔偿因误工减少的收入。减少的收入每日的赔偿金按照国家上年度职工日平均工资计算，最高额为国家上年度职工年平均工资的五倍；（二）造成部分或者全部丧失劳动能力的，应当支付医疗费、护理费、残疾生活辅助具费、康复费等因残疾而增加的必要支出和继续治疗所必需的费用，以及残疾赔偿金。残疾赔偿金根据丧失劳动能力的程度，按照国家规定的伤残等级确定，最高不超过国家上年度职工年平均工资的二十倍。造成全部丧失劳动能力的，对其扶养的无劳动能力的人，还应当支付生活费；（三）造成死亡的，应当支付死亡赔偿金、丧葬费，总额为国家上年度职工年平均工资的二十倍。对死者生前扶养的无劳动能力的人，还应当支付生活费。前款第二项、第三项规定的生活费的发放标准，参照当地最低生活保障标准执行。被扶养的人是未成年人的，生活费给付至十八周岁止；其他无劳动能力的人，生活费给付至死亡时止。

第三十五条 有本法第三条或者第十七条规定情形之一，致人精神损害的，应当在侵权行为影响的范围内，为受害人消除影响，恢复名誉，赔礼道歉；造成严重后果的，应当支付相应的精神损害抚慰金。

第三十六条 侵犯公民、法人和其他组织的财产权造成损害的，按照下列规定处理：（一）处罚款、罚金、追缴、没收财产或者违法征收、征用财产的，返还财产；（二）查封、扣押、冻结财产的，解除对财产的查封、扣押、冻结，造成财产损坏或者灭失的，依照本条第三项、第四项的规定赔偿；（三）应当返还的财产损坏的，能够恢复原状的恢复原状，不能恢复原状的，按照损害程度给付相应的赔偿金；（四）应当返还的财产灭失的，给付相应的赔偿金；（五）财产已经拍卖或者变卖的，给付拍卖或者变卖所得的价款；变卖的价款明显低于财产价值的，应当支付相应的赔偿金；（六）吊销许可证和执照、责令停产停业的，赔偿停产停业期间必要的经常性费用开支；（七）返还执行的罚款或者罚金、追缴或者没收的金钱，解除冻结的存款或者汇款的，应当支付银行同期存款利息；（八）对财产权造成其他损害的，按照直接损失给予赔偿。

第三十七条 赔偿费用列入各级财政预算。赔偿请求人凭生效的判决书、复议决定书、赔偿决定书或者调解书，向赔偿义务机关申请支付赔偿金。赔偿义务机关应当自收到支付赔偿金申请之日起七日内，依照预算管理权限向有关的财政部门提出支付申请。财政部门应当自收到支付申请之日起十五日内支付赔偿金。赔偿费用预算与支付管理的具体办法由国务院规定。

第五章 其他规定

第三十八条 人民法院在民事诉讼、行政诉讼过程中，违法采取对妨害诉讼的强制措施、保全措施或者对判决、裁定及其他生效法律文书执行错误，造成损害的，赔偿请求人要求赔偿的程序，适用本法刑事赔偿程序的规定。

第三十九条 赔偿请求人请求国家赔偿的时效为两年，自其知道或者应当知道国家机关及其工作人员行使职权时的行为侵犯其人身权、财产权之日起计算，但被羁押等限制人身自由期间不计算在内。在申请行政复议或者提起行政诉讼时一并提出赔偿请求的，适用行政复议法、行政诉讼法有关时效的规定。赔偿请求人在赔偿请求时效的最后六个月内，因不可抗力或者其他障碍不能行使请求权的，时效中止。从中止时效的原因消除之日起，赔偿请求时效期间继续计算。

第四十条 外国人、外国企业和组织在中华人民共和国领域内要求中华人民共和国国家赔偿的，适用本法。外国人、外国企业和组织的所属国对中华人民共和国公民、法人和其他组织要求该国国家赔偿的权利不予保护或者限制的，中华人民共和国与该外国人、外国企业和组织的所属国实行对等原则。

第六章 附 则

第四十一条 赔偿请求人要求国家赔偿的，赔偿义务机关、复议机关和人民法院不得向赔偿请求人收取任何费用。对赔偿请求人取得的赔偿金不予征税。

第四十二条 本法自1995年1月1日起施行。

中华人民共和国公务员法

2005 年 4 月 27 日第十届全国人民代表大会常务委员会第十五次会议通过，同日中华人民共和国主席令第三十五号公布，自 2006 年 1 月 1 日起施行

目　　录

第一章 总 则

第一条 为了规范公务员的管理，保障公务员的合法权益，加强对公务员的监督，建设高素质的公务员队伍，促进勤政廉政，提高工作效能，根据宪法，制定本法。

第二条 本法所称公务员，是指依法履行公职、纳入国家行政编制、由国家财政负担工资福利的工作人员。

第三条 公务员的义务、权利和管理，适用本法。

法律对公务员中的领导成员的产生、任免、监督以及法官、检察官等的义务、权利和管理另有规定的，从其规定。

第四条 公务员制度坚持以马克思列宁主义、毛泽东思想、邓小平理论和“三个代表”重要思想为指导，贯彻社会主义初级阶段的基本路线，贯彻中国共产党的干部路线和方针，坚持党管干部原则。

第五条 公务员的管理，坚持公开、平等、竞争、择优的原则，依照法定的权限、条件、标准和程序进行。

第六条 公务员的管理，坚持监督约束与激励保障并重的原则。

第七条 公务员的任用，坚持任人唯贤、德才兼备的原则，注重工作实绩。

第八条 国家对公务员实行分类管理，提高管理效能和科学化水平。

第九条 公务员依法履行职务的行为，受法律保护。

第十条 中央公务员主管部门负责全国公务员的综合管理工作。县级以上地方各级公务员主管部门负责本辖区内公务员的综合管理工作。上级公务员主管部门指导下级公务员主管部门的公务员管理工作。各级公务员主管部门指导同级各机关的公务员管理工作。

第二章 公务员的条件、义务与权利

第十一条 公务员应当具备下列条件：

（一）具有中华人民共和国国籍；
（二）年满十八周岁；
（三）拥护中华人民共和国宪法；
（四）具有良好的品行；
（五）具有正常履行职责的身体条件；
（六）具有符合职位要求的文化程度和工作能力；
（七）法律规定的其他条件。

第十二条 公务员应当履行下列义务：
（一）模范遵守宪法和法律；
（二）按照规定的权限和程序认真履行职责，努力提高工作效率；
（三）全心全意为人民服务，接受人民监督；
（四）维护国家的安全、荣誉和利益；
（五）忠于职守，勤勉尽责，服从和执行上级依法作出的决定和命令；
（六）保守国家秘密和工作秘密；
（七）遵守纪律，恪守职业道德，模范遵守社会公德；
（八）清正廉洁，公道正派；
（九）法律规定的其他义务。

第十三条 公务员享有下列权利：
（一）获得履行职责应当具有的工作条件；
（二）非因法定事由、非经法定程序，不被免职、降职、辞退或者处分；
（三）获得工资报酬，享受福利、保险待遇；
（四）参加培训；
（五）对机关工作和领导人员提出批评和建议；
（六）提出申诉和控告；
（七）申请辞职；
（八）法律规定的其他权利。

第三章 职务与级别

第十四条 国家实行公务员职位分类制度。

公务员职位类别按照公务员职位的性质、特点和管理需要，划分为综合管理类、专业技术类和行政执法类等类别。国务院根据本法，对于具有职位特殊性，需要单独管理的，可以增设其他职位类别。各职位类别的适用范围由国家另行规定。

第十五条 国家根据公务员职位类别设置公务员职务序列。

第十六条 公务员职务分为领导职务和非领导职务。

领导职务层次分为：国家级正职、国家级副职、省部级正职、省部级副职、厅局级正职、厅局级副职、县处级正职、县处级副职、乡科级正职、乡科级副职。

非领导职务层次在厅局级以下设置。

第十七条 综合管理类的领导职务根据宪法、有关法律、职务层次和机构规格设置确定。

综合管理类的非领导职务分为：巡视员、副巡视员、调研员、副调研员、主任科员、副主任科员、科员、办事员。

综合管理类以外其他职位类别公务员的职务序列，根据本法由国家另行规定。

第十八条 各机关依照确定的职能、规格、编制限额、职数以及结构比例，设置本机关公务员的具体职位，并确定各职位的工作职责和任职资格条件。

第十九条 公务员的职务应当对应相应的级别。公务员职务与级别的对应关系，由国务院规定。

公务员的职务与级别是确定公务员工资及其他待遇的依据。

公务员的级别根据所任职务及其德才表现、工作实绩和资历确定。公务员在同一职务上，可以按照国家规定晋升级别。

第二十条 国家根据人民警察以及海关、驻外外交机构公务员的工作特点，设置与其职务相对应的衔级。

第四章 录 用

第二十一条 录用担任主任科员以下及其他相当职务层次的非领导职

务公务员，采取公开考试、严格考察、平等竞争、择优录取的办法。

民族自治地方依照前款规定录用公务员时，依照法律和有关规定对少数民族报考者予以适当照顾。

第二十二条 中央机关及其直属机构公务员的录用，由中央公务员主管部门负责组织。地方各级机关公务员的录用，由省级公务员主管部门负责组织，必要时省级公务员主管部门可以授权设区的市级公务员主管部门组织。

第二十三条 报考公务员，除应当具备本法第十一条规定的条件外，还应当具备省级以上公务员主管部门规定的拟任职位所要求的资格条件。

第二十四条 下列人员不得录用为公务员：

（一）曾因犯罪受过刑事处罚的；

（二）曾被开除公职的；

（三）有法律规定不得录用为公务员的其他情形的。

第二十五条 录用公务员，必须在规定的编制限额内，并有相应的职位空缺。

第二十六条 录用公务员，应当发布招考公告。招考公告应当载明招考的职位、名额、报考资格条件、报考需要提交的申请材料以及其他报考须知事项。

招录机关应当采取措施，便利公民报考。

第二十七条 招录机关根据报考资格条件对报考申请进行审查。报考者提交的申请材料应当真实、准确。

第二十八条 公务员录用考试采取笔试和面试的方式进行，考试内容根据公务员应当具备的基本能力和不同职位类别分别设置。

第二十九条 招录机关根据考试成绩确定考察人选，并对其进行报考资格复审、考察和体检。

体检的项目和标准根据职位要求确定。具体办法由中央公务员主管部门会同国务院卫生行政部门规定。

第三十条 招录机关根据考试成绩、考察情况和体检结果，提出拟录用人员名单，并予以公示。

公示期满，中央一级招录机关将拟录用人员名单报中央公务员主管部门备案；地方各级招录机关将拟录用人员名单报省级或者设区的市级公务员主管部门审批。

第三十一条　录用特殊职位的公务员，经省级以上公务员主管部门批准，可以简化程序或者采用其他测评办法。

第三十二条　新录用的公务员试用期为一年。试用期满合格的，予以任职；不合格的，取消录用。

第五章　考　　核

第三十三条　对公务员的考核，按照管理权限，全面考核公务员的德、能、勤、绩、廉，重点考核工作实绩。

第三十四条　公务员的考核分为平时考核和定期考核。定期考核以平时考核为基础。

第三十五条　对非领导成员公务员的定期考核采取年度考核的方式，先由个人按照职位职责和有关要求进行总结，主管领导在听取群众意见后，提出考核等次建议，由本机关负责人或者授权的考核委员会确定考核等次。

对领导成员的定期考核，由主管机关按照有关规定办理。

第三十六条　定期考核的结果分为优秀、称职、基本称职和不称职四个等次。

定期考核的结果应当以书面形式通知公务员本人。

第三十七条　定期考核的结果作为调整公务员职务、级别、工资以及公务员奖励、培训、辞退的依据。

第六章　职务任免

第三十八条　公务员职务实行选任制和委任制。

领导成员职务按照国家规定实行任期制。

第三十九条　选任制公务员在选举结果生效时即任当选职务；任期届满不再连任，或者任期内辞职、被罢免、被撤职的，其所任职务即终止。

第四十条　委任制公务员遇有试用期满考核合格、职务发生变化、不再担任公务员职务以及其他情形需要任免职务的，应当按照管理权限和规定的程序任免其职务。

第四十一条 公务员任职必须在规定的编制限额和职数内进行，并有相应的职位空缺。

第四十二条 公务员因工作需要在机关外兼职，应当经有关机关批准，并不得领取兼职报酬。

第七章 职务升降

第四十三条 公务员晋升职务，应当具备拟任职务所要求的思想政治素质、工作能力、文化程度和任职经历等方面的条件和资格。

公务员晋升职务，应当逐级晋升。特别优秀的或者工作特殊需要的，可以按照规定破格或者越一级晋升职务。

第四十四条 公务员晋升领导职务，按照下列程序办理：

（一）民主推荐，确定考察对象；

（二）组织考察，研究提出任职建议方案，并根据需要在一定范围内进行酝酿；

（三）按照管理权限讨论决定；

（四）按照规定履行任职手续。

公务员晋升非领导职务，参照前款规定的程序办理。

第四十五条 机关内设机构厅局级正职以下领导职务出现空缺时，可以在本机关或者本系统内通过竞争上岗的方式，产生任职人选。

厅局级正职以下领导职务或者副调研员以上及其他相当职务层次的非领导职务出现空缺，可以面向社会公开选拔，产生任职人选。

确定初任法官、初任检察官的任职人选，可以面向社会，从通过国家统一司法考试取得资格的人员中公开选拔。

第四十六条 公务员晋升领导职务的，应当按照有关规定实行任职前公示制度和任职试用期制度。

第四十七条 公务员在定期考核中被确定为不称职的，按照规定程序降低一个职务层次任职。

第八章 奖　励

第四十八条 对工作表现突出，有显著成绩和贡献，或者有其他突出事迹的公务员或者公务员集体，给予奖励。奖励坚持精神奖励与物质奖励相结合、以精神奖励为主的原则。

公务员集体的奖励适用于按照编制序列设置的机构或者为完成专项任务组成的工作集体。

第四十九条 公务员或者公务员集体有下列情形之一的，给予奖励：

（一）忠于职守，积极工作，成绩显著的；

（二）遵守纪律，廉洁奉公，作风正派，办事公道，模范作用突出的；

（三）在工作中有发明创造或者提出合理化建议，取得显著经济效益或者社会效益的；

（四）为增进民族团结、维护社会稳定做出突出贡献的；

（五）爱护公共财产，节约国家资财有突出成绩的；

（六）防止或者消除事故有功，使国家和人民群众利益免受或者减少损失的；

（七）在抢险、救灾等特定环境中奋不顾身，做出贡献的；

（八）同违法违纪行为作斗争有功绩的；

（九）在对外交往中为国家争得荣誉和利益的；

（十）有其他突出功绩的。

第五十条 奖励分为：嘉奖、记三等功、记二等功、记一等功、授予荣誉称号。

对受奖励的公务员或者公务员集体予以表彰，并给予一次性奖金或者其他待遇。

第五十一条 给予公务员或者公务员集体奖励，按照规定的权限和程序决定或者审批。

第五十二条 公务员或者公务员集体有下列情形之一的，撤销奖励：

（一）弄虚作假，骗取奖励的；

（二）申报奖励时隐瞒严重错误或者严重违反规定程序的；

（三）有法律、法规规定应当撤销奖励的其他情形的。

第九章　惩　　戒

第五十三条　公务员必须遵守纪律，不得有下列行为：

（一）散布有损国家声誉的言论，组织或者参加旨在反对国家的集会、游行、示威等活动；

（二）组织或者参加非法组织，组织或者参加罢工；

（三）玩忽职守，贻误工作；

（四）拒绝执行上级依法作出的决定和命令；

（五）压制批评，打击报复；

（六）弄虚作假，误导、欺骗领导和公众；

（七）贪污、行贿、受贿，利用职务之便为自己或者他人谋取私利；

（八）违反财经纪律，浪费国家资财；

（九）滥用职权，侵害公民、法人或者其他组织的合法权益；

（十）泄露国家秘密或者工作秘密；

（十一）在对外交往中损害国家荣誉和利益；

（十二）参与或者支持色情、吸毒、赌博、迷信等活动；

（十三）违反职业道德、社会公德；

（十四）从事或者参与营利性活动，在企业或者其他营利性组织中兼任职务；

（十五）旷工或者因公外出、请假期满无正当理由逾期不归；

（十六）违反纪律的其他行为。

第五十四条　公务员执行公务时，认为上级的决定或者命令有错误的，可以向上级提出改正或者撤销该决定或者命令的意见；上级不改变该决定或者命令，或者要求立即执行的，公务员应当执行该决定或者命令，执行的后果由上级负责，公务员不承担责任；但是，公务员执行明显违法的决定或者命令的，应当依法承担相应的责任。

第五十五条　公务员因违法违纪应当承担纪律责任的，依照本法给予处分；违纪行为情节轻微，经批评教育后改正的，可以免予处分。

第五十六条 处分分为：警告、记过、记大过、降级、撤职、开除。

第五十七条 对公务员的处分，应当事实清楚、证据确凿、定性准确、处理恰当、程序合法、手续完备。

公务员违纪的，应当由处分决定机关决定对公务员违纪的情况进行调查，并将调查认定的事实及拟给予处分的依据告知公务员本人。公务员有权进行陈述和申辩。

处分决定机关认为对公务员应当给予处分的，应当在规定的期限内，按照管理权限和规定的程序作出处分决定。处分决定应当以书面形式通知公务员本人。

第五十八条 公务员在受处分期间不得晋升职务和级别，其中受记过、记大过、降级、撤职处分的，不得晋升工资档次。

受处分的期间为：警告，六个月；记过，十二个月；记大过，十八个月；降级、撤职，二十四个月。

受撤职处分的，按照规定降低级别。

第五十九条 公务员受开除以外的处分，在受处分期间有悔改表现，并且没有再发生违纪行为的，处分期满后，由处分决定机关解除处分并以书面形式通知本人。

解除处分后，晋升工资档次、级别和职务不再受原处分的影响。但是，解除降级、撤职处分的，不视为恢复原级别、原职务。

第十章 培　　训

第六十条 机关根据公务员工作职责的要求和提高公务员素质的需要，对公务员进行分级分类培训。

国家建立专门的公务员培训机构。机关根据需要也可以委托其他培训机构承担公务员培训任务。

第六十一条 机关对新录用人员应当在试用期内进行初任培训；对晋升领导职务的公务员应当在任职前或者任职后一年内进行任职培训；对从事专项工作的公务员应当进行专门业务培训；对全体公务员应当进行更新知识、提高工作能力的在职培训，其中对担任专业技术职务的公务员，应当按照专业技术人员继续教育的要求，进行专业技术培训。

国家有计划地加强对后备领导人员的培训。

第六十二条 公务员的培训实行登记管理。

公务员参加培训的时间由公务员主管部门按照本法第六十一条规定的培训要求予以确定。

公务员培训情况、学习成绩作为公务员考核的内容和任职、晋升的依据之一。

第十一章 交流与回避

第六十三条 国家实行公务员交流制度。

公务员可以在公务员队伍内部交流，也可以与国有企业事业单位、人民团体和群众团体中从事公务的人员交流。

交流的方式包括调任、转任和挂职锻炼。

第六十四条 国有企业事业单位、人民团体和群众团体中从事公务的人员可以调入机关担任领导职务或者副调研员以上及其他相当职务层次的非领导职务。调任人选应当具备本法第十一条规定的条件和拟任职位所要求的资格条件，并不得有本法第二十四条规定的情形。调任机关应当根据上述规定，对调任人选进行严格考察，并按照管理权限审批，必要时可以对调任人选进行考试。

第六十五条 公务员在不同职位之间转任应当具备拟任职位所要求的资格条件，在规定的编制限额和职数内进行。

对省部级正职以下的领导成员应当有计划、有重点地实行跨地区、跨部门转任。

对担任机关内设机构领导职务和工作性质特殊的非领导职务的公务员，应当有计划地在本机关内转任。

第六十六条 根据培养锻炼公务员的需要，可以选派公务员到下级机关或者上级机关、其他地区机关以及国有企业事业单位挂职锻炼。

公务员在挂职锻炼期间，不改变与原机关的人事关系。

第六十七条 公务员应当服从机关的交流决定。

公务员本人申请交流的，按照管理权限审批。

第六十八条 公务员之间有夫妻关系、直系血亲关系、三代以内旁系血亲关系以及近姻亲关系的，不得在同一机关担任双方直接隶属于同一领导人员的职务或者有直接上下级领导关系的职务，也不得在其中一方担任领导职务的机关从事组织、人事、纪检、监察、审计和财务工作。

因地域或者工作性质特殊，需要变通执行任职回避的，由省级以上公务员主管部门规定。

第六十九条 公务员担任乡级机关、县级机关及其有关部门主要领导职务的，应当实行地域回避，法律另有规定的除外。

第七十条 公务员执行公务时，有下列情形之一的，应当回避：

（一）涉及本人利害关系的；

（二）涉及与本人有本法第六十八条第一款所列亲属关系人员的利害关系的；

（三）其他可能影响公正执行公务的。

第七十一条 公务员有应当回避情形的，本人应当申请回避；利害关系人有权申请公务员回避。其他人员可以向机关提供公务员需要回避的情况。

机关根据公务员本人或者利害关系人的申请，经审查后作出是否回避的决定，也可以不经申请直接作出回避决定。

第七十二条 法律对公务员回避另有规定的，从其规定。

第十二章 工资福利保险

第七十三条 公务员实行国家统一的职务与级别相结合的工资制度。

公务员工资制度贯彻按劳分配的原则，体现工作职责、工作能力、工作实绩、资历等因素，保持不同职务、级别之间的合理工资差距。

国家建立公务员工资的正常增长机制。

第七十四条 公务员工资包括基本工资、津贴、补贴和奖金。

公务员按照国家规定享受地区附加津贴、艰苦边远地区津贴、岗位津贴等津贴。

公务员按照国家规定享受住房、医疗等补贴、补助。

公务员在定期考核中被确定为优秀、称职的，按照国家规定享受年终奖金。

公务员工资应当按时足额发放。

第七十五条 公务员的工资水平应当与国民经济发展相协调、与社会进步相适应。

国家实行工资调查制度，定期进行公务员和企业相当人员工资水平的调查比较，并将工资调查比较结果作为调整公务员工资水平的依据。

第七十六条 公务员按照国家规定享受福利待遇。国家根据经济社会发展水平提高公务员的福利待遇。

公务员实行国家规定的工时制度，按照国家规定享受休假。公务员在法定工作日之外加班的，应当给予相应的补休。

第七十七条 国家建立公务员保险制度，保障公务员在退休、患病、工伤、生育、失业等情况下获得帮助和补偿。

公务员因公致残的，享受国家规定的伤残待遇。公务员因公牺牲、因公死亡或者病故的，其亲属享受国家规定的抚恤和优待。

第七十八条 任何机关不得违反国家规定自行更改公务员工资、福利、保险政策，擅自提高或者降低公务员的工资、福利、保险待遇。任何机关不得扣减或者拖欠公务员的工资。

第七十九条 公务员工资、福利、保险、退休金以及录用、培训、奖励、辞退等所需经费，应当列入财政预算，予以保障。

第十三章 辞职辞退

第八十条 公务员辞去公职，应当向任免机关提出书面申请。任免机关应当自接到申请之日起三十日内予以审批，其中对领导成员辞去公职的申请，应当自接到申请之日起九十日内予以审批。

第八十一条 公务员有下列情形之一的，不得辞去公职：

（一）未满国家规定的最低服务年限的；

（二）在涉及国家秘密等特殊职位任职或者离开上述职位不满国家规

定的脱密期限的；

（三）重要公务尚未处理完毕，且须由本人继续处理的；

（四）正在接受审计、纪律审查，或者涉嫌犯罪，司法程序尚未终结的；

（五）法律、行政法规规定的其他不得辞去公职的情形。

第八十二条 担任领导职务的公务员，因工作变动依照法律规定需要辞去现任职务的，应当履行辞职手续。

担任领导职务的公务员，因个人或者其他原因，可以自愿提出辞去领导职务。

领导成员因工作严重失误、失职造成重大损失或者恶劣社会影响的，或者对重大事故负有领导责任的，应当引咎辞去领导职务。

领导成员应当引咎辞职或者因其他原因不再适合担任现任领导职务，本人不提出辞职的，应当责令其辞去领导职务。

第八十三条 公务员有下列情形之一的，予以辞退：

（一）在年度考核中，连续两年被确定为不称职的；

（二）不胜任现职工作，又不接受其他安排的；

（三）因所在机关调整、撤销、合并或者缩减编制员额需要调整工作，本人拒绝合理安排的；

（四）不履行公务员义务，不遵守公务员纪律，经教育仍无转变，不适合继续在机关工作，又不宜给予开除处分的；

（五）旷工或者因公外出、请假期满无正当理由逾期不归连续超过十五天，或者一年内累计超过三十天的。

第八十四条 对有下列情形之一的公务员，不得辞退：

（一）因公致残，被确认丧失或者部分丧失工作能力的；

（二）患病或者负伤，在规定的医疗期内的；

（三）女性公务员在孕期、产假、哺乳期内的；

（四）法律、行政法规规定的其他不得辞退的情形。

第八十五条 辞退公务员，按照管理权限决定。辞退决定应当以书面形式通知被辞退的公务员。

被辞退的公务员，可以领取辞退费或者根据国家有关规定享受失业保险。

第八十六条 公务员辞职或者被辞退，离职前应当办理公务交接手续，必要时按照规定接受审计。

第十四章　退　　休

第八十七条　公务员达到国家规定的退休年龄或者完全丧失工作能力的，应当退休。

第八十八条　公务员符合下列条件之一的，本人自愿提出申请，经任免机关批准，可以提前退休：

（一）工作年限满三十年的；

（二）距国家规定的退休年龄不足五年，且工作年限满二十年的；

（三）符合国家规定的可以提前退休的其他情形的。

第八十九条　公务员退休后，享受国家规定的退休金和其他待遇，国家为其生活和健康提供必要的服务和帮助，鼓励发挥个人专长，参与社会发展。

第十五章　申诉控告

第九十条　公务员对涉及本人的下列人事处理不服的，可以自知道该人事处理之日起三十日内向原处理机关申请复核；对复核结果不服的，可以自接到复核决定之日起十五日内，按照规定向同级公务员主管部门或者作出该人事处理的机关的上一级机关提出申诉；也可以不经复核，自知道该人事处理之日起三十日内直接提出申诉：

（一）处分；

（二）辞退或者取消录用；

（三）降职；

（四）定期考核定为不称职；

（五）免职；

（六）申请辞职、提前退休未予批准；

（七）未按规定确定或者扣减工资、福利、保险待遇；

（八）法律、法规规定可以申诉的其他情形。

对省级以下机关作出的申诉处理决定不服的，可以向作出处理决定的上一级机关提出再申诉。

行政机关公务员对处分不服向行政监察机关申诉的，按照《中华人民共和国行政监察法》的规定办理。

第九十一条 原处理机关应当自接到复核申请书后的三十日内作出复核决定。受理公务员申诉的机关应当自受理之日起六十日内作出处理决定；案情复杂的，可以适当延长，但是延长时间不得超过三十日。

复核、申诉期间不停止人事处理的执行。

第九十二条 公务员申诉的受理机关审查认定人事处理有错误的，原处理机关应当及时予以纠正。

第九十三条 公务员认为机关及其领导人员侵犯其合法权益的，可以依法向上级机关或者有关的专门机关提出控告。受理控告的机关应当按照规定及时处理。

第九十四条 公务员提出申诉、控告，不得捏造事实，诬告、陷害他人。

第十六章 职位聘任

第九十五条 机关根据工作需要，经省级以上公务员主管部门批准，可以对专业性较强的职位和辅助性职位实行聘任制。

前款所列职位涉及国家秘密的，不实行聘任制。

第九十六条 机关聘任公务员可以参照公务员考试录用的程序进行公开招聘，也可以从符合条件的人员中直接选聘。

机关聘任公务员应当在规定的编制限额和工资经费限额内进行。

第九十七条 机关聘任公务员，应当按照平等自愿、协商一致的原则。签订书面的聘任合同，确定机关与所聘公务员双方的权利、义务。聘任合同经双方协商一致可以变更或者解除。

聘任合同的签订、变更或者解除，应当报同级公务员主管部门备案。

第九十八条 聘任合同应当具备合同期限，职位及其职责要求，工资、福利、保险待遇，违约责任等条款。

聘任合同期限为一年至五年。聘任合同可以约定试用期，试用期为一个月至六个月。

聘任制公务员按照国家规定实行协议工资制，具体办法由中央公务员主管部门规定。

第九十九条 机关依据本法和聘任合同对所聘公务员进行管理。

第一百条 国家建立人事争议仲裁制度。

人事争议仲裁应当根据合法、公正、及时处理的原则，依法维护争议双方的合法权益。

人事争议仲裁委员会根据需要设立。人事争议仲裁委员会由公务员主管部门的代表、聘用机关的代表、聘任制公务员的代表以及法律专家组成。

聘任制公务员与所在机关之间因履行聘任合同发生争议的，可以自争议发生之日起六十日内向人事争议仲裁委员会申请仲裁。当事人对仲裁裁决不服的，可以自接到仲裁裁决书之日起十五日内向人民法院提起诉讼。仲裁裁决生效后，一方当事人不履行的，另一方当事人可以申请人民法院执行。

第十七章 法律责任

第一百零一条 对有下列违反本法规定情形的，由县级以上领导机关或者公务员主管部门按照管理权限，区别不同情况，分别予以责令纠正或者宣布无效；对负有责任的领导人员和直接责任人员，根据情节轻重，给予批评教育或者处分；构成犯罪的，依法追究刑事责任：

（一）不按编制限额、职数或者任职资格条件进行公务员录用、调任、转任、聘任和晋升的；

（二）不按规定条件进行公务员奖惩、回避和办理退休的；

（三）不按规定程序进行公务员录用、调任、转任、聘任、晋升、竞争上岗、公开选拔以及考核、奖惩的；

（四）违反国家规定，更改公务员工资、福利、保险待遇标准的；

（五）在录用、竞争上岗、公开选拔中发生泄露试题、违反考场纪律以及其他严重影响公开、公正的；

（六）不按规定受理和处理公务员申诉、控告的；

（七）违反本法规定的其他情形的。

第一百零二条 公务员辞去公职或者退休的，原系领导成员的公务员在离职三年内，其他公务员在离职两年内，不得到与原工作业务直接相关的企业或者其他营利性组织任职，不得从事与原工作业务直接相关的营利性活动。

公务员辞去公职或者退休后有违反前款规定行为的，由其原所在机关的同级公务员主管部门责令限期改正；逾期不改正的，由县级以上工商行政管理部门没收该人员从业期间的违法所得，责令接收单位将该人员予以清退，并根据情节轻重，对接收单位处以被处罚人员违法所得一倍以上五倍以下的罚款。

第一百零三条 机关因错误的具体人事处理对公务员造成名誉损害的，应当赔礼道歉、恢复名誉、消除影响；造成经济损失的，应当依法给予赔偿。

第一百零四条 公务员主管部门的工作人员，违反本法规定，滥用职权、玩忽职守、徇私舞弊，构成犯罪的，依法追究刑事责任；尚不构成犯罪的，给予处分。

第十八章　附　　则

第一百零五条 本法所称领导成员，是指机关的领导人员，不包括机关内设机构担任领导职务的人员。

第一百零六条 法律、法规授权的具有公共事务管理职能的事业单位中除工勤人员以外的工作人员，经批准参照本法进行管理。

第一百零七条 本法自2006年1月1日起施行。全国人民代表大会常务委员会1957年10月23日批准、国务院1957年10月26日公布的《国务院关于国家行政机关工作人员的奖惩暂行规定》、1993年8月14日国务院公布的《国家公务员暂行条例》同时废止。

中华人民共和国行政监察法

1997 年 5 月 9 日第八届全国人民代表大会常务委员会第二十五次会议通过，同日中华人民共和国主席令第三十一号公布，自 1997 年 5 月 9 日起施行；根据 2010 年 6 月 25 日第十一届全国人民代表大会常务委员会第十五次会议《关于修改〈中华人民共和国行政监察法〉的决定》修正，自 2010 年 10 月 1 日起施行

目　　录

第一章　总　　则

第一条　为了加强监察工作，保证政令畅通，维护行政纪律，促进廉政建设，改善行政管理，提高行政效能，根据宪法，制定本法。

第二条　监察机关是人民政府行使监察职能的机关，依照本法对国家行政机关及其公务员和国家行政机关任命的其他人员实施监察。

第三条　监察机关依法行使职权，不受其他行政部门、社会团体和个人的干涉。

第四条 监察工作必须坚持实事求是，重证据、重调查研究，在适用法律和行政纪律上人人平等。

第五条 监察工作应当实行教育与惩处相结合、监督检查与制度建设相结合。

第六条 监察工作应当依靠群众。监察机关建立举报制度，公民、法人或者其他组织对于任何国家行政机关及其公务员和国家行政机关任命的其他人员的违反行政纪律行为，有权向监察机关提出控告或者检举。监察机关应当受理举报并依法调查处理；对实名举报的，应当将处理结果等情况予以回复。

监察机关应当对举报事项、举报受理情况以及与举报人相关的信息予以保密，保护举报人的合法权益，具体办法由国务院规定。

第二章 监察机关和监察人员

第七条 国务院监察机关主管全国的监察工作。

县级以上地方各级人民政府监察机关负责本行政区域内的监察工作，对本级人民政府和上一级监察机关负责并报告工作，监察业务以上级监察机关领导为主。

第八条 县级以上各级人民政府监察机关根据工作需要，经本级人民政府批准，可以向政府所属部门派出监察机构或者监察人员。

监察机关派出的监察机构或者监察人员，对监察机关负责并报告工作。监察机关对派出的监察机构和监察人员实行统一管理，对派出的监察人员实行交流制度。

第九条 监察人员必须遵纪守法，忠于职守，秉公执法，清正廉洁，保守秘密。

第十条 监察人员必须熟悉监察业务，具备相应的文化水平和专业知识。

第十一条 县级以上地方各级人民政府监察机关正职、副职领导人员的任命或者免职，在提请决定前，必须经上一级监察机关同意。

第十二条 监察机关对监察人员执行职务和遵守纪律实行监督的

制度。

第十三条 监察人员依法执行职务，受法律保护。

任何组织和个人不得拒绝、阻碍监察人员依法执行职务，不得打击报复监察人员。

第十四条 监察人员办理的监察事项与本人或者其近亲属有利害关系的，应当回避。

第三章 监察机关的职责

第十五条 国务院监察机关对下列机关和人员实施监察：

（一）国务院各部门及其公务员；

（二）国务院及国务院各部门任命的其他人员；

（三）省、自治区、直辖市人民政府及其领导人员。

第十六条 县级以上地方各级人民政府监察机关对下列机关和人员实施监察：

（一）本级人民政府各部门及其公务员；

（二）本级人民政府及本级人民政府各部门任命的其他人员；

（三）下一级人民政府及其领导人员。

县、自治县、不设区的市、市辖区人民政府监察机关还对本辖区所属的乡、民族乡、镇人民政府的公务员以及乡、民族乡、镇人民政府任命的其他人员实施监察。

第十七条 上级监察机关可以办理下一级监察机关管辖范围内的监察事项；必要时也可以办理所辖各级监察机关管辖范围内的监察事项。

监察机关之间对管辖范围有争议的，由其共同的上级监察机关确定。

第十八条 监察机关对监察对象执法、廉政、效能情况进行监察，履行下列职责：

（一）检查国家行政机关在遵守和执行法律、法规和人民政府的决定、命令中的问题；

（二）受理对国家行政机关及其公务员和国家行政机关任命的其他人员违反行政纪律行为的控告、检举；

（三）调查处理国家行政机关及其公务员和国家行政机关任命的其他人员违反行政纪律的行为；

（四）受理国家行政机关公务员和国家行政机关任命的其他人员不服主管行政机关给予处分决定的申诉，以及法律、行政法规规定的其他由监察机关受理的申诉；

（五）法律、行政法规规定由监察机关履行的其他职责。

监察机关按照国务院的规定，组织协调、检查指导政务公开工作和纠正损害群众利益的不正之风工作。

第四章　监察机关的权限

第十九条　监察机关履行职责，有权采取下列措施：

（一）要求被监察的部门和人员提供与监察事项有关的文件、资料、财务帐目及其他有关的材料，进行查阅或者予以复制；

（二）要求被监察的部门和人员就监察事项涉及的问题作出解释和说明；

（三）责令被监察的部门和人员停止违反法律、法规和行政纪律的行为。

第二十条　监察机关在调查违反行政纪律行为时，可以根据实际情况和需要采取下列措施：

（一）暂予扣留、封存可以证明违反行政纪律行为的文件、资料、财务帐目及其他有关的材料；

（二）责令案件涉嫌单位和涉嫌人员在调查期间不得变卖、转移与案件有关的财物；

（三）责令有违反行政纪律嫌疑的人员在指定的时间、地点就调查事项涉及的问题作出解释和说明，但是不得对其实行拘禁或者变相拘禁；

（四）建议有关机关暂停有严重违反行政纪律嫌疑的人员执行职务。

第二十一条　监察机关在调查贪污、贿赂、挪用公款等违反行政纪律的行为时，经县级以上监察机关领导人员批准，可以查询案件涉嫌单位和涉嫌人员在银行或者其他金融机构的存款；必要时，可以提请人民法院采取保全措施，依法冻结涉嫌人员在银行或者其他金融机构的存款。

第二十二条 监察机关在办理违反行政纪律案件中，可以提请有关行政部门、机构予以协助。

被提请协助的行政部门、机构应当根据监察机关提请协助办理的事项和要求，在职权范围内予以协助。

第二十三条 监察机关根据检查、调查结果，遇有下列情形之一的，可以提出监察建议：

（一）拒不执行法律、法规或者违反法律、法规以及人民政府的决定、命令，应当予以纠正的；

（二）本级人民政府所属部门和下级人民政府作出的决定、命令、指示违反法律、法规或者国家政策，应当予以纠正或者撤销的；

（三）给国家利益、集体利益和公民合法权益造成损害，需要采取补救措施的；

（四）录用、任免、奖惩决定明显不适当，应当予以纠正的；

（五）依照有关法律、法规的规定，应当给予行政处罚的；

（六）需要给予责令公开道歉、停职检查、引咎辞职、责令辞职、免职等问责处理的；

（七）需要完善廉政、勤政制度的；

（八）其他需要提出监察建议的。

第二十四条 监察机关根据检查、调查结果，遇有下列情形之一的，可以作出监察决定或者提出监察建议：

（一）违反行政纪律，依法应当给予警告、记过、记大过、降级、撤职、开除处分的；

（二）违反行政纪律取得的财物，依法应当没收、追缴或者责令退赔的。

对前款第（一）项所列情形作出监察决定或者提出监察建议的，应当按照国家有关人事管理权限和处理程序的规定办理。

第二十五条 监察机关依法作出的监察决定，有关部门和人员应当执行。监察机关依法提出的监察建议，有关部门无正当理由的，应当采纳。

第二十六条 监察机关对监察事项涉及的单位和个人有权进行查询。

第二十七条 监察机关应当依法公开监察工作信息。

第二十八条 监察机关的领导人员可以列席本级人民政府的有关会议，监察人员可以列席被监察部门的与监察事项有关的会议。

第二十九条 监察机关对控告、检举重大违法违纪行为的有功人员，可以依照有关规定给予奖励。

第五章 监察程序

第三十条 监察机关按照下列程序进行检查：

（一）对需要检查的事项予以立项；

（二）制定检查方案并组织实施；

（三）向本级人民政府或者上级监察机关提出检查情况报告；

（四）根据检查结果，作出监察决定或者提出监察建议。

重要检查事项的立项，应当报本级人民政府和上一级监察机关备案。

第三十一条 监察机关按照下列程序对违反行政纪律的行为进行调查处理：

（一）对需要调查处理的事项进行初步审查；认为有违反行政纪律的事实，需要追究行政纪律责任的，予以立案；

（二）组织实施调查，收集有关证据；

（三）有证据证明违反行政纪律，需要给予处分或者作出其他处理的，进行审理；

（四）作出监察决定或者提出监察建议。

重要、复杂案件的立案，应当报本级人民政府和上一级监察机关备案。

第三十二条 监察机关对于立案调查的案件，经调查认定不存在违反行政纪律事实的，或者不需要追究行政纪律责任的，应当予以撤销，并告知被调查单位及其上级部门或者被调查人员及其所在单位。

重要、复杂案件的撤销，应当报本级人民政府和上一级监察机关备案。

第三十三条 监察机关立案调查的案件，应当自立案之日起六个月内结案；因特殊原因需要延长办案期限的，可以适当延长，但是最长不得超过一年，并应当报上一级监察机关备案。

第三十四条 监察机关在检查、调查中应当听取被监察的部门和人员的陈述和申辩。

第三十五条 监察机关作出的重要监察决定和提出的重要监察建议，应当报经本级人民政府和上一级监察机关同意。国务院监察机关作出的重要监察决定和提出的重要监察建议，应当报经国务院同意。

第三十六条 监察决定、监察建议应当以书面形式送达有关单位、人员。

监察机关对违反行政纪律的人员作出给予处分的监察决定，由人民政府人事部门或者有关部门按照人事管理权限执行。

人民政府人事部门或者有关部门应当将监察机关作出的给予处分的监察决定及其执行的有关材料归入受处分人员的档案。

第三十七条 有关单位和人员应当自收到监察决定或者监察建议之日起三十日内将执行监察决定或者采纳监察建议的情况通报监察机关。

第三十八条 国家行政机关公务员和国家行政机关任命的其他人员对主管行政机关作出的处分决定不服的，可以自收到处分决定之日起三十日内向监察机关提出申诉，监察机关应当自收到申诉之日起三十日内作出复查决定；对复查决定仍不服的，可以自收到复查决定之日起三十日内向上一级监察机关申请复核，上一级监察机关应当自收到复核申请之日起六十日内作出复核决定。

复查、复核期间，不停止原决定的执行。

第三十九条 监察机关对受理的不服主管行政机关处分决定的申诉，经复查认为原决定不适当的，可以建议原决定机关予以变更或者撤销；监察机关在职权范围内，也可以直接作出变更或者撤销的决定。

法律、行政法规规定由监察机关受理的其他申诉，依照有关法律、行政法规的规定办理。

第四十条 对监察决定不服的，可以自收到监察决定之日起三十日内向作出决定的监察机关申请复审，监察机关应当自收到复审申请之日起三十日内作出复审决定；对复审决定仍不服的，可以自收到复审决定之日起三十日内向上一级监察机关申请复核，上一级监察机关应当自收到复核申请之日起六十日内作出复核决定。

复审、复核期间，不停止原决定的执行。

第四十一条 上一级监察机关认为下一级监察机关的监察决定不适当的，可以责成下一级监察机关予以变更或者撤销，必要时也可以直接作出变更或者撤销的决定。

第四十二条 上一级监察机关的复核决定和国务院监察机关的复查决定或者复审决定为最终决定。

第四十三条 对监察建议有异议的，可以自收到监察建议之日起三十日内向作出监察建议的监察机关提出，监察机关应当自收到异议之日起三十日内回复；对回复仍有异议的，由监察机关提请本级人民政府或者上一级监察机关裁决。

第四十四条 监察机关在办理监察事项中，发现所调查的事项不属于监察机关职责范围内的，应当移送有处理权的单位处理；涉嫌犯罪的，应当移送司法机关依法处理。

接受移送的单位或者机关应当将处理结果告知监察机关。

第六章 法律责任

第四十五条 被监察的部门和人员违反本法规定，有下列行为之一的，由主管机关或者监察机关责令改正，对部门给予通报批评；对负有直接责任的主管人员和其他直接责任人员依法给予处分：

（一）隐瞒事实真相、出具伪证或者隐匿、转移、篡改、毁灭证据的；

（二）故意拖延或者拒绝提供与监察事项有关的文件、资料、财务帐目及其他有关材料和其他必要情况的；

（三）在调查期间变卖、转移涉嫌财物的；

（四）拒绝就监察机关所提问题作出解释和说明的；

（五）拒不执行监察决定或者无正当理由拒不采纳监察建议的；

（六）有其他违反本法规定的行为，情节严重的。

第四十六条 泄露举报事项、举报受理情况以及与举报人相关的信息的，依法给予处分；构成犯罪的，依法追究刑事责任。

第四十七条 对申诉人、控告人、检举人或者监察人员进行报复陷害的，依法给予处分；构成犯罪的，依法追究刑事责任。

第四十八条 监察人员滥用职权、徇私舞弊、玩忽职守、泄露秘密的，依法给予处分；构成犯罪的，依法追究刑事责任。

第四十九条 监察机关和监察人员违法行使职权，侵犯公民、法人和其他组织的合法权益，造成损害的，应当依法赔偿。

第七章 附 则

第五十条 监察机关对法律、法规授权的具有公共事务管理职能的组织及其从事公务的人员和国家行政机关依法委托从事公共事务管理活动的组织及其从事公务的人员实施监察，适用本法。

第五十一条 本法自公布之日起施行。1990 年 12 月 9 日国务院发布的《中华人民共和国行政监察条例》同时废止。

中华人民共和国刑法（节录）

1979年7月1日第五届全国人民代表大会第二次会议通过，同年7月6日全国人民代表大会常务委员会委员长令第五号公布；1997年3月14日第八届全国人民代表大会第五次会议修订，同日中华人民共和国主席令第八十三号公布；2015年8月29日第十二届全国人民代表大会常务委员会第十六次会议第九次修正

……

第二编　分　　则

……

第三章　破坏社会主义市场经济秩序罪

……

第二节　走　私　罪

……

第一百五十三条　走私本法第一百五十一条、第一百五十二条、第三百四十七条规定以外的货物、物品的，根据情节轻重，分别依照下列规定处罚：

（一）走私货物、物品偷逃应缴税额较大或者一年内曾因走私被给予二次行政处罚后又走私的，处三年以下有期徒刑或者拘役，并处偷逃应缴税额一倍以上五倍以下罚金。

（二）走私货物、物品偷逃应缴税额巨大或者有其他严重情节的，处

三年以上十年以下有期徒刑，并处偷逃应缴税额一倍以上五倍以下罚金。

（三）走私货物、物品偷逃应缴税额特别巨大或者有其他特别严重情节的，处十年以上有期徒刑或者无期徒刑，并处偷逃应缴税额一倍以上五倍以下罚金或者没收财产。

单位犯前款罪的，对单位判处罚金，并对其直接负责的主管人员和其他直接责任人员，处三年以下有期徒刑或者拘役；情节严重的，处三年以上十年以下有期徒刑；情节特别严重的，处十年以上有期徒刑。

对多次走私未经处理的，按照累计走私货物、物品的偷逃应缴税额处罚。

第一百五十四条　下列走私行为，根据本节规定构成犯罪的，依照本法第一百五十三条的规定定罪处罚：

（一）未经海关许可并且未补缴应缴税额，擅自将批准进口的来料加工、来件装配、补偿贸易的原材料、零件、制成品、设备等保税货物，在境内销售牟利的；

（二）未经海关许可并且未补缴应缴税额，擅自将特定减税、免税进口的货物、物品，在境内销售牟利的。

第一百五十五条　下列行为，以走私罪论处，依照本节的有关规定处罚：

（一）直接向走私人非法收购国家禁止进口物品的，或者直接向走私人非法收购走私进口的其他货物、物品，数额较大的；

（二）在内海、领海、界河、界湖运输、收购、贩卖国家禁止进出口物品的，或者运输、收购、贩卖国家限制进出口货物、物品，数额较大，没有合法证明的。

第一百五十六条　与走私罪犯通谋，为其提供贷款、资金、账号、发票、证明，或者为其提供运输、保管、邮寄或者其他方便的，以走私罪的共犯论处。

第一百五十七条　武装掩护走私的，依照本法第一百五十一条第一款的规定从重处罚。

以暴力、威胁方法抗拒缉私的，以走私罪和本法第二百七十七条规定的阻碍国家机关工作人员依法执行职务罪，依照数罪并罚的规定处罚。

第三节　妨害对公司、企业的管理秩序罪

……

第一百六十二条之一　隐匿或者故意销毁依法应当保存的会计凭证、会计账簿、财务会计报告，情节严重的，处五年以下有期徒刑或者拘役，并处或者单处二万元以上二十万元以下罚金。

单位犯前款罪的，对单位判处罚金，并对其直接负责的主管人员和其他直接责任人员，依照前款的规定处罚。

……

第六节　危害税收征管罪

第二百零一条　纳税人采取欺骗、隐瞒手段进行虚假纳税申报或者不申报，逃避缴纳税款数额较大并且占应纳税额百分之十以上的，处三年以下有期徒刑或者拘役，并处罚金；数额巨大并且占应纳税额百分之三十以上的，处三年以上七年以下有期徒刑，并处罚金。

扣缴义务人采取前款所列手段，不缴或者少缴已扣、已收税款，数额较大的，依照前款的规定处罚。

对多次实施前两款行为，未经处理的，按照累计数额计算。

有第一款行为，经税务机关依法下达追缴通知后，补缴应纳税款，缴纳滞纳金，已受行政处罚的，不予追究刑事责任；但是，五年内因逃避缴纳税款受过刑事处罚或者被税务机关给予二次以上行政处罚的除外。

第二百零二条　以暴力、威胁方法拒不缴纳税款的，处三年以下有期徒刑或者拘役，并处拒缴税款一倍以上五倍以下罚金；情节严重的，处三年以上七年以下有期徒刑，并处拒缴税款一倍以上五倍以下罚金。

第二百零三条　纳税人欠缴应纳税款，采取转移或者隐匿财产的手段，致使税务机关无法追缴欠缴的税款，数额在一万元以上不满十万元的，处三年以下有期徒刑或者拘役，并处或者单处欠缴税款一倍以上五倍以下罚金；数额在十万元以上的，处三年以上七年以下有期徒刑，并处欠缴税款一倍以上五倍以下罚金。

第二百零四条 以假报出口或者其他欺骗手段，骗取国家出口退税款，数额较大的，处五年以下有期徒刑或者拘役，并处骗取税款一倍以上五倍以下罚金；数额巨大或者有其他严重情节的，处五年以上十年以下有期徒刑，并处骗取税款一倍以上五倍以下罚金；数额特别巨大或者有其他特别严重情节的，处十年以上有期徒刑或者无期徒刑，并处骗取税款一倍以上五倍以下罚金或者没收财产。

纳税人缴纳税款后，采取前款规定的欺骗方法，骗取所缴纳的税款的，依照本法第二百零一条的规定定罪处罚；骗取税款超过所缴纳的税款部分，依照前款的规定处罚。

第二百零五条 虚开增值税专用发票或者虚开用于骗取出口退税、抵扣税款的其他发票的，处三年以下有期徒刑或者拘役，并处二万元以上二十万元以下罚金；虚开的税款数额较大或者有其他严重情节的，处三年以上十年以下有期徒刑，并处五万元以上五十万元以下罚金；虚开的税款数额巨大或者有其他特别严重情节的，处十年以上有期徒刑或者无期徒刑，并处五万元以上五十万元以下罚金或者没收财产。

单位犯本条规定之罪的，对单位判处罚金，并对其直接负责的主管人员和其他直接责任人员，处三年以下有期徒刑或者拘役；虚开的税款数额较大或者有其他严重情节的，处三年以上十年以下有期徒刑；虚开的税款数额巨大或者有其他特别严重情节的，处十年以上有期徒刑或者无期徒刑。

虚开增值税专用发票或者虚开用于骗取出口退税、抵扣税款的其他发票，是指有为他人虚开、为自己虚开、让他人为自己虚开、介绍他人虚开行为之一的。

第二百零五条之一 虚开本法第二百零五条规定以外的其他发票，情节严重的，处二年以下有期徒刑、拘役或者管制，并处罚金；情节特别严重的，处二年以上七年以下有期徒刑，并处罚金。

单位犯前款罪的，对单位判处罚金，并对其直接负责的主管人员和其他直接责任人员，依照前款的规定处罚。

第二百零六条 伪造或者出售伪造的增值税专用发票的，处三年以下有期徒刑、拘役或者管制，并处二万元以上二十万元以下罚金；数量较大或者有其他严重情节的，处三年以上十年以下有期徒刑，并处五万元以上五十万元以下罚金；数量巨大或者有其他特别严重情节的，处十年以上有期徒刑或者无期徒刑，并处五万元以上五十万元以下罚金或者没收财产。

单位犯本条规定之罪的，对单位判处罚金，并对其直接负责的主管人员和其他直接责任人员，处三年以下有期徒刑、拘役或者管制；数量较大或者有其他严重情节的，处三年以上十年以下有期徒刑；数量巨大或者有其他特别严重情节的，处十年以上有期徒刑或者无期徒刑。

第二百零七条 非法出售增值税专用发票的，处三年以下有期徒刑、拘役或者管制，并处二万元以上二十万元以下罚金；数量较大的，处三年以上十年以下有期徒刑，并处五万元以上五十万元以下罚金；数量巨大的，处十年以上有期徒刑或者无期徒刑，并处五万元以上五十万元以下罚金或者没收财产。

第二百零八条 非法购买增值税专用发票或者购买伪造的增值税专用发票的，处五年以下有期徒刑或者拘役，并处或者单处二万元以上二十万元以下罚金。

非法购买增值税专用发票或者购买伪造的增值税专用发票又虚开或者出售的，分别依照本法第二百零五条、第二百零六条、第二百零七条的规定定罪处罚。

第二百零九条 伪造、擅自制造或者出售伪造、擅自制造的可以用于骗取出口退税、抵扣税款的其他发票的，处三年以下有期徒刑、拘役或者管制，并处二万元以上二十万元以下罚金；数量巨大的，处三年以上七年以下有期徒刑，并处五万元以上五十万元以下罚金；数量特别巨大的，处七年以上有期徒刑，并处五万元以上五十万元以下罚金或者没收财产。

伪造、擅自制造或者出售伪造、擅自制造的前款规定以外的其他发票的，处二年以下有期徒刑、拘役或者管制，并处或者单处一万元以上五万元以下罚金；情节严重的，处二年以上七年以下有期徒刑，并处五万元以上五十万元以下罚金。

非法出售可以用于骗取出口退税、抵扣税款的其他发票的，依照第一款的规定处罚。

非法出售第三款规定以外的其他发票的，依照第二款的规定处罚。

第二百一十条 盗窃增值税专用发票或者可以用于骗取出口退税、抵扣税款的其他发票的，依照本法第二百六十四条的规定定罪处罚。

使用欺骗手段骗取增值税专用发票或者可以用于骗取出口退税、抵扣税款的其他发票的，依照本法第二百六十六条的规定定罪处罚。

第二百一十条之一 明知是伪造的发票而持有，数量较大的，处二年以下有期徒刑、拘役或者管制，并处罚金；数量巨大的，处二年以上七年以下有期徒刑，并处罚金。

单位犯前款罪的，对单位判处罚金，并对其直接负责的主管人员和其他直接责任人员，依照前款的规定处罚。

第二百一十一条 单位犯本节第二百零一条、第二百零三条、第二百零四条、第二百零七条、第二百零八条、第二百零九条规定之罪的，对单位判处罚金，并对其直接负责的主管人员和其他直接责任人员，依照各该条的规定处罚。

第二百一十二条 犯本节第二百零一条至第二百零五条规定之罪，被判处罚金、没收财产的，在执行前，应当先由税务机关追缴税款和所骗取的出口退税款。

……

第四章 侵犯公民人身权利、民主权利罪

第二百三十二条 故意杀人的，处死刑、无期徒刑或者十年以上有期徒刑；情节较轻的，处三年以上十年以下有期徒刑。

……

第二百三十四条 故意伤害他人身体的，处三年以下有期徒刑、拘役或者管制。

犯前款罪，致人重伤的，处三年以上十年以下有期徒刑；致人死亡或者以特别残忍手段致人重伤造成严重残疾的，处十年以上有期徒刑、无期徒刑或者死刑。本法另有规定的，依照规定。

……

第五章 侵犯财产罪

……

第二百六十四条 盗窃公私财物，数额较大的，或者多次盗窃、入户盗窃、携带凶器盗窃、扒窃的，处三年以下有期徒刑、拘役或者管制，并处或者单处罚金；数额巨大或者有其他严重情节的，处三年以上十年以下有期徒刑，并处罚金；数额特别巨大或者有其他特别严重情节的，处十年以上有期徒刑或者无期徒刑，并处罚金或者没收财产。

……

第二百六十六条 诈骗公私财物，数额较大的，处三年以下有期徒刑、拘役或者管制，并处或者单处罚金；数额巨大或者有其他严重情节的，处三年以上十年以下有期徒刑，并处罚金；数额特别巨大或者有其他特别严重情节的，处十年以上有期徒刑或者无期徒刑，并处罚金或者没收财产。本法另有规定的，依照规定。

……

第九章 渎 职 罪

……

第四百零四条 税务机关的工作人员徇私舞弊，不征或者少征应征税款，致使国家税收遭受重大损失的，处五年以下有期徒刑或者拘役；造成特别重大损失的，处五年以上有期徒刑。

第四百零五条 税务机关的工作人员违反法律、行政法规的规定，在办理发售发票、抵扣税款、出口退税工作中，徇私舞弊，致使国家利益遭受重大损失的，处五年以下有期徒刑或者拘役；致使国家利益遭受特别重大损失的，处五年以上有期徒刑。

其他国家机关工作人员违反国家规定，在提供出口货物报关单、出口收汇核销单等出口退税凭证的工作中，徇私舞弊，致使国家利益遭受重大损失的，依照前款的规定处罚。

……

附　　则

第四百五十二条　本法自1997年10月1日起施行。

列于本法附件一的全国人民代表大会常务委员会制定的条例、补充规定和决定，已纳入本法或者已不适用，自本法施行之日起，予以废止。

列于本法附件二的全国人民代表大会常务委员会制定的补充规定和决定予以保留。其中，有关行政处罚和行政措施的规定继续有效；有关刑事责任的规定已纳入本法，自本法施行之日起，适用本法规定。

……

附件二

全国人民代表大会常务委员会制定的下列补充规定和决定予以保留，其中，有关行政处罚和行政措施的规定继续有效；有关刑事责任的规定已纳入本法，自本法施行之日起，适用本法规定：

……

5．关于惩治偷税、抗税犯罪的补充规定

……

8．关于惩治虚开、伪造和非法出售增值税专用发票犯罪的决定

中华人民共和国刑法修正案（七）

2009年2月28日第十一届全国人民代表大会常务
委员会第七次会议通过，自发布之日起施行

一、将刑法第一百五十一条第三款修改为：“走私珍稀植物及其制品等国家禁止进出口的其他货物、物品的，处五年以下有期徒刑或者拘役，并处或者单处罚金；情节严重的，处五年以上有期徒刑，并处罚金。”

二、将刑法第一百八十条第一款修改为：“证券、期货交易内幕信息的知情人员或者非法获取证券、期货交易内幕信息的人员，在涉及证券的发行，证券、期货交易或者其他对证券、期货交易价格有重大影响的信息尚未公开前，买人或者卖出该证券，或者从事与该内幕信息有关的期货交易，或者泄露该信息，或者明示、暗示他人从事上述交易活动，情节严重的，处五年以下有期徒刑或者拘役，并处或者单处违法所得一倍以上五倍以下罚金；情节特别严重的，处五年以上十年以下有期徒刑，并处违法所得一倍以上五倍以下罚金。”

增加一款作为第四款：“证券交易所、期货交易所、证券公司、期货经纪公司、基金管理公司、商业银行、保险公司等金融机构的从业人员以及有关监管部门或者行业协会的工作人员，利用因职务便利获取的内幕信息以外的其他未公开的信息，违反规定，从事与该信息相关的证券、期货交易活动，或者明示、暗示他人从事相关交易活动，情节严重的，依照第一款的规定处罚。”

三、将刑法第二百零一条修改为：“纳税人采取欺骗、隐瞒手段进行虚假纳税申报或者不申报，逃避缴纳税款数额较大并且占应纳税额百分之十以上的，处三年以下有期徒刑或者拘役，并处罚金；数额巨大并且占应纳税额百分之三十以上的，处三年以上七年以下有期徒刑，并处罚金。

“扣缴义务人采取前款所列手段，不缴或者少缴已扣、已收税款，数额较大的，依照前款的规定处罚。

“对多次实施前两款行为，未经处理的，按照累计数额计算。

“有第一款行为，经税务机关依法下达追缴通知后，补缴应纳税款，缴纳滞纳金，已受行政处罚的，不予追究刑事责任；但是，五年内因逃避缴纳税款受过刑事处罚或者被税务机关给予二次以上行政处罚的除外。”

四、在刑法第二百二十四条后增加一条，作为第二百二十四条之一：“组织、领导以推销商品、提供服务等经营活动为名，要求参加者以缴纳费用或者购买商品、服务等方式获得加入资格，并按照一定顺序组成层级，直接或者间接以发展人员的数量作为计酬或者返利依据，引诱、胁迫参加者继续发展他人参加，骗取财物，扰乱经济社会秩序的传销活动的，处五年以下有期徒刑或者拘役，并处罚金；情节严重的，处五年以上有期徒刑，并处罚金。”

五、将刑法第二百二十五条第三项修改为：“未经国家有关主管部门批准非法经营证券、期货、保险业务的，或者非法从事资金支付结算业务的；”

六、将刑法第二百三十九条修改为：“以勒索财物为目的绑架他人的，或者绑架他人作为人质的，处十年以上有期徒刑或者无期徒刑，并处罚金或者没收财产；情节较轻的，处五年以上十年以下有期徒刑，并处罚金。

“犯前款罪，致使被绑架人死亡或者杀害被绑架人的，处死刑，并处没收财产。

“以勒索财物为目的偷盗婴幼儿的，依照前两款的规定处罚。”

七、在刑法第二百五十三条后增加一条，作为第二百五十三条之一：“国家机关或者金融、电信、交通、教育、医疗等单位的工作人员，违反国家规定，将本单位在履行职责或者提供服务过程中获得的公民个人信息，出售或者非法提供给他人，情节严重的，处三年以下有期徒刑或者拘役，并处或者单处罚金。

“窃取或者以其他方法非法获取上述信息，情节严重的，依照前款的规定处罚。

“单位犯前两款罪的，对单位判处罚金，并对其直接负责的主管人员和其他直接责任人员，依照各该款的规定处罚。”

八、在刑法第二百六十二条之一后增加一条，作为第二百六十二条之二：“组织未成年人进行盗窃、诈骗、抢夺、敲诈勒索等违反治安管理活动的，处三年以下有期徒刑或者拘役，并处罚金；情节严重的，处三年以上七年以下有期徒刑，并处罚金。”

九、在刑法第二百八十五条中增加两款作为第二款、第三款：“违反国家规定，侵入前款规定以外的计算机信息系统或者采用其他技术手段，获取该计算机信息系统中存储、处理或者传输的数据，或者对该计算机信息系统实施非法控制，情节严重的，处三年以下有期徒刑或者拘役，并处或者单处罚金；情节特别严重的，处三年以上七年以下有期徒刑，并处罚金。

“提供专门用于侵入、非法控制计算机信息系统的程序、工具，或者明知他人实施侵入、非法控制计算机信息系统的违法犯罪行为而为其提供程序、工具，情节严重的，依照前款的规定处罚。”

十、在刑法第三百一十二条中增加一款作为第二款：“单位犯前款罪的，对单位判处罚金，并对其直接负责的主管人员和其他直接责任人员，依照前款的规定处罚。”

十一、将刑法第三百三十七条第一款修改为：“违反有关动植物防疫、检疫的国家规定，引起重大动植物疫情的，或者有引起重大动植物疫情危险，情节严重的，处三年以下有期徒刑或者拘役，并处或者单处罚金。”

十二、将刑法第三百七十五条第二款修改为：“非法生产、买卖武装部队制式服装，情节严重的，处三年以下有期徒刑、拘役或者管制，并处或者单处罚金。”

增加一款作为第三款：“伪造、盗窃、买卖或者非法提供、使用武装部队车辆号牌等专用标志，情节严重的，处三年以下有期徒刑、拘役或者管制，并处或者单处罚金；情节特别严重的，处三年以上七年以下有期徒刑，并处罚金。”

原第三款作为第四款，修改为：“单位犯第二款、第三款罪的，对单位判处罚金，并对其直接负责的主管人员和其他直接责任人员，依照各该款的规定处罚。”

十三、在刑法第三百八十八条后增加一条作为第三百八十八条之一：“国家工作人员的近亲属或者其他与该国家工作人员关系密切的人，通过该国家工作人员职务上的行为，或者利用该国家工作人员职权或者地位形成的便利条件，通过其他国家工作人员职务上的行为，为请托人谋取不正当利益，索取请托人财物或者收受请托人财物，数额较大或者有其他较重情节的，处三年以下有期徒刑或者拘役，并处罚金；数额巨大或者有其他严重情节的，处三年以上七年以下有期徒刑，并处罚金；数额特别巨大或者有其他特别严重情节的，处七年以上有期徒刑，并处罚金或者没收财产。

"离职的国家工作人员或者其近亲属以及其他与其关系密切的人，利用该离职的国家工作人员原职权或者地位形成的便利条件实施前款行为的，依照前款的规定定罪处罚。"

十四、将刑法第三百九十五条第一款修改为："国家工作人员的财产、支出明显超过合法收入，差额巨大的，可以责令该国家工作人员说明来源，不能说明来源的，差额部分以非法所得论，处五年以下有期徒刑或者拘役；差额特别巨大的，处五年以上十年以下有期徒刑。财产的差额部分予以追缴。"

十五、本修正案自公布之日起施行。

中华人民共和国刑法修正案（八）

2011年2月25日第十一届全国人民代表大会常务委员会
第十九次会议通过，自2011年5月1日起施行

一、在刑法第十七条后增加一条，作为第十七条之一：“已满七十五周岁的人故意犯罪的，可以从轻或者减轻处罚；过失犯罪的，应当从轻或者减轻处罚。”

二、在刑法第三十八条中增加一款作为第二款：“判处管制，可以根据犯罪情况，同时禁止犯罪分子在执行期间从事特定活动，进入特定区域、场所，接触特定的人。”

原第二款作为第三款，修改为：“对判处管制的犯罪分子，依法实行社区矫正。”

增加一款作为第四款：“违反第二款规定的禁止令的，由公安机关依照《中华人民共和国治安管理处罚法》的规定处罚。”

三、在刑法第四十九条中增加一款作为第二款：“审判的时候已满七十五周岁的人，不适用死刑，但以特别残忍手段致人死亡的除外。”

四、将刑法第五十条修改为：“判处死刑缓期执行的，在死刑缓期执行期间，如果没有故意犯罪，二年期满以后，减为无期徒刑；如果确有重大立功表现，二年期满以后，减为二十五年有期徒刑；如果故意犯罪，查证属实的，由最高人民法院核准，执行死刑。

“对被判处死刑缓期执行的累犯以及因故意杀人、强奸、抢劫、绑架、放火、爆炸、投放危险物质或者有组织的暴力性犯罪被判处死刑缓期执行的犯罪分子，人民法院根据犯罪情节等情况可以同时决定对其限制减刑。”

五、将刑法第六十三条第一款修改为：“犯罪分子具有本法规定的减轻处罚情节的，应当在法定刑以下判处刑罚；本法规定有数个量刑幅度的，应当在法定量刑幅度的下一个量刑幅度内判处刑罚。”

六、将刑法第六十五条第一款修改为：“被判处有期徒刑以上刑罚的

犯罪分子，刑罚执行完毕或者赦免以后，在五年以内再犯应当判处有期徒刑以上刑罚之罪的，是累犯，应当从重处罚，但是过失犯罪和不满十八周岁的人犯罪的除外。”

七、将刑法第六十六条修改为：“危害国家安全犯罪、恐怖活动犯罪、黑社会性质的组织犯罪的犯罪分子，在刑罚执行完毕或者赦免以后，在任何时候再犯上述任一类罪的，都以累犯论处。”

八、在刑法第六十七条中增加一款作为第三款：“犯罪嫌疑人虽不具有前两款规定的自首情节，但是如实供述自己罪行的，可以从轻处罚；因其如实供述自己罪行，避免特别严重后果发生的，可以减轻处罚。”

九、删去刑法第六十八条第二款。

十、将刑法第六十九条修改为：“判决宣告以前一人犯数罪的，除判处死刑和无期徒刑的以外，应当在总和刑期以下、数刑中最高刑期以上，酌情决定执行的刑期，但是管制最高不能超过三年，拘役最高不能超过一年，有期徒刑总和刑期不满三十五年的，最高不能超过二十年，总和刑期在三十五年以上的，最高不能超过二十五年。

“数罪中有判处附加刑的，附加刑仍须执行，其中附加刑种类相同的，合并执行，种类不同的，分别执行。”

十一、将刑法第七十二条修改为：“对于被判处拘役、三年以下有期徒刑的犯罪分子，同时符合下列条件的，可以宣告缓刑，对其中不满十八周岁的人、怀孕的妇女和已满七十五周岁的人，应当宣告缓刑：

“（一）犯罪情节较轻；

“（二）有悔罪表现；

“（三）没有再犯罪的危险；

“（四）宣告缓刑对所居住社区没有重大不良影响。

“宣告缓刑，可以根据犯罪情况，同时禁止犯罪分子在缓刑考验期限内从事特定活动，进入特定区域、场所，接触特定的人。

“被宣告缓刑的犯罪分子，如果被判处附加刑，附加刑仍须执行。”

十二、将刑法第七十四条修改为：“对于累犯和犯罪集团的首要分子，不适用缓刑。”

十三、将刑法第七十六条修改为：“对宣告缓刑的犯罪分子，在缓刑考验期限内，依法实行社区矫正，如果没有本法第七十七条规定的情形，缓刑考验期满，原判的刑罚就不再执行，并公开予以宣告。”

十四、将刑法第七十七条第二款修改为：“被宣告缓刑的犯罪分子，在缓刑考验期限内，违反法律、行政法规或者国务院有关部门关于缓刑的监督管理规定，或者违反人民法院判决中的禁止令，情节严重的，应当撤销缓刑，执行原判刑罚。”

十五、将刑法第七十八条第二款修改为：“减刑以后实际执行的刑期不能少于下列期限：

“（一）判处管制、拘役、有期徒刑的，不能少于原判刑期的二分之一；

“（二）判处无期徒刑的，不能少于十三年；

“（三）人民法院依照本法第五十条第二款规定限制减刑的死刑缓期执行的犯罪分子，缓期执行期满后依法减为无期徒刑的，不能少于二十五年，缓期执行期满后依法减为二十五年有期徒刑的，不能少于二十年。”

十六、将刑法第八十一条修改为：“被判处有期徒刑的犯罪分子，执行原判刑期二分之一以上，被判处无期徒刑的犯罪分子，实际执行十三年以上，如果认真遵守监规，接受教育改造，确有悔改表现，没有再犯罪的危险的，可以假释。如果有特殊情况，经最高人民法院核准，可以不受上述执行刑期的限制。

“对累犯以及因故意杀人、强奸、抢劫、绑架、放火、爆炸、投放危险物质或者有组织的暴力性犯罪被判处十年以上有期徒刑、无期徒刑的犯罪分子，不得假释。

“对犯罪分子决定假释时，应当考虑其假释后对所居住社区的影响。”

十七、将刑法第八十五条修改为：“对假释的犯罪分子，在假释考验期限内，依法实行社区矫正，如果没有本法第八十六条规定的情形，假释考验期满，就认为原判刑罚已经执行完毕，并公开予以宣告。”

十八、将刑法第八十六条第三款修改为：“被假释的犯罪分子，在假释考验期限内，有违反法律、行政法规或者国务院有关部门关于假释的监督管理规定的行为，尚未构成新的犯罪的，应当依照法定程序撤销假释，收监执行未执行完毕的刑罚。”

十九、在刑法第一百条中增加一款作为第二款：“犯罪的时候不满十八周岁被判处五年有期徒刑以下刑罚的人，免除前款规定的报告义务。”

二十、将刑法第一百零七条修改为："境内外机构、组织或者个人资助实施本章第一百零二条、第一百零三条、第一百零四条、第一百零五条规定之罪的，对直接责任人员，处五年以下有期徒刑、拘役、管制或者剥夺政治权利；情节严重的，处五年以上有期徒刑。"

二十一、将刑法第一百零九条修改为："国家机关工作人员在履行公务期间，擅离岗位，叛逃境外或者在境外叛逃的，处五年以下有期徒刑、拘役、管制或者剥夺政治权利；情节严重的，处五年以上十年以下有期徒刑。

"掌握国家秘密的国家工作人员叛逃境外或者在境外叛逃的，依照前款的规定从重处罚。"

二十二、在刑法第一百三十三条后增加一条，作为第一百三十三条之一："在道路上驾驶机动车追逐竞驶，情节恶劣的，或者在道路上醉酒驾驶机动车的，处拘役，并处罚金。

"有前款行为，同时构成其他犯罪的，依照处罚较重的规定定罪处罚。"

二十三、将刑法第一百四十一条第一款修改为："生产、销售假药的，处三年以下有期徒刑或者拘役，并处罚金；对人体健康造成严重危害或者有其他严重情节的，处三年以上十年以下有期徒刑，并处罚金；致人死亡或者有其他特别严重情节的，处十年以上有期徒刑、无期徒刑或者死刑，并处罚金或者没收财产。"

二十四、将刑法第一百四十三条修改为："生产、销售不符合食品安全标准的食品，足以造成严重食物中毒事故或者其他严重食源性疾病的，处三年以下有期徒刑或者拘役，并处罚金；对人体健康造成严重危害或者有其他严重情节的，处三年以上七年以下有期徒刑，并处罚金；后果特别严重的，处七年以上有期徒刑或者无期徒刑，并处罚金或者没收财产。"

二十五、将刑法第一百四十四条修改为："在生产、销售的食品中掺入有毒、有害的非食品原料的，或者销售明知掺有有毒、有害的非食品原料的食品的，处五年以下有期徒刑，并处罚金；对人体健康造成严重危害或者有其他严重情节的，处五年以上十年以下有期徒刑，并处罚金；致人死亡或者有其他特别严重情节的，依照本法第一百四十一条的规定处罚。"

二十六、将刑法第一百五十一条修改为："走私武器、弹药、核材料或者伪造的货币的，处七年以上有期徒刑，并处罚金或者没收财产；情节特别严重的，处无期徒刑或者死刑，并处没收财产；情节较轻的，处三年以上七年以下有期徒刑，并处罚金。

“走私国家禁止出口的文物、黄金、白银和其他贵重金属或者国家禁止进出口的珍贵动物及其制品的，处五年以上十年以下有期徒刑，并处罚金；情节特别严重的，处十年以上有期徒刑或者无期徒刑，并处没收财产；情节较轻的，处五年以下有期徒刑，并处罚金。

“走私珍稀植物及其制品等国家禁止进出口的其他货物、物品的，处五年以下有期徒刑或者拘役，并处或者单处罚金；情节严重的，处五年以上有期徒刑，并处罚金。

“单位犯本条规定之罪的，对单位判处罚金，并对其直接负责的主管人员和其他直接责任人员，依照本条各款的规定处罚。”

二十七、将刑法第一百五十三条第一款修改为：“走私本法第一百五十一条、第一百五十二条、第三百四十七条规定以外的货物、物品的，根据情节轻重，分别依照下列规定处罚：

“（一）走私货物、物品偷逃应缴税额较大或者一年内曾因走私被给予二次行政处罚后又走私的，处三年以下有期徒刑或者拘役，并处偷逃应缴税额一倍以上五倍以下罚金。

“（二）走私货物、物品偷逃应缴税额巨大或者有其他严重情节的，处三年以上十年以下有期徒刑，并处偷逃应缴税额一倍以上五倍以下罚金。

“（三）走私货物、物品偷逃应缴税额特别巨大或者有其他特别严重情节的，处十年以上有期徒刑或者无期徒刑，并处偷逃应缴税额一倍以上五倍以下罚金或者没收财产。”

二十八、将刑法第一百五十七条第一款修改为：“武装掩护走私的，依照本法第一百五十一条第一款的规定从重处罚。”

二十九、将刑法第一百六十四条修改为：“为谋取不正当利益，给予公司、企业或者其他单位的工作人员以财物，数额较大的，处三年以下有期徒刑或者拘役；数额巨大的，处三年以上十年以下有期徒刑，并处罚金。

“为谋取不正当商业利益，给予外国公职人员或者国际公共组织官员以财物的，依照前款的规定处罚。

“单位犯前两款罪的，对单位判处罚金，并对其直接负责的主管人员和其他直接责任人员，依照第一款的规定处罚。

“行贿人在被追诉前主动交待行贿行为的，可以减轻处罚或者免除处罚。”

三十、将刑法第一百九十九条修改为：“犯本节第一百九十二条规定之罪，数额特别巨大并且给国家和人民利益造成特别重大损失的，处无期徒刑或者死刑，并处没收财产。”

三十一、将刑法第二百条修改为：“单位犯本节第一百九十二条、第一百九十四条、第一百九十五条规定之罪的，对单位判处罚金，并对其直接负责的主管人员和其他直接责任人员，处五年以下有期徒刑或者拘役，可以并处罚金；数额巨大或者有其他严重情节的，处五年以上十年以下有期徒刑，并处罚金；数额特别巨大或者有其他特别严重情节的，处十年以上有期徒刑或者无期徒刑，并处罚金。”

三十二、删去刑法第二百零五条第二款。

三十三、在刑法第二百零五条后增加一条，作为第二百零五条之一：“虚开本法第二百零五条规定以外的其他发票，情节严重的，处二年以下有期徒刑、拘役或者管制，并处罚金；情节特别严重的，处二年以上七年以下有期徒刑，并处罚金。

“单位犯前款罪的，对单位判处罚金，并对其直接负责的主管人员和其他直接责任人员，依照前款的规定处罚。”

三十四、删去刑法第二百零六条第二款。

三十五、在刑法第二百一十条后增加一条，作为第二百一十条之一：“明知是伪造的发票而持有，数量较大的，处二年以下有期徒刑、拘役或者管制，并处罚金；数量巨大的，处二年以上七年以下有期徒刑，并处罚金。

“单位犯前款罪的，对单位判处罚金，并对其直接负责的主管人员和其他直接责任人员，依照前款的规定处罚。”

三十六、将刑法第二百二十六条修改为：“以暴力、威胁手段，实施下列行为之一，情节严重的，处三年以下有期徒刑或者拘役，并处或者单处罚金；情节特别严重的，处三年以上七年以下有期徒刑，并处罚金：

“（一）强买强卖商品的；

“（二）强迫他人提供或者接受服务的；

“（三）强迫他人参与或者退出投标、拍卖的；

“（四）强迫他人转让或者收购公司、企业的股份、债券或者其他资产的；

“（五）强迫他人参与或者退出特定的经营活动的。”

三十七、在刑法第二百三十四条后增加一条，作为第二百三十四条之一：“组织他人出卖人体器官的，处五年以下有期徒刑，并处罚金；情节严重的，处五年以上有期徒刑，并处罚金或者没收财产。

“未经本人同意摘取其器官，或者摘取不满十八周岁的人的器官，或者强迫、欺骗他人捐献器官的，依照本法第二百三十四条、第二百三十二条的规定定罪处罚。

“违背本人生前意愿摘取其尸体器官，或者本人生前未表示同意，违反国家规定，违背其近亲属意愿摘取其尸体器官的，依照本法第三百零二条的规定定罪处罚。”

三十八、将刑法第二百四十四条修改为：“以暴力、威胁或者限制人身自由的方法强迫他人劳动的，处三年以下有期徒刑或者拘役，并处罚金；情节严重的，处三年以上十年以下有期徒刑，并处罚金。

“明知他人实施前款行为，为其招募、运送人员或者有其他协助强迫他人劳动行为的，依照前款的规定处罚。

“单位犯前两款罪的，对单位判处罚金，并对其直接负责的主管人员和其他直接责任人员，依照第一款的规定处罚。”

三十九、将刑法第二百六十四条修改为：“盗窃公私财物，数额较大的，或者多次盗窃、入户盗窃、携带凶器盗窃、扒窃的，处三年以下有期徒刑、拘役或者管制，并处或者单处罚金；数额巨大或者有其他严重情节的，处三年以上十年以下有期徒刑，并处罚金；数额特别巨大或者有其他特别严重情节的，处十年以上有期徒刑或者无期徒刑，并处罚金或者没收财产。”

四十、将刑法第二百七十四条修改为：“敲诈勒索公私财物，数额较大或者多次敲诈勒索的，处三年以下有期徒刑、拘役或者管制，并处或者单处罚金；数额巨大或者有其他严重情节的，处三年以上十年以下有期徒刑，并处罚金；数额特别巨大或者有其他特别严重情节的，处十年以上有期徒刑，并处罚金。”

四十一、在刑法第二百七十六条后增加一条，作为第二百七十六条之一：“以转移财产、逃匿等方法逃避支付劳动者的劳动报酬或者有能力支付而不支付劳动者的劳动报酬，数额较大，经政府有关部门责令支付仍不支付的，处三年以下有期徒刑或者拘役，并处或者单处罚金；造成严重后果的，处三年以上七年以下有期徒刑，并处罚金。

“单位犯前款罪的，对单位判处罚金，并对其直接负责的主管人员和其他直接责任人员，依照前款的规定处罚。

“有前两款行为，尚未造成严重后果，在提起公诉前支付劳动者的劳动报酬，并依法承担相应赔偿责任的，可以减轻或者免除处罚。”

四十二、将刑法第二百九十三条修改为：“有下列寻衅滋事行为之一，破坏社会秩序的，处五年以下有期徒刑、拘役或者管制：

“（一）随意殴打他人，情节恶劣的；

“（二）追逐、拦截、辱骂、恐吓他人，情节恶劣的；

“（三）强拿硬要或者任意损毁、占用公私财物，情节严重的；

“（四）在公共场所起哄闹事，造成公共场所秩序严重混乱的。

“纠集他人多次实施前款行为，严重破坏社会秩序的，处五年以上十年以下有期徒刑，可以并处罚金。”

四十三、将刑法第二百九十四条修改为：“组织、领导黑社会性质的组织的，处七年以上有期徒刑，并处没收财产；积极参加的，处三年以上七年以下有期徒刑，可以并处罚金或者没收财产；其他参加的，处三年以下有期徒刑、拘役、管制或者剥夺政治权利，可以并处罚金。

“境外的黑社会组织的人员到中华人民共和国境内发展组织成员的，处三年以上十年以下有期徒刑。

“国家机关工作人员包庇黑社会性质的组织，或者纵容黑社会性质的组织进行违法犯罪活动的，处五年以下有期徒刑；情节严重的，处五年以上有期徒刑。

“犯前三款罪又有其他犯罪行为的，依照数罪并罚的规定处罚。

“黑社会性质的组织应当同时具备以下特征：

“（一）形成较稳定的犯罪组织，人数较多，有明确的组织者、领导者，骨干成员基本固定；

“（二）有组织地通过违法犯罪活动或者其他手段获取经济利益，具有一定的经济实力，以支持该组织的活动；

“（三）以暴力、威胁或者其他手段，有组织地多次进行违法犯罪活动，为非作恶，欺压、残害群众；

“（四）通过实施违法犯罪活动，或者利用国家工作人员的包庇或者纵容,称霸一方，在一定区域或者行业内，形成非法控制或者重大影响，严重破坏经济、社会生活秩序。”

四十四、将刑法第二百九十五条修改为：“传授犯罪方法的，处五年以下有期徒刑、拘役或者管制；情节严重的，处五年以上十年以下有期徒刑；情节特别严重的，处十年以上有期徒刑或者无期徒刑。”

四十五、将刑法第三百二十八条第一款修改为：“盗掘具有历史、艺术、科学价值的古文化遗址、古墓葬的，处三年以上十年以下有期徒刑，并处罚金；情节较轻的，处三年以下有期徒刑、拘役或者管制，并处罚金；有下列情形之一的，处十年以上有期徒刑或者无期徒刑，并处罚金或者没收财产：

“（一）盗掘确定为全国重点文物保护单位和省级文物保护单位的古文化遗址、古墓葬的；

“（二）盗掘古文化遗址、古墓葬集团的首要分子；

“（三）多次盗掘古文化遗址、古墓葬的；

“（四）盗掘古文化遗址、古墓葬，并盗窃珍贵文物或者造成珍贵文物严重破坏的。”

四十六、将刑法第三百三十八条修改为：“违反国家规定，排放、倾倒或者处置有放射性的废物、含传染病病原体的废物、有毒物质或者其他有害物质，严重污染环境的，处三年以下有期徒刑或者拘役，并处或者单处罚金；后果特别严重的，处三年以上七年以下有期徒刑，并处罚金。”

四十七、将刑法第三百四十三条第一款修改为：“违反矿产资源法的规定，未取得采矿许可证擅自采矿，擅自进入国家规划矿区、对国民经济具有重要价值的矿区和他人矿区范围采矿，或者擅自开采国家规定实行保护性开采的特定矿种，情节严重的，处三年以下有期徒刑、拘役或者管制，并处或者单处罚金；情节特别严重的，处三年以上七年以下有期徒刑，并处罚金。”

四十八、将刑法第三百五十八条第三款修改为：“为组织卖淫的人招募、运送人员或者有其他协助组织他人卖淫行为的，处五年以下有期徒刑，并处罚金；情节严重的，处五年以上十年以下有期徒刑，并处罚金。”

四十九、在刑法第四百零八条后增加一条，作为第四百零八条之一：“负有食品安全监督管理职责的国家机关工作人员，滥用职权或者玩忽职守，导致发生重大食品安全事故或者造成其他严重后果的，处五年以下有期徒刑或者拘役；造成特别严重后果的，处五年以上十年以下有期徒刑。

“徇私舞弊犯前款罪的，从重处罚。”

五十、本修正案自2011年5月1日起施行。

中华人民共和国刑法修正案（九）

2015年8月29日第十二届全国人民代表大会常务委员会第十六次会议通过，自2015年11月1日起施行

一、在刑法第三十七条后增加一条，作为第三十七条之一："因利用职业便利实施犯罪，或者实施违背职业要求的特定义务的犯罪被判处刑罚的，人民法院可以根据犯罪情况和预防再犯罪的需要，禁止其自刑罚执行完毕之日或者假释之日起从事相关职业，期限为三年至五年。

"被禁止从事相关职业的人违反人民法院依照前款规定作出的决定的，由公安机关依法给予处罚；情节严重的，依照本法第三百一十三条的规定定罪处罚。

"其他法律、行政法规对其从事相关职业另有禁止或者限制性规定的，从其规定。"

二、将刑法第五十条第一款修改为："判处死刑缓期执行的，在死刑缓期执行期间，如果没有故意犯罪，二年期满以后，减为无期徒刑；如果确有重大立功表现，二年期满以后，减为二十五年有期徒刑；如果故意犯罪，情节恶劣的，报请最高人民法院核准后执行死刑；对于故意犯罪未执行死刑的，死刑缓期执行的期间重新计算，并报最高人民法院备案。"

三、将刑法第五十三条修改为："罚金在判决指定的期限内一次或者分期缴纳。期满不缴纳的，强制缴纳。对于不能全部缴纳罚金的，人民法院在任何时候发现被执行人有可以执行的财产，应当随时追缴。

"由于遭遇不能抗拒的灾祸等原因缴纳确实有困难的，经人民法院裁定，可以延期缴纳、酌情减少或者免除。"

四、在刑法第六十九条中增加一款作为第二款："数罪中有判处有期徒刑和拘役的，执行有期徒刑。数罪中有判处有期徒刑和管制，或者拘役和管制的，有期徒刑、拘役执行完毕后，管制仍须执行。"

原第二款作为第三款。

五、将刑法第一百二十条修改为："组织、领导恐怖活动组织的，处十年以上有期徒刑或者无期徒刑，并处没收财产；积极参加的，处三年以上十年以下有期徒刑，并处罚金；其他参加的，处三年以下有期徒刑、拘役、管制或者剥夺政治权利，可以并处罚金。

"犯前款罪并实施杀人、爆炸、绑架等犯罪的，依照数罪并罚的规定处罚。"

六、将刑法第一百二十条之一修改为："资助恐怖活动组织、实施恐怖活动的个人的，或者资助恐怖活动培训的，处五年以下有期徒刑、拘役、管制或者剥夺政治权利，并处罚金；情节严重的，处五年以上有期徒刑，并处罚金或者没收财产。

"为恐怖活动组织、实施恐怖活动或者恐怖活动培训招募、运送人员的，依照前款的规定处罚。

"单位犯前两款罪的，对单位判处罚金，并对其直接负责的主管人员和其他直接责任人员，依照第一款的规定处罚。"

七、在刑法第一百二十条之一后增加五条，作为第一百二十条之二、第一百二十条之三、第一百二十条之四、第一百二十条之五、第一百二十条之六：

"第一百二十条之二有下列情形之一的，处五年以下有期徒刑、拘役、管制或者剥夺政治权利，并处罚金；情节严重的，处五年以上有期徒刑，并处罚金或者没收财产：

"（一）为实施恐怖活动准备凶器、危险物品或者其他工具的；

"（二）组织恐怖活动培训或者积极参加恐怖活动培训的；

"（三）为实施恐怖活动与境外恐怖活动组织或者人员联络的；

"（四）为实施恐怖活动进行策划或者其他准备的。"有前款行为，同时构成其他犯罪的，依照处罚较重的规定定罪处罚。

"第一百二十条之三以制作、散发宣扬恐怖主义、极端主义的图书、音频视频资料或者其他物品，或者通过讲授、发布信息等方式宣扬恐怖主义、极端主义的，或者煽动实施恐怖活动的，处五年以下有期徒刑、拘役、管制或者剥夺政治权利，并处罚金；情节严重的，处五年以上有期徒刑，并处罚金或者没收财产。

"第一百二十条之四利用极端主义煽动、胁迫群众破坏国家法律确立的婚姻、司法、教育、社会管理等制度实施的，处三年以下有期徒刑、拘役或者管制，并处罚金；情节严重的，处三年以上七年以下有期徒刑，并处罚金；情节特别严重的，处七年以上有期徒刑，并处罚金或者没收财产。

“第一百二十条之五以暴力、胁迫等方式强制他人在公共场所穿着、佩戴宣扬恐怖主义、极端主义服饰、标志的，处三年以下有期徒刑、拘役或者管制，并处罚金。

“第一百二十条之六明知是宣扬恐怖主义、极端主义的图书、音频视频资料或者其他物品而非法持有，情节严重的，处三年以下有期徒刑、拘役或者管制，并处或者单处罚金。”

八、将刑法第一百三十三条之一修改为：“在道路上驾驶机动车，有下列情形之一的，处拘役，并处罚金：

“（一）追逐竞驶，情节恶劣的；

“（二）醉酒驾驶机动车的；

“（三）从事校车业务或者旅客运输，严重超过额定乘员载客，或者严重超过规定时速行驶的；

“（四）违反危险化学品安全管理规定运输危险化学品，危及公共安全的。

“机动车所有人、管理人对前款第三项、第四项行为负有直接责任的，依照前款的规定处罚。

“有前两款行为，同时构成其他犯罪的，依照处罚较重的规定定罪处罚。”

九、将刑法第一百五十一条第一款修改为：“走私武器、弹药、核材料或者伪造的货币的，处七年以上有期徒刑，并处罚金或者没收财产；情节特别严重的，处无期徒刑，并处没收财产；情节较轻的，处三年以上七年以下有期徒刑，并处罚金。”

十、将刑法第一百六十四条第一款修改为：“为谋取不正当利益，给予公司、企业或者其他单位的工作人员以财物，数额较大的，处三年以下有期徒刑或者拘役，并处罚金；数额巨大的，处三年以上十年以下有期徒刑，并处罚金。”

十一、将刑法第一百七十条修改为：“伪造货币的，处三年以上十年以下有期徒刑，并处罚金；有下列情形之一的，处十年以上有期徒刑或者无期徒刑，并处罚金或者没收财产：

“（一）伪造货币集团的首要分子；

“（二）伪造货币数额特别巨大的；

“（三）有其他特别严重情节的。”

十二、删去刑法第一百九十九条。

十三、将刑法第二百三十七条修改为：“以暴力、胁迫或者其他方法强制猥亵他人或者侮辱妇女的，处五年以下有期徒刑或者拘役。

“聚众或者在公共场所当众犯前款罪的，或者有其他恶劣情节的，处五年以上有期徒刑。

“猥亵儿童的，依照前两款的规定从重处罚。”

十四、将刑法第二百三十九条第二款修改为：“犯前款罪，杀害被绑架人的，或者故意伤害被绑架人，致人重伤、死亡的，处无期徒刑或者死刑，并处没收财产。”

十五、将刑法第二百四十一条第六款修改为：“收买被拐卖的妇女、儿童，对被买儿童没有虐待行为，不阻碍对其进行解救的，可以从轻处罚；按照被买妇女的意愿，不阻碍其返回原居住地的，可以从轻或者减轻处罚。”

十六、在刑法第二百四十六条中增加一款作为第三款：“通过信息网络实施第一款规定的行为，被害人向人民法院告诉，但提供证据确有困难的，人民法院可以要求公安机关提供协助。”

十七、将刑法第二百五十三条之一修改为：“违反国家有关规定，向他人出售或者提供公民个人信息，情节严重的，处三年以下有期徒刑或者拘役，并处或者单处罚金；情节特别严重的，处三年以上七年以下有期徒刑，并处罚金。

“违反国家有关规定，将在履行职责或者提供服务过程中获得的公民个人信息，出售或者提供给他人的，依照前款的规定从重处罚。

“窃取或者以其他方法非法获取公民个人信息的，依照第一款的规定处罚。

“单位犯前三款罪的，对单位判处罚金，并对其直接负责的主管人员和其他直接责任人员，依照各该款的规定处罚。”

十八、将刑法第二百六十条第三款修改为："第一款罪，告诉的才处理，但被害人没有能力告诉，或者因受到强制、威吓无法告诉的除外。"

十九、在刑法第二百六十条后增加一条，作为第二百六十条之一："对未成年人、老年人、患病的人、残疾人等负有监护、看护职责的人虐待被监护、看护的人，情节恶劣的，处三年以下有期徒刑或者拘役。

"单位犯前款罪的，对单位判处罚金，并对其直接负责的主管人员和其他直接责任人员，依照前款的规定处罚。

"有第一款行为，同时构成其他犯罪的，依照处罚较重的规定定罪处罚。"

二十、将刑法第二百六十七条第一款修改为："抢夺公私财物，数额较大的，或者多次抢夺的，处三年以下有期徒刑、拘役或者管制，并处或者单处罚金；数额巨大或者有其他严重情节的，处三年以上十年以下有期徒刑，并处罚金；数额特别巨大或者有其他特别严重情节的，处十年以上有期徒刑或者无期徒刑，并处罚金或者没收财产。"

二十一、在刑法第二百七十七条中增加一款作为第五款："暴力袭击正在依法执行职务的人民警察的，依照第一款的规定从重处罚。"

二十二、将刑法第二百八十条修改为："伪造、变造、买卖或者盗窃、抢夺、毁灭国家机关的公文、证件、印章的，处三年以下有期徒刑、拘役、管制或者剥夺政治权利，并处罚金；情节严重的，处三年以上十年以下有期徒刑，并处罚金。

"伪造公司、企业、事业单位、人民团体的印章的，处三年以下有期徒刑、拘役、管制或者剥夺政治权利，并处罚金。

"伪造、变造、买卖居民身份证、护照、社会保障卡、驾驶证等依法可以用于证明身份的证件的，处三年以下有期徒刑、拘役、管制或者剥夺政治权利，并处罚金；情节严重的，处三年以上七年以下有期徒刑，并处罚金。"

二十三、在刑法第二百八十条后增加一条作为第二百八十条之一："在依照国家规定应当提供身份证明的活动中，使用伪造、变造的或者盗用他人的居民身份证、护照、社会保障卡、驾驶证等依法可以用于证明身份的证件，情节严重的，处拘役或者管制，并处或者单处罚金。

"有前款行为，同时构成其他犯罪的，依照处罚较重的规定定罪处罚。

二十四、将刑法第二百八十三条修改为：“非法生产、销售专用间谍器材或者窃听、窃照专用器材的，处三年以下有期徒刑、拘役或者管制，并处或者单处罚金；情节严重的，处三年以上七年以下有期徒刑，并处罚金。

“单位犯前款罪的，对单位判处罚金，并对其直接负责的主管人员和其他直接责任人员，依照前款的规定处罚。”

二十五、在刑法第二百八十四条后增加一条，作为第二百八十四条之一：“在法律规定的国家考试中，组织作弊的，处三年以下有期徒刑或者拘役，并处或者单处罚金；情节严重的，处三年以上七年以下有期徒刑，并处罚金。

“为他人实施前款犯罪提供作弊器材或者其他帮助的，依照前款的规定处罚。

“为实施考试作弊行为，向他人非法出售或者提供第一款规定的考试的试题、答案的，依照第一款的规定处罚。

“代替他人或者让他人代替自己参加第一款规定的考试的，处拘役或者管制，并处或者单处罚金。”

二十六、在刑法第二百八十五条中增加一款作为第四款：“单位犯前三款罪的，对单位判处罚金，并对其直接负责的主管人员和其他直接责任人员，依照各该款的规定处罚。”

二十七、在刑法第二百八十六条中增加一款作为第四款：“单位犯前三款罪的，对单位判处罚金，并对其直接负责的主管人员和其他直接责任人员，依照第一款的规定处罚。”

二十八、在刑法第二百八十六条后增加一条，作为第二百八十六条之一：“网络服务提供者不履行法律、行政法规规定的信息网络安全管理义务，经监管部门责令采取改正措施而拒不改正，有下列情形之一的，处三年以下有期徒刑、拘役或者管制，并处或者单处罚金：

“（一）致使违法信息大量传播的；

“（二）致使用户信息泄露，造成严重后果的；

“（三）致使刑事案件证据灭失，情节严重的；

“（四）有其他严重情节的。

“单位犯前款罪的，对单位判处罚金，并对其直接负责的主管人员和其他直接责任人员，依照前款的规定处罚。

“有前两款行为，同时构成其他犯罪的，依照处罚较重的规定定罪处罚。”

二十九、在刑法第二百八十七条后增加二条，作为第二百八十七条之一、第二百八十七条之二：

“第二百八十七条之一利用信息网络实施下列行为之一，情节严重的，处三年以下有期徒刑或者拘役，并处或者单处罚金：

“（一）设立用于实施诈骗、传授犯罪方法、制作或者销售违禁物品、管制物品等违法犯罪活动的网站、通讯群组的；

（二）发布有关制作或者销售毒品、枪支、淫秽物品等违禁物品、管制物品或者其他违法犯罪信息的；

“（三）为实施诈骗等违法犯罪活动发布信息的。

“单位犯前款罪的，对单位判处罚金，并对其直接负责的主管人员和其他直接责任人员，依照第一款的规定处罚。

“有前两款行为，同时构成其他犯罪的，依照处罚较重的规定定罪处罚。

“第二百八十七条之二明知他人利用信息网络实施犯罪，为其犯罪提供互联网接人、服务器托管、网络存储、通讯传输等技术支持，或者提供广告推广、支付结算等帮助，情节严重的，处三年以下有期徒刑或者拘役，并处或者单处罚金。

“单位犯前款罪的，对单位判处罚金，并对其直接负责的主管人员和其他直接责任人员，依照第一款的规定处罚。

“有前两款行为，同时构成其他犯罪的，依照处罚较重的规定定罪处罚。”

三十、将刑法第二百八十八条第一款修改为：“违反国家规定，擅自设置、使用无线电台（站），或者擅自使用无线电频率，干扰无线电通讯秩序，情节严重的，处三年以下有期徒刑、拘役或者管制，并处或者单处罚金；情节特别严重的，处三年以上七年以下有期徒刑，并处罚金。”

三十一、将刑法第二百九十条第一款修改为：“聚众扰乱社会秩序，情节严重，致使工作、生产、营业和教学、科研、医疗无法进行，造成严重损失的，对首要分子，处三年以上七年以下有期徒刑；对其他积极参加的，处三年以下有期徒刑、拘役、管制或者剥夺政治权利。”

增加二款作为第三款、第四款："多次扰乱国家机关工作秩序，经行政处罚后仍不改正，造成严重后果的，处三年以下有期徒刑、拘役或者管制。

"多次组织、资助他人非法聚集，扰乱社会秩序，情节严重的，依照前款的规定处罚。"

三十二、在刑法第二百九十一条之一中增加一款作为第二款："编造虚假的险情、疫情、灾情、警情，在信息网络或者其他媒体上传播，或者明知是上述虚假信息，故意在信息网络或者其他媒体上传播，严重扰乱社会秩序的，处三年以下有期徒刑、拘役或者管制；造成严重后果的，处三年以上七年以下有期徒刑。"

三十三、将刑法第三百条修改为："组织、利用会道门、邪教组织或者利用迷信破坏国家法律、行政法规实施的，处三年以上七年以下有期徒刑，并处罚金；情节特别严重的，处七年以上有期徒刑或者无期徒刑，并处罚金或者没收财产；情节较轻的，处三年以下有期徒刑、拘役、管制或者剥夺政治权利，并处或者单处罚金。

"组织、利用会道门、邪教组织或者利用迷信蒙骗他人，致人重伤、死亡的，依照前款的规定处罚。

"犯第一款罪又有奸淫妇女、诈骗财物等犯罪行为的，依照数罪并罚的规定处罚。"

三十四、将刑法第三百零二条修改为："盗窃、侮辱、故意毁坏尸体、尸骨、骨灰的，处三年以下有期徒刑、拘役或者管制。"

三十五、在刑法第三百零七条后增加一条，作为第三百零七条之一："以捏造的事实提起民事诉讼，妨害司法秩序或者严重侵害他人合法权益的，处三年以下有期徒刑、拘役或者管制，并处或者单处罚金；情节严重的，处三年以上七年以下有期徒刑，并处罚金。

"单位犯前款罪的，对单位判处罚金，并对其直接负责的主管人员和其他直接责任人员，依照前款的规定处罚。

"有第一款行为，非法占有他人财产或者逃避合法债务，又构成其他犯罪的，依照处罚较重的规定定罪从重处罚。

"司法工作人员利用职权，与他人共同实施前三款行为的，从重处罚；同时构成其他犯罪的，依照处罚较重的规定定罪从重处罚。"

三十六、在刑法第三百零八条后增加一条，作为第三百零八条之一：“司法工作人员、辩护人、诉讼代理人或者其他诉讼参与人，泄露依法不公开审理的案件中不应当公开的信息，造成信息公开传播或者其他严重后果的，处三年以下有期徒刑、拘役或者管制，并处或者单处罚金。

“有前款行为，泄露国家秘密的，依照本法第三百九十八条的规定定罪处罚。

“公开披露、报道第一款规定的案件信息，情节严重的，依照第一款的规定处罚。

“单位犯前款罪的，对单位判处罚金，并对其直接负责的主管人员和其他直接责任人员，依照第一款的规定处罚”。

三十七、将刑法第三百零九条修改为：“有下列扰乱法庭秩序情形之一的，处三年以下有期徒刑、拘役、管制或者罚金：

“（一）聚众哄闹、冲击法庭的；

“（二）殴打司法工作人员或者诉讼参与人的；

“（三）侮辱、诽谤、威胁司法工作人员或者诉讼参与人，不听法庭制止，严重扰乱法庭秩序的；

“（四）有毁坏法庭设施，抢夺、损毁诉讼文书、证据等扰乱法庭秩序行为，情节严重的。”

三十八、将刑法第三百一十一条修改为：“明知他人有间谍犯罪或者恐怖主义、极端主义犯罪行为，在司法机关向其调查有关情况、收集有关证据时，拒绝提供，情节严重的，处三年以下有期徒刑、拘役或者管制。”

三十九、将刑法第三百一十三条修改为：“对人民法院的判决、裁定有能力执行而拒不执行，情节严重的，处三年以下有期徒刑、拘役或者罚金；情节特别严重的，处三年以上七年以下有期徒刑，并处罚金。

“单位犯前款罪的，对单位判处罚金，并对其直接负责的主管人员和其他直接责任人员，依照前款的规定处罚。”

四十、将刑法第三百二十二条修改为：“违反国（边）境管理法规，偷越国（边）境，情节严重的，处一年以下有期徒刑、拘役或者管制，并处罚金；为参加恐怖活动组织、接受恐怖活动培训或者实施恐怖活动，偷越国（边）境的，处一年以上三年以下有期徒刑，并处罚金。”

四十一、将刑法第三百五十条第一款、第二款修改为：“违反国家规定，非法生产、买卖、运输醋酸酐、乙醚、三氯甲烷或者其他用于制造毒品的原料、配剂，或者携带上述物品进出境，情节较重的，处三年以下有期徒刑、拘役或者管制，并处罚金；情节严重的，处三年以上七年以下有期徒刑，并处罚金；情节特别严重的，处七年以上有期徒刑，并处罚金或者没收财产。

“明知他人制造毒品而为其生产、买卖、运输前款规定的物品的，以制造毒品罪的共犯论处。”

四十二、将刑法第三百五十八条修改为：“组织、强迫他人卖淫的，处五年以上十年以下有期徒刑，并处罚金；情节严重的，处十年以上有期徒刑或者无期徒刑，并处罚金或者没收财产。

“组织、强迫未成年人卖淫的，依照前款的规定从重处罚。

“犯前两款罪，并有杀害、伤害、强奸、绑架等犯罪行为的，依照数罪并罚的规定处罚。

“为组织卖淫的人招募、运送人员或者有其他协助组织他人卖淫行为的，处五年以下有期徒刑，并处罚金；情节严重的，处五年以上十年以下有期徒刑，并处罚金。”

四十三、删去刑法第三百六十条第二款。

四十四、将刑法第三百八十三条修改为：“对犯贪污罪的，根据情节轻重，分别依照下列规定处罚：

“（一）贪污数额较大或者有其他较重情节的，处三年以下有期徒刑或者拘役，并处罚金。

“（二）贪污数额巨大或者有其他严重情节的，处三年以上十年以下有期徒刑，并处罚金或者没收财产。

“（三）贪污数额特别巨大或者有其他特别严重情节的，处十年以上有期徒刑或者无期徒刑，并处罚金或者没收财产；数额特别巨大，并使国家和人民利益遭受特别重大损失的，处无期徒刑或者死刑，并处没收财产。

“对多次贪污未经处理的，按照累计贪污数额处罚。

“犯第一款罪，在提起公诉前如实供述自己罪行、真诚悔罪、积极退赃，避免、减少损害结果的发生，有第一项规定情形的，可以从轻、减轻或者免除处罚；有第二项、第三项规定情形的，可以从轻处罚。

“犯第一款罪，有第三项规定情形被判处死刑缓期执行的，人民法院根据犯罪情节等情况可以同时决定在其死刑缓期执行二年期满依法减为无期徒刑后，终身监禁，不得减刑、假释。”

四十五、将刑法第三百九十条修改为：“对犯行贿罪的，处五年以下有期徒刑或者拘役，并处罚金；因行贿谋取不正当利益，情节严重的，或者使国家利益遭受重大损失的，处五年以上十年以下有期徒刑，并处罚金；情节特别严重的，或者使国家利益遭受特别重大损失的，处十年以上有期徒刑或者无期徒刑，并处罚金或者没收财产。

“行贿人在被追诉前主动交待行贿行为的，可以从轻或者减轻处罚。其中，犯罪较轻的，对侦破重大案件起关键作用的，或者有重大立功表现的，可以减轻或者免除处罚。”

四十六、在刑法第三百九十条后增加一条，作为第三百九十条之一：“为谋取不正当利益，向国家工作人员的近亲属或者其他与该国家工作人员关系密切的人，或者向离职的国家工作人员或者其近亲属以及其他与其关系密切的人行贿的，处三年以下有期徒刑或者拘役，并处罚金；情节严重的，或者使国家利益遭受重大损失的，处三年以上七年以下有期徒刑，并处罚金；情节特别严重的，或者使国家利益遭受特别重大损失的，处七年以上十年以下有期徒刑，并处罚金。

“单位犯前款罪的，对单位判处罚金，并对其直接负责的主管人员和其他直接责任人员，处三年以下有期徒刑或者拘役，并处罚金。”

四十七、将刑法第三百九十一条第一款修改为：“为谋取不正当利益，给予国家机关、国有公司、企业、事业单位、人民团体以财物的，或者在经济往来中，违反国家规定，给予各种名义的回扣、手续费的，处三年以下有期徒刑或者拘役，并处罚金。”

四十八、将刑法第三百九十二条第一款修改为：“向国家工作人员介绍贿赂，情节严重的，处三年以下有期徒刑或者拘役，并处罚金。”

四十九、将刑法第三百九十三条修改为：“单位为谋取不正当利益而行贿，或者违反国家规定，给予国家工作人员以回扣、手续费，情节严重的，对单位判处罚金，并对其直接负责的主管人员和其他直接责任人员，处五年以下有期徒刑或者拘役，并处罚金。因行贿取得的违法所得归个人所有的，依照本法第三百八十九条、第三百九十条的规定定罪处罚。”

五十、将刑法第四百二十六条修改为："以暴力、威胁方法，阻碍指挥人员或者值班、值勤人员执行职务的，处五年以下有期徒刑或者拘役；情节严重的，处五年以上十年以下有期徒刑；情节特别严重的，处十年以上有期徒刑或者无期徒刑。战时从重处罚。"

五十一、将刑法第四百三十三条修改为："战时造谣惑众，动摇军心的，处三年以下有期徒刑；情节严重的，处三年以上十年以下有期徒刑；情节特别严重的，处十年以上有期徒刑或者无期徒刑。"

五十二、本修正案自 2015 年 11 月 1 日起施行。

中华人民共和国税收征收管理法

1992年9月4日第七届全国人民代表大会常务委员会第二十七次会议通过，同日中华人民共和国主席令第六十号公布；2001年4月28日第九届全国人民代表大会常务委员会第二十一次会议修订；2013年6月29日第十二届全国人民代表大会常务委员会第三次会议第二次修订；2015年4月24日第十二届全国人民代表大会常务委员会第十四次会议第三次修订，自公布之日起施行

目 录

第一章 总 则

第一条 为了加强税收征收管理，规范税收征收和缴纳行为，保障国家税收收入，保护纳税人的合法权益，促进经济和社会发展，制定本法。

第二条 凡依法由税务机关征收的各种税收的征收管理，均适用本法。

第三条 税收的开征、停征以及减税、免税、退税、补税，依照法律的规定执行；法律授权国务院规定的，依照国务院制定的行政法规的规定执行。

任何机关、单位和个人不得违反法律、行政法规的规定，擅自作出税收开征、停征以及减税、免税、退税、补税和其他同税收法律、行政法规相抵触的决定。

第四条 法律、行政法规规定负有纳税义务的单位和个人为纳税人。

法律、行政法规规定负有代扣代缴、代收代缴税款义务的单位和个人为扣缴义务人。

纳税人、扣缴义务人必须依照法律、行政法规的规定缴纳税款、代扣代缴、代收代缴税款。

第五条 国务院税务主管部门主管全国税收征收管理工作。各地国家税务局和地方税务局应当按照国务院规定的税收征收管理范围分别进行征收管理。

地方各级人民政府应当依法加强对本行政区域内税收征收管理工作的领导或者协调，支持税务机关依法执行职务，依照法定税率计算税额，依法征收税款。

各有关部门和单位应当支持、协助税务机关依法执行职务。

税务机关依法执行职务，任何单位和个人不得阻挠。

第六条 国家有计划地用现代信息技术装备各级税务机关，加强税收征收管理信息系统的现代化建设，建立、健全税务机关与政府其他管理机关的信息共享制度。

纳税人、扣缴义务人和其他有关单位应当按照国家有关规定如实向税务机关提供与纳税和代扣代缴、代收代缴税款有关的信息。

第七条 税务机关应当广泛宣传税收法律、行政法规，普及纳税知识，无偿地为纳税人提供纳税咨询服务。

第八条 纳税人、扣缴义务人有权向税务机关了解国家税收法律、行政法规的规定以及与纳税程序有关的情况。

纳税人、扣缴义务人有权要求税务机关为纳税人、扣缴义务人的情况保密。税务机关应当依法为纳税人、扣缴义务人的情况保密。

纳税人依法享有申请减税、免税、退税的权利。

纳税人、扣缴义务人对税务机关所作出的决定，享有陈述权、申辩权；依法享有申请行政复议、提起行政诉讼、请求国家赔偿等权利。

纳税人、扣缴义务人有权控告和检举税务机关、税务人员的违法违纪行为。

第九条　税务机关应当加强队伍建设，提高税务人员的政治业务素质。

税务机关、税务人员必须秉公执法、忠于职守、清正廉洁、礼貌待人、文明服务，尊重和保护纳税人、扣缴义务人的权利，依法接受监督。

税务人员不得索贿受贿、徇私舞弊、玩忽职守、不征或者少征应征税款；不得滥用职权多征税款或者故意刁难纳税人和扣缴义务人。

第十条　各级税务机关应当建立、健全内部制约和监督管理制度。

上级税务机关应当对下级税务机关的执法活动依法进行监督。

各级税务机关应当对其工作人员执行法律、行政法规和廉洁自律准则的情况进行监督检查。

第十一条　税务机关负责征收、管理、稽查、行政复议的人员的职责应当明确，并相互分离、相互制约。

第十二条　税务人员征收税款和查处税收违法案件，与纳税人、扣缴义务人或者税收违法案件有利害关系的，应当回避。

第十三条　任何单位和个人都有权检举违反税收法律、行政法规的行为。收到检举的机关和负责查处的机关应当为检举人保密。税务机关应当按照规定给予奖励。

第十四条　本法所称税务机关是指各级税务局、税务分局、税务所和按照国务院规定设立的并向社会公告的税务机构。

第二章　税务管理

第一节　税务登记

第十五条　企业，企业在外地设立的分支机构和从事生产、经营的场所，个体工商户和从事生产、经营的事业单位（以下统称从事生产、经营的纳税人）自领取营业执照之日起三十日内，持有关证件，向税务机关申报办理税务登记。税务机关应当于收到申报的当日办理登记并发给税务登记证件。

工商行政管理机关应当将办理登记注册、核发营业执照的情况，定期向税务机关通报。

本条第一款规定以外的纳税人办理税务登记和扣缴义务人办理扣缴税款登记的范围和办法，由国务院规定。

第十六条 从事生产、经营的纳税人，税务登记内容发生变化的，自工商行政管理机关办理变更登记之日起三十日内或者在向工商行政管理机关申请办理注销登记之前，持有关证件向税务机关申报办理变更或者注销税务登记。

第十七条 从事生产、经营的纳税人应当按照国家有关规定，持税务登记证件，在银行或者其他金融机构开立基本存款账户和其他存款账户，并将其全部账号向税务机关报告。

银行和其他金融机构应当在从事生产、经营的纳税人的账户中登录税务登记证件号码，并在税务登记证件中登录从事生产、经营的纳税人的账户账号。

税务机关依法查询从事生产、经营的纳税人开立账户的情况时，有关银行和其他金融机构应当予以协助。

第十八条 纳税人按照国务院税务主管部门的规定使用税务登记证件。税务登记证件不得转借、涂改、损毁、买卖或者伪造。

第二节 账簿、凭证管理

第十九条 纳税人、扣缴义务人按照有关法律、行政法规和国务院财政、税务主管部门的规定设置账簿，根据合法、有效凭证记账，进行核算。

第二十条 从事生产、经营的纳税人的财务、会计制度或者财务、会计处理办法和会计核算软件，应当报送税务机关备案。

纳税人、扣缴义务人的财务、会计制度或者财务、会计处理办法与国务院或者国务院财政、税务主管部门有关税收的规定抵触的，依照国务院或者国务院财政、税务主管部门有关税收的规定计算应纳税款、代扣代缴和代收代缴税款。

第二十一条 税务机关是发票的主管机关，负责发票印制、领购、开具、取得、保管、缴销的管理和监督。

单位、个人在购销商品、提供或者接受经营服务以及从事其他经营活动中，应当按照规定开具、使用、取得发票。

发票的管理办法由国务院规定。

第二十二条 增值税专用发票由国务院税务主管部门指定的企业印制；其他发票，按照国务院税务主管部门的规定，分别由省、自治区、直辖市国家税务局、地方税务局指定企业印制。

未经前款规定的税务机关指定，不得印制发票。

第二十三条 国家根据税收征收管理的需要，积极推广使用税控装置。纳税人应当按照规定安装、使用税控装置，不得损毁或者擅自改动税控装置。

第二十四条 从事生产、经营的纳税人、扣缴义务人必须按照国务院财政、税务主管部门规定的保管期限保管账簿、记账凭证、完税凭证及其他有关资料。

账簿、记账凭证、完税凭证及其他有关资料不得伪造、变造或者擅自损毁。

第三节 纳 税 申 报

第二十五条 纳税人必须依照法律、行政法规规定或者税务机关依照法律、行政法规的规定确定的申报期限、申报内容如实办理纳税申报，报送纳税申报表、财务会计报表以及税务机关根据实际需要要求纳税人报送的其他纳税资料。

扣缴义务人必须依照法律、行政法规规定或者税务机关依照法律、行政法规的规定确定的申报期限、申报内容如实报送代扣代缴、代收代缴税款报告表以及税务机关根据实际需要要求扣缴义务人报送的其他有关资料。

第二十六条 纳税人、扣缴义务人可以直接到税务机关办理纳税申报或者报送代扣代缴、代收代缴税款报告表，也可以按照规定采取邮寄、数据电文或者其他方式办理上述申报、报送事项。

第二十七条 纳税人、扣缴义务人不能按期办理纳税申报或者报送代扣代缴、代收代缴税款报告表的，经税务机关核准，可以延期申报。

经核准延期办理前款规定的申报、报送事项的，应当在纳税期内按照上期实际缴纳的税额或者税务机关核定的税额预缴税款，并在核准的延期内办理税款结算。

第三章 税款征收

第二十八条 税务机关依照法律、行政法规的规定征收税款，不得违反法律、行政法规的规定开征、停征、多征、少征、提前征收、延缓征收或者摊派税款。

农业税应纳税额按照法律、行政法规的规定核定。

第二十九条 除税务机关、税务人员以及经税务机关依照法律、行政法规委托的单位和人员外，任何单位和个人不得进行税款征收活动。

第三十条 扣缴义务人依照法律、行政法规的规定履行代扣、代收税款的义务。对法律、行政法规没有规定负有代扣、代收税款义务的单位和个人，税务机关不得要求其履行代扣、代收税款义务。

扣缴义务人依法履行代扣、代收税款义务时，纳税人不得拒绝。纳税人拒绝的，扣缴义务人应当及时报告税务机关处理。

税务机关按照规定付给扣缴义务人代扣、代收手续费。

第三十一条 纳税人、扣缴义务人按照法律、行政法规规定或者税务机关依照法律、行政法规的规定确定的期限，缴纳或者解缴税款。

纳税人因有特殊困难，不能按期缴纳税款的，经省、自治区、直辖市国家税务局、地方税务局批准，可以延期缴纳税款，但是最长不得超过三个月。

第三十二条 纳税人未按照规定期限缴纳税款的，扣缴义务人未按照规定期限解缴税款的，税务机关除责令限期缴纳外，从滞纳税款之日起，按日加收滞纳税款万分之五的滞纳金。

第三十三条 纳税人依照法律、行政法规的规定办理减税、免税。

地方各级人民政府、各级人民政府主管部门、单位和个人违反法律、行政法规规定，擅自作出的减税、免税决定无效，税务机关不得执行，并向上级税务机关报告。

第三十四条 税务机关征收税款时，必须给纳税人开具完税凭证。扣缴义务人代扣、代收税款时，纳税人要求扣缴义务人开具代扣、代收税款凭证的，扣缴义务人应当开具。

第三十五条 纳税人有下列情形之一的，税务机关有权核定其应纳税额：

（一）依照法律、行政法规的规定可以不设置账簿的；

（二）依照法律、行政法规的规定应当设置但未设置账簿的；

（三）擅自销毁账簿或者拒不提供纳税资料的；

（四）虽设置账簿，但账目混乱或者成本资料、收入凭证、费用凭证残缺不全，难以查账的；

（五）发生纳税义务，未按照规定的期限办理纳税申报，经税务机关责令限期申报，逾期仍不申报的；

（六）纳税人申报的计税依据明显偏低，又无正当理由的。

税务机关核定应纳税额的具体程序和方法由国务院税务主管部门规定。

第三十六条 企业或者外国企业在中国境内设立的从事生产、经营的机构、场所与其关联企业之间的业务往来，应当按照独立企业之间的业务往来收取或者支付价款、费用；不按照独立企业之间的业务往来收取或者支付价款、费用，而减少其应纳税的收入或者所得额的，税务机关有权进行合理调整。

第三十七条 对未按照规定办理税务登记的从事生产、经营的纳税人以及临时从事经营的纳税人，由税务机关核定其应纳税额，责令缴纳；不缴纳的，税务机关可以扣押其价值相当于应纳税款的商品、货物。扣押后缴纳应纳税款的，税务机关必须立即解除扣押，并归还所扣押的商品、货物；扣押后仍不缴纳应纳税款的，经县以上税务局（分局）局长批准，依法拍卖或者变卖所扣押的商品、货物，以拍卖或者变卖所得抵缴税款。

第三十八条 税务机关有根据认为从事生产、经营的纳税人有逃避纳税义务行为的，可以在规定的纳税期之前，责令限期缴纳应纳税款；在限期内发现纳税人有明显的转移、隐匿其应纳税的商品、货物以及其他财产或者应纳税的收入的迹象的，税务机关可以责成纳税人提供纳税担保。如果纳税人不能提供纳税担保，经县以上税务局（分局）局长批准，税务机关可以采取下列税收保全措施：

（一）书面通知纳税人开户银行或者其他金融机构冻结纳税人的金额相当于应纳税款的存款；

（二）扣押、查封纳税人的价值相当于应纳税款的商品、货物或者其他财产。

纳税人在前款规定的限期内缴纳税款的，税务机关必须立即解除税收保全措施；限期期满仍未缴纳税款的，经县以上税务局（分局）局长批准，税务机关可以书面通知纳税人开户银行或者其他金融机构从其冻结的存款中扣缴税款，或者依法拍卖或者变卖所扣押、查封的商品、货物或者其他财产，以拍卖或者变卖所得抵缴税款。

个人及其所扶养家属维持生活必需的住房和用品，不在税收保全措施的范围之内。

第三十九条 纳税人在限期内已缴纳税款，税务机关未立即解除税收保全措施，使纳税人的合法利益遭受损失的，税务机关应当承担赔偿责任。

第四十条 从事生产、经营的纳税人、扣缴义务人未按照规定的期限缴纳或者解缴税款，纳税担保人未按照规定的期限缴纳所担保的税款，由税务机关责令限期缴纳，逾期仍未缴纳的，经县以上税务局（分局）局长批准，税务机关可以采取下列强制执行措施：

（一）书面通知其开户银行或者其他金融机构从其存款中扣缴税款；

（二）扣押、查封、依法拍卖或者变卖其价值相当于应纳税款的商品、货物或者其他财产，以拍卖或者变卖所得抵缴税款。

税务机关采取强制执行措施时，对前款所列纳税人、扣缴义务人、纳税担保人未缴纳的滞纳金同时强制执行。

个人及其所扶养家属维持生活必需的住房和用品，不在强制执行措施的范围之内。

第四十一条 本法第三十七条、第三十八条、第四十条规定的采取税收保全措施、强制执行措施的权力，不得由法定的税务机关以外的单位和个人行使。

第四十二条 税务机关采取税收保全措施和强制执行措施必须依照法定权限和法定程序，不得查封、扣押纳税人个人及其所扶养家属维持生活必需的住房和用品。

第四十三条 税务机关滥用职权违法采取税收保全措施、强制执行措施，或者采取税收保全措施、强制执行措施不当，使纳税人、扣缴义务人或者纳税担保人的合法权益遭受损失的，应当依法承担赔偿责任。

第四十四条 欠缴税款的纳税人或者他的法定代表人需要出境的，应当在出境前向税务机关结清应纳税款、滞纳金或者提供担保。未结清税款、滞纳金，又不提供担保的，税务机关可以通知出境管理机关阻止其出境。

第四十五条 税务机关征收税款，税收优先于无担保债权，法律另有规定的除外；纳税人欠缴的税款发生在纳税人以其财产设定抵押、质押或者纳税人的财产被留置之前的，税收应当先于抵押权、质权、留置权执行。

纳税人欠缴税款，同时又被行政机关决定处以罚款、没收违法所得的，税收优先于罚款、没收违法所得。

税务机关应当对纳税人欠缴税款的情况定期予以公告。

第四十六条 纳税人有欠税情形而以其财产设定抵押、质押的，应当向抵押权人、质权人说明其欠税情况。抵押权人、质权人可以请求税务机关提供有关的欠税情况。

第四十七条 税务机关扣押商品、货物或者其他财产时，必须开付收据；查封商品、货物或者其他财产时，必须开付清单。

第四十八条 纳税人有合并、分立情形的，应当向税务机关报告，并依法缴清税款。纳税人合并时未缴清税款的，应当由合并后的纳税人继续履行未履行的纳税义务；纳税人分立时未缴清税款的，分立后的纳税人对未履行的纳税义务应当承担连带责任。

第四十九条 欠缴税款数额较大的纳税人在处分其不动产或者大额资产之前，应当向税务机关报告。

第五十条 欠缴税款的纳税人因怠于行使到期债权，或者放弃到期债权，或者无偿转让财产，或者以明显不合理的低价转让财产而受让人知道该情形，对国家税收造成损害的，税务机关可以依照合同法第七十三条、第七十四条的规定行使代位权、撤销权。

税务机关依照前款规定行使代位权、撤销权的，不免除欠缴税款的纳税人尚未履行的纳税义务和应承担的法律责任。

第五十一条 纳税人超过应纳税额缴纳的税款，税务机关发现后应当立即退还；纳税人自结算缴纳税款之日起三年内发现的，可以向税务机关要求退还多缴的税款并加算银行同期存款利息，税务机关及时查实后应当立即退还；涉及从国库中退库的，依照法律、行政法规有关国库管理的规定退还。

第五十二条 因税务机关的责任，致使纳税人、扣缴义务人未缴或者少缴税款的，税务机关在三年内可以要求纳税人、扣缴义务人补缴税款，但是不得加收滞纳金。

因纳税人、扣缴义务人计算错误等失误，未缴或者少缴税款的，税务机关在三年内可以追征税款、滞纳金；有特殊情况的，追征期可以延长到五年。

对偷税、抗税、骗税的，税务机关追征其未缴或者少缴的税款、滞纳金或者所骗取的税款，不受前款规定期限的限制。

第五十三条 国家税务局和地方税务局应当按照国家规定的税收征收管理范围和税款入库预算级次，将征收的税款缴入国库。

对审计机关、财政机关依法查出的税收违法行为，税务机关应当根据有关机关的决定、意见书，依法将应收的税款、滞纳金按照税款入库预算级次缴入国库，并将结果及时回复有关机关。

第四章　税 务 检 查

第五十四条 税务机关有权进行下列税务检查：

（一）检查纳税人的账簿、记账凭证、报表和有关资料，检查扣缴义务人代扣代缴、代收代缴税款账簿、记账凭证和有关资料；

（二）到纳税人的生产、经营场所和货物存放地检查纳税人应纳税的商品、货物或者其他财产，检查扣缴义务人与代扣代缴、代收代缴税款有关的经营情况；

（三）责成纳税人、扣缴义务人提供与纳税或者代扣代缴、代收代缴税款有关的文件、证明材料和有关资料；

（四）询问纳税人、扣缴义务人与纳税或者代扣代缴、代收代缴税款有关的问题和情况；

（五）到车站、码头、机场、邮政企业及其分支机构检查纳税人托运、邮寄应纳税商品、货物或者其他财产的有关单据、凭证和有关资料；

（六）经县以上税务局（分局）局长批准，凭全国统一格式的检查存款账户许可证明，查询从事生产、经营的纳税人、扣缴义务人在银行或者其他金融机构的存款账户。税务机关在调查税收违法案件时，经设区的市、自治州以上税务局（分局）局长批准，可以查询案件涉嫌人员的储蓄存款。税务机关查询所获得的资料，不得用于税收以外的用途。

第五十五条 税务机关对从事生产、经营的纳税人以前纳税期的纳税情况依法进行税务检查时，发现纳税人有逃避纳税义务行为，并有明显的转移、隐匿其应纳税的商品、货物以及其他财产或者应纳税的收入的迹象的，可以按照本法规定的批准权限采取税收保全措施或者强制执行措施。

第五十六条 纳税人、扣缴义务人必须接受税务机关依法进行的税务检查，如实反映情况，提供有关资料，不得拒绝、隐瞒。

第五十七条 税务机关依法进行税务检查时，有权向有关单位和个人调查纳税人、扣缴义务人和其他当事人与纳税或者代扣代缴、代收代缴税款有关的情况，有关单位和个人有义务向税务机关如实提供有关资料及证明材料。

第五十八条 税务机关调查税务违法案件时，对与案件有关的情况和资料，可以记录、录音、录像、照相和复制。

第五十九条 税务机关派出的人员进行税务检查时，应当出示税务检查证和税务检查通知书，并有责任为被检查人保守秘密；未出示税务检查证和税务检查通知书的，被检查人有权拒绝检查。

第五章 法律责任

第六十条 纳税人有下列行为之一的，由税务机关责令限期改正，可以处二千元以下的罚款；情节严重的，处二千元以上一万元以下的罚款：

（一）未按照规定的期限申报办理税务登记、变更或者注销登记的；

（二）未按照规定设置、保管账簿或者保管记账凭证和有关资料的；

（三）未按照规定将财务、会计制度或者财务、会计处理办法和会计核算软件报送税务机关备查的；

（四）未按照规定将其全部银行账号向税务机关报告的；

（五）未按照规定安装、使用税控装置，或者损毁或者擅自改动税控装置的。

纳税人不办理税务登记的，由税务机关责令限期改正；逾期不改正的，经税务机关提请，由工商行政管理机关吊销其营业执照。

纳税人未按照规定使用税务登记证件，或者转借、涂改、损毁、买卖、伪造税务登记证件的，处二千元以上一万元以下的罚款；情节严重的，处一万元以上五万元以下的罚款。

第六十一条 扣缴义务人未按照规定设置、保管代扣代缴、代收代缴税款账簿或者保管代扣代缴、代收代缴税款记账凭证及有关资料的，由税务机关责令限期改正，可以处二千元以下的罚款；情节严重的，处二于元以上五千元以下的罚款。

第六十二条 纳税人未按照规定的期限办理纳税申报和报送纳税资料的，或者扣缴义务人未按照规定的期限向税务机关报送代扣代缴、代收代缴税款报告表和有关资料的，由税务机关责令限期改正，可以处二千元以下的罚款；情节严重的，可以处二千元以上一万元以下的罚款。

第六十三条 纳税人伪造、变造、隐匿、擅自销毁账簿、记账凭证，或者在账簿上多列支出或者不列、少列收入，或者经税务机关通知申报而拒不申报或者进行虚假的纳税申报，不缴或者少缴应纳税款的，是偷税。对纳税人偷税的，由税务机关追缴其不缴或者少缴的税款、滞纳金，并处不缴或者少缴的税款百分之五十以上五倍以下的罚款；构成犯罪的，依法追究刑事责任。

扣缴义务人采取前款所列手段，不缴或者少缴已扣、已收税款，由税务机关追缴其不缴或者少缴的税款、滞纳金，并处不缴或者少缴的税款百分之五十以上五倍以下的罚款；构成犯罪的，依法追究刑事责任。

第六十四条 纳税人、扣缴义务人编造虚假计税依据的，由税务机关责令限期改正，并处五万元以下的罚款。

纳税人不进行纳税申报，不缴或者少缴应纳税款的，由税务机关追缴其不缴或者少缴的税款、滞纳金，并处不缴或者少缴的税款百分之五十以上五倍以下的罚款。

第六十五条 纳税人欠缴应纳税款，采取转移或者隐匿财产的手段，妨碍税务机关追缴欠缴的税款的，由税务机关追缴欠缴的税款、滞纳金，并处欠缴税款百分之五十以上五倍以下的罚款；构成犯罪的，依法追究刑事责任。

第六十六条 以假报出口或者其他欺骗手段，骗取国家出口退税款，由税务机关追缴其骗取的退税款，并处骗取税款一倍以上五倍以下的罚款；构成犯罪的，依法追究刑事责任。

对骗取国家出口退税款的，税务机关可以在规定期间内停止为其办理出口退税。

第六十七条 以暴力、威胁方法拒不缴纳税款的，是抗税，除由税务机关追缴其拒缴的税款、滞纳金外，依法追究刑事责任。情节轻微，未构成犯罪的，由税务机关追缴其拒缴的税款、滞纳金，并处拒缴税款一倍以上五倍以下的罚款。

第六十八条 纳税人、扣缴义务人在规定期限内不缴或者少缴应纳或者应解缴的税款，经税务机关责令限期缴纳，逾期仍未缴纳的，税务机关除依照本法第四十条的规定采取强制执行措施追缴其不缴或者少缴的税款外，可以处不缴或者少缴的税款百分之五十以上五倍以下的罚款。

第六十九条 扣缴义务人应扣未扣、应收而不收税款的，由税务机关向纳税人追缴税款，对扣缴义务人处应扣未扣、应收未收税款百分之五十以上三倍以下的罚款。

第七十条 纳税人、扣缴义务人逃避、拒绝或者以其他方式阻挠税务机关检查的，由税务机关责令改正，可以处一万元以下的罚款；情节严重的，处一万元以上五万元以下的罚款。

第七十一条 违反本法第二十二条规定，非法印制发票的，由税务机关销毁非法印制的发票，没收违法所得和作案工具，并处一万元以上五万元以下的罚款；构成犯罪的，依法追究刑事责任。

第七十二条 从事生产、经营的纳税人、扣缴义务人有本法规定的税收违法行为，拒不接受税务机关处理的，税务机关可以收缴其发票或者停止向其发售发票。

第七十三条 纳税人、扣缴义务人的开户银行或者其他金融机构拒绝接受税务机关依法检查纳税人、扣缴义务人存款账户，或者拒绝执行税务机关作出的冻结存款或者扣缴税款的决定，或者在接到税务机关的书面通知后帮助纳税人、扣缴义务人转移存款，造成税款流失的，由税务机关处十万元以上五十万元以下的罚款，对直接负责的主管人员和其他直接责任人员处一千元以上一万元以下的罚款。

第七十四条 本法规定的行政处罚，罚款额在二千元以下的，可以由税务所决定。

第七十五条 税务机关和司法机关的涉税罚没收入，应当按照税款入库预算级次上缴国库。

第七十六条 税务机关违反规定擅自改变税收征收管理范围和税款入库预算级次的，责令限期改正，对直接负责的主管人员和其他直接责任人员依法给予降级或者撤职的行政处分。

第七十七条 纳税人、扣缴义务人有本法第六十三条、第六十五条、第六十六条、第六十七条、第七十一条规定的行为涉嫌犯罪的，税务机关应当依法移交司法机关追究刑事责任。

税务人员徇私舞弊，对依法应当移交司法机关追究刑事责任的不移交，情节严重的，依法追究刑事责任。

第七十八条 未经税务机关依法委托征收税款的，责令退还收取的财物，依法给予行政处分或者行政处罚；致使他人合法权益受到损失的，依法承担赔偿责任；构成犯罪的，依法追究刑事责任。

第七十九条 税务机关、税务人员查封、扣押纳税人个人及其所扶养家属维持生活必需的住房和用品的，责令退还，依法给予行政处分；构成犯罪的，依法追究刑事责任。

第八十条 税务人员与纳税人、扣缴义务人勾结，唆使或者协助纳税人、扣缴义务人有本法第六十三条、第六十五条、第六十六条规定的行为，构成犯罪的，依法追究刑事责任；尚不构成犯罪的，依法给予行政处分。

第八十一条 税务人员利用职务上的便利，收受或者索取纳税人、扣缴义务人财物或者谋取其他不正当利益，构成犯罪的，依法追究刑事责任；尚不构成犯罪的，依法给予行政处分。

第八十二条 税务人员徇私舞弊或者玩忽职守，不征或者少征应征税款，致使国家税收遭受重大损失，构成犯罪的，依法追究刑事责任；尚不构成犯罪的，依法给予行政处分。

税务人员滥用职权，故意刁难纳税人、扣缴义务人的，调离税收工作岗位，并依法给予行政处分。

税务人员对控告、检举税收违法违纪行为的纳税人、扣缴义务人以及其他检举人进行打击报复的，依法给予行政处分；构成犯罪的，依法追究刑事责任。

税务人员违反法律、行政法规的规定，故意高估或者低估农业税计税产量，致使多征或者少征税款，侵犯农民合法权益或者损害国家利益，构成犯罪的，依法追究刑事责任；尚不构成犯罪的，依法给予行政处分。

第八十三条 违反法律、行政法规的规定提前征收、延缓征收或者摊派税款的，由其上级机关或者行政监察机关责令改正，对直接负责的主管人员和其他直接责任人员依法给予行政处分。

第八十四条 违反法律、行政法规的规定，擅自作出税收的开征、停征或者减税、免税、退税、补税以及其他同税收法律、行政法规相抵触的决定的，除依照本法规定撤销其擅自作出的决定外，补征应征未征税款，退还不应征收而征收的税款，并由上级机关追究直接负责的主管人员和其他直接责任人员的行政责任；构成犯罪的，依法追究刑事责任。

第八十五条 税务人员在征收税款或者查处税收违法案件时，未按照本法规定进行回避的，对直接负责的主管人员和其他直接责任人员，依法给予行政处分。

第八十六条 违反税收法律、行政法规应当给予行政处罚的行为，在五年内未被发现的，不再给予行政处罚。

第八十七条 未按照本法规定为纳税人、扣缴义务人、检举人保密的，对直接负责的主管人员和其他直接责任人员，由所在单位或者有关单位依法给予行政处分。

第八十八条 纳税人、扣缴义务人、纳税担保人同税务机关在纳税上发生争议时，必须先依照税务机关的纳税决定缴纳或者解缴税款及滞纳金或者提供相应的担保，然后可以依法申请行政复议；对行政复议决定不服的，可以依法向人民法院起诉。

当事人对税务机关的处罚决定、强制执行措施或者税收保全措施不服的，可以依法申请行政复议，也可以依法向人民法院起诉。

当事人对税务机关的处罚决定逾期不申请行政复议也不向人民法院起诉、又不履行的，作出处罚决定的税务机关可以采取本法第四十条规定的强制执行措施，或者申请人民法院强制执行。

第六章 附 则

第八十九条 纳税人、扣缴义务人可以委托税务代理人代为办理税务事宜。

第九十条 耕地占用税、契税、农业税、牧业税征收管理的具体办法，由国务院另行制定。

关税及海关代征税收的征收管理，依照法律、行政法规的有关规定执行。

第九十一条 中华人民共和国同外国缔结的有关税收的条约、协定同本法有不同规定的，依照条约、协定的规定办理。

第九十二条 本法施行前颁布的税收法律与本法有不同规定的，适用本法规定。

第九十三条 国务院根据本法制定实施细则。

第九十四条 本法自2001年5月1日起施行。

中华人民共和国税收征收管理法实施细则

2002 年 9 月 7 日中华人民共和国国务院令第 362 号公布；根据 2012 年 11 月 9 日《国务院关于修改和废止部分行政法规的决定》修正，自 2013 年 1 月 1 日起施行；根据 2013 年 7 月 18 日《国务院关于废止和修改部分行政法规的决定》第二次修正，自公布之日起施行；根据 2016 年 2 月 6 日《国务院关于修改部分行政法规的决定》第三次修正，自公布之日起施行

第一章　总　　则

第一条　根据《中华人民共和国税收征收管理法》（以下简称税收征管法）的规定，制定本细则。

第二条　凡依法由税务机关征收的各种税收的征收管理，均适用税收征管法及本细则；税收征管法及本细则没有规定的，依照其他有关税收法律、行政法规的规定执行。

第三条　任何部门、单位和个人作出的与税收法律、行政法规相抵触的决定一律无效，税务机关不得执行，并应当向上级税务机关报告。

纳税人应当依照税收法律、行政法规的规定履行纳税义务；其签订的合同、协议等与税收法律、行政法规相抵触的，一律无效。

第四条　国家税务总局负责制定全国税务系统信息化建设的总体规划、技术标准、技术方案与实施办法；各级税务机关应当按照国家税务总局的总体规划、技术标准、技术方案与实施办法，做好本地区税务系统信息化建设的具体工作。

地方各级人民政府应当积极支持税务系统信息化建设，并组织有关部门实现相关信息的共享。

第五条　税收征管法第八条所称为纳税人、扣缴义务人保密的情况，

是指纳税人、扣缴义务人的商业秘密及个人隐私。纳税人、扣缴义务人的税收违法行为不属于保密范围。

第六条 国家税务总局应当制定税务人员行为准则和服务规范。

上级税务机关发现下级税务机关的税收违法行为，应当及时予以纠正；下级税务机关应当按照上级税务机关的决定及时改正。

下级税务机关发现上级税务机关的税收违法行为，应当向上级税务机关或者有关部门报告。

第七条 税务机关根据检举人的贡献大小给予相应的奖励，奖励所需资金列入税务部门年度预算，单项核定。奖励资金具体使用办法以及奖励标准，由国家税务总局会同财政部制定。

第八条 税务人员在核定应纳税额、调整税收定额、进行税务检查、实施税务行政处罚、办理税务行政复议时，与纳税人、扣缴义务人或者其法定代表人、直接责任人有下列关系之一的，应当回避：

（一）夫妻关系；

（二）直系血亲关系；

（三）三代以内旁系血亲关系；

（四）近姻亲关系；

（五）可能影响公正执法的其他利害关系。

第九条 税收征管法第十四条所称按照国务院规定设立的并向社会公告的税务机构，是指省以下税务局的稽查局。稽查局专司偷税、逃避追缴欠税、骗税、抗税案件的查处。

国家税务总局应当明确划分税务局和稽查局的职责，避免职责交叉。

第二章　税 务 登 记

第十条 国家税务局、地方税务局对同一纳税人的税务登记应当采用同一代码，信息共享。

税务登记的具体办法由国家税务总局制定。

第十一条 各级工商行政管理机关应当向同级国家税务局和地方税务局定期通报办理开业、变更、注销登记以及吊销营业执照的情况。

通报的具体办法由国家税务总局和国家工商行政管理总局联合制定。

第十二条 从事生产、经营的纳税人应当自领取营业执照之日起30日内，向生产、经营地或者纳税义务发生地的主管税务机关申报办理税务登记，如实填写税务登记表，并按照税务机关的要求提供有关证件、资料。

前款规定以外的纳税人，除国家机关和个人外，应当自纳税义务发生之日起30日内，持有关证件向所在地的主管税务机关申报办理税务登记。

个人所得税的纳税人办理税务登记的办法由国务院另行规定。

税务登记证件的式样，由国家税务总局制定。

第十三条 扣缴义务人应当自扣缴义务发生之日起30日内，向所在地的主管税务机关申报办理扣缴税款登记，领取扣缴税款登记证件；税务机关对已办理税务登记的扣缴义务人，可以只在其税务登记证件上登记扣缴税款事项，不再发给扣缴税款登记证件。

第十四条 纳税人税务登记内容发生变化的，应当自工商行政管理机关或者其他机关办理变更登记之日起30日内，持有关证件向原税务登记机关申报办理变更税务登记。

纳税人税务登记内容发生变化，不需要到工商行政管理机关或者其他机关办理变更登记的，应当自发生变化之日起30日内，持有关证件向原税务登记机关申报办理变更税务登记。

第十五条 纳税人发生解散、破产、撤销以及其他情形，依法终止纳税义务的，应当在向工商行政管理机关或者其他机关办理注销登记前，持有关证件向原税务登记机关申报办理注销税务登记；按照规定不需要在工商行政管理机关或者其他机关办理注册登记的，应当自有关机关批准或者宣告终止之日起15日内，持有关证件向原税务登记机关申报办理注销税务登记。

纳税人因住所、经营地点变动，涉及改变税务登记机关的，应当在向工商行政管理机关或者其他机关申请办理变更或者注销登记前或者住所、经营地点变动前，向原税务登记机关申报办理注销税务登记，并在30日内向迁达地税务机关申报办理税务登记。

纳税人被工商行政管理机关吊销营业执照或者被其他机关予以撤销登记的，应当自营业执照被吊销或者被撤销登记之日起15日内，向原税务登记机关申报办理注销税务登记。

第十六条 纳税人在办理注销税务登记前，应当向税务机关结清应纳税款、滞纳金、罚款，缴销发票、税务登记证件和其他税务证件。

第十七条 从事生产、经营的纳税人应当自开立基本存款账户或者其他存款账户之日起15日内，向主管税务机关书面报告其全部账号；发生变化的，应当自变化之日起15日内，向主管税务机关书面报告。

第十八条 除按照规定不需要发给税务登记证件的外，纳税人办理下列事项时，必须持税务登记证件：

（一）开立银行账户；

（二）申请减税、免税、退税；

（三）申请办理延期申报、延期缴纳税款；

（四）领购发票；

（五）申请开具外出经营活动税收管理证明；

（六）办理停业、歇业；

（七）其他有关税务事项。

第十九条 税务机关对税务登记证件实行定期验证和换证制度。纳税人应当在规定的期限内持有关证件到主管税务机关办理验证或者换证手续。

第二十条 纳税人应当将税务登记证件正本在其生产、经营场所或者办公场所公开悬挂，接受税务机关检查。

纳税人遗失税务登记证件的，应当在15日内书面报告主管税务机关，并登报声明作废。

第二十一条 从事生产、经营的纳税人到外县（市）临时从事生产、经营活动的，应当持税务登记证副本和所在地税务机关填开的外出经营活动税收管理证明，向营业地税务机关报验登记，接受税务管理。

从事生产、经营的纳税人外出经营，在同一地累计超过180天的，应当在营业地办理税务登记手续。

第三章 账簿、凭证管理

第二十二条 从事生产、经营的纳税人应当自领取营业执照或者发生纳税义务之日起15日内，按照国家有关规定设置账簿。

前款所称账簿，是指总账、明细账、日记账以及其他辅助性账簿。总账、日记账应当采用订本式。

第二十三条 生产、经营规模小又确无建账能力的纳税人，可以聘请经批准从事会计代理记账业务的专业机构或者财会人员代为建账和办理账务。

第二十四条 从事生产、经营的纳税人应当自领取税务登记证件之日起15日内，将其财务、会计制度或者财务、会计处理办法报送主管税务机关备案。

纳税人使用计算机记账的，应当在使用前将会计电算化系统的会计核算软件、使用说明书及有关资料报送主管税务机关备案。

纳税人建立的会计电算化系统应当符合国家有关规定，并能正确、完整核算其收入或者所得。

第二十五条 扣缴义务人应当自税收法律、行政法规规定的扣缴义务发生之日起10日内，按照所代扣、代收的税种，分别设置代扣代缴、代收代缴税款账簿。

第二十六条 纳税人、扣缴义务人会计制度健全，能够通过计算机正确、完整计算其收入和所得或者代扣代缴、代收代缴税款情况的，其计算机输出的完整的书面会计记录，可视同会计账簿。

纳税人、扣缴义务人会计制度不健全，不能通过计算机正确、完整计算其收入和所得或者代扣代缴、代收代缴税款情况的，应当建立总账及与纳税或者代扣代缴、代收代缴税款有关的其他账簿。

第二十七条 账簿、会计凭证和报表，应当使用中文。民族自治地方可以同时使用当地通用的一种民族文字。外商投资企业和外国企业可以同时使用一种外国文字。

第二十八条 纳税人应当按照税务机关的要求安装、使用税控装置，并按照税务机关的规定报送有关数据和资料。

税控装置推广应用的管理办法由国家税务总局另行制定，报国务院批准后实施。

第二十九条 账簿、记账凭证、报表、完税凭证、发票、出口凭证以及其他有关涉税资料应当合法、真实、完整。

账簿、记账凭证、报表、完税凭证、发票、出口凭证以及其他有关涉税资料应当保存10年；但是，法律、行政法规另有规定的除外。

第四章　纳税申报

第三十条　税务机关应当建立、健全纳税人自行申报纳税制度。纳税人、扣缴义务人可以采取邮寄、数据电文方式办理纳税申报或者报送代扣代缴、代收代缴税款报告表。

数据电文方式，是指税务机关确定的电话语音、电子数据交换和网络传输等电子方式。

第三十一条　纳税人采取邮寄方式办理纳税申报的，应当使用统一的纳税申报专用信封，并以邮政部门收据作为申报凭据。邮寄申报以寄出的邮戳日期为实际申报日期。

纳税人采取电子方式办理纳税申报的，应当按照税务机关规定的期限和要求保存有关资料，并定期书面报送主管税务机关。

第三十二条　纳税人在纳税期内没有应纳税款的，也应当按照规定办理纳税申报。

纳税人享受减税、免税待遇的，在减税、免税期间应当按照规定办理纳税申报。

第三十三条　纳税人、扣缴义务人的纳税申报或者代扣代缴、代收代缴税款报告表的主要内容包括：税种、税目，应纳税项目或者应代扣代缴、代收代缴税款项目，计税依据，扣除项目及标准，适用税率或者单位税额，应退税项目及税额、应减免税项目及税额，应纳税额或者应代扣代缴、代收代缴税额，税款所属期限、延期缴纳税款、欠税、滞纳金等。

第三十四条　纳税人办理纳税申报时，应当如实填写纳税申报表，并根据不同的情况相应报送下列有关证件、资料：

（一）财务会计报表及其说明材料；

（二）与纳税有关的合同、协议书及凭证；

（三）税控装置的电子报税资料；

（四）外出经营活动税收管理证明和异地完税凭证；

（五）境内或者境外公证机构出具的有关证明文件；

（六）税务机关规定应当报送的其他有关证件、资料。

第三十五条 扣缴义务人办理代扣代缴、代收代缴税款报告时，应当如实填写代扣代缴、代收代缴税款报告表，并报送代扣代缴、代收代缴税款的合法凭证以及税务机关规定的其他有关证件、资料。

第三十六条 实行定期定额缴纳税款的纳税人，可以实行简易申报、简并征期等申报纳税方式。

第三十七条 纳税人、扣缴义务人按照规定的期限办理纳税申报或者报送代扣代缴、代收代缴税款报告表确有困难，需要延期的，应当在规定的期限内向税务机关提出书面延期申请，经税务机关核准，在核准的期限内办理。

纳税人、扣缴义务人因不可抗力，不能按期办理纳税申报或者报送代扣代缴、代收代缴税款报告表的，可以延期办理；但是，应当在不可抗力情形消除后立即向税务机关报告。税务机关应当查明事实，予以核准。

第五章 税款征收

第三十八条 税务机关应当加强对税款征收的管理，建立、健全责任制度。

税务机关根据保证国家税款及时足额入库、方便纳税人、降低税收成本的原则，确定税款征收的方式。

税务机关应当加强对纳税人出口退税的管理，具体管理办法由国家税务总局会同国务院有关部门制定。

第三十九条 税务机关应当将各种税收的税款、滞纳金、罚款，按照国家规定的预算科目和预算级次及时缴入国库，税务机关不得占压、挪用、截留，不得缴入国库以外或者国家规定的税款账户以外的任何账户。

已缴入国库的税款、滞纳金、罚款，任何单位和个人不得擅自变更预算科目和预算级次。

第四十条 税务机关应当根据方便、快捷、安全的原则，积极推广使用支票、银行卡、电子结算方式缴纳税款。

第四十一条 纳税人有下列情形之一的，属于税收征管法第三十一条所称特殊困难：

（一）因不可抗力，导致纳税人发生较大损失，正常生产经营活动受到较大影响的；

（二）当期货币资金在扣除应付职工工资、社会保险费后，不足以缴纳税款的。

计划单列市国家税务局、地方税务局可以参照税收征管法第三十一条第二款的批准权限，审批纳税人延期缴纳税款。

第四十二条 纳税人需要延期缴纳税款的，应当在缴纳税款期限届满前提出申请，并报送下列材料：申请延期缴纳税款报告，当期货币资金余额情况及所有银行存款账户的对账单，资产负债表，应付职工工资和社会保险费等税务机关要求提供的支出预算。

税务机关应当自收到申请延期缴纳税款报告之日起20日内作出批准或者不予批准的决定；不予批准的，从缴纳税款期限届满之日起加收滞纳金。

第四十三条 法律、行政法规规定或者经法定的审批机关批准减税、免税的纳税人，应当持有关文件到主管税务机关办理减税、免税手续。减税、免税期满，应当自期满次日起恢复纳税。

享受减税、免税优惠的纳税人，减税、免税条件发生变化的，应当自发生变化之日起15日内向税务机关报告；不再符合减税、免税条件的，应当依法履行纳税义务；未依法纳税的，税务机关应当予以追缴。

第四十四条 税务机关根据有利于税收控管和方便纳税的原则，可以按照国家有关规定委托有关单位和人员代征零星分散和异地缴纳的税收，并发给委托代征证书。受托单位和人员按照代征证书的要求，以税务机关的名义依法征收税款，纳税人不得拒绝；纳税人拒绝的，受托代征单位和人员应当及时报告税务机关。

第四十五条 税收征管法第三十四条所称完税凭证，是指各种完税证、缴款书、印花税票、扣（收）税凭证以及其他完税证明。

未经税务机关指定，任何单位、个人不得印制完税凭证。完税凭证不得转借、倒卖、变造或者伪造。

完税凭证的式样及管理办法由国家税务总局制定。

第四十六条 税务机关收到税款后，应当向纳税人开具完税凭证。纳税人通过银行缴纳税款的，税务机关可以委托银行开具完税凭证。

第四十七条 纳税人有税收征管法第三十五条或者第三十七条所列情形之一的，税务机关有权采用下列任何一种方法核定其应纳税额：

（一）参照当地同类行业或者类似行业中经营规模和收入水平相近的纳税人的税负水平核定；

（二）按照营业收入或者成本加合理的费用和利润的方法核定；

（三）按照耗用的原材料、燃料、动力等推算或者测算核定；

（四）按照其他合理方法核定。

采用前款所列一种方法不足以正确核定应纳税额时，可以同时采用两种以上的方法核定。

纳税人对税务机关采取本条规定的方法核定的应纳税额有异议的，应当提供相关证据，经税务机关认定后，调整应纳税额。

第四十八条 税务机关负责纳税人纳税信誉等级评定工作。纳税人纳税信誉等级的评定办法由国家税务总局制定。

第四十九条 承包人或者承租人有独立的生产经营权，在财务上独立核算，并定期向发包人或者出租人上缴承包费或者租金的，承包人或者承租人应当就其生产、经营收入和所得纳税，并接受税务管理；但是，法律、行政法规另有规定的除外。

发包人或者出租人应当自发包或者出租之日起30日内将承包人或者承租人的有关情况向主管税务机关报告。发包人或者出租人不报告的，发包人或者出租人与承包人或者承租人承担纳税连带责任。

第五十条 纳税人有解散、撤销、破产情形的，在清算前应当向其主管税务机关报告；未结清税款的，由其主管税务机关参加清算。

第五十一条 税收征管法第三十六条所称关联企业，是指有下列关系之一的公司、企业和其他经济组织：

（一）在资金、经营、购销等方面，存在直接或者间接的拥有或者控制关系；

（二）直接或者间接地同为第三者所拥有或者控制；

（三）在利益上具有相关联的其他关系。

纳税人有义务就其与关联企业之间的业务往来，向当地税务机关提供有关的价格、费用标准等资料。具体办法由国家税务总局制定。

第五十二条 税收征管法第三十六条所称独立企业之间的业务往来，是指没有关联关系的企业之间按照公平成交价格和营业常规所进行的业务往来。

第五十三条 纳税人可以向主管税务机关提出与其关联企业之间业务往来的定价原则和计算方法，主管税务机关审核、批准后，与纳税人预先约定有关定价事项，监督纳税人执行。

第五十四条 纳税人与其关联企业之间的业务往来有下列情形之一的，税务机关可以调整其应纳税额：

（一）购销业务未按照独立企业之间的业务往来作价；

（二）融通资金所支付或者收取的利息超过或者低于没有关联关系的企业之间所能同意的数额，或者利率超过或者低于同类业务的正常利率；

（三）提供劳务，未按照独立企业之间业务往来收取或者支付劳务费用；

（四）转让财产、提供财产使用权等业务往来，未按照独立企业之间业务往来作价或者收取、支付费用；

（五）未按照独立企业之间业务往来作价的其他情形。

第五十五条 纳税人有本细则第五十四条所列情形之一的，税务机关可以按照下列方法调整计税收入额或者所得额：

（一）按照独立企业之间进行的相同或者类似业务活动的价格；

（二）按照再销售给无关联关系的第三者的价格所应取得的收入和利润水平；

（三）按照成本加合理的费用和利润；

（四）按照其他合理的方法。

第五十六条 纳税人与其关联企业未按照独立企业之间的业务往来支付价款、费用的，税务机关自该业务往来发生的纳税年度起 3 年内进行调整；有特殊情况的，可以自该业务往来发生的纳税年度起 10 年内进行调整。

第五十七条 税收征管法第三十七条所称未按照规定办理税务登记从事生产、经营的纳税人，包括到外县（市）从事生产、经营而未向营业地税务机关报验登记的纳税人。

第五十八条 税务机关依照税收征管法第三十七条的规定，扣押纳税人商品、货物的，纳税人应当自扣押之日起 15 日内缴纳税款。

对扣押的鲜活、易腐烂变质或者易失效的商品、货物，税务机关根据被扣押物品的保质期，可以缩短前款规定的扣押期限。

第五十九条 税收征管法第三十八条、第四十条所称其他财产，包括纳税人的房地产、现金、有价证券等不动产和动产。

机动车辆、金银饰品、古玩字画、豪华住宅或者一处以外的住房不属于税收征管法第三十八条、第四十条、第四十二条所称个人及其所扶养家属维持生活必需的住房和用品。

税务机关对单价 5000 元以下的其他生活用品，不采取税收保全措施和强制执行措施。

第六十条 税收征管法第三十八条、第四十条、第四十二条所称个人所扶养家属，是指与纳税人共同居住生活的配偶、直系亲属以及无生活来源并由纳税人扶养的其他亲属。

第六十一条 税收征管法第三十八条、第八十八条所称担保，包括经税务机关认可的纳税保证人为纳税人提供的纳税保证，以及纳税人或者第三人以其未设置或者未全部设置担保物权的财产提供的担保。

纳税保证人，是指在中国境内具有纳税担保能力的自然人、法人或者其他经济组织。

法律、行政法规规定的没有担保资格的单位和个人，不得作为纳税担保人。

第六十二条 纳税担保人同意为纳税人提供纳税担保的，应当填写纳税担保书，写明担保对象、担保范围、担保期限和担保责任以及其他有关事项。担保书须经纳税人、纳税担保人签字盖章并经税务机关同意，方为有效。

纳税人或者第三人以其财产提供纳税担保的，应当填写财产清单，并写明财产价值以及其他有关事项。纳税担保财产清单须经纳税人、第三人签字盖章并经税务机关确认，方为有效。

第六十三条 税务机关执行扣押、查封商品、货物或者其他财产时，应当由两名以上税务人员执行，并通知被执行人。被执行人是自然人的，应当通知被执行人本人或者其成年家属到场；被执行人是法人或者其他组织的，应当通知其法定代表人或者主要负责人到场；拒不到场的，不影响执行。

第六十四条 税务机关执行税收征管法第三十七条、第三十八条、第四十条的规定，扣押、查封价值相当于应纳税款的商品、货物或者其他财产时，参照同类商品的市场价、出厂价或者评估价估算。

税务机关按照前款方法确定应扣押、查封的商品、货物或者其他财产的价值时，还应当包括滞纳金和拍卖、变卖所发生的费用。

第六十五条 对价值超过应纳税额且不可分割的商品、货物或者其他财产，税务机关在纳税人、扣缴义务人或者纳税担保人无其他可供强制执行的财产的情况下，可以整体扣押、查封、拍卖。

第六十六条 税务机关执行税收征管法第三十七条、第三十八条、第四十条的规定，实施扣押、查封时，对有产权证件的动产或者不动产，税务机关可以责令当事人将产权证件交税务机关保管，同时可以向有关机关发出协助执行通知书，有关机关在扣押、查封期间不再办理该动产或者不动产的过户手续。

第六十七条 对查封的商品、货物或者其他财产，税务机关可以指令被执行人负责保管，保管责任由被执行人承担。

继续使用被查封的财产不会减少其价值的，税务机关可以允许被执行人继续使用；因被执行人保管或者使用的过错造成的损失，由被执行人承担。

第六十八条 纳税人在税务机关采取税收保全措施后，按照税务机关规定的期限缴纳税款的，税务机关应当自收到税款或者银行转回的完税凭证之日起 1 日内解除税收保全。

第六十九条 税务机关将扣押、查封的商品、货物或者其他财产变价抵缴税款时，应当交由依法成立的拍卖机构拍卖；无法委托拍卖或者不适于拍卖的，可以交由当地商业企业代为销售，也可以责令纳税人限期处理；无法委托商业企业销售，纳税人也无法处理的，可以由税务机关变价处理，具体办法由国家税务总局规定。国家禁止自由买卖的商品，应当交由有关单位按照国家规定的价格收购。

拍卖或者变卖所得抵缴税款、滞纳金、罚款以及拍卖、变卖等费用后，剩余部分应当在 3 日内退还被执行人。

第七十条 税收征管法第三十九条、第四十三条所称损失，是指因税务机关的责任，使纳税人、扣缴义务人或者纳税担保人的合法利益遭受的直接损失。

第七十一条 税收征管法所称其他金融机构，是指信托投资公司、信用合作社、邮政储蓄机构以及经中国人民银行、中国证券监督管理委员会等批准设立的其他金融机构。

第七十二条 税收征管法所称存款，包括独资企业投资人、合伙企业合伙人、个体工商户的储蓄存款以及股东资金账户中的资金等。

第七十三条 从事生产、经营的纳税人、扣缴义务人未按照规定的期限缴纳或者解缴税款的，纳税担保人未按照规定的期限缴纳所担保的税款的，由税务机关发出限期缴纳税款通知书，责令缴纳或者解缴税款的最长期限不得超过15日。

第七十四条 欠缴税款的纳税人或者其法定代表人在出境前未按照规定结清应纳税款、滞纳金或者提供纳税担保的，税务机关可以通知出入境管理机关阻止其出境。阻止出境的具体办法，由国家税务总局会同公安部制定。

第七十五条 税收征管法第三十二条规定的加收滞纳金的起止时间，为法律、行政法规规定或者税务机关依照法律、行政法规的规定确定的税款缴纳期限届满次日起至纳税人、扣缴义务人实际缴纳或者解缴税款之日止。

第七十六条 县级以上各级税务机关应当将纳税人的欠税情况，在办税场所或者广播、电视、报纸、期刊、网络等新闻媒体上定期公告。

对纳税人欠缴税款的情况实行定期公告的办法，由国家税务总局制定。

第七十七条 税收征管法第四十九条所称欠缴税款数额较大，是指欠缴税款5万元以上。

第七十八条 税务机关发现纳税人多缴税款的，应当自发现之日起10日内办理退还手续；纳税人发现多缴税款，要求退还的，税务机关应当自接到纳税人退还申请之日起30日内查实并办理退还手续。

税收征管法第五十一条规定的加算银行同期存款利息的多缴税款退税，不包括依法预缴税款形成的结算退税、出口退税和各种减免退税。

退税利息按照税务机关办理退税手续当天中国人民银行规定的活期存款利率计算。

第七十九条 当纳税人既有应退税款又有欠缴税款的，税务机关可以将应退税款和利息先抵扣欠缴税款；抵扣后有余额的，退还纳税人。

第八十条 税收征管法第五十二条所称税务机关的责任，是指税务机关适用税收法律、行政法规不当或者执法行为违法。

第八十一条 税收征管法第五十二条所称纳税人、扣缴义务人计算错误等失误，是指非主观故意的计算公式运用错误以及明显的笔误。

第八十二条 税收征管法第五十二条所称特殊情况，是指纳税人或者扣缴义务人因计算错误等失误，未缴或者少缴、未扣或者少扣、未收或者少收税款，累计数额在10万元以上的。

第八十三条 税收征管法第五十二条规定的补缴和追征税款、滞纳金的期限，自纳税人、扣缴义务人应缴未缴或者少缴税款之日起计算。

第八十四条 审计机关、财政机关依法进行审计、检查时，对税务机关的税收违法行为作出的决定，税务机关应当执行；发现被审计、检查单位有税收违法行为的，向被审计、检查单位下达决定、意见书，责成被审计、检查单位向税务机关缴纳应当缴纳的税款、滞纳金。税务机关应当根据有关机关的决定、意见书，依照税收法律、行政法规的规定，将应收的税款、滞纳金按照国家规定的税收征收管理范围和税款入库预算级次缴入国库。

税务机关应当自收到审计机关、财政机关的决定、意见书之日起30日内将执行情况书面回复审计机关、财政机关。

有关机关不得将其履行职责过程中发现的税款、滞纳金自行征收入库或者以其他款项的名义自行处理、占压。

第六章 税务检查

第八十五条 税务机关应当建立科学的检查制度，统筹安排检查工作，严格控制对纳税人、扣缴义务人的检查次数。

税务机关应当制定合理的税务稽查工作规程，负责选案、检查、审理、执行的人员的职责应当明确，并相互分离、相互制约，规范选案程序和检查行为。

税务检查工作的具体办法，由国家税务总局制定。

第八十六条 税务机关行使税收征管法第五十四条第（一）项职权时，可以在纳税人、扣缴义务人的业务场所进行；必要时，经县以上税务局（分局）局长批准，可以将纳税人、扣缴义务人以前会计年度的账簿、记账凭证、报表和其他有关资料调回税务机关检查，但是税务机关必须向纳税人、扣缴义务人开付清单，并在3个月内完整退还；有特殊情况的，经设区的市、自治州以上税务局局长批准，税务机关可以将纳税人、扣缴义务人当年的账簿、记账凭证、报表和其他有关资料调回检查，但是税务机关必须在30日内退还。

第八十七条 税务机关行使税收征管法第五十四条第（六）项职权时，应当指定专人负责，凭全国统一格式的检查存款账户许可证明进行，并有责任为被检查人保守秘密。

检查存款账户许可证明，由国家税务总局制定。

税务机关查询的内容，包括纳税人存款账户余额和资金往来情况。

第八十八条 依照税收征管法第五十五条规定，税务机关采取税收保全措施的期限一般不得超过6个月；重大案件需要延长的，应当报国家税务总局批准。

第八十九条 税务机关和税务人员应当依照税收征管法及本细则的规定行使税务检查职权。

税务人员进行税务检查时，应当出示税务检查证和税务检查通知书；无税务检查证和税务检查通知书的，纳税人、扣缴义务人及其他当事人有权拒绝检查。税务机关对集贸市场及集中经营业户进行检查时，可以使用统一的税务检查通知书。

税务检查证和税务检查通知书的式样，使用和管理的具体办法，由国家税务总局制定。

第七章　法律责任

第九十条 纳税人未按照规定办理税务登记证件验证或者换证手续

的，由税务机关责令限期改正，可以处2000元以下的罚款；情节严重的，处2000元以上1万元以下的罚款。

第九十一条　非法印制、转借、倒卖、变造或者伪造完税凭证的，由税务机关责令改正，处2000元以上1万元以下的罚款；情节严重的，处1万元以上5万元以下的罚款；构成犯罪的，依法追究刑事责任。

第九十二条　银行和其他金融机构未依照税收征管法的规定在从事生产、经营的纳税人的账户中登录税务登记证件号码，或者未按规定在税务登记证件中登录从事生产、经营的纳税人的账户账号的，由税务机关责令其限期改正，处2000元以上2万元以下的罚款；情节严重的，处2万元以上5万元以下的罚款。

第九十三条　为纳税人、扣缴义务人非法提供银行账户、发票、证明或者其他方便，导致未缴、少缴税款或者骗取国家出口退税款的，税务机关除没收其违法所得外，可以处未缴、少缴或者骗取的税款1倍以下的罚款。

第九十四条　纳税人拒绝代扣、代收税款的，扣缴义务人应当向税务机关报告，由税务机关直接向纳税人追缴税款、滞纳金；纳税人拒不缴纳的，依照税收征管法第六十八条的规定执行。

第九十五条　税务机关依照税收征管法第五十四条第（五）项的规定，到车站、码头、机场、邮政企业及其分支机构检查纳税人有关情况时，有关单位拒绝的，由税务机关责令改正，可以处1万元以下的罚款；情节严重的，处1万元以上5万元以下的罚款。

第九十六条　纳税人、扣缴义务人有下列情形之一的，依照税收征管法第七十条的规定处罚：

（一）提供虚假资料，不如实反映情况，或者拒绝提供有关资料的；

（二）拒绝或者阻止税务机关记录、录音、录像、照相和复制与案件有关的情况和资料的；

（三）在检查期间，纳税人、扣缴义务人转移、隐匿、销毁有关资料的；

（四）有不依法接受税务检查的其他情形的。

第九十七条　税务人员私分扣押、查封的商品、货物或者其他财产，情节严重，构成犯罪的，依法追究刑事责任；尚不构成犯罪的，依法给予行政处分。

第九十八条 税务代理人违反税收法律、行政法规，造成纳税人未缴或者少缴税款的，除由纳税人缴纳或者补缴应纳税款、滞纳金外，对税务代理人处纳税人未缴或者少缴税款50%以上3倍以下的罚款。

第九十九条 税务机关对纳税人、扣缴义务人及其他当事人处以罚款或者没收违法所得时，应当开付罚没凭证；未开付罚没凭证的，纳税人、扣缴义务人以及其他当事人有权拒绝给付。

第一百条 税收征管法第八十八条规定的纳税争议，是指纳税人、扣缴义务人、纳税担保人对税务机关确定纳税主体、征税对象、征税范围、减税、免税及退税、适用税率、计税依据、纳税环节、纳税期限、纳税地点以及税款征收方式等具体行政行为有异议而发生的争议。

第八章 文书送达

第一百零一条 税务机关送达税务文书，应当直接送交受送达人。

受送达人是公民的，应当由本人直接签收；本人不在的，交其同住成年家属签收。

受送达人是法人或者其他组织的，应当由法人的法定代表人、其他组织的主要负责人或者该法人、组织的财务负责人、负责收件的人签收。受送达人有代理人的，可以送交其代理人签收。

第一百零二条 送达税务文书应当有送达回证，并由受送达人或者本细则规定的其他签收人在送达回证上记明收到日期，签名或者盖章，即为送达。

第一百零三条 受送达人或者本细则规定的其他签收人拒绝签收税务文书的，送达人应当在送达回证上记明拒收理由和日期，并由送达人和见证人签名或者盖章，将税务文书留在受送达人处，即视为送达。

第一百零四条 直接送达税务文书有困难的，可以委托其他有关机关或者其他单位代为送达，或者邮寄送达。

第一百零五条 直接或者委托送达税务文书的，以签收人或者见证人在送达回证上的签收或者注明的收件日期为送达日期；邮寄送达的，以挂号函件回执上注明的收件日期为送达日期，并视为已送达。

第一百零六条 有下列情形之一的，税务机关可以公告送达税务文书，自公告之日起满 30 日，即视为送达：

（一）同一送达事项的受送达人众多；

（二）采用本章规定的其他送达方式无法送达。

第一百零七条 税务文书的格式由国家税务总局制定。本细则所称税务文书，包括：

（一）税务事项通知书；

（二）责令限期改正通知书；

（三）税收保全措施决定书；

（四）税收强制执行决定书；

（五）税务检查通知书；

（六）税务处理决定书；

（七）税务行政处罚决定书；

（八）行政复议决定书；

（九）其他税务文书。

第九章 附 则

第一百零八条 税收征管法及本细则所称“以上”、“以下”、“日内”、“届满”均含本数。

第一百零九条 税收征管法及本细则所规定期限的最后一日是法定休假日的，以休假日期满的次日为期限的最后一日；在期限内有连续 3 日以上法定休假日的，按休假日天数顺延。

第一百一十条 税收征管法第三十条第三款规定的代扣、代收手续费，纳入预算管理，由税务机关依照法律、行政法规的规定付给扣缴义务人。

第一百一十一条 纳税人、扣缴义务人委托税务代理人代为办理税务事宜的办法，由国家税务总局规定。

第一百一十二条 耕地占用税、契税、农业税、牧业税的征收管理，按照国务院的有关规定执行。

第一百一十三条 本细则自 2002 年 10 月 15 日起施行。1993 年 8 月 4 日国务院发布的《中华人民共和国税收征收管理法实施细则》同时废止。

中华人民共和国政府信息公开条例

2007年1月17日国务院第165次常务会议通过，2007年4月5日中华人民共和国国务院令第492号公布，自2008年5月1日起施行

第一章 总 则

第一条 为了保障公民、法人和其他组织依法获取政府信息，提高政府工作的透明度，促进依法行政，充分发挥政府信息对人民群众生产、生活和经济社会活动的服务作用，制定本条例。

第二条 本条例所称政府信息，是指行政机关在履行职责过程中制作或者获取的，以一定形式记录、保存的信息。

第三条 各级人民政府应当加强对政府信息公开工作的组织领导。

国务院办公厅是全国政府信息公开工作的主管部门，负责推进、指导、协调、监督全国的政府信息公开工作。

县级以上地方人民政府办公厅（室）或者县级以上地方人民政府确定的其他政府信息公开工作主管部门负责推进、指导、协调、监督本行政区域的政府信息公开工作。

第四条 各级人民政府及县级以上人民政府部门应当建立健全本行政机关的政府信息公开工作制度，并指定机构（以下统称政府信息公开工作机构）负责本行政机关政府信息公开的日常工作。

政府信息公开工作机构的具体职责是：

（一）具体承办本行政机关的政府信息公开事宜；

（二）维护和更新本行政机关公开的政府信息；

（三）组织编制本行政机关的政府信息公开指南、政府信息公开目录和政府信息公开工作年度报告；

（四）对拟公开的政府信息进行保密审查；

（五）本行政机关规定的与政府信息公开有关的其他职责。

第五条　行政机关公开政府信息，应当遵循公正、公平、便民的原则。

第六条　行政机关应当及时、准确地公开政府信息。行政机关发现影响或者可能影响社会稳定、扰乱社会管理秩序的虚假或者不完整信息的，应当在其职责范围内发布准确的政府信息予以澄清。

第七条　行政机关应当建立健全政府信息发布协调机制。行政机关发布政府信息涉及其他行政机关的，应当与有关行政机关进行沟通、确认，保证行政机关发布的政府信息准确一致。

行政机关发布政府信息依照国家有关规定需要批准的，未经批准不得发布。

第八条　行政机关公开政府信息，不得危及国家安全、公共安全、经济安全和社会稳定。

第二章　公开的范围

第九条　行政机关对符合下列基本要求之一的政府信息应当主动公开：

（一）涉及公民、法人或者其他组织切身利益的；

（二）需要社会公众广泛知晓或者参与的；

（三）反映本行政机关机构设置、职能、办事程序等情况的；

（四）其他依照法律、法规和国家有关规定应当主动公开的。

第十条　县级以上各级人民政府及其部门应当依照本条例第九条的规定，在各自职责范围内确定主动公开的政府信息的具体内容，并重点公开下列政府信息：

（一）行政法规、规章和规范性文件；

（二）国民经济和社会发展规划、专项规划、区域规划及相关政策；

（三）国民经济和社会发展统计信息；

（四）财政预算、决算报告；

（五）行政事业性收费的项目、依据、标准；

（六）政府集中采购项目的目录、标准及实施情况；

（七）行政许可的事项、依据、条件、数量、程序、期限以及申请行政许可需要提交的全部材料目录及办理情况；

（八）重大建设项目的批准和实施情况；

（九）扶贫、教育、医疗、社会保障、促进就业等方面的政策、措施及其实施情况；

（十）突发公共事件的应急预案、预警信息及应对情况；

（十一）环境保护、公共卫生、安全生产、食品药品、产品质量的监督检查情况。

第十一条　设区的市级人民政府、县级人民政府及其部门重点公开的政府信息还应当包括下列内容：

（一）城乡建设和管理的重大事项；

（二）社会公益事业建设情况；

（三）征收或者征用土地、房屋拆迁及其补偿、补助费用的发放、使用情况；

（四）抢险救灾、优抚、救济、社会捐助等款物的管理、使用和分配情况。

第十二条　乡（镇）人民政府应当依照本条例第九条的规定，在其职责范围内确定主动公开的政府信息的具体内容，并重点公开下列政府信息：

（一）贯彻落实国家关于农村工作政策的情况；

（二）财政收支、各类专项资金的管理和使用情况；

（三）乡（镇）土地利用总体规划、宅基地使用的审核情况；

（四）征收或者征用土地、房屋拆迁及其补偿、补助费用的发放、使用情况；

（五）乡（镇）的债权债务、筹资筹劳情况；

（六）抢险救灾、优抚、救济、社会捐助等款物的发放情况；

（七）乡镇集体企业及其他乡镇经济实体承包、租赁、拍卖等情况；

（八）执行计划生育政策的情况。

第十三条　除本条例第九条、第十条、第十一条、第十二条规定的行政机关主动公开的政府信息外，公民、法人或者其他组织还可以根据自身生产、生活、科研等特殊需要，向国务院部门、地方各级人民政府及县级以上地方人民政府部门申请获取相关政府信息。

第十四条 行政机关应当建立健全政府信息发布保密审查机制，明确审查的程序和责任。

行政机关在公开政府信息前，应当依照《中华人民共和国保守国家秘密法》以及其他法律、法规和国家有关规定对拟公开的政府信息进行审查。

行政机关对政府信息不能确定是否可以公开时，应当依照法律、法规和国家有关规定报有关主管部门或者同级保密工作部门确定。

行政机关不得公开涉及国家秘密、商业秘密、个人隐私的政府信息。但是，经权利人同意公开或者行政机关认为不公开可能对公共利益造成重大影响的涉及商业秘密、个人隐私的政府信息，可以予以公开。

第三章 公开的方式和程序

第十五条 行政机关应当将主动公开的政府信息，通过政府公报、政府网站、新闻发布会以及报刊、广播、电视等便于公众知晓的方式公开。

第十六条 各级人民政府应当在国家档案馆、公共图书馆设置政府信息查阅场所，并配备相应的设施、设备，为公民、法人或者其他组织获取政府信息提供便利。

行政机关可以根据需要设立公共查阅室、资料索取点、信息公告栏、电子信息屏等场所、设施，公开政府信息。

行政机关应当及时向国家档案馆、公共图书馆提供主动公开的政府信息。

第十七条 行政机关制作的政府信息，由制作该政府信息的行政机关负责公开；行政机关从公民、法人或者其他组织获取的政府信息，由保存该政府信息的行政机关负责公开。法律、法规对政府信息公开的权限另有规定的，从其规定。

第十八条 属于主动公开范围的政府信息，应当自该政府信息形成或者变更之日起20个工作日内予以公开。法律、法规对政府信息公开的期限另有规定的，从其规定。

第十九条 行政机关应当编制、公布政府信息公开指南和政府信息公开目录，并及时更新。

政府信息公开指南，应当包括政府信息的分类、编排体系、获取方式，政府信息公开工作机构的名称、办公地址、办公时间、联系电话、传真号码、电子邮箱等内容。

政府信息公开目录，应当包括政府信息的索引、名称、内容概述、生成日期等内容。

第二十条 公民、法人或者其他组织依照本条例第十三条规定向行政机关申请获取政府信息的，应当采用书面形式（包括数据电文形式）；采用书面形式确有困难的，申请人可以口头提出，由受理该申请的行政机关代为填写政府信息公开申请。

政府信息公开申请应当包括下列内容：

（一）申请人的姓名或者名称、联系方式；

（二）申请公开的政府信息的内容描述；

（三）申请公开的政府信息的形式要求。

第二十一条 对申请公开的政府信息，行政机关根据下列情况分别作出答复：

（一）属于公开范围的，应当告知申请人获取该政府信息的方式和途径；

（二）属于不予公开范围的，应当告知申请人并说明理由；

（三）依法不属于本行政机关公开或者该政府信息不存在的，应当告知申请人，对能够确定该政府信息的公开机关的，应当告知申请人该行政机关的名称、联系方式；

（四）申请内容不明确的，应当告知申请人作出更改、补充。

第二十二条 申请公开的政府信息中含有不应当公开的内容，但是能够作区分处理的，行政机关应当向申请人提供可以公开的信息内容。

第二十三条 行政机关认为申请公开的政府信息涉及商业秘密、个人隐私，公开后可能损害第三方合法权益的，应当书面征求第三方的意见；第三方不同意公开的，不得公开。但是，行政机关认为不公开可能对公共利益造成重大影响的，应当予以公开，并将决定公开的政府信息内容和理由书面通知第三方。

第二十四条 行政机关收到政府信息公开申请，能够当场答复的，应当当场予以答复。

行政机关不能当场答复的，应当自收到申请之日起15个工作日内予以答复；如需延长答复期限的，应当经政府信息公开工作机构负责人同意，并告知申请人，延长答复的期限最长不得超过15个工作日。

申请公开的政府信息涉及第三方权益的，行政机关征求第三方意见所需时间不计算在本条第二款规定的期限内。

第二十五条 公民、法人或者其他组织向行政机关申请提供与其自身相关的税费缴纳、社会保障、医疗卫生等政府信息的，应当出示有效身份证件或者证明文件。

公民、法人或者其他组织有证据证明行政机关提供的与其自身相关的政府信息记录不准确的，有权要求该行政机关予以更正。该行政机关无权更正的，应当转送有权更正的行政机关处理，并告知申请人。

第二十六条 行政机关依申请公开政府信息，应当按照申请人要求的形式予以提供；无法按照申请人要求的形式提供的，可以通过安排申请人查阅相关资料、提供复制件或者其他适当形式提供。

第二十七条 行政机关依申请提供政府信息，除可以收取检索、复制、邮寄等成本费用外，不得收取其他费用。行政机关不得通过其他组织、个人以有偿服务方式提供政府信息。

行政机关收取检索、复制、邮寄等成本费用的标准由国务院价格主管部门会同国务院财政部门制定。

第二十八条 申请公开政府信息的公民确有经济困难的，经本人申请、政府信息公开工作机构负责人审核同意，可以减免相关费用。

申请公开政府信息的公民存在阅读困难或者视听障碍的，行政机关应当为其提供必要的帮助。

第四章 监督和保障

第二十九条 各级人民政府应当建立健全政府信息公开工作考核制

度、社会评议制度和责任追究制度，定期对政府信息公开工作进行考核、评议。

第三十条 政府信息公开工作主管部门和监察机关负责对行政机关政府信息公开的实施情况进行监督检查。

第三十一条 各级行政机关应当在每年3月31日前公布本行政机关的政府信息公开工作年度报告。

第三十二条 政府信息公开工作年度报告应当包括下列内容：

（一）行政机关主动公开政府信息的情况；

（二）行政机关依申请公开政府信息和不予公开政府信息的情况；

（三）政府信息公开的收费及减免情况；

（四）因政府信息公开申请行政复议、提起行政诉讼的情况；

（五）政府信息公开工作存在的主要问题及改进情况；

（六）其他需要报告的事项。

第三十三条 公民、法人或者其他组织认为行政机关不依法履行政府信息公开义务的，可以向上级行政机关、监察机关或者政府信息公开工作主管部门举报。收到举报的机关应当予以调查处理。

公民、法人或者其他组织认为行政机关在政府信息公开工作中的具体行政行为侵犯其合法权益的，可以依法申请行政复议或者提起行政诉讼。

第三十四条 行政机关违反本条例的规定，未建立健全政府信息发布保密审查机制的，由监察机关、上一级行政机关责令改正；情节严重的，对行政机关主要负责人依法给予处分。

第三十五条 行政机关违反本条例的规定，有下列情形之一的，由监察机关、上一级行政机关责令改正；情节严重的，对行政机关直接负责的主管人员和其他直接责任人员依法给予处分；构成犯罪的，依法追究刑事责任：

（一）不依法履行政府信息公开义务的；

（二）不及时更新公开的政府信息内容、政府信息公开指南和政府信息公开目录的；

（三）违反规定收取费用的；

（四）通过其他组织、个人以有偿服务方式提供政府信息的；

（五）公开不应当公开的政府信息的；

（六）违反本条例规定的其他行为。

第五章　附　则

第三十六条　法律、法规授权的具有管理公共事务职能的组织公开政府信息的活动，适用本条例。

第三十七条　教育、医疗卫生、计划生育、供水、供电、供气、供热、环保、公共交通等与人民群众利益密切相关的公共企事业单位在提供社会公共服务过程中制作、获取的信息的公开，参照本条例执行，具体办法由国务院有关主管部门或者机构制定。

第三十八条　本条例自 2008 年 5 月 1 日起施行。

中华人民共和国行政复议法实施条例

2007年5月23日国务院第177次常务会议通过，2007年5月29日中华人民共和国国务院令第499号公布，自2007年8月1日起施行

第一章　总　　则

第一条　为了进一步发挥行政复议制度在解决行政争议、建设法治政府、构建社会主义和谐社会中的作用，根据《中华人民共和国行政复议法》（以下简称行政复议法），制定本条例。

第二条　各级行政复议机关应当认真履行行政复议职责，领导并支持本机关负责法制工作的机构（以下简称行政复议机构）依法办理行政复议事项，并依照有关规定配备、充实、调剂专职行政复议人员，保证行政复议机构的办案能力与工作任务相适应。

第三条　行政复议机构除应当依照行政复议法第三条的规定履行职责外，还应当履行下列职责：

（一）依照行政复议法第十八条的规定转送有关行政复议申请；

（二）办理行政复议法第二十九条规定的行政赔偿等事项；

（三）按照职责权限，督促行政复议申请的受理和行政复议决定的履行；

（四）办理行政复议、行政应诉案件统计和重大行政复议决定备案事项；

（五）办理或者组织办理未经行政复议直接提起行政诉讼的行政应诉事项；

（六）研究行政复议工作中发现的问题，及时向有关机关提出改进建议，重大问题及时向行政复议机关报告。

第四条 专职行政复议人员应当具备与履行行政复议职责相适应的品行、专业知识和业务能力，并取得相应资格。具体办法由国务院法制机构会同国务院有关部门规定。

第二章 行政复议申请

第一节 申 请 人

第五条 依照行政复议法和本条例的规定申请行政复议的公民、法人或者其他组织为申请人。

第六条 合伙企业申请行政复议的，应当以核准登记的企业为申请人，由执行合伙事务的合伙人代表该企业参加行政复议；其他合伙组织申请行政复议的，由合伙人共同申请行政复议。

前款规定以外的不具备法人资格的其他组织申请行政复议的，由该组织的主要负责人代表该组织参加行政复议；没有主要负责人的，由共同推选的其他成员代表该组织参加行政复议。

第七条 股份制企业的股东大会、股东代表大会、董事会认为行政机关作出的具体行政行为侵犯企业合法权益的，可以以企业的名义申请行政复议。

第八条 同一行政复议案件申请人超过 5 人的，推选 1 至 5 名代表参加行政复议。

第九条 行政复议期间，行政复议机构认为申请人以外的公民、法人或者其他组织与被审查的具体行政行为有利害关系的，可以通知其作为第三人参加行政复议。

行政复议期间，申请人以外的公民、法人或者其他组织与被审查的具体行政行为有利害关系的，可以向行政复议机构申请作为第三人参加行政复议。

第三人不参加行政复议，不影响行政复议案件的审理。

第十条 申请人、第三人可以委托 1 至 2 名代理人参加行政复议。申请人、第三人委托代理人的，应当向行政复议机构提交授权委托书。授权委托书应当载明委托事项、权限和期限。公民在特殊情况下无法书面委托的，可以口头委托。口头委托的，行政复议机构应当核实并记录在卷。申请人、第三人解除或者变更委托的，应当书面报告行政复议机构。

第二节 被申请人

第十一条 公民、法人或者其他组织对行政机关的具体行政行为不服，依照行政复议法和本条例的规定申请行政复议的，作出该具体行政行为的行政机关为被申请人。

第十二条 行政机关与法律、法规授权的组织以共同的名义作出具体行政行为的，行政机关和法律、法规授权的组织为共同被申请人。

行政机关与其他组织以共同名义作出具体行政行为的，行政机关为被申请人。

第十三条 下级行政机关依照法律、法规、规章规定，经上级行政机关批准作出具体行政行为的，批准机关为被申请人。

第十四条 行政机关设立的派出机构、内设机构或者其他组织，未经法律、法规授权，对外以自己名义作出具体行政行为的，该行政机关为被申请人。

第三节 行政复议申请期限

第十五条 行政复议法第九条第一款规定的行政复议申请期限的计算，依照下列规定办理：

（一）当场作出具体行政行为的，自具体行政行为作出之日起计算；

（二）载明具体行政行为的法律文书直接送达的，自受送达人签收之日起计算；

（三）载明具体行政行为的法律文书邮寄送达的，自受送达人在邮件签收单上签收之日起计算；没有邮件签收单的，自受送达人在送达回执上签名之日起计算；

（四）具体行政行为依法通过公告形式告知受送达人的，自公告规定的期限届满之日起计算；

（五）行政机关作出具体行政行为时未告知公民、法人或者其他组织，事后补充告知的，自该公民、法人或者其他组织收到行政机关补充告知的通知之日起计算；

（六）被申请人能够证明公民、法人或者其他组织知道具体行政行为的，自证据材料证明其知道具体行政行为之日起计算。

行政机关作出具体行政行为，依法应当向有关公民、法人或者其他组织送达法律文书而未送达的，视为该公民、法人或者其他组织不知道该具体行政行为。

第十六条 公民、法人或者其他组织依照行政复议法第六条第（八）项、第（九）项、第（十）项的规定申请行政机关履行法定职责，行政机关未履行的，行政复议申请期限依照下列规定计算：

（一）有履行期限规定的，自履行期限届满之日起计算；

（二）没有履行期限规定的，自行政机关收到申请满60日起计算。

公民、法人或者其他组织在紧急情况下请求行政机关履行保护人身权、财产权的法定职责，行政机关不履行的，行政复议申请期限不受前款规定的限制。

第十七条 行政机关作出的具体行政行为对公民、法人或者其他组织的权利、义务可能产生不利影响的，应当告知其申请行政复议的权利、行政复议机关和行政复议申请期限。

第四节 行政复议申请的提出

第十八条 申请人书面申请行政复议的，可以采取当面递交、邮寄或者传真等方式提出行政复议申请。

有条件的行政复议机构可以接受以电子邮件形式提出的行政复议申请。

第十九条 申请人书面申请行政复议的，应当在行政复议申请书中载明下列事项：

（一）申请人的基本情况，包括：公民的姓名、性别、年龄、身份证号码、工作单位、住所、邮政编码；法人或者其他组织的名称、住所、邮政编码和法定代表人或者主要负责人的姓名、职务；

（二）被申请人的名称；

（三）行政复议请求、申请行政复议的主要事实和理由；

（四）申请人的签名或者盖章；

（五）申请行政复议的日期。

第二十条 申请人口头申请行政复议的，行政复议机构应当依照本条例第十九条规定的事项，当场制作行政复议申请笔录交申请人核对或者向申请人宣读，并由申请人签字确认。

第二十一条 有下列情形之一的，申请人应当提供证明材料：

（一）认为被申请人不履行法定职责的，提供曾经要求被申请人履行法定职责而被申请人未履行的证明材料；

（二）申请行政复议时一并提出行政赔偿请求的，提供受具体行政行为侵害而造成损害的证明材料；

（三）法律、法规规定需要申请人提供证据材料的其他情形。

第二十二条 申请人提出行政复议申请时错列被申请人的，行政复议机构应当告知申请人变更被申请人。

第二十三条 申请人对两个以上国务院部门共同作出的具体行政行为不服的，依照行政复议法第十四条的规定，可以向其中任何一个国务院部门提出行政复议申请，由作出具体行政行为的国务院部门共同作出行政复议决定。

第二十四条 申请人对经国务院批准实行省以下垂直领导的部门作出的具体行政行为不服的，可以选择向该部门的本级人民政府或者上一级主管部门申请行政复议；省、自治区、直辖市另有规定的，依照省、自治区、直辖市的规定办理。

第二十五条 申请人依照行政复议法第三十条第二款的规定申请行政复议的，应当向省、自治区、直辖市人民政府提出行政复议申请。

第二十六条 依照行政复议法第七条的规定，申请人认为具体行政行为所依据的规定不合法的，可以在对具体行政行为申请行政复议的同时一并提出对该规定的审查申请；申请人在对具体行政行为提出行政复议申请时尚不知道该具体行政行为所依据的规定的，可以在行政复议机关作出行政复议决定前向行政复议机关提出对该规定的审查申请。

第三章 行政复议受理

第二十七条 公民、法人或者其他组织认为行政机关的具体行政行为侵犯其合法权益提出行政复议申请，除不符合行政复议法和本条例规定的申请条件的，行政复议机关必须受理。

第二十八条 行政复议申请符合下列规定的，应当予以受理：

（一）有明确的申请人和符合规定的被申请人；

（二）申请人与具体行政行为有利害关系；

（三）有具体的行政复议请求和理由；

（四）在法定申请期限内提出；

（五）属于行政复议法规定的行政复议范围；

（六）属于收到行政复议申请的行政复议机构的职责范围；

（七）其他行政复议机关尚未受理同一行政复议申请，人民法院尚未受理同一主体就同一事实提起的行政诉讼。

第二十九条 行政复议申请材料不齐全或者表述不清楚的，行政复议机构可以自收到该行政复议申请之日起 5 日内书面通知申请人补正。补正通知应当载明需要补正的事项和合理的补正期限。无正当理由逾期不补正的，视为申请人放弃行政复议申请。补正申请材料所用时间不计入行政复议审理期限。

第三十条 申请人就同一事项向两个或者两个以上有权受理的行政机关申请行政复议的，由最先收到行政复议申请的行政机关受理；同时收到行政复议申请的，由收到行政复议申请的行政机关在 10 日内协商确定；协商不成的，由其共同上一级行政机关在 10 日内指定受理机关。协商确定或者指定受理机关所用时间不计入行政复议审理期限。

第三十一条 依照行政复议法第二十条的规定，上级行政机关认为行政复议机关不予受理行政复议申请的理由不成立的，可以先行督促其受理；经督促仍不受理的，应当责令其限期受理，必要时也可以直接受理；认为行政复议申请不符合法定受理条件的，应当告知申请人。

第四章 行政复议决定

第三十二条 行政复议机构审理行政复议案件，应当由 2 名以上行政复议人员参加。

第三十三条 行政复议机构认为必要时，可以实地调查核实证据；对重大、复杂的案件，申请人提出要求或者行政复议机构认为必要时，可以采取听证的方式审理。

第三十四条 行政复议人员向有关组织和人员调查取证时，可以查阅、复制、调取有关文件和资料，向有关人员进行询问。

调查取证时，行政复议人员不得少于 2 人，并应当向当事人或者有关人员出示证件。被调查单位和人员应当配合行政复议人员的工作，不得拒绝或者阻挠。

需要现场勘验的，现场勘验所用时间不计入行政复议审理期限。

第三十五条 行政复议机关应当为申请人、第三人查阅有关材料提供必要条件。

第三十六条 依照行政复议法第十四条的规定申请原级行政复议的案件，由原承办具体行政行为有关事项的部门或者机构提出书面答复，并提交作出具体行政行为的证据、依据和其他有关材料。

第三十七条 行政复议期间涉及专门事项需要鉴定的，当事人可以自行委托鉴定机构进行鉴定，也可以申请行政复议机构委托鉴定机构进行鉴定。鉴定费用由当事人承担。鉴定所用时间不计入行政复议审理期限。

第三十八条 申请人在行政复议决定作出前自愿撤回行政复议申请的，经行政复议机构同意，可以撤回。

申请人撤回行政复议申请的，不得再以同一事实和理由提出行政复议申请。但是，申请人能够证明撤回行政复议申请违背其真实意思表示的除外。

第三十九条 行政复议期间被申请人改变原具体行政行为的，不影响行政复议案件的审理。但是，申请人依法撤回行政复议申请的除外。

第四十条 公民、法人或者其他组织对行政机关行使法律、法规规定的自由裁量权作出的具体行政行为不服申请行政复议，申请人与被申请人在行政复议决定作出前自愿达成和解的，应当向行政复议机构提交书面和解协议；和解内容不损害社会公共利益和他人合法权益的，行政复议机构应当准许。

第四十一条 行政复议期间有下列情形之一，影响行政复议案件审理的，行政复议中止：

（一）作为申请人的自然人死亡，其近亲属尚未确定是否参加行政复议的；

（二）作为申请人的自然人丧失参加行政复议的能力，尚未确定法定代理人参加行政复议的；

（三）作为申请人的法人或者其他组织终止，尚未确定权利义务承受人的；

（四）作为申请人的自然人下落不明或者被宣告失踪的；

（五）申请人、被申请人因不可抗力，不能参加行政复议的；

（六）案件涉及法律适用问题，需要有权机关作出解释或者确认的；

（七）案件审理需要以其他案件的审理结果为依据，而其他案件尚未审结的；

（八）其他需要中止行政复议的情形。

行政复议中止的原因消除后，应当及时恢复行政复议案件的审理。

行政复议机构中止、恢复行政复议案件的审理，应当告知有关当事人。

第四十二条 行政复议期间有下列情形之一的，行政复议终止：

（一）申请人要求撤回行政复议申请，行政复议机构准予撤回的；

（二）作为申请人的自然人死亡，没有近亲属或者其近亲属放弃行政复议权利的；

（三）作为申请人的法人或者其他组织终止，其权利义务的承受人放弃行政复议权利的；

（四）申请人与被申请人依照本条例第四十条的规定，经行政复议机构准许达成和解的；

（五）申请人对行政拘留或者限制人身自由的行政强制措施不服申请行政复议后，因申请人同一违法行为涉嫌犯罪，该行政拘留或者限制人身自由的行政强制措施变更为刑事拘留的。

依照本条例第四十一条第一款第（一）项、第（二）项、第（三）项规定中止行政复议，满 60 日行政复议中止的原因仍未消除的，行政复议终止。

第四十三条 依照行政复议法第二十八条第一款第（一）项规定，具体行政行为认定事实清楚，证据确凿，适用依据正确，程序合法，内容适当的，行政复议机关应当决定维持。

第四十四条 依照行政复议法第二十八条第一款第（二）项规定，被申请人不履行法定职责的，行政复议机关应当决定其在一定期限内履行法定职责。

第四十五条 具体行政行为有行政复议法第二十八条第一款第（三）项规定情形之一的，行政复议机关应当决定撤销、变更该具体行政行为或者确认该具体行政行为违法；决定撤销该具体行政行为或者确认该具体行政行为违法的，可以责令被申请人在一定期限内重新作出具体行政行为。

第四十六条 被申请人未依照行政复议法第二十三条的规定提出书面答复、提交当初作出具体行政行为的证据、依据和其他有关材料的，视为该具体行政行为没有证据、依据，行政复议机关应当决定撤销该具体行政行为。

第四十七条 具体行政行为有下列情形之一，行政复议机关可以决定变更：

（一）认定事实清楚，证据确凿，程序合法，但是明显不当或者适用依据错误的；

（二）认定事实不清，证据不足，但是经行政复议机关审理查明事实清楚，证据确凿的。

第四十八条 有下列情形之一的，行政复议机关应当决定驳回行政复议申请：

（一）申请人认为行政机关不履行法定职责申请行政复议，行政复议机关受理后发现该行政机关没有相应法定职责或者在受理前已经履行法定职责的；

（二）受理行政复议申请后，发现该行政复议申请不符合行政复议法和本条例规定的受理条件的。

上级行政机关认为行政复议机关驳回行政复议申请的理由不成立的，应当责令其恢复审理。

第四十九条 行政复议机关依照行政复议法第二十八条的规定责令被申请人重新作出具体行政行为的，被申请人应当在法律、法规、规章规定的期限内重新作出具体行政行为；法律、法规、规章未规定期限的，重新作出具体行政行为的期限为60日。

公民、法人或者其他组织对被申请人重新作出的具体行政行为不服，可以依法申请行政复议或者提起行政诉讼。

第五十条 有下列情形之一的，行政复议机关可以按照自愿、合法的原则进行调解：

（一）公民、法人或者其他组织对行政机关行使法律、法规规定的自由裁量权作出的具体行政行为不服申请行政复议的；

（二）当事人之间的行政赔偿或者行政补偿纠纷。

当事人经调解达成协议的，行政复议机关应当制作行政复议调解书。调解书应当载明行政复议请求、事实、理由和调解结果，并加盖行政复议机关印章。行政复议调解书经双方当事人签字，即具有法律效力。

调解未达成协议或者调解书生效前一方反悔的，行政复议机关应当及时作出行政复议决定。

第五十一条 行政复议机关在申请人的行政复议请求范围内，不得作出对申请人更为不利的行政复议决定。

第五十二条 第三人逾期不起诉又不履行行政复议决定的，依照行政复议法第三十三条的规定处理。

第五章 行政复议指导和监督

第五十三条 行政复议机关应当加强对行政复议工作的领导。

行政复议机构在本级行政复议机关的领导下，按照职责权限对行政复议工作进行督促、指导。

第五十四条 县级以上各级人民政府应当加强对所属工作部门和下级人民政府履行行政复议职责的监督。

行政复议机关应当加强对其行政复议机构履行行政复议职责的监督。

第五十五条 县级以上地方各级人民政府应当建立健全行政复议工作责任制，将行政复议工作纳入本级政府目标责任制。

第五十六条 县级以上地方各级人民政府应当按照职责权限，通过定期组织检查、抽查等方式，对所属工作部门和下级人民政府行政复议工作进行检查，并及时向有关方面反馈检查结果。

第五十七条 行政复议期间行政复议机关发现被申请人或者其他下级行政机关的相关行政行为违法或者需要做好善后工作的，可以制作行政复议意见书。有关机关应当自收到行政复议意见书之日起60日内将纠正相关行政违法行为或者做好善后工作的情况通报行政复议机构。

行政复议期间行政复议机构发现法律、法规、规章实施中带有普遍性的问题，可以制作行政复议建议书，向有关机关提出完善制度和改进行政执法的建议。

第五十八条 县级以上各级人民政府行政复议机构应当定期向本级人民政府提交行政复议工作状况分析报告。

第五十九条 下级行政复议机关应当及时将重大行政复议决定报上级行政复议机关备案。

第六十条 各级行政复议机构应当定期组织对行政复议人员进行业务培训，提高行政复议人员的专业素质。

第六十一条 各级行政复议机关应当定期总结行政复议工作，对在行政复议工作中做出显著成绩的单位和个人，依照有关规定给予表彰和奖励。

第六章 法律责任

第六十二条 被申请人在规定期限内未按照行政复议决定的要求重新作出具体行政行为，或者违反规定重新作出具体行政行为的，依照行政复议法第三十七条的规定追究法律责任。

第六十三条 拒绝或者阻挠行政复议人员调查取证、查阅、复制、调取有关文件和资料的，对有关责任人员依法给予处分或者治安处罚；构成犯罪的，依法追究刑事责任。

第六十四条　行政复议机关或者行政复议机构不履行行政复议法和本条例规定的行政复议职责，经有权监督的行政机关督促仍不改正的，对直接负责的主管人员和其他直接责任人员依法给予警告、记过、记大过的处分；造成严重后果的，依法给予降级、撤职、开除的处分。

第六十五条　行政机关及其工作人员违反行政复议法和本条例规定的，行政复议机构可以向人事、监察部门提出对有关责任人员的处分建议，也可以将有关人员违法的事实材料直接转送人事、监察部门处理；接受转送的人事、监察部门应当依法处理，并将处理结果通报转送的行政复议机构。

第七章　附　　则

第六十六条　本条例自2007年8月1日起施行。

税务部门规章制定实施办法

2002年2月1日国家税务总局令第1号公布，
自2002年3月1日起施行

第一条 为规范税务部门规章制定工作，根据《中华人民共和国立法法》和国务院颁布的《规章制定程序条例》，制定本办法。

第二条 本办法所称税务部门规章（以下简称税务规章），是指根据法律或者国务院的行政法规、决定、命令，在国家税务总局职权范围内制定的，在全国范围内对税务机关、纳税人、扣缴义务人及其他税务当事人具有普遍约束力的税收规范性文件。

税务规章的名称一般称“规定”、“规程”、“规则”、“实施细则”、“决定”或“办法”。

税务规章以国家税务总局令的形式发布。

第三条 税务规章应当体现权利与义务、职权与职责相统一的原则。

税务规章不得溯及既往，但为更好地保护纳税人或者其他税务当事人权益的特别规定除外。

第四条 税务规章应当明确制定的依据、宗旨、适用范围、主体、权利义务、具体规范、操作程序、法律责任、施行日期。

税务规章用语应当准确、简洁，内容应当具体、具有可操作性。

第五条 税务规章应当分条文书写。

如税务规章内容较为复杂，可以根据需要分章、节、条、款、项、目。章、节、条的序号用中文数字依次表述，款不编序号，项的序号用中文数字加括号依次表述，目的序号用阿拉伯数字依次表述。

第六条 总局各司局及有关部门认为需要制定税务规章的，应当于每年的第一季度内按照《规章制定程序条例》的要求报请立项。

立项申请中应当对制定税务规章的必要性、所要解决的主要问题、拟确立的主要制度作出说明。

立项申请由政策法规司汇总研究，并据此制定税务规章年度计划，报局务会议批准后执行。

税务规章年度计划可以根据执行中的具体情况予以调整。

第七条 税务规章由主管单位负责起草。税务规章内容涉及两个或者两个以上单位的，由局长指定的主办单位负责起草，也可以由政策法规司起草。

第八条 税务规章在起草过程中，起草单位应当充分征求局内其他单位和基层税务机关的意见。

税务规章的内容直接涉及公民、法人或者其他组织的重大切身利益时，起草单位应当将税务规章草案向社会公布，征求有关机关、组织、公民或者法人的意见。必要时，应当公开举行听证会。

第九条 起草单位形成税务规章送审稿后，应当连同起草说明、起草过程中所征求的不同意见等有关材料，一并送政策法规司审查。

第十条 政策法规司应当及时对税务规章送审稿从以下方面进行审：

（一）是否符合本办法第二条、第三条、第四条、第五条的规定；

（二）是否与宪法、法律或国务院的行政法规、决定、命令相矛盾或者抵触；

（三）是否与其他税务规章协调、衔接；

（四）是否就重大问题征求并正确处理有关部门、组织或者个人的意见；

（五）是否符合立法技术要求；

（六）其他需要审查的内容。

政策法规司在审查中发现税务规章送审稿存在重大缺陷的，可以将税务规章送审稿退起草单位修改。

政策法规司审查通过后，形成税务规章草案和审查意见，报局务会议审议。

第十一条 税务规章草案应当经局务会议审议通过。

第十二条 税务规章草案经局务会议审议通过后，由政策法规司起草国家税务总局令，经必要的公文处理程序，报局长签署后予以公布。

第十三条 由国家税务总局主办的与国务院其他部门联合制定的税务规章，依照本办法的规定执行。

依照上款规定联合制定的税务规章，应当送其他部门会签后，由局长和有关部门首长共同署名，并以国家税务总局令予以发布。

第十四条 税务规章经局长签署后，应当及时在《国家税务总局公报》和《中国税务报》上刊登。

在《国家税务总局公报》上刊登的税务规章文本为标准文本。

《国家税务总局公报》的编纂和有关税务规章公告事宜，由办公厅和政策法规司负责实施。

第十五条 税务规章应当自国家税务总局令发布之日起30日内报国务院备案，具体工作由政策法规司实施。

第十六条 编辑出版有关税务规章汇编，由政策法规司依照国务院《法规汇编编辑出版管理规定》的有关规定执行。

第十七条 税务规章的修改和废止，参照本办法的规定执行。

第十八条 由国家税务总局负责草拟的法律、行政法规代拟稿，依照本办法规定的原则办理。

第十九条 本办法自2002年3月1日起施行。

税收规范性文件制定管理办法

2017 年 5 月 16 日国家税务总局令第 41 号公布，
自 2017 年 7 月 1 日起施行

第一章 总 则

第一条 为了规范税收规范性文件制定和管理工作，落实税收法定，促进税务机关依法行政，保障税务行政相对人的合法权益，根据《中华人民共和国立法法》《规章制定程序条例》《法治政府建设实施纲要（2015—2020 年）》等法律法规和有关规定，结合税务机关工作实际，制定本办法。

第二条 本办法所称税收规范性文件，是指县以上税务机关依照法定职权和规定程序制定并发布的，影响税务行政相对人权利、义务，在本辖区内具有普遍约束力并反复适用的文件。

国家税务总局制定的税务部门规章，不属于本办法所称的税收规范性文件。

第三条 税收规范性文件的起草、审查、决定、发布、备案、清理等工作，适用本办法。

第四条 制定税收规范性文件，应当坚持科学、民主、公开、统一的原则，符合法律、法规、规章以及上级税收规范性文件的规定，遵循本办法规定的制定规则和制定程序。

第五条 税收规范性文件不得设定税收开征、停征、减税、免税、退税、补税事项，不得设定行政许可、行政处罚、行政强制、行政事业性收费以及其他不得由税收规范性文件设定的事项。经国务院批准的设定减税、免税等事项除外。

第六条 县税务机关制定税收规范性文件，应当依据法律、法规、规章或者省以上税务机关税收规范性文件的明确授权；没有授权又确需制定税收规范性文件的，应当提请上一级税务机关制定。

县以下（不含本级）税务机关以及各级税务机关的内设机构、派出机构、直属机构和临时性机构，不得以自己的名义制定税收规范性文件。

第二章　制定规则

第七条　税收规范性文件可以使用“办法”“规定”“规程”“规则”等名称，但是不得称“条例”“实施细则”“通知”“批复”等。

上级税务机关对下级税务机关有关特定税务行政相对人的特定事项如何适用税收法律、法规、规章或者税收规范性文件的请示所作的批复，需要普遍适用的，应当按照本办法规定的制定规则和制定程序另行制定税收规范性文件。

第八条　税收规范性文件应当根据需要，明确制定目的和依据、适用范围和主体、权利义务、具体规范、操作程序、施行日期或者有效期限等事项。

第九条　制定税收规范性文件，应当做到内容具体、明确，内在逻辑严密，语言规范、简洁、准确，避免产生歧义，具有可操作性。

第十条　税收规范性文件可以采用条文式或者段落式表述。

采用条文式表述的税收规范性文件，需要分章、节、条、款、项、目的，章、节应当有标题，章、节、条的序号用中文数字依次表述；款不编序号；项的序号用中文数字加括号依次表述；目的序号用阿拉伯数字依次表述。

第十一条　上级税务机关需要下级税务机关对规章和税收规范性文件细化具体操作规定的，可以授权下级税务机关制定具体的实施办法。

被授权税务机关不得将被授予的权力转授给其他机关。

第十二条　税收规范性文件由制定机关负责解释。制定机关不得将税收规范性文件的解释权授予本级机关的内设机构或者下级税务机关。

税收规范性文件有下列情形之一的，制定机关应当及时作出解释：

（一）税收规范性文件的规定需要进一步明确具体含义的；

（二）税收规范性文件制定后出现新的情况，需要明确适用依据的。

下级税务机关在适用上级税务机关制定的税收规范性文件时认为存在本条第二款规定情形之一的，应当提请制定机关解释。

第十三条 税收规范性文件不得溯及既往，但是为了更好地保护税务行政相对人权利和利益而作出的特别规定除外。

第十四条 税收规范性文件应当自发布之日起30日后施行。

税收规范性文件发布后不立即施行将有碍执行的，可以自发布之日起施行。

与法律、法规、规章或者上级机关决定配套实施的税收规范性文件，其施行日期需要与前述文件保持一致的，不受本条第一款、第二款时限规定的限制。

第三章 制定程序

第十五条 税收规范性文件由制定机关业务主管部门负责起草。内容涉及两个或者两个以上部门的，由制定机关负责人指定牵头起草部门。

第十六条 各级税务机关从事政策法规工作的部门或者人员（以下统称"政策法规部门"）负责对税收规范性文件进行审查，包括合法性审查和世界贸易组织规则合规性评估。

未经政策法规部门审查的税收规范性文件，办公厅（室）不予核稿，制定机关负责人不予签发。

第十七条 起草税收规范性文件，应当深入调查研究，总结实践经验，听取基层税务机关意见。对税务行政相对人权利和义务可能产生重大影响的税收规范性文件，除实施前依法需要保密的外，起草部门应当听取公众意见。必要时，起草部门应当邀请政策法规部门共同听取意见。

听取意见可以采取书面、网上征求意见，或者召开座谈会、论证会等多种形式。

第十八条 起草税收规范性文件，应当明确列举拟被该文件废止的文件的名称、文号以及条款，避免与本机关已发布的税收规范性文件相矛盾。

同一事项已由多个税收规范性文件作出规定的，起草部门在起草同类文件时，应当对有关文件进行归并、整合。

第十九条 税收规范性文件送审稿应当由起草部门负责人签署后，送交政策法规部门审查。

送审稿内容涉及征管业务及其工作流程的，应当于送交审查前会签征管科技部门；涉及其他业务主管部门工作的，应当于送交审查前会签相关业务主管部门；未按规定会签的，政策法规部门不予审查。

起草部门认定送审稿属于重要文件的，应当注明“请主要负责人会签”。

第二十条 起草部门将送审稿送交审查时，应当一并提供下列材料：

（一）起草说明，包括制定目的、制定依据、必要性与可行性、起草过程、征求意见以及采纳情况、对税务行政相对人权利和利益可能产生影响的评估情况、施行日期的说明、相关文件衔接处理情况以及其他需要说明的事项；

（二）税收规范性文件解读稿，包括文件出台的背景、意义，文件内容的重点、理解的难点、必要的举例说明和落实的措施要求等；

（三）作为制定依据的法律、法规、规章以及税收规范性文件纸质或者电子文本；

（四）会签单位意见以及采纳情况；

（五）其他相关材料。

按照规定应当对送审稿进行公平竞争审查的，起草部门应当提供相关审查材料。

第二十一条 制定内容简单的税收规范性文件，起草部门在征求意见、提供材料等方面可以从简适用本办法第十七条、第二十条的规定。

从简适用第二十条的，不得缺少起草说明和税收规范性文件解读稿。

第二十二条 政策法规部门应当就下列事项进行合法性审查：

（一）是否超越法定权限；

（二）是否具有法定依据；

（三）是否违反法律、法规、规章以及上级税务机关税收规范性文件的规定；

（四）是否设定行政许可、行政处罚、行政强制、行政事业性收费以及其他不得由税收规范性文件设定的事项；

（五）是否违法、违规减损税务行政相对人的合法权利和利益，或者违法、违规增加其义务；

（六）是否违反本办法规定的制定规则或者程序；

（七）是否与本机关制定的其他税收规范性文件进行衔接。

对审查中发现的明显不适当的规定，政策法规部门可以提出删除或者修改的建议。

政策法规部门审查过程中认为有必要的，可以通过召开座谈会、论证会等形式听取相关各方意见。

第二十三条 政策法规部门进行合法性审查，根据不同情况提出审查意见：

（一）认为送审稿没有问题或者经过协商达成一致意见的，提出审查通过意见；

（二）认为起草部门应当补充征求意见，或者对重大分歧意见没有合理说明的，退回起草部门补充征求意见或者作出进一步说明；

（三）认为送审稿存在问题，经协商不能达成一致意见的，提出书面审查意见后，退回起草部门。

第二十四条 政策法规部门应当根据世界贸易组织规则对送审稿进行合规性评估，并提出评估意见。

第二十五条 送审稿经政策法规部门审查通过的，按公文处理程序报制定机关负责人签发。

第二十六条 送审稿有下列情形之一的，应当由起草部门提请集体讨论决定：

（一）涉及重大公共利益或者对税务行政相对人合法权益、税收管理产生重大影响的；

（二）审查存在不同意见且协商未达成一致的。

第二十七条 税务机关牵头与其他机关联合制定涉税文件，省以下税务机关代地方人大及其常务委员会、政府起草涉税文件，业务主管部门应当将文件送审稿或者会签文本送交政策法规部门审查。

经其他机关会签后，文件内容有实质性变动的，起草部门应当重新送交政策法规部门审查。

第二十八条 税收规范性文件应当以公告形式发布；未以公告形式发布的，不得作为税务机关执法依据。

第二十九条 制定机关应当及时在本级政府公报、税务部门公报、本辖区范围内公开发行的报纸或者在政府网站、税务机关网站上刊登税收规范性文件。

不具备本条第一款所述发布条件的税务机关，应当通过公告栏或者宣传材料等形式，在办税服务厅等公共场所及时发布税收规范性文件。

第三十条 制定机关的起草部门和政策法规部门应当及时跟踪了解税收规范性文件的施行情况。

对实施机关或者税务行政相对人反映存在问题的税收规范性文件，制定机关应当进行认真分析评估，并及时研究提出处理意见。

第四章 备案审查

第三十一条 税收规范性文件应当备案审查，实行有件必备、有备必审、有错必纠。

第三十二条 省以下税务机关的税收规范性文件应当自发布之日起30日内向上一级税务机关报送备案。

省税务机关应当于每年3月1日前向国家税务总局报送上一年度本辖区内税务机关发布的税收规范性文件目录。

第三十三条 报送税收规范性文件备案，应当提交备案报告和以下材料的电子文本：

（一）税收规范性文件备案报告表；

（二）税收规范性文件；

（三）起草说明；

（四）税收规范性文件解读稿。

第三十四条 上一级税务机关的政策法规部门具体负责税收规范性文件备案登记、审查、督促整改和考核等工作。

业务主管部门承担其职能范围内的税收规范性文件审查工作，并按照规定时限向政策法规部门送交审查意见。

第三十五条 报送备案的税收规范性文件资料齐全的，上一级税务机关政策法规部门予以备案登记；资料不齐全的，通知制定机关限期补充报送。

第三十六条 上一级税务机关对报送备案的税收规范性文件进行审查时，可以征求相关部门意见；需要了解相关情况的，可以要求制定机关提交情况说明或者补充材料。

第三十七条 上一级税务机关对报送备案的税收规范性文件，应当就本办法第二十二条所列事项以及是否符合世界贸易组织规则进行审查。

第三十八条 上一级税务机关审查发现报送备案的税收规范性文件存在问题需要纠正或者补正的，应当通知制定机关在规定的时限内纠正或者补正。

制定机关应当按期纠正或者补正，并于规定时限届满之日起30日内，将处理情况报告上一级税务机关。

第三十九条 对未报送备案或者不按时报送备案的，上一级税务机关应当要求制定机关限期报送；逾期仍不报送的，予以通报，并责令限期改正。

第四十条 税务行政相对人认为税收规范性文件违反税收法律、法规、规章或者上级税收规范性文件规定的，可以向制定机关或者其上一级税务机关书面提出审查的建议，制定机关或者其上一级税务机关应当依法及时研究处理。

有税收规范性文件制定权的税务机关应当建立书面审查建议的处理制度和工作机制。

第五章 文件清理

第四十一条 制定机关应当及时对税收规范性文件进行清理，形成文件清理长效机制。

清理采取日常清理和集中清理相结合的方法。

第四十二条 日常清理由业务主管部门负责。

业务主管部门应当根据立法变化以及税收工作发展需要，对税收规范性文件进行及时清理。

第四十三条 有下列情形之一的，制定机关应当进行集中清理：

（一）上级机关部署的；

（二）新的法律、法规颁布或者法律、法规进行重大修改，对税收执法产生普遍影响的。

第四十四条 集中清理由政策法规部门负责牵头组织，业务主管部门分工负责。

业务主管部门应当在规定期限内列出需要清理的税收规范性文件目录，并提出清理意见；政策法规部门应当对业务主管部门提出的文件目录以及清理意见进行汇总、审查后，提请集体讨论决定。

清理过程中，业务主管部门和政策法规部门应当听取有关各方意见。

第四十五条 对清理中发现存在问题的税收规范性文件，制定机关应当分类处理：

（一）有下列情形之一的，宣布失效：

1. 调整对象灭失；

2. 不需要继续执行的。

（二）有下列情形之一的，宣布废止：

1. 违反上位法规定的；

2. 已被新的规定替代的；

3. 明显不适应现实需要的。

（三）有下列情形之一的，予以修改：

1. 与本机关税收规范性文件相矛盾的；

2. 与本机关税收规范性文件相重复的；

3. 存在漏洞或者难以执行的。

税收规范性文件部分内容被修改的，应当全文发布修改后的税收规范性文件。

第四十六条 制定机关应当及时发布日常清理结果；在集中清理结束后，应当统一发布失效、废止的税收规范性文件目录。

上级税务机关发布清理结果后，下级税务机关应当及时对本机关制定的税收规范性文件相应进行清理。

第六章 附 则

第四十七条 税收规范性文件的解释、修改或者废止，参照本办法的有关规定执行。

第四十八条 各级税务机关负有督察内审职责的部门应当加强对税收规范性文件制定管理工作的监督。

第四十九条 税收规范性文件合规性评估的具体实施办法由国家税务总局另行制定。

第五十条 本办法自2017年7月1日起施行。《税收规范性文件制定管理办法》（国家税务总局令第20号公布）同时废止。

税务行政复议规则

2010年2月10日国家税务总局令第21号公布，自2010年4月1日起施行；根据2015年12月28日国家税务总局令第39号修正，自2016年2月1日起施行

第一章　总　　则

第一条　为了进一步发挥行政复议解决税务行政争议的作用，保护公民、法人和其他组织的合法权益，监督和保障税务机关依法行使职权，根据《中华人民共和国行政复议法》（以下简称行政复议法）、《中华人民共和国税收征收管理法》和《中华人民共和国行政复议法实施条例》（以下简称行政复议法实施条例），结合税收工作实际，制定本规则。

第二条　公民、法人和其他组织（以下简称申请人）认为税务机关的具体行政行为侵犯其合法权益，向税务行政复议机关申请行政复议，税务行政复议机关办理行政复议事项，适用本规则。

第三条　本规则所称税务行政复议机关（以下简称行政复议机关），指依法受理行政复议申请、对具体行政行为进行审查并作出行政复议决定的税务机关。

第四条　行政复议应当遵循合法、公正、公开、及时和便民的原则。

行政复议机关应当树立依法行政观念，强化责任意识和服务意识，认真履行行政复议职责，坚持有错必纠，确保法律正确实施。

第五条　行政复议机关在申请人的行政复议请求范围内，不得作出对申请人更为不利的行政复议决定。

第六条　申请人对行政复议决定不服的，可以依法向人民法院提起行政诉讼。

第七条　行政复议机关受理行政复议申请，不得向申请人收取任何

费用。

第八条 各级税务机关行政首长是行政复议工作第一责任人，应当切实履行职责，加强对行政复议工作的组织领导。

第九条 行政复议机关应当为申请人、第三人查阅案卷资料、接受询问、调解、听证等提供专门场所和其他必要条件。

第十条 各级税务机关应当加大对行政复议工作的基础投入，推进行政复议工作信息化建设，配备调查取证所需的照相、录音、录像和办案所需的电脑、扫描、投影、传真、复印等设备，保障办案交通工具和相应经费。

第二章 税务行政复议机构和人员

第十一条 各级行政复议机关负责法制工作的机构（以下简称行政复议机构）依法办理行政复议事项，履行下列职责：

（一）受理行政复议申请。

（二）向有关组织和人员调查取证，查阅文件和资料。

（三）审查申请行政复议的具体行政行为是否合法和适当，起草行政复议决定。

（四）处理或者转送对本规则第十五条所列有关规定的审查申请。

（五）对被申请人违反行政复议法及其实施条例和本规则规定的行为，依照规定的权限和程序向相关部门提出处理建议。

（六）研究行政复议工作中发现的问题，及时向有关机关或者部门提出改进建议，重大问题及时向行政复议机关报告。

（七）指导和监督下级税务机关的行政复议工作。

（八）办理或者组织办理行政诉讼案件应诉事项。

（九）办理行政复议案件的赔偿事项。

（十）办理行政复议、诉讼、赔偿等案件的统计、报告、归档工作和重大行政复议决定备案事项。

（十一）其他与行政复议工作有关的事项。

第十二条 各级行政复议机关可以成立行政复议委员会，研究重大、疑难案件，提出处理建议。

行政复议委员会可以邀请本机关以外的具有相关专业知识的人员参加。

第十三条　行政复议工作人员应当具备与履行行政复议职责相适应的品行、专业知识和业务能力，并取得行政复议法实施条例规定的资格。

第三章　税务行政复议范围

第十四条　行政复议机关受理申请人对税务机关下列具体行政行为不服提出的行政复议申请：

（一）征税行为，包括确认纳税主体、征税对象、征税范围、减税、免税、退税、抵扣税款、适用税率、计税依据、纳税环节、纳税期限、纳税地点和税款征收方式等具体行政行为，征收税款、加收滞纳金，扣缴义务人、受税务机关委托的单位和个人作出的代扣代缴、代收代缴、代征行为等。

（二）行政许可、行政审批行为。

（三）发票管理行为，包括发售、收缴、代开发票等。

（四）税收保全措施、强制执行措施。

（五）行政处罚行为：

1. 罚款；

2. 没收财物和违法所得；

3. 停止出口退税权。

（六）不依法履行下列职责的行为：

1. 颁发税务登记；

2. 开具、出具完税凭证、外出经营活动税收管理证明；

3. 行政赔偿；

4. 行政奖励；

5. 其他不依法履行职责的行为。

（七）资格认定行为。

（八）不依法确认纳税担保行为。

（九）政府信息公开工作中的具体行政行为。

（十）纳税信用等级评定行为。

（十一）通知出入境管理机关阻止出境行为。

（十二）其他具体行政行为。

第十五条 申请人认为税务机关的具体行政行为所依据的下列规定不合法，对具体行政行为申请行政复议时，可以一并向行政复议机关提出对有关规定的审查申请；申请人对具体行政行为提出行政复议申请时不知道该具体行政行为所依据的规定的，可以在行政复议机关作出行政复议决定以前提出对该规定的审查申请：

（一）国家税务总局和国务院其他部门的规定。

（二）其他各级税务机关的规定。

（三）地方各级人民政府的规定。

（四）地方人民政府工作部门的规定。

前款中的规定不包括规章。

第四章 税务行政复议管辖

第十六条 对各级国家税务局的具体行政行为不服的，向其上一级国家税务局申请行政复议。

第十七条 对各级地方税务局的具体行政行为不服的，可以选择向其上一级地方税务局或者该税务局的本级人民政府申请行政复议。

省、自治区、直辖市人民代表大会及其常务委员会、人民政府对地方税务局的行政复议管辖另有规定的，从其规定。

第十八条 对国家税务总局的具体行政行为不服的，向国家税务总局申请行政复议。对行政复议决定不服，申请人可以向人民法院提起行政诉讼，也可以向国务院申请裁决。国务院的裁决为最终裁决。

第十九条 对下列税务机关的具体行政行为不服的，按照下列规定申请行政复议：

（一）对计划单列市国家税务局的具体行政行为不服的，向国家税务总局申请行政复议；对计划单列市地方税务局的具体行政行为不服的，可以选择向省地方税务局或者本级人民政府申请行政复议。

（二）对税务所（分局）、各级税务局的稽查局的具体行政行为不服的，向其所属税务局申请行政复议。

（三）对两个以上税务机关共同作出的具体行政行为不服的，向共同上一级税务机关申请行政复议；对税务机关与其他行政机关共同作出的具体行政行为不服的，向其共同上一级行政机关申请行政复议。

（四）对被撤销的税务机关在撤销以前所作出的具体行政行为不服的，向继续行使其职权的税务机关的上一级税务机关申请行政复议。

（五）对税务机关作出逾期不缴纳罚款加处罚款的决定不服的，向作出行政处罚决定的税务机关申请行政复议。但是对已处罚款和加处罚款都不服的，一并向作出行政处罚决定的税务机关的上一级税务机关申请行政复议。

有前款（二）、（三）、（四）、（五）项所列情形之一的，申请人也可以向具体行政行为发生地的县级地方人民政府提交行政复议申请，由接受申请的县级地方人民政府依法转送。

第五章　税务行政复议申请人和被申请人

第二十条　合伙企业申请行政复议的，应当以工商行政管理机关核准登记的企业为申请人，由执行合伙事务的合伙人代表该企业参加行政复议；其他合伙组织申请行政复议的，由合伙人共同申请行政复议。

前款规定以外的不具备法人资格的其他组织申请行政复议的，由该组织的主要负责人代表该组织参加行政复议；没有主要负责人的，由共同推选的其他成员代表该组织参加行政复议。

第二十一条　股份制企业的股东大会、股东代表大会、董事会认为税务具体行政行为侵犯企业合法权益的，可以以企业的名义申请行政复议。

第二十二条　有权申请行政复议的公民死亡的，其近亲属可以申请行政复议；有权申请行政复议的公民为无行为能力人或者限制行为能力人，其法定代理人可以代理申请行政复议。

有权申请行政复议的法人或者其他组织发生合并、分立或终止的，承受其权利义务的法人或者其他组织可以申请行政复议。

第二十三条 行政复议期间，行政复议机关认为申请人以外的公民、法人或者其他组织与被审查的具体行政行为有利害关系的，可以通知其作为第三人参加行政复议。

行政复议期间，申请人以外的公民、法人或者其他组织与被审查的税务具体行政行为有利害关系的，可以向行政复议机关申请作为第三人参加行政复议。

第三人不参加行政复议，不影响行政复议案件的审理。

第二十四条 非具体行政行为的行政管理相对人，但其权利直接被该具体行政行为所剥夺、限制或者被赋予义务的公民、法人或其他组织，在行政管理相对人没有申请行政复议时，可以单独申请行政复议。

第二十五条 同一行政复议案件申请人超过5人的，应当推选1至5名代表参加行政复议。

第二十六条 申请人对具体行政行为不服申请行政复议的，作出该具体行政行为的税务机关为被申请人。

第二十七条 申请人对扣缴义务人的扣缴税款行为不服的，主管该扣缴义务人的税务机关为被申请人；对税务机关委托的单位和个人的代征行为不服的，委托税务机关为被申请人。

第二十八条 税务机关与法律、法规授权的组织以共同的名义作出具体行政行为的，税务机关和法律、法规授权的组织为共同被申请人。

税务机关与其他组织以共同名义作出具体行政行为的，税务机关为被申请人。

第二十九条 税务机关依照法律、法规和规章规定，经上级税务机关批准作出具体行政行为的，批准机关为被申请人。

申请人对经重大税务案件审理程序作出的决定不服的，审理委员会所在税务机关为被申请人。

第三十条 税务机关设立的派出机构、内设机构或者其他组织，未经法律、法规授权，以自己名义对外作出具体行政行为的，税务机关为被申请人。

第三十一条 申请人、第三人可以委托1至2名代理人参加行政复议。申请人、第三人委托代理人的，应当向行政复议机构提交授权委托书。授权委托书应当载明委托事项、权限和期限。公民在特殊情况下无法书面委托的，可以口头委托。口头委托的，行政复议机构应当核实并记录在卷。申请人、第三人解除或者变更委托的，应当书面告知行政复议机构。

被申请人不得委托本机关以外人员参加行政复议。

第六章　税务行政复议申请

第三十二条　申请人可以在知道税务机关作出具体行政行为之日起60日内提出行政复议申请。

因不可抗力或者被申请人设置障碍等原因耽误法定申请期限的，申请期限的计算应当扣除被耽误时间。

第三十三条　申请人对本规则第十四条第（一）项规定的行为不服的，应当先向行政复议机关申请行政复议；对行政复议决定不服的，可以向人民法院提起行政诉讼。

申请人按照前款规定申请行政复议的，必须依照税务机关根据法律、法规确定的税额、期限，先行缴纳或者解缴税款和滞纳金，或者提供相应的担保，才可以在缴清税款和滞纳金以后或者所提供的担保得到作出具体行政行为的税务机关确认之日起60日内提出行政复议申请。

申请人提供担保的方式包括保证、抵押和质押。作出具体行政行为的税务机关应当对保证人的资格、资信进行审查，对不具备法律规定资格或者没有能力保证的，有权拒绝。作出具体行政行为的税务机关应当对抵押人、出质人提供的抵押担保、质押担保进行审查，对不符合法律规定的抵押担保、质押担保，不予确认。

第三十四条　申请人对本规则第十四条第（一）项规定以外的其他具体行政行为不服，可以申请行政复议，也可以直接向人民法院提起行政诉讼。

申请人对税务机关作出逾期不缴纳罚款加处罚款的决定不服的，应当先缴纳罚款和加处罚款，再申请行政复议。

第三十五条　本规则第三十二条第一款规定的行政复议申请期限的计算，依照下列规定办理：

（一）当场作出具体行政行为的，自具体行政行为作出之日起计算。

（二）载明具体行政行为的法律文书直接送达的，自受送达人签收之日起计算。

（三）载明具体行政行为的法律文书邮寄送达的，自受送达人在邮件签收单上签收之日起计算；没有邮件签收单的，自受送达人在送达回执上签名之日起计算。

（四）具体行政行为依法通过公告形式告知受送达人的，自公告规定的期限届满之日起计算。

（五）税务机关作出具体行政行为时未告知申请人，事后补充告知的，自该申请人收到税务机关补充告知的通知之日起计算。

（六）被申请人能够证明申请人知道具体行政行为的，自证据材料证明其知道具体行政行为之日起计算。

税务机关作出具体行政行为，依法应当向申请人送达法律文书而未送达的，视为该申请人不知道该具体行政行为。

第三十六条　申请人依照行政复议法第六条第（八）项、第（九）项、第（十）项的规定申请税务机关履行法定职责，税务机关未履行的，行政复议申请期限依照下列规定计算：

（一）有履行期限规定的，自履行期限届满之日起计算。

（二）没有履行期限规定的，自税务机关收到申请满60日起计算。

第三十七条　税务机关作出的具体行政行为对申请人的权利、义务可能产生不利影响的，应当告知其申请行政复议的权利、行政复议机关和行政复议申请期限。

第三十八条　申请人书面申请行政复议的，可以采取当面递交、邮寄或者传真等方式提出行政复议申请。

有条件的行政复议机关可以接受以电子邮件形式提出的行政复议申请。

对以传真、电子邮件形式提出行政复议申请的，行政复议机关应当审核确认申请人的身份、复议事项。

第三十九条　申请人书面申请行政复议的，应当在行政复议申请书中载明下列事项：

（一）申请人的基本情况，包括公民的姓名、性别、出生年月、身份证件号码、工作单位、住所、邮政编码、联系电话；法人或者其他组织的名称、住所、邮政编码、联系电话和法定代表人或者主要负责人的姓名、职务。

（二）被申请人的名称。

（三）行政复议请求、申请行政复议的主要事实和理由。

（四）申请人的签名或者盖章。

（五）申请行政复议的日期。

第四十条 申请人口头申请行政复议的，行政复议机构应当依照本规则第三十九条规定的事项，当场制作行政复议申请笔录，交申请人核对或者向申请人宣读，并由申请人确认。

第四十一条 有下列情形之一的，申请人应当提供证明材料：

（一）认为被申请人不履行法定职责的，提供要求被申请人履行法定职责而被申请人未履行的证明材料。

（二）申请行政复议时一并提出行政赔偿请求的，提供受具体行政行为侵害而造成损害的证明材料。

（三）法律、法规规定需要申请人提供证据材料的其他情形。

第四十二条 申请人提出行政复议申请时错列被申请人的，行政复议机关应当告知申请人变更被申请人。申请人不变更被申请人的，行政复议机关不予受理，或者驳回行政复议申请。

第四十三条 申请人向行政复议机关申请行政复议，行政复议机关已经受理的，在法定行政复议期限内申请人不得向人民法院提起行政诉讼；申请人向人民法院提起行政诉讼，人民法院已经依法受理的，不得申请行政复议。

第七章 税务行政复议受理

第四十四条 行政复议申请符合下列规定的，行政复议机关应当受理：

（一）属于本规则规定的行政复议范围。

（二）在法定申请期限内提出。

（三）有明确的申请人和符合规定的被申请人。

（四）申请人与具体行政行为有利害关系。

（五）有具体的行政复议请求和理由。

（六）符合本规则第三十三条和第三十四条规定的条件。

（七）属于收到行政复议申请的行政复议机关的职责范围。

（八）其他行政复议机关尚未受理同一行政复议申请，人民法院尚未受理同一主体就同一事实提起的行政诉讼。

第四十五条 行政复议机关收到行政复议申请以后，应当在5日内审查，决定是否受理。对不符合本规则规定的行政复议申请，决定不予受理，并书面告知申请人。

对不属于本机关受理的行政复议申请，应当告知申请人向有关行政复议机关提出。

行政复议机关收到行政复议申请以后未按照前款规定期限审查并作出不予受理决定的，视为受理。

第四十六条 对符合规定的行政复议申请，自行政复议机构收到之日起即为受理；受理行政复议申请，应当书面告知申请人。

第四十七条 行政复议申请材料不齐全、表述不清楚的，行政复议机构可以自收到该行政复议申请之日起5日内书面通知申请人补正。补正通知应当载明需要补正的事项和合理的补正期限。无正当理由逾期不补正的，视为申请人放弃行政复议申请。

补正申请材料所用时间不计入行政复议审理期限。

第四十八条 上级税务机关认为行政复议机关不予受理行政复议申请的理由不成立的，可以督促其受理；经督促仍然不受理的，责令其限期受理。

上级税务机关认为行政复议申请不符合法定受理条件的，应当告知申请人。

第四十九条 上级税务机关认为有必要的，可以直接受理或者提审由下级税务机关管辖的行政复议案件。

第五十条 对应当先向行政复议机关申请行政复议，对行政复议决定不服再向人民法院提起行政诉讼的具体行政行为，行政复议机关决定不予受理或者受理以后超过行政复议期限不作答复的，申请人可以自收到不予受理决定书之日起或者行政复议期满之日起15日内，依法向人民法院提起行政诉讼。

依照本规则第八十三条规定延长行政复议期限的，以延长以后的时间为行政复议期满时间。

第五十一条 行政复议期间具体行政行为不停止执行；但是有下列情形之一的，可以停止执行：

（一）被申请人认为需要停止执行的。

（二）行政复议机关认为需要停止执行的。

（三）申请人申请停止执行，行政复议机关认为其要求合理，决定停止执行的。

（四）法律规定停止执行的。

第八章 税务行政复议证据

第五十二条 行政复议证据包括以下类别：

（一）书证；

（二）物证；

（三）视听资料；

（四）电子数据；

（五）证人证言；

（六）当事人的陈述；

（七）鉴定意见；

（八）勘验笔录、现场笔录。

第五十三条 在行政复议中，被申请人对其作出的具体行政行为负有举证责任。

第五十四条 行政复议机关应当依法全面审查相关证据。行政复议机关审查行政复议案件，应当以证据证明的案件事实为依据。定案证据应当具有合法性、真实性和关联性。

第五十五条 行政复议机关应当根据案件的具体情况，从以下方面审查证据的合法性：

（一）证据是否符合法定形式。

（二）证据的取得是否符合法律、法规、规章和司法解释的规定。

（三）是否有影响证据效力的其他违法情形。

第五十六条 行政复议机关应当根据案件的具体情况，从以下方面审查证据的真实性：

（一）证据形成的原因。

（二）发现证据时的环境。

（三）证据是否为原件、原物，复制件、复制品与原件、原物是否相符。

（四）提供证据的人或者证人与行政复议参加人是否具有利害关系。

（五）影响证据真实性的其他因素。

第五十七条 行政复议机关应当根据案件的具体情况，从以下方面审查证据的关联性：

（一）证据与待证事实是否具有证明关系。

（二）证据与待证事实的关联程度。

（三）影响证据关联性的其他因素。

第五十八条 下列证据材料不得作为定案依据：

（一）违反法定程序收集的证据材料。

（二）以偷拍、偷录和窃听等手段获取侵害他人合法权益的证据材料。

（三）以利诱、欺诈、胁迫和暴力等不正当手段获取的证据材料。

（四）无正当事由超出举证期限提供的证据材料。

（五）无正当理由拒不提供原件、原物，又无其他证据印证，且对方不予认可的证据的复制件、复制品。

（六）无法辨明真伪的证据材料。

（七）不能正确表达意志的证人提供的证言。

（八）不具备合法性、真实性的其他证据材料。

行政复议机构依据本规则第十一条第（二）项规定的职责所取得的有关材料，不得作为支持被申请人具体行政行为的证据。

第五十九条 在行政复议过程中，被申请人不得自行向申请人和其他有关组织或者个人收集证据。

第六十条 行政复议机构认为必要时，可以调查取证。

行政复议工作人员向有关组织和人员调查取证时，可以查阅、复制和调取有关文件和资料，向有关人员询问。调查取证时，行政复议工作人员不得少于2人，并应当向当事人和有关人员出示证件。被调查单位和人员应当配合行政复议工作人员的工作，不得拒绝、阻挠。

需要现场勘验的，现场勘验所用时间不计入行政复议审理期限。

第六十一条 申请人和第三人可以查阅被申请人提出的书面答复、作出具体行政行为的证据、依据和其他有关材料，除涉及国家秘密、商业秘密或者个人隐私外，行政复议机关不得拒绝。

第九章 税务行政复议审查和决定

第六十二条 行政复议机构应当自受理行政复议申请之日起7日内，将行政复议申请书副本或者行政复议申请笔录复印件发送被申请人。被申请人应当自收到申请书副本或者申请笔录复印件之日起10日内提出书面答复，并提交当初作出具体行政行为的证据、依据和其他有关材料。

对国家税务总局的具体行政行为不服申请行政复议的案件，由原承办具体行政行为的相关机构向行政复议机构提出书面答复，并提交当初作出具体行政行为的证据、依据和其他有关材料。

第六十三条 行政复议机构审理行政复议案件，应当由2名以上行政复议工作人员参加。

第六十四条 行政复议原则上采用书面审查的办法，但是申请人提出要求或者行政复议机构认为有必要时，应当听取申请人、被申请人和第三人的意见，并可以向有关组织和人员调查了解情况。

第六十五条 对重大、复杂的案件，申请人提出要求或者行政复议机构认为必要时，可以采取听证的方式审理。

第六十六条 行政复议机构决定举行听证的，应当将举行听证的时间、地点和具体要求等事项通知申请人、被申请人和第三人。

第三人不参加听证的，不影响听证的举行。

第六十七条 听证应当公开举行，但是涉及国家秘密、商业秘密或者个人隐私的除外。

第六十八条 行政复议听证人员不得少于2人，听证主持人由行政复议机构指定。

第六十九条 听证应当制作笔录。申请人、被申请人和第三人应当确认听证笔录内容。

行政复议听证笔录应当附卷，作为行政复议机构审理案件的依据之一。

第七十条 行政复议机关应当全面审查被申请人的具体行政行为所依据的事实证据、法律程序、法律依据和设定的权利义务内容的合法性、适当性。

第七十一条 申请人在行政复议决定作出以前撤回行政复议申请的，经行政复议机构同意，可以撤回。

申请人撤回行政复议申请的，不得再以同一事实和理由提出行政复议申请。但是，申请人能够证明撤回行政复议申请违背其真实意思表示的除外。

第七十二条 行政复议期间被申请人改变原具体行政行为的，不影响行政复议案件的审理。但是，申请人依法撤回行政复议申请的除外。

第七十三条 申请人在申请行政复议时，依据本规则第十五条规定一并提出对有关规定的审查申请的，行政复议机关对该规定有权处理的，应当在30日内依法处理；无权处理的，应当在7日内按照法定程序逐级转送有权处理的行政机关依法处理，有权处理的行政机关应当在60日内依法处理。处理期间，中止对具体行政行为的审查。

第七十四条 行政复议机关审查被申请人的具体行政行为时，认为其依据不合法，本机关有权处理的，应当在30日内依法处理；无权处理的，应当在7日内按照法定程序逐级转送有权处理的国家机关依法处理。处理期间，中止对具体行政行为的审查。

第七十五条 行政复议机构应当对被申请人的具体行政行为提出审查意见，经行政复议机关负责人批准，按照下列规定作出行政复议决定：

（一）具体行政行为认定事实清楚，证据确凿，适用依据正确，程序合法，内容适当的，决定维持。

（二）被申请人不履行法定职责的，决定其在一定期限内履行。

（三）具体行政行为有下列情形之一的，决定撤销、变更或者确认该具体行政行为违法；决定撤销或者确认该具体行政行为违法的，可以责令被申请人在一定期限内重新作出具体行政行为：

1. 主要事实不清、证据不足的；

2. 适用依据错误的；

3. 违反法定程序的；

4. 超越职权或者滥用职权的；

5. 具体行政行为明显不当的。

（四）被申请人不按照本规则第六十二条的规定提出书面答复，提交当初作出具体行政行为的证据、依据和其他有关材料的，视为该具体行政行为没有证据、依据，决定撤销该具体行政行为。

第七十六条 行政复议机关责令被申请人重新作出具体行政行为的，被申请人不得以同一事实和理由作出与原具体行政行为相同或者基本相同的具体行政行为；但是行政复议机关以原具体行政行为违反法定程序决定撤销的，被申请人重新作出具体行政行为的除外。

行政复议机关责令被申请人重新作出具体行政行为的，被申请人不得作出对申请人更为不利的决定；但是行政复议机关以原具体行政行为主要事实不清、证据不足或适用依据错误决定撤销的，被申请人重新作出具体行政行为的除外。

第七十七条 有下列情形之一的，行政复议机关可以决定变更：

（一）认定事实清楚，证据确凿，程序合法，但是明显不当或者适用依据错误的。

（二）认定事实不清，证据不足，但是经行政复议机关审理查明事实清楚，证据确凿的。

第七十八条 有下列情形之一的，行政复议机关应当决定驳回行政复议申请：

（一）申请人认为税务机关不履行法定职责申请行政复议，行政复议机关受理以后发现该税务机关没有相应法定职责或者在受理以前已经履行法定职责的。

（二）受理行政复议申请后，发现该行政复议申请不符合行政复议法及其实施条例和本规则规定的受理条件的。

上级税务机关认为行政复议机关驳回行政复议申请的理由不成立的，应当责令限期恢复受理。行政复议机关审理行政复议申请期限的计算应当扣除因驳回耽误的时间。

第七十九条 行政复议期间，有下列情形之一的，行政复议中止：

（一）作为申请人的公民死亡，其近亲属尚未确定是否参加行政复议的。

（二）作为申请人的公民丧失参加行政复议的能力，尚未确定法定代理人参加行政复议的。

（三）作为申请人的法人或者其他组织终止，尚未确定权利义务承受人的。

（四）作为申请人的公民下落不明或者被宣告失踪的。

（五）申请人、被申请人因不可抗力，不能参加行政复议的。

（六）行政复议机关因不可抗力原因暂时不能履行工作职责的。

（七）案件涉及法律适用问题，需要有权机关作出解释或者确认的。

（八）案件审理需要以其他案件的审理结果为依据，而其他案件尚未审结的。

（九）其他需要中止行政复议的情形。

行政复议中止的原因消除以后，应当及时恢复行政复议案件的审理。

行政复议机构中止、恢复行政复议案件的审理，应当告知申请人、被申请人、第三人。

第八十条 行政复议期间，有下列情形之一的，行政复议终止：

（一）申请人要求撤回行政复议申请，行政复议机构准予撤回的。

（二）作为申请人的公民死亡，没有近亲属，或者其近亲属放弃行政复议权利的。

（三）作为申请人的法人或者其他组织终止，其权利义务的承受人放弃行政复议权利的。

（四）申请人与被申请人依照本规则第八十七条的规定，经行政复议机构准许达成和解的。

（五）行政复议申请受理以后，发现其他行政复议机关已经先于本机关受理，或者人民法院已经受理的。

依照本规则第七十九条第一款第（一）项、第（二）项、第（三）项规定中止行政复议，满60日行政复议中止的原因未消除的，行政复议终止。

第八十一条 行政复议机关责令被申请人重新作出具体行政行为的，被申请人应当在60日内重新作出具体行政行为；情况复杂，不能在规定期限内重新作出具体行政行为的，经行政复议机关批准，可以适当延期，但是延期不得超过30日。

公民、法人或者其他组织对被申请人重新作出的具体行政行为不服，可以依法申请行政复议，或者提起行政诉讼。

第八十二条 申请人在申请行政复议时可以一并提出行政赔偿请求，行政复议机关对符合国家赔偿法的规定应当赔偿的，在决定撤销、变更具体行政行为或者确认具体行政行为违法时，应当同时决定被申请人依法赔偿。

申请人在申请行政复议时没有提出行政赔偿请求的，行政复议机关在依法决定撤销、变更原具体行政行为确定的税款、滞纳金、罚款和对财产的扣押、查封等强制措施时，应当同时责令被申请人退还税款、滞纳金和罚款，解除对财产的扣押、查封等强制措施，或者赔偿相应的价款。

第八十三条 行政复议机关应当自受理申请之日起60日内作出行政复议决定。情况复杂，不能在规定期限内作出行政复议决定的，经行政复议机关负责人批准，可以适当延期，并告知申请人和被申请人；但是延期不得超过30日。

行政复议机关作出行政复议决定，应当制作行政复议决定书，并加盖行政复议机关印章。

行政复议决定书一经送达，即发生法律效力。

第八十四条 被申请人应当履行行政复议决定。

被申请人不履行、无正当理由拖延履行行政复议决定的，行政复议机关或者有关上级税务机关应当责令其限期履行。

第八十五条 申请人、第三人逾期不起诉又不履行行政复议决定的，或者不履行最终裁决的行政复议决定的，按照下列规定分别处理：

（一）维持具体行政行为的行政复议决定，由作出具体行政行为的税务机关依法强制执行，或者申请人民法院强制执行。

（二）变更具体行政行为的行政复议决定，由行政复议机关依法强制执行，或者申请人民法院强制执行。

第十章 税务行政复议和解与调解

第八十六条 对下列行政复议事项，按照自愿、合法的原则，申请人和被申请人在行政复议机关作出行政复议决定以前可以达成和解，行政复议机关也可以调解：

（一）行使自由裁量权作出的具体行政行为，如行政处罚、核定税额、确定应税所得率等。

（二）行政赔偿。

（三）行政奖励。

（四）存在其他合理性问题的具体行政行为。

行政复议审理期限在和解、调解期间中止计算。

第八十七条 申请人和被申请人达成和解的，应当向行政复议机构提交书面和解协议。和解内容不损害社会公共利益和他人合法权益的，行政复议机构应当准许。

第八十八条 经行政复议机构准许和解终止行政复议的，申请人不得以同一事实和理由再次申请行政复议。

第八十九条 调解应当符合下列要求：

（一）尊重申请人和被申请人的意愿。

（二）在查明案件事实的基础上进行。

（三）遵循客观、公正和合理原则。

（四）不得损害社会公共利益和他人合法权益。

第九十条 行政复议机关按照下列程序调解：

（一）征得申请人和被申请人同意。

（二）听取申请人和被申请人的意见。

（三）提出调解方案。

（四）达成调解协议。

（五）制作行政复议调解书。

第九十一条 行政复议调解书应当载明行政复议请求、事实、理由和调解结果，并加盖行政复议机关印章。行政复议调解书经双方当事人签字，即具有法律效力。

调解未达成协议，或者行政复议调解书不生效的，行政复议机关应当及时作出行政复议决定。

第九十二条 申请人不履行行政复议调解书的，由被申请人依法强制执行，或者申请人民法院强制执行。

第十一章 税务行政复议指导和监督

第九十三条 各级税务复议机关应当加强对履行行政复议职责的监督。行政复议机构负责对行政复议工作进行系统督促、指导。

第九十四条 各级税务机关应当建立健全行政复议工作责任制，将行政复议工作纳入本单位目标责任制。

第九十五条 各级税务机关应当按照职责权限，通过定期组织检查、抽查等方式，检查下级税务机关的行政复议工作，并及时向有关方面反馈检查结果。

第九十六条 行政复议期间行政复议机关发现被申请人和其他下级税务机关的相关行政行为违法或者需要做好善后工作的，可以制作行政复议意见书。有关机关应当自收到行政复议意见书之日起60日内将纠正相关行政违法行为或者做好善后工作的情况报告行政复议机关。

行政复议期间行政复议机构发现法律、法规和规章实施中带有普遍性的问题，可以制作行政复议建议书，向有关机关提出完善制度和改进行政执法的建议。

第九十七条 省以下各级税务机关应当定期向上一级税务机关提交行政复议、应诉、赔偿统计表和分析报告，及时将重大行政复议决定报上一级行政复议机关备案。

第九十八条 行政复议机构应当按照规定将行政复议案件资料立卷归档。

行政复议案卷应当按照行政复议申请分别装订立卷，一案一卷，统一编号，做到目录清晰、资料齐全、分类规范、装订整齐。

第九十九条 行政复议机构应当定期组织行政复议工作人员业务培训

和工作交流，提高行政复议工作人员的专业素质。

第一百条 行政复议机关应当定期总结行政复议工作。对行政复议工作中做出显著成绩的单位和个人，依照有关规定表彰和奖励。

第十二章 附 则

第一百零一条 行政复议机关、行政复议机关工作人员和被申请人在税务行政复议活动中，违反行政复议法及其实施条例和本规则规定的，应当依法处理。

第一百零二条 外国人、无国籍人、外国组织在中华人民共和国境内向税务机关申请行政复议，适用本规则。

第一百零三条 行政复议机关在行政复议工作中可以使用行政复议专用章。行政复议专用章与行政复议机关印章在行政复议中具有同等效力。

第一百零四条 行政复议期间的计算和行政复议文书的送达，依照民事诉讼法关于期间、送达的规定执行。

本规则关于行政复议期间有关“5 日”、“7 日”的规定指工作日，不包括法定节假日。

第一百零五条 本规则自 2010 年 4 月 1 日起施行，2004 年 2 月 24 日国家税务总局公布的《税务行政复议规则（暂行）》（国家税务总局令第 8 号）同时废止。

重大税务案件审理办法

2014年12月2日国家税务总局令第34号公布，
自2015年2月1日起施行

第一章 总 则

第一条 为推进税务机关科学民主决策，强化内部权力制约，保护纳税人合法权益，根据《中华人民共和国行政处罚法》《中华人民共和国税收征收管理法》，制定本办法。

第二条 省以下各级税务局开展重大税务案件审理工作适用本办法。

第三条 重大税务案件审理应当以事实为根据、以法律为准绳，遵循合法、合理、公平、公正、效率的原则，注重法律效果和社会效果相统一。

第四条 参与重大税务案件审理的人员应当严格遵守国家保密规定和工作纪律，依法为纳税人、扣缴义务人的商业秘密和个人隐私保密。

第二章 审理机构和职责

第五条 省以下各级税务局设立重大税务案件审理委员会（以下简称审理委员会）。

审理委员会由主任、副主任和成员单位组成，实行主任负责制。

审理委员会主任由税务局局长担任，副主任由税务局其他领导担任。审理委员会成员单位包括政策法规、税政业务、纳税服务、征管科技、大企业税收管理、税务稽查、督察内审部门。各级税务局可以根据实际需要。增加其他与案件审理有关的部门作为成员单位。

第六条 审理委员会履行下列职责：

（一）拟定本机关审理委员会工作规程、议事规则等制度；

（二）审理重大税务案件；

（三）指导监督下级税务局重大税务案件审理工作。

第七条 审理委员会下设办公室，办公室设在政策法规部门，办公室主任由政策法规部门负责人兼任。

第八条 审理委员会办公室履行下列职责：

（一）组织实施重大税务案件审理工作；

（二）提出初审意见；

（三）制作审理会议纪要和审理意见书；

（四）办理重大税务案件审理工作的统计、报告、案卷归档；

（五）承担审理委员会交办的其他工作。

第九条 审理委员会成员单位根据部门职责参加案件审理，提出审理意见。

稽查局负责提交重大税务案件证据材料、拟作税务处理处罚意见、举行听证。

稽查局对其提交的案件材料的真实性、合法性、准确性负责。

第十条 参与重大税务案件审理的人员有法律法规规定的回避情形的，应当回避。

重大税务案件审理参与人员的回避，由其所在部门的负责人决定；审理委员会成员单位负责人的回避，由审理委员会主任或其授权的副主任决定。

第三章 审理范围

第十一条 本办法所称重大税务案件包括：

（一）重大税务行政处罚案件，具体标准由各省、自治区、直辖市和计划单列市税务局根据本地情况自行制定，报国家税务总局备案；

（二）根据重大税收违法案件督办管理暂行办法督办的案件；

（三）应司法、监察机关要求出具认定意见的案件；

（四）拟移送公安机关处理的案件；

（五）审理委员会成员单位认为案情重大、复杂，需要审理的案件；

（六）其他需要审理委员会审理的案件。

第十二条 本办法第十一条第三项规定的案件经审理委员会审理后，应当将拟处理意见报上一级税务局审理委员会备案。备案5日后可以作出决定。

第十三条 稽查局应当在每季度终了后5日内将稽查案件审理情况备案表送审理委员会办公室备案。

第四章 提请和受理

第十四条 稽查局应当在内部审理程序终结后5日内，将重大税务案件提请审理委员会审理。

当事人要求听证的，由稽查局组织听证。

第十五条 稽查局提请审理委员会审理案件，应当提交以下案件材料：

（一）重大税务案件审理案卷交接单；

（二）重大税务案件审理提请书；

（三）税务稽查报告；

（四）税务稽查审理报告；

（五）听证材料；

（六）相关证据材料。

重大税务案件审理提请书应当写明拟处理意见，所认定的案件事实应当标明证据指向。

证据材料应当制作证据目录。

稽查局应当完整移交证据目录所列全部证据材料，不能当场移交的应当注明存放地点。

第十六条 审理委员会办公室收到稽查局提请审理的案件材料后，应当在重大税务案件审理案卷交接单上注明接收部门和收到日期，并由接收人签名。

对于证据目录中列举的不能当场移交的证据材料，必要时，接收人在签收前可以到证据存放地点现场查验。

第十七条 审理委员会办公室收到稽查局提请审理的案件材料后，应当在5日内进行审核。

根据审核结果，审理委员会办公室提出处理意见，报审理委员会主任或其授权的副主任批准：

（一）提请审理的案件属于本办法规定的审理范围，提交了本办法第十五条规定的材料的，建议受理；

（二）提请审理的案件属于本办法规定的审理范围，但未按照本办法第十五条的规定提交相关材料的，建议补正材料；

（三）提请审理的案件不属于本办法规定的审理范围的，建议不予受理。

第五章 审理程序

第一节 一般规定

第十八条 重大税务案件应当自批准受理之日起30日内作出审理决定，不能在规定期限内作出审理决定的，经审理委员会主任或其授权的副主任批准，可以适当延长，但延长期限最多不超过15日。

补充调查、请示上级机关或征求有权机关意见的时间不计入审理期限。

第十九条 审理委员会审理重大税务案件，应当重点审查：

（一）案件事实是否清楚；

（二）证据是否充分、确凿；

（三）执法程序是否合法；

（四）适用法律是否正确；

（五）案件定性是否准确；

（六）拟处理意见是否合法适当。

第二十条 审理委员会成员单位应当认真履行职责，根据本办法第十九条的规定提出审理意见，所出具的审理意见应当详细阐述理由、列明法律依据。

审理委员会成员单位审理案件，可以到审理委员会办公室或证据存放地查阅案卷材料，向稽查局了解案件有关情况。

第二十一条 重大税务案件审理采取书面审理和会议审理相结合的方式。

第二节 书面审理

第二十二条 审理委员会办公室自批准受理重大税务案件之日起5日内，将重大税务案件审理提请书及必要的案件材料分送审理委员会成员单位。

第二十三条 审理委员会成员单位自收到审理委员会办公室分送的案件材料之日起10日内，提出书面审理意见送审理委员会办公室。

第二十四条 审理委员会成员单位认为案件事实不清、证据不足，需要补充调查的，应当在书面审理意见中列明需要补充调查的问题并说明理由。

审理委员会办公室应当召集提请补充调查的成员单位和稽查局进行协调，确需补充调查的，由审理委员会办公室报审理委员会主任或其授权的副主任批准，将案件材料退回稽查局补充调查。

第二十五条 稽查局补充调查不应超过30日，有特殊情况的，经稽查局局长批准可以适当延长，但延长期限最多不超过30日。

稽查局完成补充调查后，应当按照本办法第十五条、第十六条的规定重新提交案件材料、办理交接手续。

稽查局不能在规定期限内完成补充调查的，或者补充调查后仍然事实不清、证据不足的，由审理委员会办公室报请审理委员会主任或其授权的副主任批准，终止审理。

第二十六条 审理委员会成员单位认为案件事实清楚、证据确凿，但法律依据不明确或者需要处理的相关事项超出本机关权限的，按规定程序请示上级税务机关或者征求有权机关意见。

第二十七条 审理委员会成员单位书面审理意见一致，或者经审理委员会办公室协调后达成一致意见的，由审理委员会办公室起草审理意见书，报审理委员会主任批准。

第三节 会议审理

第二十八条 审理委员会成员单位书面审理意见存在较大分歧，经审理委员会办公室协调仍不能达成一致意见的，由审理委员会办公室向审理委员会主任或其授权的副主任报告，提请审理委员会会议审理。

第二十九条 审理委员会办公室提请会议审理的报告，应当说明成员单位意见分歧、审理委员会办公室协调情况和初审意见。

审理委员会办公室应当将会议审理时间和地点提前通知审理委员会主任、副主任和成员单位，并分送案件材料。

第三十条 成员单位应当派员参加会议，三分之二以上成员单位到会方可开会。审理委员会办公室以及其他与案件相关的成员单位应当出席会议。

案件调查人员、审理委员会办公室承办人员应当列席会议。必要时，审理委员会可要求调查对象所在地主管税务机关参加会议。

第三十一条 审理委员会会议由审理委员会主任或其授权的副主任主持。首先由稽查局汇报案情及拟处理意见。审理委员会办公室汇报初审意见后，各成员单位发表意见并陈述理由。

审理委员会办公室应当做好会议记录。

第三十二条 经审理委员会会议审理，根据不同情况，作出以下处理：

（一）案件事实清楚、证据确凿、程序合法、法律依据明确的，依法确定审理意见；

（二）案件事实不清、证据不足的，由稽查局对案件重新调查；

（三）案件执法程序违法的，由稽查局对案件重新处理；

（四）案件适用法律依据不明确，或者需要处理的有关事项超出本机关权限的，按规定程序请示上级机关或征求有权机关的意见。

第三十三条 审理委员会办公室根据会议审理情况制作审理纪要和审

理意见书。

审理纪要由审理委员会主任或其授权的副主任签发。会议参加人员有保留意见或者特殊声明的，应当在审理纪要中载明。

审理意见书由审理委员会主任签发。

第六章　执行和监督

第三十四条　稽查局应当按照重大税务案件审理意见书制作税务处理处罚决定等相关文书，加盖稽查局印章后送达执行。

文书送达后 5 日内，由稽查局送审理委员会办公室备案。

第三十五条　重大税务案件审理程序终结后，审理委员会办公室应当将相关证据材料退回稽查局。

第三十六条　各级税务局督察内审部门应当加强对重大税务案件审理工作的监督。

第三十七条　审理委员会办公室应当加强重大税务案件审理案卷的归档管理，按照受理案件的顺序统一编号，做到一案一卷、资料齐全、卷面整洁、装订整齐。

需要归档的重大税务案件审理案卷包括税务稽查报告、税务稽查审理报告以及本办法附列的有关文书。

第三十八条　各省、自治区、直辖市和计划单列市税务局应当于每年 1 月 31 日之前，将本辖区上年度重大税务案件审理工作开展情况和重大税务案件审理统计表报送国家税务总局。

第七章　附　　则

第三十九条　各级税务局办理的其他案件，需要移送审理委员会审理的，参照本办法执行。特别纳税调整案件按照有关规定执行。

第四十条　各级税务局在重大税务案件审理工作中可以使用重大税务案件审理专用章。

第四十一条 本办法有关“5 日”的规定指工作日，不包括法定节假日。

第四十二条 各级税务局应当按照国家税务总局的规划和要求，积极推动重大税务案件审理信息化建设。

第四十三条 各级税务局应当加大对重大税务案件审理工作的基础投入，保障审理人员和经费，配备办案所需的录音录像、文字处理、通讯等设备，推进重大税务案件审理规范化建设。

第四十四条 各省、自治区、直辖市和计划单列市税务局可以依照本办法制定具体实施办法。

第四十五条 本办法自 2015 年 2 月 1 日起施行。《国家税务总局关于印发〈重大税务案件审理办法（试行）〉的通知》（国税发〔2001〕21 号）同时废止。

附件：重大税务案件审理文书范本（共十六种）（编者略）

二、重要文件

中共中央关于全面深化改革若干重大问题的决定

2013年11月12日中国共产党第十八届
中央委员会第三次全体会议通过

为贯彻落实党的十八大关于全面深化改革的战略部署，十八届中央委员会第三次全体会议研究了全面深化改革的若干重大问题，做出如下决定。

一、全面深化改革的重大意义和指导思想

（1）改革开放是党在新的时代条件下带领全国各族人民进行的新的伟大革命，是当代中国最鲜明的特色。党的十一届三中全会召开三十五年来，我们党以巨大的政治勇气，锐意推进经济体制、政治体制、文化体制、社会体制、生态文明体制和党的建设制度改革，不断扩大开放，决心之大、变革之深、影响之广前所未有，成就举世瞩目。

改革开放最主要的成果是开创和发展了中国特色社会主义，为社会主义现代化建设提供了强大动力和有力保障。事实证明，改革开放是决定当代中国命运的关键抉择，是党和人民事业大踏步赶上时代的重要法宝。

实践发展永无止境，解放思想永无止境，改革开放永无止境。面对新形势新任务，全面建成小康社会，进而建成富强民主文明和谐的社会主义现代化国家、实现中华民族伟大复兴的中国梦，必须在新的历史起点上全面深化改革，不断增强中国特色社会主义道路自信、理论自信、制度自信。

（2）全面深化改革，必须高举中国特色社会主义伟大旗帜，以马克思列宁主义、毛泽东思想、邓小平理论、“三个代表”重要思想、科学发展观为指导，坚定信心，凝聚共识，统筹谋划，协同推进，坚持社会主义市场经济改革方向，以促进社会公平正义、增进人民福祉为出发点和落脚点，进一步解放思想、解放和发展社会生产力、解放和增强社会活力，坚决破除各方面体制机制弊端，努力开拓中国特色社会主义事业更加广阔的前景。

全面深化改革的总目标是完善和发展中国特色社会主义制度，推进国家治理体系和治理能力现代化。必须更加注重改革的系统性、整体性、协同性，加快发展社会主义市场经济、民主政治、先进文化、和谐社会、生态文明，让一切劳动、知识、技术、管理、资本的活力竞相迸发，让一切创造社会财富的源泉充分涌流，让发展成果更多更公平惠及全体人民。

紧紧围绕使市场在资源配置中起决定性作用深化经济体制改革，坚持和完善基本经济制度，加快完善现代市场体系、宏观调控体系、开放型经济体系，加快转变经济发展方式，加快建设创新型国家，推动经济更有效率、更加公平、更可持续发展。

紧紧围绕坚持党的领导、人民当家作主、依法治国有机统一深化政治体制改革，加快推进社会主义民主政治制度化、规范化、程序化，建设社会主义法治国家，发展更加广泛、更加充分、更加健全的人民民主。

紧紧围绕建设社会主义核心价值体系、社会主义文化强国深化文化体制改革，加快完善文化管理体制和文化生产经营机制，建立健全现代公共文化服务体系、现代文化市场体系，推动社会主义文化大发展大繁荣。

紧紧围绕更好保障和改善民生、促进社会公平正义深化社会体制改革，改革收入分配制度，促进共同富裕，推进社会领域制度创新，推进基本公共服务均等化，加快形成科学有效的社会治理体制，确保社会既充满活力又和谐有序。

紧紧围绕建设美丽中国深化生态文明体制改革，加快建立生态文明制度，健全国土空间开发、资源节约利用、生态环境保护的体制机制，推动形成人与自然和谐发展现代化建设新格局。

紧紧围绕提高科学执政、民主执政、依法执政水平深化党的建设制度改革，加强民主集中制建设，完善党的领导体制和执政方式，保持党的先进性和纯洁性，为改革开放和社会主义现代化建设提供坚强政治保证。

(3) 全面深化改革，必须立足于我国长期处于社会主义初级阶段这个最大实际，坚持发展仍是解决我国所有问题的关键这个重大战略判断，以经济建设为中心，发挥经济体制改革牵引作用，推动生产关系同生产力、上层建筑同经济基础相适应，推动经济社会持续健康发展。

经济体制改革是全面深化改革的重点，核心问题是处理好政府和市场的关系，使市场在资源配置中起决定性作用和更好发挥政府作用。市场决定资源配置是市场经济的一般规律，健全社会主义市场经济体制必须遵循这条规律，着力解决市场体系不完善、政府干预过多和监管不到位问题。

必须积极稳妥从广度和深度上推进市场化改革，大幅度减少政府对资源的直接配置，推动资源配置依据市场规则、市场价格、市场竞争实现效益最大化和效率最优化。政府的职责和作用主要是保持宏观经济稳定，加强和优化公共服务，保障公平竞争，加强市场监管，维护市场秩序，推动可持续发展，促进共同富裕，弥补市场失灵。

(4) 改革开放的成功实践为全面深化改革提供了重要经验，必须长期坚持。最重要的是，坚持党的领导，贯彻党的基本路线，不走封闭僵化的老路，不走改旗易帜的邪路，坚定走中国特色社会主义道路，始终确保改革正确方向；坚持解放思想、实事求是、与时俱进、求真务实，一切从实际出发，总结国内成功做法，借鉴国外有益经验，勇于推进理论和实践创新；坚持以人为本，尊重人民主体地位，发挥群众首创精神，紧紧依靠人民推动改革，促进人的全面发展；坚持正确处理改革发展稳定关系，胆子要大、步子要稳，加强顶层设计和摸着石头过河相结合，整体推进和重点突破相促进，提高改革决策科学性，广泛凝聚共识，形成改革合力。

当前，我国发展进入新阶段，改革进入攻坚期和深水区。必须以强烈的历史使命感，最大限度集中全党全社会智慧，最大限度调动一切积极因素，敢于啃硬骨头，敢于涉险滩，以更大决心冲破思想观念的束缚、突破利益固化的藩篱，推动中国特色社会主义制度自我完善和发展。

到二〇二〇年，在重要领域和关键环节改革上取得决定性成果，完成本决定提出的改革任务，形成系统完备、科学规范、运行有效的制度体系，使各方面制度更加成熟更加定型。

二、坚持和完善基本经济制度

公有制为主体、多种所有制经济共同发展的基本经济制度，是中国特色社会主义制度的重要支柱，也是社会主义市场经济体制的根基。公有制经济和非公有制经济都是社会主义市场经济的重要组成部分，都是我国经济社会发展的重要基础。必须毫不动摇巩固和发展公有制经济，坚持公有制主体地位，发挥国有经济主导作用，不断增强国有经济活力、控制力、影响力。必须毫不动摇鼓励、支持、引导非公有制经济发展，激发非公有制经济活力和创造力。

（5）完善产权保护制度。产权是所有制的核心。健全归属清晰、权责明确、保护严格、流转顺畅的现代产权制度。公有制经济财产权不可侵犯，非公有制经济财产权同样不可侵犯。

国家保护各种所有制经济产权和合法利益，保证各种所有制经济依法平等使用生产要素、公开公平公正参与市场竞争、同等受到法律保护，依法监管各种所有制经济。

（6）积极发展混合所有制经济。国有资本、集体资本、非公有资本等交叉持股、相互融合的混合所有制经济，是基本经济制度的重要实现形式，有利于国有资本放大功能、保值增值、提高竞争力，有利于各种所有制资本取长补短、相互促进、共同发展。允许更多国有经济和其他所有制经济发展成为混合所有制经济。国有资本投资项目允许非国有资本参股。允许混合所有制经济实行企业员工持股，形成资本所有者和劳动者利益共同体。

完善国有资产管理体制，以管资本为主加强国有资产监管，改革国有资本授权经营体制，组建若干国有资本运营公司，支持有条件的国有企业改组为国有资本投资公司。国有资本投资运营要服务于国家战略目标，更多投向关系国家安全、国民经济命脉的重要行业和关键领域，重点提供公共服务、发展重要前瞻性战略性产业、保护生态环境、支持科技进步、保障国家安全。

划转部分国有资本充实社会保障基金。完善国有资本经营预算制度，提高国有资本收益上缴公共财政比例，二〇二〇年提到百分之三十，更多用于保障和改善民生。

（7）推动国有企业完善现代企业制度。国有企业属于全民所有，是推进国家现代化、保障人民共同利益的重要力量。国有企业总体上已经同市场经济相融合，必须适应市场化、国际化新形势，以规范经营决策、资产保值增值、公平参与竞争、提高企业效率、增强企业活力、承担社会责任为重点，进一步深化国有企业改革。

准确界定不同国有企业功能。国有资本加大对公益性企业的投入，在提供公共服务方面作出更大贡献。国有资本继续控股经营的自然垄断行业，实行以政企分开、政资分开、特许经营、政府监管为主要内容的改革，根据不同行业特点实行网运分开、放开竞争性业务，推进公共资源配置市场化。进一步破除各种形式的行政垄断。

健全协调运转、有效制衡的公司法人治理结构。建立职业经理人制度，更好发挥企业家作用。深化企业内部管理人员能上能下、员工能进能出、收入能增能减的制度改革。建立长效激励约束机制，强化国有企业经营投资责任追究。探索推进国有企业财务预算等重大信息公开。

国有企业要合理增加市场化选聘比例，合理确定并严格规范国有企业管理人员薪酬水平、职务待遇、职务消费、业务消费。

（8）支持非公有制经济健康发展。非公有制经济在支撑增长、促进创新、扩大就业、增加税收等方面具有重要作用。坚持权利平等、机会平等、规则平等，废除对非公有制经济各种形式的不合理规定，消除各种隐性壁垒，制定非公有制企业进入特许经营领域具体办法。

鼓励非公有制企业参与国有企业改革，鼓励发展非公有资本控股的混合所有制企业，鼓励有条件的私营企业建立现代企业制度。

三、加快完善现代市场体系

建设统一开放、竞争有序的市场体系，是使市场在资源配置中起决定性作用的基础。必须加快形成企业自主经营、公平竞争，消费者自由选择、自主消费，商品和要素自由流动、平等交换的现代市场体系，着力清除市场壁垒，提高资源配置效率和公平性。

（9）建立公平开放透明的市场规则。实行统一的市场准入制度，在制定负面清单基础上，各类市场主体可依法平等进入清单之外领域。探索对外商投资实行准入前国民待遇加负面清单的管理模式。推进工商注册制度便利化，削减资质认定项目，由先证后照改为先照后证，把注册资本实缴登记制逐步改为认缴登记制。推进国内贸易流通体制改革，建设法治化营商环境。

改革市场监管体系，实行统一的市场监管，清理和废除妨碍全国统一市场和公平竞争的各种规定和做法，严禁和惩处各类违法实行优惠政策行为，反对地方保护，反对垄断和不正当竞争。建立健全社会征信体系，褒扬诚信，惩戒失信。健全优胜劣汰市场化退出机制，完善企业破产制度。

（10）完善主要由市场决定价格的机制。凡是能由市场形成价格的都交给市场，政府不进行不当干预。推进水、石油、天然气、电力、交通、电信等领域价格改革，放开竞争性环节价格。政府定价范围主要限定在重要公用事业、公益性服务、网络型自然垄断环节，提高透明度，接受社会监督。完善农产品价格形成机制，注重发挥市场形成价格作用。

（11）建立城乡统一的建设用地市场。在符合规划和用途管制前提下，允许农村集体经营性建设用地出让、租赁、入股，实行与国有土地同等入市、同权同价。缩小征地范围，规范征地程序，完善对被征地农民合理、规范、多元保障机制。扩大国有土地有偿使用范围，减少非公益性用地划拨。建立兼顾国家、集体、个人的土地增值收益分配机制，合理提高个人收益。完善土地租赁、转让、抵押二级市场。

（12）完善金融市场体系。扩大金融业对内对外开放，在加强监管前提下，允许具备条件的民间资本依法发起设立中小型银行等金融机构。推进政策性金融机构改革。健全多层次资本市场体系，推进股票发行注册制改革，多渠道推动股权融资，发展并规范债券市场，提高直接融资比重。完善保险经济补偿机制，建立巨灾保险制度。发展普惠金融。鼓励金融创新，丰富金融市场层次和产品。

完善人民币汇率市场化形成机制，加快推进利率市场化，健全反映市场供求关系的国债收益率曲线。推动资本市场双向开放，有序提高跨境资本和金融交易可兑换程度，建立健全宏观审慎管理框架下的外债和资本流动管理体系，加快实现人民币资本项目可兑换。

落实金融监管改革措施和稳健标准，完善监管协调机制，界定中央和地方金融监管职责和风险处置责任。建立存款保险制度，完善金融机构市场化退出机制。加强金融基础设施建设，保障金融市场安全高效运行和整体稳定。

（13）深化科技体制改革。建立健全鼓励原始创新、集成创新、引进消化吸收再创新的体制机制，健全技术创新市场导向机制，发挥市场对技术研发方向、路线选择、要素价格、各类创新要素配置的导向作用。建立产学研协同创新机制，强化企业在技术创新中的主体地位，发挥大型企业创新骨干作用，激发中小企业创新活力，推进应用型技术研发机构市场化、企业化改革，建设国家创新体系。

加强知识产权运用和保护，健全技术创新激励机制，探索建立知识产权法院。打破行政主导和部门分割，建立主要由市场决定技术创新项目和经费分配、评价成果的机制。发展技术市场，健全技术转移机制，改善科技型中小企业融资条件，完善风险投资机制，创新商业模式，促进科技成果资本化、产业化。

整合科技规划和资源，完善政府对基础性、战略性、前沿性科学研究和共性技术研究的支持机制。国家重大科研基础设施依照规定应该开放的一律对社会开放。建立创新调查制度和创新报告制度，构建公开透明的国家科研资源管理和项目评价机制。

改革院士遴选和管理体制，优化学科布局，提高中青年人才比例，实行院士退休和退出制度。

四、加快转变政府职能

科学的宏观调控，有效的政府治理，是发挥社会主义市场经济体制优势的内在要求。必须切实转变政府职能，深化行政体制改革，创新行政管理方式，增强政府公信力和执行力，建设法治政府和服务型政府。

（14）健全宏观调控体系。宏观调控的主要任务是保持经济总量平衡，促进重大经济结构协调和生产力布局优化，减缓经济周期波动影响，防范区域性、系统性风险，稳定市场预期，实现经济持续健康发展。健全以国家发展战略和规划为导向、以财政政策和货币政策为主要手段的宏观调控体系，推进宏观调控目标制定和政策手段运用机制化，加强财政政策、货币政策与产业、价格等政策手段协调配合，提高相机抉择水平，增强宏观调控前瞻性、针对性、协同性。形成参与国际宏观经济政策协调的机制，推动国际经济治理结构完善。

深化投资体制改革，确立企业投资主体地位。企业投资项目，除关系国家安全和生态安全、涉及全国重大生产力布局、战略性资源开发和重大公共利益等项目外，一律由企业依法依规自主决策，政府不再审批。强化节能节地节水、环境、技术、安全等市场准入标准，建立健全防范和化解产能过剩长效机制。

完善发展成果考核评价体系，纠正单纯以经济增长速度评定政绩的偏向，加大资源消耗、环境损害、生态效益、产能过剩、科技创新、安全生产、新增债务等指标的权重，更加重视劳动就业、居民收入、社会保障、人民健康状况。加快建立国家统一的经济核算制度，编制全国和地方资产负债表，建立全社会房产、信用等基础数据统一平台，推进部门信息共享。

（15）全面正确履行政府职能。进一步简政放权，深化行政审批制度改革，最大限度减少中央政府对微观事务的管理，市场机制能有效调节的经济活动，一律取消审批，对保留的行政审批事项要规范管理、提高效率；直接面向基层、量大面广、由地方管理更方便有效的经济社会事项，一律下放地方和基层管理。

政府要加强发展战略、规划、政策、标准等制定和实施，加强市场活动监管，加强各类公共服务提供。加强中央政府宏观调控职责和能力，加强地方政府公共服务、市场监管、社会管理、环境保护等职责。推广政府购买服务，凡属事务性管理服务，原则上都要引入竞争机制，通过合同、委托等方式向社会购买。

加快事业单位分类改革，加大政府购买公共服务力度，推动公办事业单位与主管部门理顺关系和去行政化，创造条件，逐步取消学校、科研院所、医院等单位的行政级别。建立事业单位法人治理结构，推进有条件的事业单位转为企业或社会组织。建立各类事业单位统一登记管理制度。

（16）优化政府组织结构。转变政府职能必须深化机构改革。优化政府机构设置、职能配置、工作流程，完善决策权、执行权、监督权既相互制约又相互协调的行政运行机制。严格绩效管理，突出责任落实，确保权责一致。

统筹党政群机构改革，理顺部门职责关系。积极稳妥实施大部门制。优化行政区划设置，有条件的地方探索推进省直接管理县（市）体制改革。严格控制机构编制，严格按规定职数配备领导干部，减少机构数量和领导职数，严格控制财政供养人员总量。推进机构编制管理科学化、规范化、法制化。

五、深化财税体制改革

财政是国家治理的基础和重要支柱，科学的财税体制是优化资源配置、维护市场统一、促进社会公平、实现国家长治久安的制度保障。必须完善立法、明确事权、改革税制、稳定税负、透明预算、提高效率，建立现代财政制度，发挥中央和地方两个积极性。

（17）改进预算管理制度。实施全面规范、公开透明的预算制度。审核预算的重点由平衡状态、赤字规模向支出预算和政策拓展。清理规范重点支出同财政收支增幅或生产总值挂钩事项，一般不采取挂钩方式。建立跨年度预算平衡机制，建立权责发生制的政府综合财务报告制度，建立规范合理的中央和地方政府债务管理及风险预警机制。

完善一般性转移支付增长机制，重点增加对革命老区、民族地区、边疆地区、贫困地区的转移支付。中央出台增支政策形成的地方财力缺口，原则上通过一般性转移支付调节。清理、整合、规范专项转移支付项目，逐步取消竞争性领域专项和地方资金配套，严格控制引导类、救济类、应急类专项，对保留专项进行甄别，属地方事务的划入一般性转移支付。

（18）完善税收制度。深化税收制度改革，完善地方税体系，逐步提高直接税比重。推进增值税改革，适当简化税率。调整消费税征收范围、环节、税率，把高耗能、高污染产品及部分高档消费品纳入征收范围。逐步建立综合与分类相结合的个人所得税制。加快房地产税立法并适时推进改革，加快资源税改革，推动环境保护费改税。

按照统一税制、公平税负、促进公平竞争的原则，加强对税收优惠特别是区域税收优惠政策的规范管理。税收优惠政策统一由专门税收法律法规规定，清理规范税收优惠政策。完善国税、地税征管体制。

（19）建立事权和支出责任相适应的制度。适度加强中央事权和支出责任，国防、外交、国家安全、关系全国统一市场规则和管理等作为中央事权；部分社会保障、跨区域重大项目建设维护等作为中央和地方共同事权，逐步理顺事权关系；区域性公共服务作为地方事权。中央和地方按照事权划分相应承担和分担支出责任。中央可通过安排转移支付将部分事权支出责任委托地方承担。对于跨区域且对其他地区影响较大的公共服务，中央通过转移支付承担一部分地方事权支出责任。

保持现有中央和地方财力格局总体稳定，结合税制改革，考虑税种属性，进一步理顺中央和地方收入划分。

六、健全城乡发展一体化体制机制

城乡二元结构是制约城乡发展一体化的主要障碍。必须健全体制机制，形成以工促农、以城带乡、工农互惠、城乡一体的新型工农城乡关系，让广大农民平等参与现代化进程、共同分享现代化成果。

(20) 加快构建新型农业经营体系。坚持家庭经营在农业中的基础性地位，推进家庭经营、集体经营、合作经营、企业经营等共同发展的农业经营方式创新。坚持农村土地集体所有权，依法维护农民土地承包经营权，发展壮大集体经济。稳定农村土地承包关系并保持长久不变，在坚持和完善最严格的耕地保护制度前提下，赋予农民对承包地占有、使用、收益、流转及承包经营权抵押、担保权能，允许农民以承包经营权入股发展农业产业化经营。鼓励承包经营权在公开市场上向专业大户、家庭农场、农民合作社、农业企业流转，发展多种形式规模经营。

鼓励农村发展合作经济，扶持发展规模化、专业化、现代化经营，允许财政项目资金直接投向符合条件的合作社，允许财政补助形成的资产转交合作社持有和管护，允许合作社开展信用合作。鼓励和引导工商资本到农村发展适合企业化经营的现代种养业，向农业输入现代生产要素和经营模式。

(21) 赋予农民更多财产权利。保障农民集体经济组织成员权利，积极发展农民股份合作，赋予农民对集体资产股份占有、收益、有偿退出及抵押、担保、继承权。保障农户宅基地用益物权，改革完善农村宅基地制度，选择若干试点，慎重稳妥推进农民住房财产权抵押、担保、转让，探索农民增加财产性收入渠道。建立农村产权流转交易市场，推动农村产权流转交易公开、公正、规范运行。

(22) 推进城乡要素平等交换和公共资源均衡配置。维护农民生产要素权益，保障农民工同工同酬，保障农民公平分享土地增值收益，保障金融机构农村存款主要用于农业农村。健全农业支持保护体系，改革农业补贴制度，完善粮食主产区利益补偿机制。完善农业保险制度。鼓励社会资本投向农村建设，允许企业和社会组织在农村兴办各类事业。统筹城乡基础设施建设和社区建设，推进城乡基本公共服务均等化。

(23) 完善城镇化健康发展体制机制。坚持走中国特色新型城镇化道路，推进以人为核心的城镇化，推动大中小城市和小城镇协调发展、产业和城镇融合发展，促进城镇化和新农村建设协调推进。优化城市空间结构和管理格局，增强城市综合承载能力。

推进城市建设管理创新。建立透明规范的城市建设投融资机制，允许地方政府通过发债等多种方式拓宽城市建设融资渠道，允许社会资本通过特许经营等方式参与城市基础设施投资和运营，研究建立城市基础设施、住宅政策性金融机构。完善设市标准，严格审批程序，对具备行政区划调整条件的县可有序改市。对吸纳人口多、经济实力强的镇，可赋予同人口和经济规模相适应的管理权。建立和完善跨区域城市发展协调机制。

推进农业转移人口市民化，逐步把符合条件的农业转移人口转为城镇居民。创新人口管理，加快户籍制度改革，全面放开建制镇和小城市落户限制，有序放开中等城市落户限制，合理确定大城市落户条件，严格控制特大城市人口规模。稳步推进城镇基本公共服务常住人口全覆盖，把进城落户农民完全纳入城镇住房和社会保障体系，在农村参加的养老保险和医疗保险规范接入城镇社保体系。建立财政转移支付同农业转移人口市民化挂钩机制，从严合理供给城市建设用地，提高城市土地利用率。

七、构建开放型经济新体制

适应经济全球化新形势，必须推动对内对外开放相互促进、引进来和走出去更好结合，促进国际国内要素有序自由流动、资源高效配置、市场深度融合，加快培育参与和引领国际经济合作竞争新优势，以开放促改革。

（24）放宽投资准入。统一内外资法律法规，保持外资政策稳定、透明、可预期。推进金融、教育、文化、医疗等服务业领域有序开放，放开育幼养老、建筑设计、会计审计、商贸物流、电子商务等服务业领域外资准入限制，进一步放开一般制造业。加快海关特殊监管区域整合优化。

建立中国上海自由贸易试验区是党中央在新形势下推进改革开放的重大举措，要切实建设好、管理好，为全面深化改革和扩大开放探索新途径、积累新经验。在推进现有试点基础上，选择若干具备条件地方发展自由贸易园（港）区。

扩大企业及个人对外投资，确立企业及个人对外投资主体地位，允许发挥自身优势到境外开展投资合作，允许自担风险到各国各地区自由承揽工程和劳务合作项目，允许创新方式走出去开展绿地投资、并购投资、证券投资、联合投资等。

加快同有关国家和地区商签投资协定，改革涉外投资审批体制，完善领事保护体制，提供权益保障、投资促进、风险预警等更多服务，扩大投资合作空间。

(25) 加快自由贸易区建设。坚持世界贸易体制规则，坚持双边、多边、区域次区域开放合作，扩大同各国各地区利益汇合点，以周边为基础加快实施自由贸易区战略。改革市场准入、海关监管、检验检疫等管理体制，加快环境保护、投资保护、政府采购、电子商务等新议题谈判，形成面向全球的高标准自由贸易区网络。

扩大对香港特别行政区、澳门特别行政区和台湾地区开放合作。

(26) 扩大内陆沿边开放。抓住全球产业重新布局机遇，推动内陆贸易、投资、技术创新协调发展。创新加工贸易模式，形成有利于推动内陆产业集群发展的体制机制。支持内陆城市增开国际客货运航线，发展多式联运，形成横贯东中西、联结南北方对外经济走廊。推动内陆同沿海沿边通关协作，实现口岸管理相关部门信息互换、监管互认、执法互助。

加快沿边开放步伐，允许沿边重点口岸、边境城市、经济合作区在人员往来、加工物流、旅游等方面实行特殊方式和政策。建立开发性金融机构，加快同周边国家和区域基础设施互联互通建设，推进丝绸之路经济带、海上丝绸之路建设，形成全方位开放新格局。

八、加强社会主义民主政治制度建设

发展社会主义民主政治，必须以保证人民当家作主为根本，坚持和完善人民代表大会制度、中国共产党领导的多党合作和政治协商制度、民族区域自治制度以及基层群众自治制度，更加注重健全民主制度、丰富民主形式，从各层次各领域扩大公民有序政治参与，充分发挥我国社会主义政治制度优越性。

(27) 推动人民代表大会制度与时俱进。坚持人民主体地位，推进人民代表大会制度理论和实践创新，发挥人民代表大会制度的根本政治制度作用。完善中国特色社会主义法律体系，健全立法起草、论证、协调、审议机制，提高立法质量，防止地方保护和部门利益法制化。健全“一府两院”由人大产生、对人大负责、受人大监督制度。健全人大讨论、决定重大事项制度，各级政府重大决策出台前向本级人大报告。加强人大预算决算审查监督、国有资产监督职能。落实税收法定原则。加强人大常委会同人大代表的联系，充分发挥代表作用。通过建立健全代表联络机构、网络平台等形式密切代表同人民群众联系。

完善人大工作机制，通过座谈、听证、评估、公布法律草案等扩大公民有序参与立法途径，通过询问、质询、特定问题调查、备案审查等积极回应社会关切。

(28) 推进协商民主广泛多层制度化发展。协商民主是我国社会主义民主政治的特有形式和独特优势，是党的群众路线在政治领域的重要体现。在党的领导下，以经济社会发展重大问题和涉及群众切身利益的实际问题为内容，在全社会开展广泛协商，坚持协商于决策之前和决策实施之中。

构建程序合理、环节完整的协商民主体系，拓宽国家政权机关、政协组织、党派团体、基层组织、社会组织的协商渠道。深入开展立法协商、行政协商、民主协商、参政协商、社会协商。加强中国特色新型智库建设，建立健全决策咨询制度。

发挥统一战线在协商民主中的重要作用。完善中国共产党同各民主党派的政治协商，认真听取各民主党派和无党派人士意见。中共中央根据年度工作重点提出规划，采取协商会、谈心会、座谈会等进行协商。完善民主党派中央直接向中共中央提出建议制度。贯彻党的民族政策，保障少数民族合法权益，巩固和发展平等团结互助和谐的社会主义民族关系。

发挥人民政协作为协商民主重要渠道作用。重点推进政治协商、民主监督、参政议政制度化、规范化、程序化。各级党委和政府、政协制定并组织实施协商年度工作计划，就一些重要决策听取政协意见。完善人民政协制度体系，规范协商内容、协商程序。拓展协商民主形式，更加活跃有序地组织专题协商、对口协商、界别协商、提案办理协商，增加协商密度，提高协商成效。在政协健全委员联络机构，完善委员联络制度。

(29) 发展基层民主。畅通民主渠道，健全基层选举、议事、公开、述职、问责等机制。开展形式多样的基层民主协商，推进基层协商制度化，建立健全居民、村民监督机制，促进群众在城乡社区治理、基层公共事务和公益事业中依法自我管理、自我服务、自我教育、自我监督。健全以职工代表大会为基本形式的企事业单位民主管理制度，加强社会组织民主机制建设，保障职工参与管理和监督的民主权利。

九、推进法治中国建设

建设法治中国，必须坚持依法治国、依法执政、依法行政共同推进，坚持法治国家、法治政府、法治社会一体建设。深化司法体制改革，加快建设公正高效权威的社会主义司法制度，维护人民权益，让人民群众在每一个司法案件中都感受到公平正义。

(30) 维护宪法法律权威。宪法是保证党和国家兴旺发达、长治久安的根本法，具有最高权威。要进一步健全宪法实施监督机制和程序，把全面贯彻实施宪法提高到一个新水平。建立健全全社会忠于、遵守、维护、运用宪法法律的制度。坚持法律面前人人平等，任何组织或者个人都不得有超越宪法法律的特权，一切违反宪法法律的行为都必须予以追究。

普遍建立法律顾问制度。完善规范性文件、重大决策合法性审查机制。建立科学的法治建设指标体系和考核标准。健全法规、规章、规范性文件备案审查制度。健全社会普法教育机制，增强全民法治观念。逐步增加有地方立法权的较大的市数量。

(31) 深化行政执法体制改革。整合执法主体，相对集中执法权，推进综合执法，着力解决权责交叉、多头执法问题，建立权责统一、权威高效的行政执法体制。减少行政执法层级，加强食品药品、安全生产、环境保护、劳动保障、海域海岛等重点领域基层执法力量。理顺城管执法体制，提高执法和服务水平。

完善行政执法程序，规范执法自由裁量权，加强对行政执法的监督，全面落实行政执法责任制和执法经费由财政保障制度，做到严格规范公正文明执法。完善行政执法与刑事司法衔接机制。

(32) 确保依法独立公正行使审判权检察权。改革司法管理体制，推动省以下地方法院、检察院人财物统一管理，探索建立与行政区划适当分离的司法管辖制度，保证国家法律统一正确实施。

建立符合职业特点的司法人员管理制度，健全法官、检察官、人民警察统一招录、有序交流、逐级遴选机制，完善司法人员分类管理制度，健全法官、检察官、人民警察职业保障制度。

（33）健全司法权力运行机制。优化司法职权配置，健全司法权力分工负责、互相配合、互相制约机制，加强和规范对司法活动的法律监督和社会监督。

改革审判委员会制度，完善主审法官、合议庭办案责任制，让审理者裁判、由裁判者负责。明确各级法院职能定位，规范上下级法院审级监督关系。

推进审判公开、检务公开，录制并保留全程庭审资料。增强法律文书说理性，推动公开法院生效裁判文书。严格规范减刑、假释、保外就医程序，强化监督制度。广泛实行人民陪审员、人民监督员制度，拓宽人民群众有序参与司法渠道。

（34）完善人权司法保障制度。国家尊重和保障人权。进一步规范查封、扣押、冻结、处理涉案财物的司法程序。健全错案防止、纠正、责任追究机制，严禁刑讯逼供、体罚虐待，严格实行非法证据排除规则。逐步减少适用死刑罪名。

废止劳动教养制度，完善对违法犯罪行为的惩治和矫正法律，健全社区矫正制度。

健全国家司法救助制度，完善法律援助制度。完善律师执业权利保障机制和违法违规执业惩戒制度，加强职业道德建设，发挥律师在依法维护公民和法人合法权益方面的重要作用。

十、强化权力运行制约和监督体系

坚持用制度管权管事管人，让人民监督权力，让权力在阳光下运行，是把权力关进制度笼子的根本之策。必须构建决策科学、执行坚决、监督有力的权力运行体系，健全惩治和预防腐败体系，建设廉洁政治，努力实现干部清正、政府清廉、政治清明。

（35）形成科学有效的权力制约和协调机制。完善党和国家领导体制，坚持民主集中制，充分发挥党的领导核心作用。规范各级党政主要领导干部职责权限，科学配置党政部门及内设机构权力和职能，明确职责定位和工作任务。

加强和改进对主要领导干部行使权力的制约和监督，加强行政监察和审计监督。

推行地方各级政府及其工作部门权力清单制度，依法公开权力运行流程。完善党务、政务和各领域办事公开制度，推进决策公开、管理公开、服务公开、结果公开。

（36）加强反腐败体制机制创新和制度保障。加强党对党风廉政建设和反腐败工作统一领导。改革党的纪律检查体制，健全反腐败领导体制和工作机制，改革和完善各级反腐败协调小组职能。

落实党风廉政建设责任制，党委负主体责任，纪委负监督责任，制定实施切实可行的责任追究制度。各级纪委要履行协助党委加强党风建设和组织协调反腐败工作的职责，加强对同级党委特别是常委会成员的监督，更好发挥党内监督专门机关作用。

推动党的纪律检查工作双重领导体制具体化、程序化、制度化，强化上级纪委对下级纪委的领导。查办腐败案件以上级纪委领导为主，线索处置和案件查办在向同级党委报告的同时必须向上级纪委报告。各级纪委书记、副书记的提名和考察以上级纪委会同组织部门为主。

全面落实中央纪委向中央一级党和国家机关派驻纪检机构，实行统一名称、统一管理。派驻机构对派出机关负责，履行监督职责。改进中央和省区市巡视制度，做到对地方、部门、企事业单位全覆盖。

健全反腐倡廉法规制度体系，完善惩治和预防腐败、防控廉政风险、防止利益冲突、领导干部报告个人有关事项、任职回避等方面法律法规，推行新提任领导干部有关事项公开制度试点。健全民主监督、法律监督、舆论监督机制，运用和规范互联网监督。

（37）健全改进作风常态化制度。围绕反对形式主义、官僚主义、享乐主义和奢靡之风，加快体制机制改革和建设。健全领导干部带头改进作风、深入基层调查研究机制，完善直接联系和服务群众制度。改革会议公文制度，从中央做起带头减少会议、文件，着力改进会风文风。健全严格的财务预算、核准和审计制度，着力控制“三公”经费支出和楼堂馆所建设。完善选人用人专项检查和责任追究制度，着力纠正跑官要官等不正之风。改革政绩考核机制，着力解决“形象工程”、“政绩工程”以及不作为、乱作为等问题。

规范并严格执行领导干部工作生活保障制度，不准多处占用住房和办公用房，不准超标准配备办公用房和生活用房，不准违规配备公车，不准违规配备秘书，不准超规格警卫，不准超标准进行公务接待，严肃查处违反规定超标准享受待遇等问题。探索实行官邸制。

完善并严格执行领导干部亲属经商、担任公职和社会组织职务、出国定居等相关制度规定，防止领导干部利用公共权力或自身影响为亲属和其他特定关系人谋取私利，坚决反对特权思想和作风。

十一、推进文化体制机制创新

建设社会主义文化强国，增强国家文化软实力，必须坚持社会主义先进文化前进方向，坚持中国特色社会主义文化发展道路，培育和践行社会主义核心价值观，巩固马克思主义在意识形态领域的指导地位，巩固全党全国各族人民团结奋斗的共同思想基础。坚持以人民为中心的工作导向，坚持把社会效益放在首位、社会效益和经济效益相统一，以激发全民族文化创造活力为中心环节，进一步深化文化体制改革。

(38) 完善文化管理体制。按照政企分开、政事分开原则，推动政府部门由办文化向管文化转变，推动党政部门与其所属的文化企事业单位进一步理顺关系。建立党委和政府监管国有文化资产的管理机构，实行管人管事管资产管导向相统一。

健全坚持正确舆论导向的体制机制。健全基础管理、内容管理、行业管理以及网络违法犯罪防范和打击等工作联动机制，健全网络突发事件处置机制，形成正面引导和依法管理相结合的网络舆论工作格局。整合新闻媒体资源，推动传统媒体和新兴媒体融合发展。推动新闻发布制度化。严格新闻工作者职业资格制度，重视新型媒介运用和管理，规范传播秩序。

(39) 建立健全现代文化市场体系。完善文化市场准入和退出机制，鼓励各类市场主体公平竞争、优胜劣汰，促进文化资源在全国范围内流动。继续推进国有经营性文化单位转企改制，加快公司制、股份制改造。对按规定转制的重要国有传媒企业探索实行特殊管理股制度。推动文化企业跨地区、跨行业、跨所有制兼并重组，提高文化产业规模化、集约化、专业化水平。

鼓励非公有制文化企业发展，降低社会资本进入门槛，允许参与对外出版、网络出版，允许以控股形式参与国有影视制作机构、文艺院团改制经营。支持各种形式小微文化企业发展。

在坚持出版权、播出权特许经营前提下，允许制作和出版、制作和播出分开。建立多层次文化产品和要素市场，鼓励金融资本、社会资本、文化资源相结合。完善文化经济政策，扩大政府文化资助和文化采购。加强版权保护。健全文化产品评价体系，改革评奖制度，推出更多文化精品。

（40）构建现代公共文化服务体系。建立公共文化服务体系建设协调机制，统筹服务设施网络建设，促进基本公共文化服务标准化、均等化。建立群众评价和反馈机制，推动文化惠民项目与群众文化需求有效对接。整合基层宣传文化、党员教育、科学普及、体育健身等设施，建设综合性文化服务中心。

明确不同文化事业单位功能定位，建立法人治理结构，完善绩效考核机制。推动公共图书馆、博物馆、文化馆、科技馆等组建理事会，吸纳有关方面代表、专业人士、各界群众参与管理。

引入竞争机制，推动公共文化服务社会化发展。鼓励社会力量、社会资本参与公共文化服务体系建设，培育文化非营利组织。

（41）提高文化开放水平。坚持政府主导、企业主体、市场运作、社会参与，扩大对外文化交流，加强国际传播能力和对外话语体系建设，推动中华文化走向世界。理顺内宣外宣体制，支持重点媒体面向国内国际发展。培育外向型文化企业，支持文化企业到境外开拓市场。鼓励社会组织、中资机构等参与孔子学院和海外文化中心建设，承担人文交流项目。

积极吸收借鉴国外一切优秀文化成果，引进有利于我国文化发展的人才、技术、经营管理经验。切实维护国家文化安全。

十二、推进社会事业改革创新

实现发展成果更多更公平惠及全体人民，必须加快社会事业改革，解决好人民最关心最直接最现实的利益问题，努力为社会提供多样化服务，更好满足人民需求。

（42）深化教育领域综合改革。全面贯彻党的教育方针，坚持立德树人，加强社会主义核心价值体系教育，完善中华优秀传统文化教育，形成爱学习、爱劳动、爱祖国活动的有效形式和长效机制，增强学生社会责任感、创新精神、实践能力。强化体育课和课外锻炼，促进青少年身心健康、体魄强健。改进美育教学，提高学生审美和人文素养。大力促进教育公平，健全家庭经济困难学生资助体系，构建利用信息化手段扩大优质教育资源覆盖面的有效机制，逐步缩小区域、城乡、校际差距。统筹城乡义务教育资源均衡配置，实行公办学校标准化建设和校长教师交流轮岗，不设重点学校重点班，破解择校难题，标本兼治减轻学生课业负担。加快现代职业教育体系建设，深化产教融合、校企合作，培养高素质劳动者和技能型人才。创新高校人才培养机制，促进高校办出特色争创一流。推进学前教育、特殊教育、继续教育改革发展。

推进考试招生制度改革，探索招生和考试相对分离、学生考试多次选择、学校依法自主招生、专业机构组织实施、政府宏观管理、社会参与监督的运行机制，从根本上解决一考定终身的弊端。义务教育免试就近入学，试行学区制和九年一贯对口招生。推行初高中学业水平考试和综合素质评价。加快推进职业院校分类招考或注册入学。逐步推行普通高校基于统一高考和高中学业水平考试成绩的综合评价多元录取机制。探索全国统考减少科目、不分文理科、外语等科目社会化考试一年多考。试行普通高校、高职院校、成人高校之间学分转换，拓宽终身学习通道。

深入推进管办评分离，扩大省级政府教育统筹权和学校办学自主权，完善学校内部治理结构。强化国家教育督导，委托社会组织开展教育评估监测。健全政府补贴、政府购买服务、助学贷款、基金奖励、捐资激励等制度，鼓励社会力量兴办教育。

（43）健全促进就业创业体制机制。建立经济发展和扩大就业的联动机制，健全政府促进就业责任制度。规范招人用人制度，消除城乡、行业、身份、性别等一切影响平等就业的制度障碍和就业歧视。完善扶持创业的优惠政策，形成政府激励创业、社会支持创业、劳动者勇于创业新机制。完善城乡均等的公共就业创业服务体系，构建劳动者终身职业培训体系。增强失业保险制度预防失业、促进就业功能，完善就业失业监测统计制度。创新劳动关系协调机制，畅通职工表达合理诉求渠道。

促进以高校毕业生为重点的青年就业和农村转移劳动力、城镇困难人员、退役军人就业。结合产业升级开发更多适合高校毕业生的就业岗位。政府购买基层公共管理和社会服务岗位更多用于吸纳高校毕业生就业。健全鼓励高校毕业生到基层工作的服务保障机制，提高公务员定向招录和事业单位优先招聘比例。实行激励高校毕业生自主创业政策，整合发展国家和省级高校毕业生就业创业基金。实施离校未就业高校毕业生就业促进计划，把未就业的纳入就业见习、技能培训等就业准备活动之中，对有特殊困难的实行全程就业服务。

（44）形成合理有序的收入分配格局。着重保护劳动所得，努力实现劳动报酬增长和劳动生产率提高同步，提高劳动报酬在初次分配中的比重。健全工资决定和正常增长机制，完善最低工资和工资支付保障制度，完善企业工资集体协商制度。改革机关事业单位工资和津贴补贴制度，完善艰苦边远地区津贴增长机制。健全资本、知识、技术、管理等由要素市场决定的报酬机制。扩展投资和租赁服务等途径，优化上市公司投资者回报机制，保护投资者尤其是中小投资者合法权益，多渠道增加居民财产性收入。

完善以税收、社会保障、转移支付为主要手段的再分配调节机制，加大税收调节力度。建立公共资源出让收益合理共享机制。完善慈善捐助减免税制度，支持慈善事业发挥扶贫济困积极作用。

规范收入分配秩序，完善收入分配调控体制机制和政策体系，建立个人收入和财产信息系统，保护合法收入，调节过高收入，清理规范隐性收入，取缔非法收入，增加低收入者收入，扩大中等收入者比重，努力缩小城乡、区域、行业收入分配差距，逐步形成橄榄型分配格局。

（45）建立更加公平可持续的社会保障制度。坚持社会统筹和个人账户相结合的基本养老保险制度，完善个人账户制度，健全多缴多得激励机制，确保参保人权益，实现基础养老金全国统筹，坚持精算平衡原则。推进机关事业单位养老保险制度改革。整合城乡居民基本养老保险制度、基本医疗保险制度。推进城乡最低生活保障制度统筹发展。建立健全合理兼顾各类人员的社会保障待遇确定和正常调整机制。完善社会保险关系转移接续政策，扩大参保缴费覆盖面，适时适当降低社会保险费率。研究制定渐进式延迟退休年龄政策。加快健全社会保障管理体制和经办服务体系。健全符合国情的住房保障和供应体系，建立公开规范的住房公积金制度，改进住房公积金提取、使用、监管机制。

健全社会保障财政投入制度，完善社会保障预算制度。加强社会保险基金投资管理和监督，推进基金市场化、多元化投资运营。制定实施免税、延期征税等优惠政策，加快发展企业年金、职业年金、商业保险，构建多层次社会保障体系。

积极应对人口老龄化，加快建立社会养老服务体系和发展老年服务产业。健全农村留守儿童、妇女、老年人关爱服务体系，健全残疾人权益保障、困境儿童分类保障制度。

(46) 深化医药卫生体制改革。统筹推进医疗保障、医疗服务、公共卫生、药品供应、监管体制综合改革。深化基层医疗卫生机构综合改革，健全网络化城乡基层医疗卫生服务运行机制。加快公立医院改革，落实政府责任，建立科学的医疗绩效评价机制和适应行业特点的人才培养、人事薪酬制度。完善合理分级诊疗模式，建立社区医生和居民契约服务关系。充分利用信息化手段，促进优质医疗资源纵向流动。加强区域公共卫生服务资源整合。取消以药补医，理顺医药价格，建立科学补偿机制。改革医保支付方式，健全全民医保体系。加快健全重特大疾病医疗保险和救助制度。完善中医药事业发展政策和机制。

鼓励社会办医，优先支持举办非营利性医疗机构。社会资金可直接投向资源稀缺及满足多元需求服务领域，多种形式参与公立医院改制重组。允许医师多点执业，允许民办医疗机构纳入医保定点范围。

坚持计划生育的基本国策，启动实施一方是独生子女的夫妇可生育两个孩子的政策，逐步调整完善生育政策，促进人口长期均衡发展。

十三、创新社会治理体制

创新社会治理，必须着眼于维护最广大人民根本利益，最大限度增加和谐因素，增强社会发展活力，提高社会治理水平，全面推进平安中国建设，维护国家安全，确保人民安居乐业、社会安定有序。

(47) 改进社会治理方式。坚持系统治理，加强党委领导，发挥政府主导作用，鼓励和支持社会各方面参与，实现政府治理和社会自我调节、居民自治良性互动。坚持依法治理，加强法治保障，运用法治思维和法治方式化解社会矛盾。坚持综合治理，强化道德约束，规范社会行为，调节利益关系，协调社会关系，解决社会问题。坚持源头治理，标本兼治、重在治本，以网格化管理、社会化服务为方向，健全基层综合服务管理平台，及时反映和协调人民群众各方面各层次利益诉求。

(48) 激发社会组织活力。正确处理政府和社会关系，加快实施政社分开，推进社会组织明确权责、依法自治、发挥作用。适合由社会组织提供的公共服务和解决的事项，交由社会组织承担。支持和发展志愿服务组织。限期实现行业协会商会与行政机关真正脱钩，重点培育和优先发展行业协会商会类、科技类、公益慈善类、城乡社区服务类社会组织，成立时直接依法申请登记。加强对社会组织和在华境外非政府组织的管理，引导它们依法开展活动。

（49）创新有效预防和化解社会矛盾体制。健全重大决策社会稳定风险评估机制。建立畅通有序的诉求表达、心理干预、矛盾调处、权益保障机制，使群众问题能反映、矛盾能化解、权益有保障。

改革行政复议体制，健全行政复议案件审理机制，纠正违法或不当行政行为。完善人民调解、行政调解、司法调解联动工作体系，建立调处化解矛盾纠纷综合机制。

改革信访工作制度，实行网上受理信访制度，健全及时就地解决群众合理诉求机制。把涉法涉诉信访纳入法治轨道解决，建立涉法涉诉信访依法终结制度。

（50）健全公共安全体系。完善统一权威的食品药品安全监管机构，建立最严格的覆盖全过程的监管制度，建立食品原产地可追溯制度和质量标识制度，保障食品药品安全。深化安全生产管理体制改革，建立隐患排查治理体系和安全预防控制体系，遏制重特大安全事故。健全防灾减灾救灾体制。加强社会治安综合治理，创新立体化社会治安防控体系，依法严密防范和惩治各类违法犯罪活动。

坚持积极利用、科学发展、依法管理、确保安全的方针，加大依法管理网络力度，加快完善互联网管理领导体制，确保国家网络和信息安全。

设立国家安全委员会，完善国家安全体制和国家安全战略，确保国家安全。

十四、加快生态文明制度建设

建设生态文明，必须建立系统完整的生态文明制度体系，实行最严格的源头保护制度、损害赔偿制度、责任追究制度，完善环境治理和生态修复制度，用制度保护生态环境。

（51）健全自然资源资产产权制度和用途管制制度。对水流、森林、山岭、草原、荒地、滩涂等自然生态空间进行统一确权登记，形成归属清晰、权责明确、监管有效的自然资源资产产权制度。建立空间规划体系，划定生产、生活、生态空间开发管制界限，落实用途管制。健全能源、水、土地节约集约使用制度。

健全国家自然资源资产管理体制，统一行使全民所有自然资源资产所有者职责。完善自然资源监管体制，统一行使所有国土空间用途管制职责。

（52）划定生态保护红线。坚定不移实施主体功能区制度，建立国土空间开发保护制度，严格按照主体功能区定位推动发展，建立国家公园体制。建立资源环境承载能力监测预警机制，对水土资源、环境容量和海洋资源超载区域实行限制性措施。对限制开发区域和生态脆弱的国家扶贫开发工作重点县取消地区生产总值考核。

探索编制自然资源资产负债表，对领导干部实行自然资源资产离任审计。建立生态环境损害责任终身追究制。

（53）实行资源有偿使用制度和生态补偿制度。加快自然资源及其产品价格改革，全面反映市场供求、资源稀缺程度、生态环境损害成本和修复效益。坚持使用资源付费和谁污染环境、谁破坏生态谁付费原则，逐步将资源税扩展到占用各种自然生态空间。稳定和扩大退耕还林、退牧还草范围，调整严重污染和地下水严重超采区耕地用途，有序实现耕地、河湖休养生息。建立有效调节工业用地和居住用地合理比价机制，提高工业用地价格。坚持谁受益、谁补偿原则，完善对重点生态功能区的生态补偿机制，推动地区间建立横向生态补偿制度。发展环保市场，推行节能量、碳排放权、排污权、水权交易制度，建立吸引社会资本投入生态环境保护的市场化机制，推行环境污染第三方治理。

（54）改革生态环境保护管理体制。建立和完善严格监管所有污染物排放的环境保护管理制度，独立进行环境监管和行政执法。建立陆海统筹的生态系统保护修复和污染防治区域联动机制。健全国有林区经营管理体制，完善集体林权制度改革。及时公布环境信息，健全举报制度，加强社会监督。完善污染物排放许可制，实行企事业单位污染物排放总量控制制度。对造成生态环境损害的责任者严格实行赔偿制度，依法追究刑事责任。

十五、深化国防和军队改革

紧紧围绕建设一支听党指挥、能打胜仗、作风优良的人民军队这一党在新形势下的强军目标，着力解决制约国防和军队建设发展的突出矛盾和问题，创新发展军事理论，加强军事战略指导，完善新时期军事战略方针，构建中国特色现代军事力量体系。

（55）深化军队体制编制调整改革。推进领导管理体制改革，优化军委总部领导机关职能配置和机构设置，完善各军兵种领导管理体制。健全军委联合作战指挥机构和战区联合作战指挥体制，推进联合作战训练和保障体制改革。完善新型作战力量领导体制。加强信息化建设集中统管。优化武装警察部队力量结构和指挥管理体制。

优化军队规模结构，调整改善军兵种比例、官兵比例、部队与机关比例，减少非战斗机构和人员。依据不同方向安全需求和作战任务改革部队编成。加快新型作战力量建设。深化军队院校改革，健全军队院校教育、部队训练实践、军事职业教育三位一体的新型军事人才培养体系。

（56）推进军队政策制度调整改革。健全完善与军队职能任务需求和国家政策制度创新相适应的军事人力资源政策制度。以建立军官职业化制度为牵引，逐步形成科学规范的军队干部制度体系。健全完善文职人员制度。完善兵役制度、士官制度、退役军人安置制度改革配套政策。

健全军费管理制度，建立需求牵引规划、规划主导资源配置机制。健全完善经费物资管理标准制度体系。深化预算管理、集中收付、物资采购和军人医疗、保险、住房保障等制度改革。

健全军事法规制度体系，探索改进部队科学管理的方式方法。

（57）推动军民融合深度发展。在国家层面建立推动军民融合发展的统一领导、军地协调、需求对接、资源共享机制。健全国防工业体系，完善国防科技协同创新体制，改革国防科研生产管理和武器装备采购体制机制，引导优势民营企业进入军品科研生产和维修领域。改革完善依托国民教育培养军事人才的政策制度。拓展军队保障社会化领域。深化国防教育改革。健全国防动员体制机制，完善平时征用和战时动员法规制度。深化民兵预备役体制改革。调整理顺边海空防管理体制机制。

十六、加强和改善党对全面深化改革的领导

全面深化改革必须加强和改善党的领导，充分发挥党总揽全局、协调各方的领导核心作用，建设学习型、服务型、创新型的马克思主义执政党，提高党的领导水平和执政能力，确保改革取得成功。

（58）全党同志要把思想和行动统一到中央关于全面深化改革重大决策部署上来，正确处理中央和地方、全局和局部、当前和长远的关系，正确对待利益格局调整，充分发扬党内民主，坚决维护中央权威，保证政令畅通，坚定不移实现中央改革决策部署。

中央成立全面深化改革领导小组，负责改革总体设计、统筹协调、整体推进、督促落实。

各级党委要切实履行对改革的领导责任，完善科学民主决策机制，以重大问题为导向，把各项改革举措落到实处。加强各级领导班子建设，完善干部教育培训和实践锻炼制度，不断提高领导班子和领导干部推动改革能力。创新基层党建工作，健全党的基层组织体系，充分发挥基层党组织的战斗堡垒作用，引导广大党员积极投身改革事业，发扬“钉钉子”精神，抓铁有痕、踏石留印，为全面深化改革作出积极贡献。

（59）全面深化改革，需要有力的组织保证和人才支撑。坚持党管干部原则，深化干部人事制度改革，构建有效管用、简便易行的选人用人机制，使各方面优秀干部充分涌现。发挥党组织领导和把关作用，强化党委（党组）、分管领导和组织部门在干部选拔任用中的权重和干部考察识别的责任，改革和完善干部考核评价制度，改进竞争性选拔干部办法，改进优秀年轻干部培养选拔机制，区分实施选任制和委任制干部选拔方式，坚决纠正唯票取人、唯分取人等现象，用好各年龄段干部，真正把信念坚定、为民服务、勤政务实、敢于担当、清正廉洁的好干部选拔出来。

打破干部部门化，拓宽选人视野和渠道，加强干部跨条块跨领域交流。破除“官本位”观念，推进干部能上能下、能进能出。完善和落实领导干部问责制，完善从严管理干部队伍制度体系。深化公务员分类改革，推行公务员职务与职级并行、职级与待遇挂钩制度，加快建立专业技术类、行政执法类公务员和聘任人员管理制度。完善基层公务员录用制度，在艰苦边远地区适当降低进入门槛。

建立集聚人才体制机制，择天下英才而用之。打破体制壁垒，扫除身份障碍，让人人都有成长成才、脱颖而出的通道，让各类人才都有施展才华的广阔天地。完善党政机关、企事业单位、社会各方面人才顺畅流动的制度体系。健全人才向基层流动、向艰苦地区和岗位流动、在一线创业的激励机制。加快形成具有国际竞争力的人才制度优势，完善人才评价机制，增强人才政策开放度，广泛吸引境外优秀人才回国或来华创业发展。

（60）人民是改革的主体，要坚持党的群众路线，建立社会参与机制，充分发挥人民群众积极性、主动性、创造性，充分发挥工会、共青团、妇联等人民团体作用，齐心协力推进改革。鼓励地方、基层和群众大胆探索，加强重大改革试点工作，及时总结经验，宽容改革失误，加强宣传和舆论引导，为全面深化改革营造良好社会环境。

全党同志要紧密团结在以习近平同志为总书记的党中央周围，锐意进取，攻坚克难，谱写改革开放伟大事业历史新篇章，为全面建成小康社会、不断夺取中国特色社会主义新胜利、实现中华民族伟大复兴的中国梦而奋斗！

中共中央关于全面推进依法治国若干重大问题的决定

2014 年 10 月 23 日中国共产党第十八届
中央委员会第四次全体会议通过

为贯彻落实党的十八大做出的战略部署，加快建设社会主义法治国家，十八届中央委员会第四次全体会议研究了全面推进依法治国若干重大问题，做出如下决定。

一、坚持走中国特色社会主义法治道路，建设中国特色社会主义法治体系

依法治国，是坚持和发展中国特色社会主义的本质要求和重要保障，是实现国家治理体系和治理能力现代化的必然要求，事关我们党执政兴国，事关人民幸福安康，事关党和国家长治久安。

全面建成小康社会、实现中华民族伟大复兴的中国梦，全面深化改革、完善和发展中国特色社会主义制度，提高党的执政能力和执政水平，必须全面推进依法治国。

我国正处于社会主义初级阶段，全面建成小康社会进入决定性阶段，改革进入攻坚期和深水区，国际形势复杂多变，我们党面对的改革发展稳定任务之重前所未有、矛盾风险挑战之多前所未有，依法治国在党和国家工作全局中的地位更加突出、作用更加重大。面对新形势新任务，我们党要更好统筹国内国际两个大局，更好维护和运用我国发展的重要战略机遇期，更好统筹社会力量、平衡社会利益、调节社会关系、规范社会行为，使我国社会在深刻变革中既生机勃勃又井然有序，实现经济发展、政治清明、文化昌盛、社会公正、生态良好，实现我国和平发展的战略目标，必须更好发挥法治的引领和规范作用。

我们党高度重视法治建设。长期以来，特别是党的十一届三中全会以来，我们党深刻总结我国社会主义法治建设的成功经验和深刻教训，提出为了保障人民民主，必须加强法治，必须使民主制度化、法律化，把依法治国确定为党领导人民治理国家的基本方略，把依法执政确定为党治国理政的基本方式，积极建设社会主义法治，取得历史性成就。目前，中国特色社会主义法律体系已经形成，法治政府建设稳步推进，司法体制不断完善，全社会法治观念明显增强。

同时，必须清醒看到，同党和国家事业发展要求相比，同人民群众期待相比，同推进国家治理体系和治理能力现代化目标相比，法治建设还存在许多不适应、不符合的问题，主要表现为：有的法律法规未能全面反映客观规律和人民意愿，针对性、可操作性不强，立法工作中部门化倾向、争权诿责现象较为突出；有法不依、执法不严、违法不究现象比较严重，执法体制权责脱节、多头执法、选择性执法现象仍然存在，执法司法不规范、不严格、不透明、不文明现象较为突出，群众对执法司法不公和腐败问题反映强烈；部分社会成员尊法信法守法用法、依法维权意识不强，一些国家工作人员特别是领导干部依法办事观念不强、能力不足，知法犯法、以言代法、以权压法、徇私枉法现象依然存在。这些问题，违背社会主义法治原则，损害人民群众利益，妨碍党和国家事业发展，必须下大气力加以解决。

全面推进依法治国，必须贯彻落实党的十八大和十八届三中全会精神，高举中国特色社会主义伟大旗帜，以马克思列宁主义、毛泽东思想、邓小平理论、“三个代表”重要思想、科学发展观为指导，深入贯彻习近平总书记系列重要讲话精神，坚持党的领导、人民当家作主、依法治国有机统一，坚定不移走中国特色社会主义法治道路，坚决维护宪法法律权威，依法维护人民权益、维护社会公平正义、维护国家安全稳定，为实现“两个一百年”奋斗目标、实现中华民族伟大复兴的中国梦提供有力法治保障。

全面推进依法治国，总目标是建设中国特色社会主义法治体系，建设社会主义法治国家。这就是，在中国共产党领导下，坚持中国特色社会主义制度，贯彻中国特色社会主义法治理论，形成完备的法律规范体系、高效的法治实施体系、严密的法治监督体系、有力的法治保障体系，形成完善的党内法规体系，坚持依法治国、依法执政、依法行政共同推进，坚持法治国家、法治政府、法治社会一体建设，实现科学立法、严格执法、公正司法、全民守法，促进国家治理体系和治理能力现代化。

实现这个总目标，必须坚持以下原则。

——坚持中国共产党的领导。党的领导是中国特色社会主义最本质的特征，是社会主义法治最根本的保证。把党的领导贯彻到依法治国全过程和各方面，是我国社会主义法治建设的一条基本经验。我国宪法确立了中国共产党的领导地位。坚持党的领导，是社会主义法治的根本要求，是党和国家的根本所在、命脉所在，是全国各族人民的利益所系、幸福所系，是全面推进依法治国的题中应有之义。党的领导和社会主义法治是一致的，社会主义法治必须坚持党的领导，党的领导必须依靠社会主义法治。只有在党的领导下依法治国、厉行法治，人民当家作主才能充分实现，国家和社会生活法治化才能有序推进。依法执政，既要求党依据宪法法律治国理政，也要求党依据党内法规管党治党。必须坚持党领导立法、保证执法、支持司法、带头守法，把依法治国基本方略同依法执政基本方式统一起来，把党总揽全局、协调各方同人大、政府、政协、审判机关、检察机关依法依章程履行职能、开展工作统一起来，把党领导人民制定和实施宪法法律同党坚持在宪法法律范围内活动统一起来，善于使党的主张通过法定程序成为国家意志，善于使党组织推荐的人选通过法定程序成为国家政权机关的领导人员，善于通过国家政权机关实施党对国家和社会的领导，善于运用民主集中制原则维护中央权威、维护全党全国团结统一。

——坚持人民主体地位。人民是依法治国的主体和力量源泉，人民代表大会制度是保证人民当家作主的根本政治制度。必须坚持法治建设为了人民、依靠人民、造福人民、保护人民，以保障人民根本权益为出发点和落脚点，保证人民依法享有广泛的权利和自由、承担应尽的义务，维护社会公平正义，促进共同富裕。必须保证人民在党的领导下，依照法律规定，通过各种途径和形式管理国家事务，管理经济文化事业，管理社会事务。必须使人民认识到法律既是保障自身权利的有力武器，也是必须遵守的行为规范，增强全社会学法尊法守法用法意识，使法律为人民所掌握、所遵守、所运用。

——坚持法律面前人人平等。平等是社会主义法律的基本属性。任何组织和个人都必须尊重宪法法律权威，都必须在宪法法律范围内活动，都必须依照宪法法律行使权力或权利、履行职责或义务，都不得有超越宪法法律的特权。必须维护国家法制统一、尊严、权威，切实保证宪法法律有效实施，绝不允许任何人以任何借口任何形式以言代法、以权压法、徇私枉法。必须以规范和约束公权力为重点，加大监督力度，做到有权必有责、用权受监督、违法必追究，坚决纠正有法不依、执法不严、违法不究行为。

——坚持依法治国和以德治国相结合。国家和社会治理需要法律和道德共同发挥作用。必须坚持一手抓法治、一手抓德治，大力弘扬社会主义核心价值观，弘扬中华传统美德，培育社会公德、职业道德、家庭美德、个人品德，既重视发挥法律的规范作用，又重视发挥道德的教化作用，以法治体现道德理念、强化法律对道德建设的促进作用，以道德滋养法治精神、强化道德对法治文化的支撑作用，实现法律和道德相辅相成、法治和德治相得益彰。

——坚持从中国实际出发。中国特色社会主义道路、理论体系、制度是全面推进依法治国的根本遵循。必须从我国基本国情出发，同改革开放不断深化相适应，总结和运用党领导人民实行法治的成功经验，围绕社会主义法治建设重大理论和实践问题，推进法治理论创新，发展符合中国实际、具有中国特色、体现社会发展规律的社会主义法治理论，为依法治国提供理论指导和学理支撑。汲取中华法律文化精华，借鉴国外法治有益经验，但决不照搬外国法治理念和模式。

全面推进依法治国是一个系统工程，是国家治理领域一场广泛而深刻的革命，需要付出长期艰苦努力。全党同志必须更加自觉地坚持依法治国、更加扎实地推进依法治国，努力实现国家各项工作法治化，向着建设法治中国不断前进。

二、完善以宪法为核心的中国特色社会主义法律体系，加强宪法实施

法律是治国之重器，良法是善治之前提。建设中国特色社会主义法治体系，必须坚持立法先行，发挥立法的引领和推动作用，抓住提高立法质量这个关键。要恪守以民为本、立法为民理念，贯彻社会主义核心价值观，使每一项立法都符合宪法精神、反映人民意志、得到人民拥护。要把公正、公平、公开原则贯穿立法全过程，完善立法体制机制，坚持立改废释并举，增强法律法规的及时性、系统性、针对性、有效性。

（一）健全宪法实施和监督制度。宪法是党和人民意志的集中体现，是通过科学民主程序形成的根本法。坚持依法治国首先要坚持依宪治国，坚持依法执政首先要坚持依宪执政。全国各族人民、一切国家机关和武装力量、各政党和各社会团体、各企业事业组织，都必须以宪法为根本的活动准则，并且负有维护宪法尊严、保证宪法实施的职责。一切违反宪法的行为都必须予以追究和纠正。

完善全国人大及其常委会宪法监督制度，健全宪法解释程序机制。加强备案审查制度和能力建设，把所有规范性文件纳入备案审查范围，依法撤销和纠正违宪违法的规范性文件，禁止地方制发带有立法性质的文件。

将每年十二月四日定为国家宪法日。在全社会普遍开展宪法教育，弘扬宪法精神。建立宪法宣誓制度，凡经人大及其常委会选举或者决定任命的国家工作人员正式就职时公开向宪法宣誓。

（二）完善立法体制。加强党对立法工作的领导，完善党对立法工作中重大问题决策的程序。凡立法涉及重大体制和重大政策调整的，必须报党中央讨论决定。党中央向全国人大提出宪法修改建议，依照宪法规定的程序进行宪法修改。法律制定和修改的重大问题由全国人大常委会党组向党中央报告。

健全有立法权的人大主导立法工作的体制机制，发挥人大及其常委会在立法工作中的主导作用。建立由全国人大相关专门委员会、全国人大常委会法制工作委员会组织有关部门参与起草综合性、全局性、基础性等重要法律草案制度。增加有法治实践经验的专职常委比例。依法建立健全专门委员会、工作委员会立法专家顾问制度。

加强和改进政府立法制度建设，完善行政法规、规章制定程序，完善公众参与政府立法机制。重要行政管理法律法规由政府法制机构组织起草。

明确立法权力边界，从体制机制和工作程序上有效防止部门利益和地方保护主义法律化。对部门间争议较大的重要立法事项，由决策机关引入第三方评估，充分听取各方意见，协调决定，不能久拖不决。加强法律解释工作，及时明确法律规定含义和适用法律依据。明确地方立法权限和范围，依法赋予设区的市地方立法权。

（三）深入推进科学立法、民主立法。加强人大对立法工作的组织协调，健全立法起草、论证、协调、审议机制，健全向下级人大征询立法意见机制，建立基层立法联系点制度，推进立法精细化。健全法律法规规章起草征求人大代表意见制度，增加人大代表列席人大常委会会议人数，更多发挥人大代表参与起草和修改法律作用。完善立法项目征集和论证制度。健全立法机关主导、社会各方有序参与立法的途径和方式。探索委托第三方起草法律法规草案。

健全立法机关和社会公众沟通机制，开展立法协商，充分发挥政协委员、民主党派、工商联、无党派人士、人民团体、社会组织在立法协商中的作用，探索建立有关国家机关、社会团体、专家学者等对立法中涉及的重大利益调整论证咨询机制。拓宽公民有序参与立法途径，健全法律法规规章草案公开征求意见和公众意见采纳情况反馈机制，广泛凝聚社会共识。

完善法律草案表决程序，对重要条款可以单独表决。

（四）加强重点领域立法。依法保障公民权利，加快完善体现权利公平、机会公平、规则公平的法律制度，保障公民人身权、财产权、基本政治权利等各项权利不受侵犯，保障公民经济、文化、社会等各方面权利得到落实，实现公民权利保障法治化。增强全社会尊重和保障人权意识，健全公民权利救济渠道和方式。

社会主义市场经济本质上是法治经济。使市场在资源配置中起决定性作用和更好发挥政府作用，必须以保护产权、维护契约、统一市场、平等交换、公平竞争、有效监管为基本导向，完善社会主义市场经济法律制度。健全以公平为核心原则的产权保护制度，加强对各种所有制经济组织和自然人财产权的保护，清理有违公平的法律法规条款。创新适应公有制多种实现形式的产权保护制度，加强对国有、集体资产所有权、经营权和各类企业法人财产权的保护。国家保护企业以法人财产权依法自主经营、自负盈亏，企业有权拒绝任何组织和个人无法律依据的要求。加强企业社会责任立法。完善激励创新的产权制度、知识产权保护制度和促进科技成果转化的体制机制。加强市场法律制度建设，编纂民法典，制定和完善发展规划、投资管理、土地管理、能源和矿产资源、农业、财政税收、金融等方面法律法规，促进商品和要素自由流动、公平交易、平等使用。依法加强和改善宏观调控、市场监管，反对垄断，促进合理竞争，维护公平竞争的市场秩序。加强军民融合深度发展法治保障。

制度化、规范化、程序化是社会主义民主政治的根本保障。以保障人民当家作主为核心，坚持和完善人民代表大会制度，坚持和完善中国共产党领导的多党合作和政治协商制度、民族区域自治制度以及基层群众自治制度，推进社会主义民主政治法治化。加强社会主义协商民主制度建设，推进协商民主广泛多层制度化发展，构建程序合理、环节完整的协商民主体系。完善和发展基层民主制度，依法推进基层民主和行业自律，实行自我管理、自我服务、自我教育、自我监督。完善国家机构组织法，完善选举制度和工作机制。加快推进反腐败国家立法，完善惩治和预防腐败体系，形成不敢腐、不能腐、不想腐的有效机制，坚决遏制和预防腐败现象。完善惩治贪污贿赂犯罪法律制度，把贿赂犯罪对象由财物扩大为财物和其他财产性利益。

建立健全坚持社会主义先进文化前进方向、遵循文化发展规律、有利于激发文化创造活力、保障人民基本文化权益的文化法律制度。制定公共文化服务保障法，促进基本公共文化服务标准化、均等化。制定文化产业促进法，把行之有效的文化经济政策法定化，健全促进社会效益和经济效益有机统一的制度规范。制定国家勋章和国家荣誉称号法，表彰有突出贡献的杰出人士。加强互联网领域立法，完善网络信息服务、网络安全保护、网络社会管理等方面的法律法规，依法规范网络行为。

加快保障和改善民生、推进社会治理体制创新法律制度建设。依法加强和规范公共服务，完善教育、就业、收入分配、社会保障、医疗卫生、食品安全、扶贫、慈善、社会救助和妇女儿童、老年人、残疾人合法权益保护等方面的法律法规。加强社会组织立法，规范和引导各类社会组织健康发展。制定社区矫正法。

贯彻落实总体国家安全观，加快国家安全法治建设，抓紧出台反恐怖等一批急需法律，推进公共安全法治化，构建国家安全法律制度体系。

用严格的法律制度保护生态环境，加快建立有效约束开发行为和促进绿色发展、循环发展、低碳发展的生态文明法律制度，强化生产者环境保护的法律责任，大幅度提高违法成本。建立健全自然资源产权法律制度，完善国土空间开发保护方面的法律制度，制定完善生态补偿和土壤、水、大气污染防治及海洋生态环境保护等法律法规，促进生态文明建设。

实现立法和改革决策相衔接，做到重大改革于法有据、立法主动适应改革和经济社会发展需要。实践证明行之有效的，要及时上升为法律。实践条件还不成熟、需要先行先试的，要按照法定程序作出授权。对不适应改革要求的法律法规，要及时修改和废止。

三、深入推进依法行政。加快建设法治政府

法律的生命力在于实施，法律的权威也在于实施。各级政府必须坚持在党的领导下、在法治轨道上开展工作，创新执法体制，完善执法程序，推进综合执法，严格执法责任，建立权责统一、权威高效的依法行政体制，加快建设职能科学、权责法定、执法严明、公开公正、廉洁高效、守法诚信的法治政府。

（一）依法全面履行政府职能。完善行政组织和行政程序法律制度，推进机构、职能、权限、程序、责任法定化。行政机关要坚持法定职责必须为、法无授权不可为，勇于负责、敢于担当，坚决纠正不作为、乱作为，坚决克服懒政、怠政，坚决惩处失职、渎职。行政机关不得法外设定权力，没有法律法规依据不得作出减损公民、法人和其他组织合法权益或者增加其义务的决定。推行政府权力清单制度，坚决消除权力设租寻租空间。

推进各级政府事权规范化、法律化，完善不同层级政府特别是中央和地方政府事权法律制度，强化中央政府宏观管理、制度设定职责和必要的执法权，强化省级政府统筹推进区域内基本公共服务均等化职责，强化市县政府执行职责。

（二）健全依法决策机制。把公众参与、专家论证、风险评估、合法性审查、集体讨论决定确定为重大行政决策法定程序，确保决策制度科学、程序正当、过程公开、责任明确。建立行政机关内部重大决策合法性审查机制，未经合法性审查或经审查不合法的，不得提交讨论。

积极推行政府法律顾问制度，建立政府法制机构人员为主体、吸收专家和律师参加的法律顾问队伍，保证法律顾问在制定重大行政决策、推进依法行政中发挥积极作用。

建立重大决策终身责任追究制度及责任倒查机制，对决策严重失误或者依法应该及时作出决策但久拖不决造成重大损失、恶劣影响的，严格追究行政首长、负有责任的其他领导人员和相关责任人员的法律责任。

（三）深化行政执法体制改革。根据不同层级政府的事权和职能，按照减少层次、整合队伍、提高效率的原则，合理配置执法力量。

推进综合执法，大幅减少市县两级政府执法队伍种类，重点在食品药品安全、工商质检、公共卫生、安全生产、文化旅游、资源环境、农林水利、交通运输、城乡建设、海洋渔业等领域内推行综合执法，有条件的领域可以推行跨部门综合执法。

完善市县两级政府行政执法管理，加强统一领导和协调。理顺行政强制执行体制。理顺城管执法体制，加强城市管理综合执法机构建设，提高执法和服务水平。

严格实行行政执法人员持证上岗和资格管理制度，未经执法资格考试合格，不得授予执法资格，不得从事执法活动。严格执行罚缴分离和收支两条线管理制度，严禁收费罚没收入同部门利益直接或者变相挂钩。

健全行政执法和刑事司法衔接机制，完善案件移送标准和程序，建立行政执法机关、公安机关、检察机关、审判机关信息共享、案情通报、案件移送制度，坚决克服有案不移、有案难移、以罚代刑现象，实现行政处罚和刑事处罚无缝对接。

（四）坚持严格规范公正文明执法。依法惩处各类违法行为，加大关系群众切身利益的重点领域执法力度。完善执法程序，建立执法全过程记录制度。明确具体操作流程，重点规范行政许可、行政处罚、行政强制、行政征收、行政收费、行政检查等执法行为。严格执行重大执法决定法制审核制度。

建立健全行政裁量权基准制度，细化、量化行政裁量标准，规范裁量范围、种类、幅度。加强行政执法信息化建设和信息共享，提高执法效率和规范化水平。

全面落实行政执法责任制，严格确定不同部门及机构、岗位执法人员执法责任和责任追究机制，加强执法监督，坚决排除对执法活动的干预，防止和克服地方和部门保护主义，惩治执法腐败现象。

（五）强化对行政权力的制约和监督。加强党内监督、人大监督、民主监督、行政监督、司法监督、审计监督、社会监督、舆论监督制度建设，努力形成科学有效的权力运行制约和监督体系，增强监督合力和实效。

加强对政府内部权力的制约，是强化对行政权力制约的重点。对财政资金分配使用、国有资产监管、政府投资、政府采购、公共资源转让、公共工程建设等权力集中的部门和岗位实行分事行权、分岗设权、分级授权，定期轮岗，强化内部流程控制，防止权力滥用。完善政府内部层级监督和专门监督，改进上级机关对下级机关的监督，建立常态化监督制度。完善纠错问责机制，健全责令公开道歉、停职检查、引咎辞职、责令辞职、罢免等问责方式和程序。

完善审计制度，保障依法独立行使审计监督权。对公共资金、国有资产、国有资源和领导干部履行经济责任情况实行审计全覆盖。强化上级审计机关对下级审计机关的领导。探索省以下地方审计机关人财物统一管理。推进审计职业化建设。

（六）全面推进政务公开。坚持以公开为常态、不公开为例外原则，推进决策公开、执行公开、管理公开、服务公开、结果公开。各级政府及其工作部门依据权力清单，向社会全面公开政府职能、法律依据、实施主体、职责权限、管理流程、监督方式等事项。重点推进财政预算、公共资源配置、重大建设项目批准和实施、社会公益事业建设等领域的政府信息公开。

涉及公民、法人或其他组织权利和义务的规范性文件，按照政府信息公开要求和程序予以公布。推行行政执法公示制度。推进政务公开信息化，加强互联网政务信息数据服务平台和便民服务平台建设。

四、保证公正司法。提高司法公信力

公正是法治的生命线。司法公正对社会公正具有重要引领作用，司法不公对社会公正具有致命破坏作用。必须完善司法管理体制和司法权力运行机制，规范司法行为，加强对司法活动的监督，努力让人民群众在每一个司法案件中感受到公平正义。

（一）完善确保依法独立公正行使审判权和检察权的制度。各级党政机关和领导干部要支持法院、检察院依法独立公正行使职权。建立领导干部干预司法活动、插手具体案件处理的记录、通报和责任追究制度。任何党政机关和领导干部都不得让司法机关做违反法定职责、有碍司法公正的事情，任何司法机关都不得执行党政机关和领导干部违法干预司法活动的要求。对干预司法机关办案的，给予党纪政纪处分；造成冤假错案或者其他严重后果的，依法追究刑事责任。

健全行政机关依法出庭应诉、支持法院受理行政案件、尊重并执行法院生效裁判的制度。完善惩戒妨碍司法机关依法行使职权、拒不执行生效裁判和决定、藐视法庭权威等违法犯罪行为的法律规定。

建立健全司法人员履行法定职责保护机制。非因法定事由，非经法定程序，不得将法官、检察官调离、辞退或者作出免职、降级等处分。

（二）优化司法职权配置。健全公安机关、检察机关、审判机关、司法行政机关各司其职，侦查权、检察权、审判权、执行权相互配合、相互制约的体制机制。

完善司法体制，推动实行审判权和执行权相分离的体制改革试点。完善刑罚执行制度，统一刑罚执行体制。改革司法机关人财物管理体制，探索实行法院、检察院司法行政事务管理权和审判权、检察权相分离。

最高人民法院设立巡回法庭，审理跨行政区域重大行政和民商事案件。探索设立跨行政区划的人民法院和人民检察院，办理跨地区案件。完善行政诉讼体制机制，合理调整行政诉讼案件管辖制度，切实解决行政诉讼立案难、审理难、执行难等突出问题。

改革法院案件受理制度，变立案审查制为立案登记制，对人民法院依法应该受理的案件，做到有案必立、有诉必理，保障当事人诉权。加大对虚假诉讼、恶意诉讼、无理缠诉行为的惩治力度。完善刑事诉讼中认罪认罚从宽制度。

完善审级制度，一审重在解决事实认定和法律适用，二审重在解决事实法律争议、实现二审终审，再审重在解决依法纠错、维护裁判权威。完善对涉及公民人身、财产权益的行政强制措施实行司法监督制度。检察机关在履行职责中发现行政机关违法行使职权或者不行使职权的行为，应该督促其纠正。探索建立检察机关提起公益诉讼制度。

明确司法机关内部各层级权限，健全内部监督制约机制。司法机关内部人员不得违反规定干预其他人员正在办理的案件，建立司法机关内部人员过问案件的记录制度和责任追究制度。完善主审法官、合议庭、主任检察官、主办侦查员办案责任制，落实谁办案谁负责。

加强职务犯罪线索管理，健全受理、分流、查办、信息反馈制度，明确纪检监察和刑事司法办案标准和程序衔接，依法严格查办职务犯罪案件。

（三）推进严格司法。坚持以事实为根据、以法律为准绳，健全事实认定符合客观真相、办案结果符合实体公正、办案过程符合程序公正的法律制度。加强和规范司法解释和案例指导，统一法律适用标准。

推进以审判为中心的诉讼制度改革，确保侦查、审查起诉的案件事实证据经得起法律的检验。全面贯彻证据裁判规则，严格依法收集、固定、保存、审查、运用证据，完善证人、鉴定人出庭制度，保证庭审在查明事实、认定证据、保护诉权、公正裁判中发挥决定性作用。

明确各类司法人员工作职责、工作流程、工作标准，实行办案质量终身负责制和错案责任倒查问责制，确保案件处理经得起法律和历史检验。

（四）保障人民群众参与司法。坚持人民司法为人民，依靠人民推进公正司法，通过公正司法维护人民权益。在司法调解、司法听证、涉诉信访等司法活动中保障人民群众参与。完善人民陪审员制度，保障公民陪审权利，扩大参审范围，完善随机抽选方式，提高人民陪审制度公信度。逐步实行人民陪审员不再审理法律适用问题，只参与审理事实认定问题。

构建开放、动态、透明、便民的阳光司法机制，推进审判公开、检务公开、警务公开、狱务公开，依法及时公开执法司法依据、程序、流程、结果和生效法律文书，杜绝暗箱操作。加强法律文书释法说理，建立生效法律文书统一上网和公开查询制度。

（五）加强人权司法保障。强化诉讼过程中当事人和其他诉讼参与人的知情权、陈述权、辩护辩论权、申请权、申诉权的制度保障。健全落实罪刑法定、疑罪从无、非法证据排除等法律原则的法律制度。完善对限制人身自由司法措施和侦查手段的司法监督，加强对刑讯逼供和非法取证的源头预防，健全冤假错案有效防范、及时纠正机制。

切实解决执行难，制定强制执行法，规范查封、扣押、冻结、处理涉案财物的司法程序。加快建立失信被执行人信用监督、威慑和惩戒法律制度。依法保障胜诉当事人及时实现权益。

落实终审和诉讼终结制度，实行诉访分离，保障当事人依法行使申诉权利。对不服司法机关生效裁判、决定的申诉，逐步实行由律师代理制度。对聘不起律师的申诉人，纳入法律援助范围。

（六）加强对司法活动的监督。完善检察机关行使监督权的法律制度，加强对刑事诉讼、民事诉讼、行政诉讼的法律监督。完善人民监督员制度，重点监督检察机关查办职务犯罪的立案、羁押、扣押冻结财物、起诉等环节的执法活动。司法机关要及时回应社会关切。规范媒体对案件的报道，防止舆论影响司法公正。

依法规范司法人员与当事人、律师、特殊关系人、中介组织的接触、交往行为。严禁司法人员私下接触当事人及律师、泄露或者为其打探案情、接受吃请或者收受其财物、为律师介绍代理和辩护业务等违法违纪行为，坚决惩治司法掮客行为，防止利益输送。

对因违法违纪被开除公职的司法人员、吊销执业证书的律师和公证员，终身禁止从事法律职业，构成犯罪的要依法追究刑事责任。

坚决破除各种潜规则，绝不允许法外开恩，绝不允许办关系案、人情案、金钱案。坚决反对和克服特权思想、衙门作风、霸道作风，坚决反对和惩治粗暴执法、野蛮执法行为。对司法领域的腐败零容忍，坚决清除害群之马。

五、增强全民法治观念，推进法治社会建设

法律的权威源自人民的内心拥护和真诚信仰。人民权益要靠法律保障，法律权威要靠人民维护。必须弘扬社会主义法治精神，建设社会主义法治文化，增强全社会厉行法治的积极性和主动性，形成守法光荣、违法可耻的社会氛围，使全体人民都成为社会主义法治的忠实崇尚者、自觉遵守者、坚定捍卫者。

（一）推动全社会树立法治意识。坚持把全民普法和守法作为依法治国的长期基础性工作，深入开展法治宣传教育，引导全民自觉守法、遇事找法、解决问题靠法。坚持把领导干部带头学法、模范守法作为树立法治意识的关键，完善国家工作人员学法用法制度，把宪法法律列入党委（党组）中心组学习内容，列为党校、行政学院、干部学院、社会主义学院必修课。把法治教育纳入国民教育体系，从青少年抓起，在中小学设立法治知识课程。

健全普法宣传教育机制，各级党委和政府要加强对普法工作的领导，宣传、文化、教育部门和人民团体要在普法教育中发挥职能作用。实行国家机关“谁执法谁普法”的普法责任制，建立法官、检察官、行政执法人员、律师等以案释法制度，加强普法讲师团、普法志愿者队伍建设。把法治教育纳入精神文明创建内容，开展群众性法治文化活动，健全媒体公益普法制度，加强新媒体新技术在普法中的运用，提高普法实效。

牢固树立有权力就有责任、有权利就有义务观念。加强社会诚信建设，健全公民和组织守法信用记录，完善守法诚信褒奖机制和违法失信行为惩戒机制，使尊法守法成为全体人民共同追求和自觉行动。

加强公民道德建设，弘扬中华优秀传统文化，增强法治的道德底蕴，强化规则意识，倡导契约精神，弘扬公序良俗。发挥法治在解决道德领域突出问题中的作用，引导人们自觉履行法定义务、社会责任、家庭责任。

（二）推进多层次多领域依法治理。坚持系统治理、依法治理、综合治理、源头治理，提高社会治理法治化水平。深入开展多层次多形式法治创建活动，深化基层组织和部门、行业依法治理，支持各类社会主体自我约束、自我管理。发挥市民公约、乡规民约、行业规章、团体章程等社会规范在社会治理中的积极作用。

发挥人民团体和社会组织在法治社会建设中的积极作用。建立健全社会组织参与社会事务、维护公共利益、救助困难群众、帮教特殊人群、预防违法犯罪的机制和制度化渠道。支持行业协会商会类社会组织发挥行业自律和专业服务功能。发挥社会组织对其成员的行为导引、规则约束、权益维护作用。加强在华境外非政府组织管理，引导和监督其依法开展活动。

高举民族大团结旗帜，依法妥善处置涉及民族、宗教等因素的社会问题，促进民族关系、宗教关系和谐。

（三）建设完备的法律服务体系。推进覆盖城乡居民的公共法律服务体系建设，加强民生领域法律服务。完善法律援助制度，扩大援助范围，健全司法救助体系，保证人民群众在遇到法律问题或者权利受到侵害时获得及时有效法律帮助。

发展律师、公证等法律服务业，统筹城乡、区域法律服务资源，发展涉外法律服务业。健全统一司法鉴定管理体制。

（四）健全依法维权和化解纠纷机制。强化法律在维护群众权益、化解社会矛盾中的权威地位，引导和支持人们理性表达诉求、依法维护权益，解决好群众最关心最直接最现实的利益问题。

构建对维护群众利益具有重大作用的制度体系，建立健全社会矛盾预警机制、利益表达机制、协商沟通机制、救济救助机制，畅通群众利益协调、权益保障法律渠道。把信访纳入法治化轨道，保障合理合法诉求依照法律规定和程序就能得到合理合法的结果。

健全社会矛盾纠纷预防化解机制，完善调解、仲裁、行政裁决、行政复议、诉讼等有机衔接、相互协调的多元化纠纷解决机制。加强行业性、专业性人民调解组织建设，完善人民调解、行政调解、司法调解联动工作体系。完善仲裁制度，提高仲裁公信力。健全行政裁决制度，强化行政机关解决同行政管理活动密切相关的民事纠纷功能。

深入推进社会治安综合治理，健全落实领导责任制。完善立体化社会治安防控体系，有效防范化解管控影响社会安定的问题，保障人民生命财产安全。依法严厉打击暴力恐怖、涉黑犯罪、邪教和黄赌毒等违法犯罪活动，绝不允许其形成气候。依法强化危害食品药品安全、影响安全生产、损害生态环境、破坏网络安全等重点问题治理。

六、加强法治工作队伍建设

全面推进依法治国，必须大力提高法治工作队伍思想政治素质、业务工作能力、职业道德水准，着力建设一支忠于党、忠于国家、忠于人民、忠于法律的社会主义法治工作队伍，为加快建设社会主义法治国家提供强有力的组织和人才保障。

（一）建设高素质法治专门队伍。把思想政治建设摆在首位，加强理想信念教育，深入开展社会主义核心价值观和社会主义法治理念教育，坚持党的事业、人民利益、宪法法律至上，加强立法队伍、行政执法队伍、司法队伍建设。抓住立法、执法、司法机关各级领导班子建设这个关键，突出政治标准，把善于运用法治思维和法治方式推动工作的人选拔到领导岗位上来。畅通立法、执法、司法部门干部和人才相互之间以及与其他部门具备条件的干部和人才交流渠道。

推进法治专门队伍正规化、专业化、职业化，提高职业素养和专业水平。完善法律职业准入制度，健全国家统一法律职业资格考试制度，建立法律职业人员统一职前培训制度。建立从符合条件的律师、法学专家中招录立法工作者、法官、检察官制度，畅通具备条件的军队转业干部进入法治专门队伍的通道，健全从政法专业毕业生中招录人才的规范便捷机制。加强边疆地区、民族地区法治专门队伍建设。加快建立符合职业特点的法治工作人员管理制度，完善职业保障体系，建立法官、检察官、人民警察专业职务序列及工资制度。

建立法官、检察官逐级遴选制度。初任法官、检察官由高级人民法院、省级人民检察院统一招录，一律在基层法院、检察院任职。上级人民法院、人民检察院的法官、检察官一般从下一级人民法院、人民检察院的优秀法官、检察官中遴选。

（二）加强法律服务队伍建设。加强律师队伍思想政治建设，把拥护中国共产党领导、拥护社会主义法治作为律师从业的基本要求，增强广大律师走中国特色社会主义法治道路的自觉性和坚定性。构建社会律师、公职律师、公司律师等优势互补、结构合理的律师队伍。提高律师队伍业务素质，完善执业保障机制。加强律师事务所管理，发挥律师协会自律作用，规范律师执业行为，监督律师严格遵守职业道德和职业操守，强化准入、退出管理，严格执行违法违规执业惩戒制度。加强律师行业党的建设，扩大党的工作覆盖面，切实发挥律师事务所党组织的政治核心作用。

各级党政机关和人民团体普遍设立公职律师，企业可设立公司律师，参与决策论证，提供法律意见，促进依法办事，防范法律风险。明确公职律师、公司律师法律地位及权利义务，理顺公职律师、公司律师管理体制机制。

发展公证员、基层法律服务工作者、人民调解员队伍。推动法律服务志愿者队伍建设。建立激励法律服务人才跨区域流动机制，逐步解决基层和欠发达地区法律服务资源不足和高端人才匮乏问题。

（三）创新法治人才培养机制。坚持用马克思主义法学思想和中国特色社会主义法治理论全方位占领高校、科研机构法学教育和法学研究阵地，加强法学基础理论研究，形成完善的中国特色社会主义法学理论体系、学科体系、课程体系，组织编写和全面采用国家统一的法律类专业核心教材，纳入司法考试必考范围。坚持立德树人、德育为先导向，推动中国特色社会主义法治理论进教材进课堂进头脑，培养造就熟悉和坚持中国特色社会主义法治体系的法治人才及后备力量。建设通晓国际法律规则、善于处理涉外法律事务的涉外法治人才队伍。

健全政法部门和法学院校、法学研究机构人员双向交流机制，实施高校和法治工作部门人员互聘计划，重点打造一支政治立场坚定、理论功底深厚、熟悉中国国情的高水平法学家和专家团队，建设高素质学术带头人、骨干教师、专兼职教师队伍。

七、加强和改进党对全面推进依法治国的领导

党的领导是全面推进依法治国、加快建设社会主义法治国家最根本的保证。必须加强和改进党对法治工作的领导，把党的领导贯彻到全面推进依法治国全过程。

（一）坚持依法执政。依法执政是依法治国的关键。各级党组织和领导干部要深刻认识到，维护宪法法律权威就是维护党和人民共同意志的权威，捍卫宪法法律尊严就是捍卫党和人民共同意志的尊严，保证宪法法律实施就是保证党和人民共同意志的实现。各级领导干部要对法律怀有敬畏之心，牢记法律红线不可逾越、法律底线不可触碰，带头遵守法律，带头依法办事，不得违法行使权力，更不能以言代法、以权压法、徇私枉法。

健全党领导依法治国的制度和工作机制，完善保证党确定依法治国方针政策和决策部署的工作机制和程序。加强对全面推进依法治国统一领导、统一部署、统筹协调。完善党委依法决策机制，发挥政策和法律的各自优势，促进党的政策和国家法律互联互动。党委要定期听取政法机关工作汇报，做促进公正司法、维护法律权威的表率。党政主要负责人要履行推进法治建设第一责任人职责。各级党委要领导和支持工会、共青团、妇联等人民团体和社会组织在依法治国中积极发挥作用。

人大、政府、政协、审判机关、检察机关的党组织和党员干部要坚决贯彻党的理论和路线方针政策，贯彻党委决策部署。各级人大、政府、政协、审判机关、检察机关的党组织要领导和监督本单位模范遵守宪法法律，坚决查处执法犯法、违法用权等行为。

政法委员会是党委领导政法工作的组织形式，必须长期坚持。各级党委政法委员会要把工作着力点放在把握政治方向、协调各方职能、统筹政法工作、建设政法队伍、督促依法履职、创造公正司法环境上，带头依法办事，保障宪法法律正确统一实施。政法机关党组织要建立健全重大事项向党委报告制度。加强政法机关党的建设，在法治建设中充分发挥党组织政治保障作用和党员先锋模范作用。

（二）加强党内法规制度建设。党内法规既是管党治党的重要依据，也是建设社会主义法治国家的有力保障。党章是最根本的党内法规，全党必须一体严格遵行。完善党内法规制定体制机制，加大党内法规备案审查和解释力度，形成配套完备的党内法规制度体系。注重党内法规同国家法律的衔接和协调，提高党内法规执行力，运用党内法规把党要管党、从严治党落到实处，促进党员、干部带头遵守国家法律法规。

党的纪律是党内规矩。党规党纪严于国家法律，党的各级组织和广大党员干部不仅要模范遵守国家法律，而且要按照党规党纪以更高标准严格要求自己，坚定理想信念，践行党的宗旨，坚决同违法乱纪行为作斗争。对违反党规党纪的行为必须严肃处理，对苗头性倾向性问题必须抓早抓小，防止小错酿成大错、违纪走向违法。

依纪依法反对和克服形式主义、官僚主义、享乐主义和奢靡之风，形成严密的长效机制。完善和严格执行领导干部政治、工作、生活待遇方面各项制度规定，着力整治各种特权行为。深入开展党风廉政建设和反腐败斗争，严格落实党风廉政建设党委主体责任和纪委监督责任，对任何腐败行为和腐败分子，必须依纪依法予以坚决惩处，决不手软。

（三）提高党员干部法治思维和依法办事能力。党员干部是全面推进依法治国的重要组织者、推动者、实践者，要自觉提高运用法治思维和法治方式深化改革、推动发展、化解矛盾、维护稳定能力，高级干部尤其要以身作则、以上率下。把法治建设成效作为衡量各级领导班子和领导干部工作实绩重要内容，纳入政绩考核指标体系。把能不能遵守法律、依法办事作为考察干部重要内容，在相同条件下，优先提拔使用法治素养好、依法办事能力强的干部。对特权思想严重、法治观念淡薄的干部要批评教育，不改正的要调离领导岗位。

（四）推进基层治理法治化。全面推进依法治国，基础在基层，工作重点在基层。发挥基层党组织在全面推进依法治国中的战斗堡垒作用，增强基层干部法治观念、法治为民的意识，提高依法办事能力。加强基层法治机构建设，强化基层法治队伍，建立重心下移、力量下沉的法治工作机制，改善基层基础设施和装备条件，推进法治干部下基层活动。

（五）深入推进依法治军从严治军。党对军队绝对领导是依法治军的核心和根本要求。紧紧围绕党在新形势下的强军目标，着眼全面加强军队革命化现代化正规化建设，创新发展依法治军理论和实践，构建完善的中国特色军事法治体系，提高国防和军队建设法治化水平。

坚持在法治轨道上积极稳妥推进国防和军队改革，深化军队领导指挥体制、力量结构、政策制度等方面改革，加快完善和发展中国特色社会主义军事制度。

健全适应现代军队建设和作战要求的军事法规制度体系，严格规范军事法规制度的制定权限和程序，将所有军事规范性文件纳入审查范围，完善审查制度，增强军事法规制度科学性、针对性、适用性。

坚持从严治军铁律，加大军事法规执行力度，明确执法责任，完善执法制度，健全执法监督机制，严格责任追究，推动依法治军落到实处。

健全军事法制工作体制，建立完善领导机关法制工作机构。改革军事司法体制机制，完善统一领导的军事审判、检察制度，维护国防利益，保障军人合法权益，防范打击违法犯罪。建立军事法律顾问制度，在各级领导机关设立军事法律顾问，完善重大决策和军事行动法律咨询保障制度。改革军队纪检监察体制。

强化官兵法治理念和法治素养，把法律知识学习纳入军队院校教育体系、干部理论学习和部队教育训练体系，列为军队院校学员必修课和部队官兵必学必训内容。完善军事法律人才培养机制。加强军事法治理论研究。

（六）依法保障“一国两制”实践和推进祖国统一。坚持宪法的最高法律地位和最高法律效力，全面准确贯彻“一国两制”、“港人治港”、“澳人治澳”、高度自治的方针，严格依照宪法和基本法办事，完善与基本法实施相关的制度和机制，依法行使中央权力，依法保障高度自治，支持特别行政区行政长官和政府依法施政，保障内地与香港、澳门经贸关系发展和各领域交流合作，防范和反对外部势力干预港澳事务，保持香港、澳门长期繁荣稳定。

运用法治方式巩固和深化两岸关系和平发展，完善涉台法律法规，依法规范和保障两岸人民关系、推进两岸交流合作。运用法律手段捍卫一个中国原则、反对“台独”，增进维护一个中国框架的共同认知，推进祖国和平统一。

依法保护港澳同胞、台湾同胞权益。加强内地同香港和澳门、大陆同台湾的执法司法协作，共同打击跨境违法犯罪活动。

（七）加强涉外法律工作。适应对外开放不断深化，完善涉外法律法规体系，促进构建开放型经济新体制。积极参与国际规则制定，推动依法处理涉外经济、社会事务，增强我国在国际法律事务中的话语权和影响力，运用法律手段维护我国主权、安全、发展利益。强化涉外法律服务，维护我国公民、法人在海外及外国公民、法人在我国的正当权益，依法维护海外侨胞权益。深化司法领域国际合作，完善我国司法协助体制，扩大国际司法协助覆盖面。加强反腐败国际合作，加大海外追赃追逃、遣返引渡力度。积极参与执法安全国际合作，共同打击暴力恐怖势力、民族分裂势力、宗教极端势力和贩毒走私、跨国有组织犯罪。

各级党委要全面准确贯彻本决定精神，健全党委统一领导和各方分工负责、齐抓共管的责任落实机制，制定实施方案，确保各项部署落到。实处。

全党同志和全国各族人民要紧密团结在以习近平同志为总书记的党中央周围，高举中国特色社会主义伟大旗帜，积极投身全面推进依法治国伟大实践，开拓进取，扎实工作，为建设法治中国而奋斗！

深化国税、地税征管体制改革方案*

2015 年 12 月 24 日

我国从 1994 年实行分税制财政管理体制改革以来，建立了分设国税、地税两套税务机构的征管体制，20 多年来取得了显著成效，为调动中央和地方两个积极性、建立和完善社会主义市场经济体制发挥了重要作用。但与经济社会发展、推进国家治理体系和治理能力现代化的要求相比，我国税收征管体制还存在职责不够清晰、执法不够统一、办税不够便利、管理不够科学、组织不够完善、环境不够优化等问题，必须加以改革完善。为落实《中共中央关于全面深化改革若干重大问题的决定》及深化财税体制改革总体方案的有关要求，深化国税、地税征管体制改革，制定本方案。

一、总体要求

（一）指导思想

全面贯彻党的十八大和十八届二中、三中、四中、五中全会精神，以邓小平理论、“三个代表”重要思想、科学发展观为指导，深入贯彻落实习近平总书记系列重要讲话精神，按照党中央、国务院决策部署，坚持法治引领、改革创新，发挥国税、地税各自优势，推动服务深度融合、执法适度整合、信息高度聚合，着力解决现行征管体制中存在的突出和深层次问题，不断推进税收征管体制和征管能力现代化，进一步增强税收在国家治理中的基础性、支柱性、保障性作用。

（二）改革目标

到 2020 年建成与国家治理体系和治理能力现代化相匹配的现代税收征管体制，降低征纳成本，提高征管效率，增强税法遵从度和纳税人满意

---

* 2015 年 12 月 24 日，中共中央办公厅、国务院办公厅印发《深化国税、地税征管体制改革方案》，并发出通知，要求各地区各部门结合实际认直贯彻执行。

度，确保税收职能作用有效发挥，促进经济健康发展和社会公平正义。

（三）基本原则

——依法治税。以法治为引领，注重运用法治思维和法治方式推进改革，落实税收法定原则，完善征管法律制度，增强税收执法的统一性和规范性。

——便民办税。以纳税人为中心，坚持执法为民，加强国税、地税合作，为纳税人提供更加优质高效的服务，不断减轻纳税人办税负担，切实维护纳税人合法权益，让纳税人和人民群众有更多获得感。

——科学效能。以防范税收风险为导向，依托现代信息技术，转变税收征管方式，优化征管资源配置，加快税收征管科学化、信息化、国际化进程，提高税收征管质量和效率。

——协同共治。以营造良好税收工作环境为重点，统筹税务部门与涉税各方力量，构建税收共治格局，形成全社会协税护税、综合治税的强大合力。

——有序推进。以加强顶层设计为前提，与深化财税体制改革进程相匹配，积极回应纳税人和社会各界关切，统筹兼顾，稳步实施。

二、主要任务

（一）理顺征管职责划分

根据深化财税体制改革进程，结合建立健全地方税费收入体系，厘清国税与地税、地税与其他部门的税费征管职责划分，着力解决国税、地税征管职责交叉以及部分税费征管职责不清等问题。

1．合理划分国税、地税征管职责。中央税由国税部门征收，地方税由地税部门征收，共享税的征管职责根据税种属性和方便征管的原则确定。

按照有利于降低征收成本和方便纳税的原则，国税、地税部门可互相委托代征有关税收。

2．明确地税部门对收费基金等的征管职责。发挥税务部门税费统征效率高等优势，按照便利征管、节约行政资源的原则，将依法保留、适宜由税务部门征收的行政事业性收费、政府性基金等非税收入项目，改由地税部门统一征收。推进非税收入法治化建设，健全地方税费收入体系。

（二）创新纳税服务机制

按照加快建设服务型税务机关的要求，围绕最大限度便利纳税人、最大限度规范税务人，不断提高纳税服务水平，着力解决纳税人办税两头跑、纳税成本较高等问题。

3. 推行税收规范化建设。实施纳税服务、税收征管规范化管理，推行税收执法权力清单和责任清单并向社会进行公告，在全国范围内实现国税、地税服务一个标准、征管一个流程、执法一把尺子，让纳税人享有更快捷、更经济、更规范的服务。

4. 推进办税便利化改革。加快推行办税事项同城通办，2016 年基本实现省内通办，2017 年基本实现跨区域经营企业全国通办。完善首问责任、限时办结、预约办税、延时服务、“二维码”一次性告知、24 小时自助办税、财税库银联网缴税、出口退税分类管理等便民服务机制，缩短纳税人办税时间。合理简并纳税人申报缴税次数。实行审批事项一窗受理、内部流转、限时办结、窗口出件，全面推行网上审批，提高审批效率和透明度。推进涉税信息公开，方便纳税人查询缴税信息。规范、简并纳税人报表资料，实行纳税人涉税信息国税、地税一次采集、按户存储、共享共用。能够从信息系统提取的数据信息不得要求纳税人重复报送，加快推行办税无纸化、免填单，让纳税人少跑腿、少费时、少花费。

5. 建立服务合作常态化机制。实施国税、地税合作规范化管理，全面提升合作水平。采取国税、地税互设窗口、共建办税服务厅、共驻政务服务中心等方式，2016 年实现“前台一家受理、后台分别处理、限时办结反馈”的服务模式。完善全国 12366 纳税服务平台，2016 年全面提供能听、能问、能看、能查、能约、能办的“六能”型服务。制定实施“互联网 + 税务”行动计划，建设融合国税、地税业务，标识统一、流程统一、操作统一的电子税务局，2017 年基本实现网上办税。推进跨区域国税、地税信息共享、资质互认、征管互助，不断扩大区域税收合作范围，进一步创新自由贸易试验区税收服务举措，让纳税人享有优质、便捷、统一的纳税服务。

6. 建立促进诚信纳税机制。对纳税信用好的纳税人，开通办税绿色通道，在资料报送、发票领用、出口退税等方面提供更多便利，减少税务检查频次或给予一定时期内的免检待遇，开展银税互动助力企业发展。对进入税收违法“黑名单”的当事人，严格税收管理，与相关部门依法联合实施禁止高消费、限制融资授信、禁止参加政府采购、限制取得政府供应土地和政府性资金支持、阻止出境等惩戒，让诚信守法者畅行无阻，让失信违法者寸步难行。

7. 健全纳税服务投诉机制。建立纳税人以及第三方对纳税服务质量定期评价反馈的制度。畅通纳税人投诉渠道，对不依法履行职责、办事效率低、服务态度差等投诉事项，实行限时受理、处置和反馈，有效保障纳税人合法权益。

（三）转变征收管理方式

落实简政放权、放管结合、优化服务的要求，适应纳税人特别是自然人数量不断增加以及企业经营多元化、跨区域、国际化的新趋势，转变税收征管方式，提高税收征管效能，着力解决税收征管针对性、有效性不强问题。

8. 切实加强事中事后管理。大幅度取消和下放税务行政审批项目，实现税收管理由主要依靠事前审批向加强事中事后管理转变，推行纳税人自主申报，完善包括备案管理、发票管理、申报管理等在内的事中事后管理体系，出台相应管理办法，确保把该管的事项管住、管好，防范税收流失。

9. 对纳税人实施分类分级管理。对企业纳税人按规模和行业，对自然人纳税人按收入和资产实行分类管理。2016 年，以税务总局和省级税务局为主，集中开展行业风险分析和大企业、高收入高净值纳税人风险分析，运用第三方涉税信息对纳税申报情况进行比对，区分不同风险等级分别采取风险提示、约谈评估、税务稽查等方式进行差别化应对，有效防范和查处逃避税行为。

10. 提升大企业税收管理层级。对跨区域、跨国经营的大企业，在纳税申报等涉税基础事项实行属地管理、不改变税款入库级次的前提下，将其税收风险分析事项提升至税务总局、省级税务局集中进行，将分析结果推送相关税务机关做好应对。

11. 建立自然人税收管理体系。顺应直接税比重逐步提高、自然人纳税人数量多、管理难的趋势，从法律框架、制度设计、征管方式、技术支撑、资源配置等方面构建以高收入者为重点的自然人税收管理体系。税务总局、省级税务局集中开展对高收入纳税人的税收风险分析，将分析结果推送相关税务机关做好应对，不断提高自然人税收征管水平。

12. 深化税务稽查改革。建立健全随机抽查制度和案源管理制度，合理确定抽查比例，对重点税源企业每5年轮查一遍。2016年普遍推行先开展案头风险分析评估查找高风险纳税人再开展定向稽查的模式，增强稽查的精准性、震慑力。依法加大涉税违法犯罪行为查处力度，规范执法行为，坚决防止以补代罚、以罚代刑。定期曝光重大涉税违法犯罪案件，震慑不法分子。加强税警协作，实现行政执法与刑事执法有机衔接，严厉打击税收违法犯罪行为。改革属地稽查方式，提升税务稽查管理层级，增强税务稽查的独立性，避免执法干扰。2017年实现国税、地税联合进户稽查，防止多头重复检查。

13. 全面推行电子发票。推广使用增值税发票管理新系统，健全发票管理制度，2016年实现所有发票的网络化运行，推行发票电子底账，逐一实时采集、存储、查验、比对发票全要素信息，从源头上有效防范逃骗税和腐败行为。

14. 加快税收信息系统建设。2016年全面完成金税三期工程建设任务，形成覆盖所有税种及税收工作各环节、运行安全稳定、国内领先的信息系统。2018年实现征管数据向税务总局集中，建成自然人征管系统，并实现与个人收入和财产信息系统互联互通。到2020年使我国税收征管信息系统居于国际先进行列。

15. 发挥税收大数据服务国家治理的作用。推进数据标准化及质量管理，健全减免税核算体系，发挥税收大数据优势，加强数据增值应用，在提高征管效能和纳税服务水平的同时，使之更深刻地反映经济运行状况，服务经济社会管理和宏观决策，为增强国家治理能力提供有力支撑。

（四）深度参与国际合作

适应经济全球化的趋势和我国构建开放型经济新体制的要求，树立大国税务理念，用国际化视野谋划税收工作，加强对国际税收事项的统筹管理，着力解决对跨国纳税人监管和服务水平不高、国际税收影响力不强等问题。

16. 积极参与国际税收规则制定。结合我国主办2016年二十国集团（G20）领导人峰会，协同落实好二十国集团税制改革成果，广泛参加全球税收征管论坛、联合国国际税收合作专家委员会等国际税收组织活动，做国际税收规则制定的参与者、引领者，增强我国在国际税收领域的影响力和话语权。

17. 不断加强国际税收合作。围绕建立合作共赢的新型国际税收关系，推动完善国际税收合作与协调机制，执行好《多边税收征管互助公约》和《金融账户涉税信息自动交换标准》，加强税收信息交换，形成深度交融的互利合作网络。积极开展对外税收援助，提供税收知识培训和技术支持，帮助发展中国家和低收入国家提高税收征管能力。

18. 严厉打击国际逃避税。全面深入参与应对税基侵蚀和利润转移（BEPS）行动计划，构建反避税国际协作体系。建立健全跨境交易信息共享机制和跨境税源风险监管机制。完善全国联动联查机制，加大反避税调查力度。2017 年建立健全跨国企业税收监控机制，分行业、分国别、分地区、分年度监控跨国企业利润水平变动情况，防范国际逃避税，维护国家税收权益。

19. 主动服务对外开放战略。以推动实施“一带一路”战略、支持国际产能和装备制造合作为重点，加快税收协定谈签和修订进程，全面加强国外税收政策咨询服务，建立与重点国家税务部门常态化沟通机制，及时协调解决走出去企业有关涉税争端。

（五）优化税务组织体系

与推进税收征管现代化相适应，进一步完善税务组织体系，着力解决机构设置、资源配置与税源状况、工作要求不匹配等问题。

20. 切实加强税务系统党的领导。税务总局党组要切实加强国税系统党的建设、思想政治建设、税务文化建设、干部队伍建设，指导地税系统思想政治工作，协同省级党委和政府对省级地方税务局实行双重领导，加大对地税部门的指导和业务规范力度。

21. 优化各层级税务机关征管职责。税务总局重点加强税收制度和管理制度设计、工作标准制定、信息平台建设和数据集中处理应用、税收风险集中分析、大企业和国际税收管理、执法监督等方面职责。省级税务局重点加强数据管理应用、大企业税收管理、国际税收管理及税收风险分析推送等方面职责。市级税务局要精简机关行政管理职责，强化直接面对纳税人的一线征管和服务职责。市级、县级税务局重点加强税源管理和风险应对工作，更好地为纳税人服务。

22. 完善税务稽查机构设置。强化税务系统稽查职责和工作力量，探索建立跨区域税务稽查机构，主要负责查处大案要案、指导系统稽查工作、协调国税局和地税局开展联合稽查。

23. 完善督察内审机构设置。强化税务系统督察内审职责和工作力量，探索建立跨区域督察内审机构，增强独立性，形成有效的内部监督制约机制。

24. 研究探索推进对外派驻税务官员。根据工作需要，按照现有模式，研究探索推进在我驻主要市场经济国家、走出去重点国家使领馆和国际组织派驻税务官员，承担开展国际税收协作、涉税争端解决、涉税信息收集、为走出去企业提供境外涉税服务等任务。

25. 合理配置资源。按照精简统一效能原则，优化税务系统编制结构，提高编制使用效益。调整完善与国税、地税征管职责相匹配、与提高税收治理能力相适应的人力资源配置，实现力量向征管一线倾斜。税源规模较小的地区，可按照便利纳税人、集约化征管的要求，适度整合征管力量。逐步理顺和规范中央财政对国税系统经费管理体制，健全地方财政对地税系统经费的保障机制。

26. 加强税务干部能力建设。实施人才强税战略，实行税务领军人才培养计划。深入推进绩效管理，加强对税务干部平时考核，完善日常化、累积化、可比化的数字管理制度体系。加大国税、地税之间以及与其他部门的干部交流力度。按照中央有关规定，实施公务员职务与职级并行制度。在编制和工资经费限额内，对专业性较强的职位实行聘任制，解决专业人才不足问题。

27. 深入落实党风廉政建设主体责任和监督责任。明确国税系统党组主体责任和纪检机构监督责任，厘清责任边界，强化责任担当，细化履职要求，加大问责力度，完善纪检体制机制。全面推进内控机制信息化建设，2016 年将内控制度和要求嵌入到税收征管和财务管理软件中，最大限度防范廉政风险、减少执法风险，促进干部廉洁从税。

（六）构建税收共治格局

建立健全党政领导、税务主责、部门合作、社会协同、公众参与的税收共治格局，着力解决税收环境不够优、全社会诚信纳税意识不够强等问题。

28. 推进涉税信息共享。加快税收征管法修订和实施进程，依法规范涉税信息的提供，落实相关各方法定义务。建立统一规范的信息交换平台和信息共享机制，保障国税、地税部门及时获取第三方涉税信息，解决征纳双方信息不对称问题。依法建立健全税务部门税收信息对外提供机制，保障各有关部门及时获取和使用税收信息，强化社会管理和公共服务。全面建立纳税人信用记录，纳入统一的信用信息共享交换平台，依法向社会公开，充分发挥纳税信用在社会信用体系中的基础性作用。

29. 拓展跨部门税收合作。以“三证合一、一照一码”改革为契机，扩大与有关部门合作的范围和领域，实现信息共享、管理互助、信用互认。探索政府购买税收服务。规范和发挥涉税专业服务社会组织在优化纳税服务、提高征管效能等方面的积极作用。

30. 健全税收司法保障机制。司法部门要依法支持税务部门工作，确保税法得到严格实施。公安部门要加强涉税犯罪案件查处的力量，健全公安部派驻税务总局联络机制，指导各级公安部门开展涉税犯罪案件查处工作。加强涉税案件审判队伍专业化建设，由相对固定的审判人员、合议庭审理涉税案件。推行税收法律顾问和公职律师制度。

31. 加强税法普及教育。将税法作为国家普法教育的重要内容。把税法教育纳入国民教育体系，加强对青少年的税法宣传教育。开展经常性的税收宣传工作，增强全社会的税法意识。

三、组织实施

深化国税、地税征管体制改革是一项系统工程，要在党中央、国务院统一领导下组织实施，稳妥推进。

（一）提高思想认识。各地区各部门要从推进国家治理体系和治理能力现代化的高度深刻认识深化国税、地税征管体制改革的重大意义，切实增强责任感和使命感，扎实做好工作，确保改革取得实效。

（二）强化组织协调。各级党委和政府要建立健全深化国税、地税征管体制改革的领导机制，明确和落实工作责任。税务部门要加强组织协调，抓好具体方案的研究制定、贯彻推进和督促落实工作。各相关部门要结合职责分工，落实具体支持措施。

（三）稳步有序实施。结合深化财税体制改革进程，明确改革的路线图和时间表，确保2016年基本完成重点改革任务，2017年年底前努力把各项改革举措做实。具体安排是：2015年至2016年上半年，在上海市、江苏省、河南省、重庆市进行综合改革试点，在北京市、湖北省、广东省、陕西省、宁夏回族自治区、深圳市进行专项改革试点；2016年下半年，总结经验，扩大试点，在全国范围内稳步推进改革；2017年，总结实施情况，完善具体措施，确保改革任务基本到位。执行中的重大问题要及时向党中央、国务院报告。

（四）加强舆论引导。重视和加强宣传工作，及时回应社会关切，正确引导社会预期，最大限度凝聚共识，为深化国税、地税征管体制改革营造良好环境。

法治政府建设实施纲要（2015—2020年）*

2015年12月27日

党的十八大把法治政府基本建成确立为到2020年全面建成小康社会的重要目标之一，意义重大、影响深远、任务艰巨。为深入推进依法行政，加快建设法治政府，如期实现法治政府基本建成的奋斗目标，针对当前法治政府建设实际，制定本纲要。

一、总体要求

（一）指导思想

高举中国特色社会主义伟大旗帜，全面贯彻党的十八大和十八届二中、三中、四中、五中全会精神，以马克思列宁主义、毛泽东思想、邓小平理论、“三个代表”重要思想、科学发展观为指导，深入贯彻习近平总书记系列重要讲话精神，根据全面建成小康社会、全面深化改革、全面依法治国、全面从严治党的战略布局，围绕建设中国特色社会主义法治体系、建设社会主义法治国家的全面推进依法治国总目标，坚持依法治国、依法执政、依法行政共同推进，坚持法治国家、法治政府、法治社会一体建设，深入推进依法行政，加快建设法治政府，培育和践行社会主义核心价值观，弘扬社会主义法治精神，推进国家治理体系和治理能力现代化，为实现“两个一百年”奋斗目标、实现中华民族伟大复兴的中国梦提供有力法治保障。

（二）总体目标

经过坚持不懈的努力，到2020年基本建成职能科学、权责法定、执法严明、公开公正、廉洁高效、守法诚信的法治政府。

---

* 2015年12月27日，中共中央、国务院印发《法治政府建设实施纲要（2015—2020年）》，并发出通知，要求各地区各部门结合实际认真贯彻执行。

（三）基本原则

建设法治政府必须坚持中国共产党的领导，坚持人民主体地位，坚持法律面前人人平等，坚持依法治国和以德治国相结合，坚持从中国实际出发，坚持依宪施政、依法行政、简政放权，把政府工作全面纳入法治轨道，实行法治政府建设与创新政府、廉洁政府、服务型政府建设相结合。

（四）衡量标准

政府职能依法全面履行，依法行政制度体系完备，行政决策科学民主合法，宪法法律严格公正实施，行政权力规范透明运行，人民权益切实有效保障，依法行政能力普遍提高。

二、主要任务和具体措施

（一）依法全面履行政府职能

目标：牢固树立创新、协调、绿色、开放、共享的发展理念，坚持政企分开、政资分开、政事分开、政社分开，简政放权、放管结合、优化服务，政府与市场、政府与社会的关系基本理顺，政府职能切实转变，宏观调控、市场监管、社会管理、公共服务、环境保护等职责依法全面履行。

措施：

1. 深化行政审批制度改革。全面清理行政审批事项，全部取消非行政许可审批事项。最大程度减少对生产经营活动的许可，最大限度缩小投资项目审批、核准的范围，最大幅度减少对各类机构及其活动的认定。取消不符合行政许可法规定的资质资格准入许可，研究建立国家职业资格目录清单管理制度。直接面向基层、量大面广、由地方实施更方便有效的行政审批事项，一律下放地方和基层管理。加大取消和下放束缚企业生产经营、影响群众就业创业行政许可事项的力度，做好已取消和下放行政审批事项的落实和衔接，鼓励大众创业、万众创新。严格控制新设行政许可，加强合法性、必要性、合理性审查论证。对增加企业和公民负担的证照进行清理规范。对保留的行政审批事项，探索目录化、编码化管理，全面推行一个窗口办理、并联办理、限时办理、规范办理、透明办理、网上办理，提高行政效能，激发社会活力。加快投资项目在线审批监管平台建设，实施在线监测并向社会公开，2015 年实现部门间的横向联通及中央和地方的纵向贯通。加快推进相对集中行政许可权工作，支持地方开展相对集中行政许可权改革试点。全面清理规范行政审批中介服务，对保留的行政审批中介服务实行清单管理并向社会公布，坚决整治“红顶中介”，切断行政机关与中介服务机构之间的利益链，推进中介服务行业公平竞争。

2. 大力推行权力清单、责任清单、负面清单制度并实行动态管理。在全面梳理、清理调整、审核确认、优化流程的基础上，将政府职能、法律依据、实施主体、职责权限、管理流程、监督方式等事项以权力清单的形式向社会公开，逐一厘清与行政权力相对应的责任事项、责任主体、责任方式。省级政府2015年年底前、市县两级政府2016年年底前基本完成政府工作部门、依法承担行政职能的事业单位权力清单的公布工作。开展编制国务院部门权力和责任清单试点。实行统一的市场准入制度，在制定负面清单基础上，各类市场主体可依法平等进入清单之外领域。建立行政事业性收费和政府性基金清单制度，清理取消不合法、不合规、不合理的收费基金项目，公布全国性、中央部门和单位及省级收费目录清单，减轻企业和公民负担。2015年年底前，没有法律法规依据且未按规定批准、越权设立的收费基金项目，政府提供普遍公共服务或体现一般性管理职能的行政事业性收费，没有法定依据的行政审批中介服务项目及收费，一律取消；擅自提高征收标准、扩大征收范围的，一律停止执行。

3. 优化政府组织结构。完善行政组织和行政程序法律制度，推进机构、职能、权限、程序、责任法定化。深化行政体制改革，优化政府机构设置、职能配置、工作流程，理顺部门职责关系，积极稳妥实施大部门制。创新行政管理方式，完善政府绩效管理。推进各级政府事权规范化、法律化，完善不同层级政府特别是中央和地方政府事权法律制度，强化中央政府宏观管理、制度设定职责和必要的执法权，强化省级政府统筹推进区域内基本公共服务均等化职责，强化市县政府执行职责。

4. 完善宏观调控。健全发展规划、投资管理、财政税收、金融等方面法律制度，加强发展战略、规划、政策、标准等制定和实施。切实转变政府投资管理职能，确立企业投资主体地位，制定并公开企业投资项目核准目录清单。完善主要由市场决定价格的机制，大幅缩减政府定价种类和项目，制定并公布政府定价目录，全面放开竞争性领域商品和服务价格。

5. 加强市场监管。清理、废除妨碍全国统一市场和公平竞争的各种规定和做法，破除部门保护、地区封锁和行业垄断。深化商事制度改革，继续清理工商登记前置审批，加快工商登记后置审批改革。进一步推进工商注册登记制度便利化，2015年年底前实现工商营业执照、组织机构代码证、税务登记证“三证合一”、“一照一码”。推行电子营业执照和全程电子化登记，实行“一址多照”和“一照多址”。加强事中事后监管，创新市场监管方式，完善市场监管体系，建立透明、规范、高效的投资项目纵横联动、协同监管机制，实行综合监管，推广随机抽查，探索“智能”监管。加强社会信用体系建设，建立健全全国统一的社会信用代码制度和信用信息共享交换平台，推进企业信用信息公示“全国一张网”建设，依法保护企业和个人信息安全。完善外资管理法律法规，保持外资政策稳定、透明、可预期。健全对外投资促进制度和服务体系，支持企业扩大对外投资，推动装备、技术、标准、服务走出去。

6. 创新社会治理。加强社会治理法律、体制机制、能力、人才队伍和信息化建设，提高社会治理科学化和法治化水平。完善社会组织登记管理制度。适合由社会组织提供的公共服务和解决的事项，交由社会组织承担。支持和发展社会工作服务机构和志愿服务组织。规范和引导网络社团社群健康发展，加强监督管理。深入推进社会治安综合治理，健全落实领导责任制。完善立体化社会治安防控体系，有效防范管控影响社会安定的问题，保护人民生命财产安全。提高公共突发事件防范处置和防灾救灾减灾能力。全方位强化安全生产，全过程保障食品药品安全。推进社会自治，发挥市民公约、乡规民约、行业规章、团体章程等社会规范在社会治理中的积极作用。

7. 优化公共服务。着力促进教育、卫生、文化等社会事业健康发展，强化政府促进就业、调节收入分配和完善社会保障职能，加快形成政府主导、覆盖城乡、可持续的基本公共服务体系，实现基本公共服务标准化、均等化、法定化。建立健全政府购买公共服务制度，公开政府购买公共服务目录，加强政府购买公共服务质量监管。推进公共服务提供主体和提供方式多元化，凡属事务性管理服务，原则上都要引入竞争机制向社会购买；确需政府参与的，实行政府和社会资本合作模式。

8. 强化生态环境保护。加快建立和完善有效约束开发行为和促进绿色发展、循环发展、低碳发展的生态文明法律制度。深化资源型产品价格和税费改革，实行资源有偿使用制度和生态补偿制度。改革生态环境保护管理体制，完善并严格实行环境信息公开制度、环境影响评价制度和污染物排放总量控制制度。健全生态环境保护责任追究制度和生态环境损害赔偿制度。对领导干部实行自然资源资产离任审计。

（二）完善依法行政制度体系

目标：提高政府立法质量，构建系统完备、科学规范、运行有效的依法行政制度体系，使政府管理各方面制度更加成熟更加定型，为建设社会主义市场经济、民主政治、先进文化、和谐社会、生态文明，促进人的全面发展，提供有力制度保障。

措施：

9. 完善政府立法体制机制。严格落实立法法规定，坚持立改废释并举，完善行政法规、规章制定程序，健全政府立法立项、起草、论证、协调、审议机制，推进政府立法精细化，增强政府立法的及时性、系统性、针对性、有效性。完善立法项目向社会公开征集制度。通过开展立法前评估等方式，健全立法项目论证制度。重要行政管理法律法规由政府法制机构组织起草，有效防止部门利益和地方保护主义法律化。对部门间争议较大的重要立法事项，由决策机关引入第三方评估，充分听取各方意见，协调决定，不能久拖不决。探索委托第三方起草法律法规规章草案。定期开展法规规章立法后评估，提高政府立法科学性。对不适应改革和经济社会发展要求的法律法规规章，要及时修改和废止。加强行政法规、规章解释工作。

10. 加强重点领域政府立法。围绕党和国家中心工作，加快推进完善社会主义市场经济体制，发展社会主义民主政治，建设社会主义先进文化，创新社会治理，保障公民权利和改善民生，维护国家安全，保护生态环境和加强政府自身建设等领域的政府立法。坚持在法治下推进改革、在改革中完善法治，实现立法和改革决策相统一、相衔接，做到重大改革于法有据、立法主动适应改革和经济社会发展需要。对实践证明已经比较成熟的改革经验和行之有效的改革举措，要及时上升为法律法规规章。

11. 提高政府立法公众参与度。拓展社会各方有序参与政府立法的途径和方式。健全法律法规规章起草征求人大代表意见制度，充分发挥政协委员、民主党派、工商联、无党派人士、人民团体、社会组织在立法协商中的作用。建立有关国家机关、社会团体、专家学者等对政府立法中涉及的重大利益调整论证咨询机制。拟设定的制度涉及群众切身利益或各方面存在较大意见分歧的，要采取座谈会、论证会、听证会、问卷调查等形式广泛听取意见。除依法需要保密的外，法律法规规章草案要通过网络、报纸等媒体向社会公开征求意见，期限一般不少于30日。加强与社会公众的沟通，健全公众意见采纳情况反馈机制，广泛凝聚社会共识。

12. 加强规范性文件监督管理。完善规范性文件制定程序，落实合法性审查、集体讨论决定等制度，实行制定机关对规范性文件统一登记、统一编号、统一印发制度。规范性文件不得设定行政许可、行政处罚、行政强制等事项，不得减损公民、法人和其他组织合法权益或者增加其义务。涉及公民、法人和其他组织权利义务的规范性文件，应当按照法定要求和程序予以公布，未经公布的不得作为行政管理依据。加强备案审查制度和能力建设，把所有规范性文件纳入备案审查范围，健全公民、法人和其他组织对规范性文件的建议审查制度，加大备案审查力度，做到有件必备、有错必纠。

13. 建立行政法规、规章和规范性文件清理长效机制。根据全面深化改革、经济社会发展需要，以及上位法制定、修改、废止情况，及时清理有关行政法规、规章、规范性文件。自2015年起用3年时间，对国务院文件进行全面清理，清理结果向社会公布。2017年年底前，有关部门和地方政府要完成对现行行政法规、规章、规范性文件的清理工作，清理结果向社会公布。实行行政法规、规章、规范性文件目录和文本动态化、信息化管理，各级政府及其部门要根据规范性文件立改废情况及时作出调整并向社会公布。

（三）推进行政决策科学化、民主化、法治化

目标：行政决策制度科学、程序正当、过程公开、责任明确，决策法定程序严格落实，决策质量显著提高，决策效率切实保证，违法决策、不当决策、拖延决策明显减少并得到及时纠正，行政决策公信力和执行力大幅提升。

措施：

14. 健全依法决策机制。完善重大行政决策程序制度，明确决策主体、事项范围、法定程序、法律责任，规范决策流程，强化决策法定程序的刚性约束。

15. 增强公众参与实效。事关经济社会发展全局和涉及群众切身利益的重大行政决策事项，应当广泛听取意见，与利害关系人进行充分沟通，并注重听取有关人大代表、政协委员、人民团体、基层组织、社会组织的意见。各级行政机关特别是市县两级政府要加强公众参与平台建设，对社会关注度高的决策事项，应当公开信息、解释说明，及时反馈意见采纳情况和理由。推行文化教育、医疗卫生、资源开发、环境保护、公用事业等重大民生决策事项民意调查制度。

16. 提高专家论证和风险评估质量。加强中国特色新型智库建设，建立行政决策咨询论证专家库。对专业性、技术性较强的决策事项，应当组织专家、专业机构进行论证。选择论证专家要注重专业性、代表性、均衡性，支持其独立开展工作，逐步实行专家信息和论证意见公开。落实重大决策社会稳定风险评估机制。

17. 加强合法性审查。建立行政机关内部重大决策合法性审查机制，未经合法性审查或经审查不合法的，不得提交讨论。建立政府法制机构人员为主体、吸收专家和律师参加的法律顾问队伍，保证法律顾问在制定重大行政决策、推进依法行政中发挥积极作用。

18. 坚持集体讨论决定。重大行政决策应当经政府常务会议或者全体会议、部门领导班子会议讨论，由行政首长在集体讨论基础上作出决定。行政首长拟作出的决定与会议组成人员多数人的意见不一致的，应当在会上说明理由。集体讨论情况和决定要如实记录、完整存档。

19. 严格决策责任追究。决策机关应当跟踪决策执行情况和实施效果，根据实际需要进行重大行政决策后评估。健全并严格实施重大决策终身责任追究制度及责任倒查机制，对决策严重失误或者依法应该及时作出决策但久拖不决造成重大损失、恶劣影响的，严格追究行政首长、负有责任的其他领导人员和相关责任人员的党纪政纪和法律责任。

（四）坚持严格规范公正文明执法

目标：权责统一、权威高效的行政执法体制建立健全，法律法规规章得到严格实施，各类违法行为得到及时查处和制裁，公民、法人和其他组织的合法权益得到切实保障，经济社会秩序得到有效维护，行政违法或不当行为明显减少，对行政执法的社会满意度显著提高。

措施：

20. 改革行政执法体制。根据不同层级政府的事权和职能，按照减少层次、整合队伍、提高效率的原则，合理配置执法力量。推进执法重心向市县两级政府下移，把机构改革、政府职能转变调整出来的人员编制重点用于充实基层执法力量。完善市县两级政府行政执法管理，加强统一领导和协调。大幅减少市县两级政府执法队伍种类，重点在食品药品安全、工商质检、公共卫生、安全生产、文化旅游、资源环境、农林水利、交通运输、城乡建设、海洋渔业、商务等领域内推行综合执法，支持有条件的领域推行跨部门综合执法。加大关系群众切身利益的重点领域执法力度。理顺城管执法体制，加强城市管理综合执法机构和队伍建设，提高执法和服务水平。理顺行政强制执行体制，科学配置行政强制执行权，提高行政强制执行效率。健全行政执法和刑事司法衔接机制，完善案件移送标准和程序，建立健全行政执法机关、公安机关、检察机关、审判机关信息共享、案情通报、案件移送制度。

21. 完善行政执法程序。建立健全行政裁量权基准制度，细化、量化行政裁量标准，规范裁量范围、种类、幅度。建立执法全过程记录制度，制定行政执法程序规范，明确具体操作流程，重点规范行政许可、行政处罚、行政强制、行政征收、行政收费、行政检查等执法行为。健全行政执法调查取证、告知、罚没收入管理等制度，明确听证、集体讨论决定的适用条件。完善行政执法权限协调机制，及时解决执法机关之间的权限争议，建立异地行政执法协助制度。严格执行重大行政执法决定法制审核制度，未经法制审核或者审核未通过的，不得作出决定。

22. 创新行政执法方式。推行行政执法公示制度。加强行政执法信息化建设和信息共享，有条件的地方和部门2016年年底前要建立统一的行政执法信息平台，完善网上执法办案及信息查询系统。强化科技、装备在行政执法中的应用。推广运用说服教育、劝导示范、行政指导、行政奖励等非强制性执法手段。健全公民和组织守法信用记录，完善守法诚信褒奖机制和违法失信行为惩戒机制。

23. 全面落实行政执法责任制。严格确定不同部门及机构、岗位执法人员的执法责任，建立健全常态化的责任追究机制。加强执法监督，加快建立统一的行政执法监督网络平台，建立健全投诉举报、情况通报等制度，坚决排除对执法活动的干预，防止和克服部门利益和地方保护主义，防止和克服执法工作中的利益驱动，惩治执法腐败现象。

24. 健全行政执法人员管理制度。2016 年年底前，各地区各部门对行政执法人员进行一次严格清理，全面实行行政执法人员持证上岗和资格管理制度，未经执法资格考试合格，不得授予执法资格，不得从事执法活动。健全纪律约束机制，加强职业道德教育，全面提高执法人员素质。逐步推行行政执法人员平时考核制度，科学合理设计考核指标体系，考核结果作为执法人员职务级别调整、交流轮岗、教育培训、奖励惩戒的重要依据。规范执法辅助人员管理，明确其适用岗位、身份性质、职责权限、权利义务、聘用条件和程序等。

25. 加强行政执法保障。推动形成全社会支持行政执法机关依法履职的氛围。对妨碍行政机关正常工作秩序、阻碍行政执法人员依法履责的违法行为，坚决依法处理。各级党政机关和领导干部要支持行政执法机关依法公正行使职权，不得让行政执法人员做不符合法律规定的事情。行政机关履行执法职责所需经费，由各级政府纳入本级政府预算，保证执法经费足额拨付。改善执法条件，合理安排执法装备配备、科技建设方面的投入。严格执行罚缴分离和收支两条线管理制度，严禁下达或者变相下达罚没指标，严禁将行政事业性收费、罚没收入同部门利益直接或者变相挂钩。

（五）强化对行政权力的制约和监督

目标：科学有效的行政权力运行制约和监督体系基本形成，惩治和预防腐败体系进一步健全，各方面监督形成合力，人民群众的知情权、参与权、表达权、监督权得到切实保障，损害公民、法人和其他组织合法权益的违法行政行为得到及时纠正，违法行政责任人依法依纪受到严肃追究。

措施：

26. 健全行政权力运行制约和监督体系。坚持用制度管权管事管人，坚持决策权、执行权、监督权既相互制约又相互协调，完善各方面监督制度，确保行政机关按照法定权限和程序行使权力。起草法律法规规章和规范性文件，要有效落实公开行政权力运行流程、惩治和预防腐败、防控廉政风险、防止利益冲突等要求，切实把权力关进制度的笼子。加强行政程序制度建设，严格规范作出各类行政行为的主体、权限、方式、步骤和时限。发挥政府诚信建设示范作用，加快政府守信践诺机制建设。加强公务员诚信管理，建立公务员诚信档案。

27. 自觉接受党内监督、人大监督、民主监督、司法监督。在党委对党风廉政建设和反腐败工作的统一领导下，各级政府及其部门党组（党委）要切实履行主体责任，主要负责人是第一责任人，对本级政府本部门党风廉政建设负总责。认真执行向本级人大及其常委会报告工作制度，接受询问和质询制度，报备行政法规、规章制度。认真研究处理人大及其常委会组成人员对政府工作提出的有关审议意见，及时研究办理人大代表和政协委员提出的意见和建议，切实改进工作。健全知情明政机制，政府相关部门向政协定期通报有关情况，为政协委员履职提供便利、创造条件。支持人民法院依法受理行政案件，健全行政机关依法出庭应诉制度，尊重并执行人民法院生效裁判。检察机关对在履行职责中发现的行政违法行为进行监督，行政机关应当积极配合。

28. 加强行政监督和审计监督。完善政府内部层级监督，改进上级行政机关对下级行政机关的监督，建立健全常态化、长效化监督制度。加强对政府内部权力的制约，对财政资金分配使用、国有资产监管、政府投资、政府采购、公共资源转让、公共工程建设等权力集中的部门和岗位实行分事行权、分岗设权、分级授权，定期轮岗，强化内部流程控制，防止权力滥用。各级监察机关要切实履行监督责任，确保廉政建设各项任务落实。完善审计制度，健全有利于依法独立行使审计监督权的审计管理体制，建立具有审计职业特点的审计人员管理制度，基本形成与国家治理体系和治理能力现代化相适应的审计监督机制。对公共资金、国有资产、国有资源和领导干部履行经济责任情况实行审计全覆盖。强化上级审计机关对下级审计机关的领导。

29. 完善社会监督和舆论监督机制。建立对行政机关违法行政行为投诉举报登记制度，畅通举报箱、电子信箱、热线电话等监督渠道，方便群众投诉举报、反映问题，依法及时调查处理违法行政行为。发挥报刊、广播、电视等传统媒体监督作用，加强与互联网等新兴媒体的互动，重视运用和规范网络监督，建立健全网络舆情监测、收集、研判、处置机制，推动网络监督规范化、法治化。

30. 全面推进政务公开。坚持以公开为常态、不公开为例外原则，推进决策公开、执行公开、管理公开、服务公开、结果公开。完善政府信息公开制度，拓宽政府信息公开渠道，进一步明确政府信息公开范围和内容。重点推进财政预算、公共资源配置、重大建设项目批准和实施、社会公益事业建设等领域的政府信息公开。完善政府新闻发言人、突发事件信息发布等制度，做好对热点敏感问题的舆论引导，及时回应人民群众关切。创新政务公开方式，加强互联网政务信息数据服务平台和便民服务平台建设，提高政务公开信息化、集中化水平。

31. 完善纠错问责机制。加强行政问责规范化、制度化建设，增强行政问责的针对性和时效性。加大问责力度，坚决纠正行政不作为、乱作为，坚决克服懒政、庸政、怠政，坚决惩处失职、渎职。认真落实党风廉政建设责任制，坚持有错必纠、有责必问，对"四风"问题突出、发生顶风违纪问题或者出现区域性、系统性腐败案件的地方、部门和单位，既要追究主体责任、监督责任，又要严肃追究领导责任。

（六）依法有效化解社会矛盾纠纷

目标：公民、法人和其他组织的合法权益得到切实维护，公正、高效、便捷、成本低廉的多元化矛盾纠纷解决机制全面形成，行政机关在预防、解决行政争议和民事纠纷中的作用充分发挥，通过法定渠道解决矛盾纠纷的比率大幅提升。

措施：

32. 健全依法化解纠纷机制。构建对维护群众利益具有重大作用的制度体系，建立健全社会矛盾预警机制、利益表达机制、协商沟通机制、救济救助机制。及时收集分析热点、敏感、复杂矛盾纠纷信息，加强群体性、突发性事件预警监测。强化依法应对和处置群体性事件机制和能力。依法加强对影响或危害食品药品安全、安全生产、生态环境、网络安全、社会安全等方面重点问题的治理。加大普法力度，引导和支持公民、法人和其他组织依法表达诉求和维护权益。

33. 加强行政复议工作。完善行政复议制度，改革行政复议体制，积极探索整合地方行政复议职责。健全行政复议案件审理机制，加大公开听证审理力度，纠正违法或不当行政行为。提高行政复议办案质量，增强行政复议的专业性、透明度和公信力。县级以上地方政府要依法加强行政复议能力建设，推动相关机构设置、人员配备与所承担的工作任务相适应，充分发挥行政复议在解决行政争议中的重要作用。切实提高行政复议人员素质，落实办案场所和有关装备保障，行政复议经费列入本级政府预算。

34. 完善行政调解、行政裁决、仲裁制度。健全行政调解制度，进一步明确行政调解范围，完善行政调解机制，规范行政调解程序。健全行政裁决制度，强化行政机关解决同行政管理活动密切相关的民事纠纷功能。有关行政机关要依法开展行政调解、行政裁决工作，及时有效化解矛盾纠纷。完善仲裁制度，提高仲裁公信力，充分发挥仲裁解决经济纠纷、化解社会矛盾、促进社会和谐的作用。

35. 加强人民调解工作。贯彻落实人民调解法，健全人民调解组织网络，实现村委会、居委会人民调解组织全覆盖，推进企事业单位、乡镇街道、社会团体、行业组织中人民调解组织建设。重点协调解决消费者权益、劳动关系、医患关系、物业管理等方面的矛盾纠纷，促进当事人平等协商、公平公正解决矛盾纠纷。完善人民调解、行政调解、司法调解联动工作体系。

36. 改革信访工作制度。把信访纳入法治化轨道，保障合理合法诉求依照法律规定和程序就能得到合理合法的结果。规范信访工作程序，畅通群众诉求表达、利益协调和权益保障渠道，维护信访秩序。优化传统信访途径，实行网上受理信访制度，健全及时就地解决群众合理诉求机制。严格实行诉访分离，推进通过法定途径分类处理信访投诉请求，引导群众在法治框架内解决矛盾纠纷，完善涉法涉诉信访依法终结制度。

（七）全面提高政府工作人员法治思维和依法行政能力

目标：政府工作人员特别是领导干部牢固树立宪法法律至上、法律面前人人平等、权由法定、权依法使等基本法治理念，恪守合法行政、合理行政、程序正当、高效便民、诚实守信、权责统一等依法行政基本要求，做尊法学法守法用法的模范，法治思维和依法行政能力明显提高，在法治轨道上全面推进政府各项工作。

措施：

37. 树立重视法治素养和法治能力的用人导向。抓住领导干部这个全面依法治国的"关键少数"，把法治观念强不强、法治素养好不好作为衡量干部德才的重要标准，把能不能遵守法律、依法办事作为考察干部的重要内容，把严守党纪、恪守国法的干部用起来。在相同条件下，优先提拔使用法治素养好、依法办事能力强的干部。对特权思想严重、法治观念淡薄的干部要批评教育、督促整改，问题严重或违法违纪的，依法依纪严肃处理。

38. 加强对政府工作人员的法治教育培训。政府工作人员特别是领导干部要系统学习中国特色社会主义法治理论，学好宪法以及与自己所承担工作密切相关的法律法规。完善学法制度，国务院各部门、县级以上地方各级政府每年至少举办一期领导干部法治专题培训班，地方各级政府领导班子每年应当举办两期以上法治专题讲座。各级党校、行政学院、干部学院等要把宪法法律列为干部教育的必修课。健全行政执法人员岗位培训制度，每年组织开展行政执法人员通用法律知识、专门法律知识、新法律法规等专题培训。加大对公务员初任培训、任职培训中法律知识的培训力度。

39. 完善政府工作人员法治能力考查测试制度。加强对领导干部任职前法律知识考查和依法行政能力测试，将考查和测试结果作为领导干部任职的重要参考，促进政府及其部门负责人严格履行法治建设职责。优化公务员录用考试测查内容，增加公务员录用考试中法律知识的比重。实行公务员晋升依法行政考核制度。

40. 注重通过法治实践提高政府工作人员法治思维和依法行政能力。政府工作人员特别是领导干部想问题、作决策、办事情必须守法律、重程序、受监督，牢记职权法定，切实保护人民权益。要自觉运用法治思维和法治方式深化改革、推动发展、化解矛盾、维护稳定，依法治理经济，依法协调和处理各种利益问题，避免埋钉子、留尾巴，努力营造办事依法、遇事找法、解决问题用法、化解矛盾靠法的良好法治环境。注重发挥法律顾问和法律专家的咨询论证、审核把关作用。落实“谁执法谁普法”的普法责任制，建立行政执法人员以案释法制度，使执法人员在执法普法的同时不断提高自身法治素养和依法行政能力。

三、组织保障和落实机制

党的领导是全面推进依法治国、加快建设法治政府最根本的保证，必须坚持党总揽全局、协调各方，发挥各级党委领导核心作用，把党的领导贯彻到法治政府建设各方面。各级政府及其部门要自觉接受党的领导，切实增强建设法治政府的使命感、紧迫感和责任感，加强组织领导，强化工作责任，一级抓一级，层层抓落实。

41. 加强党对法治政府建设的领导。各级政府要在党委统一领导下，谋划和落实好法治政府建设的各项任务，主动向党委报告法治政府建设中的重大问题，及时消除制约法治政府建设的体制机制障碍。各级政府及其部门要结合本地区本部门实际，每年部署法治政府建设年度重点工作，发挥牵引和突破作用，带动法治政府建设各项工作全面深入开展。加强各级政府及其部门法制力量建设，不断提高工作人员的思想政治素质和业务工作能力。

42. 落实第一责任人责任。党政主要负责人要履行推进法治建设第一责任人职责，将建设法治政府摆在工作全局的重要位置。对不认真履行第一责任人职责，本地区本部门一年内发生多起重大违法行政案件、造成严重社会后果的，依法追究主要负责人的责任。县级以上地方各级政府每年第一季度要向同级党委、人大常委会和上一级政府报告上一年度法治政府建设情况，政府部门每年第一季度要向本级政府和上一级政府有关部门报告上一年度法治政府建设情况，报告要通过报刊、政府网站等向社会公开。

43. 强化考核评价和督促检查。各级党委要把法治建设成效作为衡量各级领导班子和领导干部工作实绩的重要内容，纳入政绩考核指标体系，充分发挥考核评价对法治政府建设的重要推动作用。各级政府及其部门的党组织要领导和监督本单位模范遵守宪法法律，坚决查处执法犯法、违法用权等行为。要加强对法治政府建设进展情况的督促检查，结合法治政府建设年度重点工作，开展定期检查和专项督查。对工作不力、问题较多的，要及时约谈、责令整改、通报批评。

44. 加强理论研究、典型示范和宣传引导。加强中国特色社会主义法治政府理论研究，坚持从中国实际出发，解决中国实际问题，为法治政府建设提供理论支撑和决策参考。积极开展建设法治政府示范创建活动，大力培育建设法治政府先进典型。通过召开现场会、经验交流会等形式及时总结、交流和推广经验，充分发挥先进典型的示范带动作用。定期通报和曝光违法行政典型案例，分析原因、吸取教训、改进工作。大力开展推进依法行政、建设法治政府宣传工作。加强正面宣传引导，以报刊、广播、电视、网络等多种媒体形式，广泛宣传法治政府建设目标、工作部署、先进经验、典型做法，正确引导舆论、凝聚社会共识，营造全社会关心、支持和参与法治政府建设的良好社会氛围。

各地区各部门要结合实际制定实施方案，明确提出时间进度安排和可检验的成果形式，党政主要负责人要亲自抓落实，各项工作任务除本纲要有明确时间要求外，原则上应当在 2019 年年底前完成。中央和国家机关有关部门要根据部门职责承担并履行好本纲要确定的相关任务，并做好统筹协调，及时沟通协商，形成工作合力。作为牵头单位和负责单位的中央和国家机关有关部门和省级政府要建立法治政府建设年度进展报告制度，及时向党中央、国务院报告工作进展情况。国务院法制办要牵头做好督促检查。各地区各部门在实施本纲要的过程中，要注意研究法治政府建设的新情况新问题，解放思想、大胆实践、开拓进取、久久为功，运用法治思维和法治方式引领改革发展破障闯关、推动民生改善和社会公正，以更加奋发有为的精神状态，推动法治政府建设一步一个脚印向前迈进，为全面推进依法治国、建设社会主义法治国家做出扎扎实实的贡献。

关于全面推进政务公开工作的意见*

2016 年 2 月 17 日

公开透明是法治政府的基本特征。全面推进政务公开，让权力在阳光下运行，对于发展社会主义民主政治，提升国家治理能力，增强政府公信力执行力，保障人民群众知情权、参与权、表达权、监督权具有重要意义。党中央、国务院高度重视政务公开，作出了一系列重大部署，各级政府认真贯彻落实，政务公开工作取得积极成效。但与人民群众的期待相比，与建设法治政府的要求相比，仍存在公开理念不到位、制度规范不完善、工作力度不够强、公开实效不理想等问题。为进一步做好当前和今后一个时期政务公开工作，现提出以下意见。

一、全面推进政务公开工作的总体要求

（一）指导思想。认真落实党的十八大和十八届三中、四中、五中全会精神，深入贯彻习近平总书记系列重要讲话精神，紧紧围绕“四个全面”战略布局，牢固树立创新、协调、绿色、开放、共享的发展理念，深入推进依法行政，全面落实党中央、国务院有关决策部署和政府信息公开条例，坚持以公开为常态、不公开为例外，推进行政决策公开、执行公开、管理公开、服务公开和结果公开，推动简政放权、放管结合、优化服务改革，激发市场活力和社会创造力，打造法治政府、创新政府、廉洁政府和服务型政府。

（二）基本原则。紧紧围绕经济社会发展和人民群众关注关切，以公开促落实，以公开促规范，以公开促服务。依法依规明确政务公开的主体、内容、标准、方式、程序，加快推进权力清单、责任清单、负面清单公开。坚持改革创新，注重精细化、可操作性，务求公开实效，让群众看

* 2016 年 2 月 17 日，中共中央办公厅、国务院办公厅印发《关于全面推进政务公开工作的意见》，并发出通知，要求各地区各部门结合实际认真贯彻执行。

得到、听得懂、能监督。以社会需求为导向，以新闻媒体为载体，推行“互联网+政务”，扩大公众参与，促进政府有效施政。

（三）工作目标。到2020年，政务公开工作总体迈上新台阶，依法积极稳妥实行政务公开负面清单制度，公开内容覆盖权力运行全流程、政务服务全过程，公开制度化、标准化、信息化水平显著提升，公众参与度高，用政府更加公开透明赢得人民群众更多理解、信任和支持。

二、推进政务阳光透明

（四）推进决策公开。把公众参与、专家论证、风险评估、合法性审查、集体讨论决定确定为重大行政决策法定程序。实行重大决策预公开制度，涉及群众切身利益、需要社会广泛知晓的重要改革方案、重大政策措施、重点工程项目，除依法应当保密的外，在决策前应向社会公布决策草案、决策依据，通过听证座谈、调查研究、咨询协商、媒体沟通等方式广泛听取公众意见，以适当方式公布意见收集和采纳情况。探索利益相关方、公众、专家、媒体等列席政府有关会议制度，增强决策透明度。决策作出后，按照规定及时公开议定事项和相关文件。

（五）推进执行公开。主动公开重点改革任务、重要政策、重大工程项目的执行措施、实施步骤、责任分工、监督方式，根据工作进展公布取得成效、后续举措，听取公众意见建议，加强和改进工作，确保执行到位。各级政府及其工作部门都要做好督查和审计发现问题及整改落实情况的公开，对不作为、慢作为、乱作为问责情况也要向社会公开，增强抓落实的执行力。

（六）推进管理公开。全面推行权力清单、责任清单、负面清单公开工作，建立健全清单动态调整公开机制。推行行政执法公示制度，各级政府要根据各自的事权和职能，按照突出重点、依法有序、准确便民的原则，推动执法部门公开职责权限、执法依据、裁量基准、执法流程、执法结果、救济途径等，规范行政裁量，促进执法公平公正。推进监管情况公开，重点公开安全生产、生态环境、卫生防疫、食品药品、保障性住房、质量价格、国土资源、社会信用、交通运输、旅游市场、国有企业运营、公共资源交易等监管信息。公开民生资金等分配使用情况，重点围绕实施精准扶贫、精准脱贫，加大扶贫对象、扶贫资金分配、扶贫资金使用等信息公开力度。接受社会监督。

（七）推进服务公开。把实体政务服务中心与网上办事大厅结合起来，推动政务服务向网上办理延伸。各地区各部门要全面公开服务事项，编制发布办事指南，简化优化办事流程，让群众不跑冤枉路，办事更明白、更舒心。公布行政审批中介服务事项清单，公开项目名称、设置依据、服务时限。推行政府购买公共服务、政府和社会资本合作（PPP）提供公共服务的公开。大力推进公共企事业单位办事公开，行业主管部门要加强分类指导，组织编制公开服务事项目录，制定完善具体办法，切实承担组织协调、监督指导职责。通过最大限度方便企业和群众办事，打通政府联系服务群众“最后一公里”。

（八）推进结果公开。各级行政机关都要主动公开重大决策、重要政策落实情况，加大对党中央、国务院决策部署贯彻落实结果的公开力度。推进发展规划、政府工作报告、政府决定事项落实情况的公开，重点公开发展目标、改革任务、民生举措等方面事项。建立健全重大决策跟踪反馈和评估制度，注重运用第三方评估、专业机构鉴定、社情民意调查等多种方式，科学评价政策落实效果，增强结果公开的可信度，以工作实绩取信于民。

（九）推进重点领域信息公开。着力推进财政预决算、公共资源配置、重大建设项目批准和实施、社会公益事业建设等领域的政府信息公开，有关部门要制定实施办法，明确具体要求。各级行政机关对涉及公民、法人或其他组织权利和义务的规范性文件，都要按照政府信息公开要求和程序予以公布。规范性文件清理结果要向社会公开。加强突发事件、公共安全、重大疫情等信息发布，负责处置的地方和部门是信息发布第一责任人，要快速反应、及时发声，根据处置进展动态发布信息。

三、扩大政务开放参与

（十）推进政府数据开放。按照促进大数据发展行动纲要的要求，实施政府数据资源清单管理，加快建设国家政府数据统一开放平台，制定开放目录和数据采集标准，稳步推进政府数据共享开放。优先推动民生保障、公共服务和市场监管等领域的政府数据向社会有序开放。制定实施稳步推进公共信息资源开放的政策意见。支持鼓励社会力量充分开发利用政府数据资源，推动开展众创、众包、众扶、众筹，为大众创业、万众创新提供条件。

（十一）加强政策解读。将政策解读与政策制定工作同步考虑，同步安排。各地区各部门要发挥政策参与制定者，掌握相关政策、熟悉有关领域业务的专家学者和新闻媒体的作用，注重运用数字化、图表图解、音频视频等方式，提高政策解读的针对性、科学性、权威性。对涉及面广、社会关注度高、实施难度大、专业性强的政策法规，要通过新闻发布、政策吹风、接受访谈、发表文章等方式做好解读，深入浅出地讲解政策背景、目标和要点。各省（自治区、直辖市）政府和国务院各部门要充分利用新闻发布会和政策吹风会进行政策解读，领导干部要带头宣讲政策，特别是遇有重大突发事件、重要社会关切等，主要负责人要带头接受媒体采访，表明立场态度，发出权威声音，当好"第一新闻发言人"。新闻媒体、新闻网站、研究机构要做好党中央、国务院重大政策解读工作。

（十二）扩大公众参与。通过政务公开让公众更大程度参与政策制定、执行和监督，汇众智定政策抓落实，不断完善政策，改进工作。研究探索不同层级、不同领域公众参与的事项种类和方式，搭建政民互动平台，问政于民、问需于民、问计于民，增进公众对政府工作的认同和支持。充分利用互联网优势，积极探索公众参与新模式，提高政府公共政策制定、公共管理、公共服务的响应速度。

（十三）回应社会关切。建立健全政务舆情收集、研判、处置和回应机制，加强重大政务舆情回应督办工作，开展效果评估。对涉及本地区本部门的重要政务舆情、媒体关切、突发事件等热点问题，要按程序及时发布权威信息，讲清事实真相、政策措施以及处置结果等，认真回应关切。依法依规明确回应主体，落实责任，确保在应对重大突发事件及社会热点事件时不失声、不缺位。

（十四）发挥媒体作用。把新闻媒体作为党和政府联系群众的桥梁纽带，运用主要新闻媒体及时发布信息，解读政策，引领社会舆论。安排中央和地方媒体、新闻网站负责人参与重要活动，了解重大决策；畅通采访渠道，积极为媒体采访提供便利。同时也要发挥新闻网站、商业网站以及微博微信、移动客户端等新媒体的网络传播力和社会影响力，提高宣传引导的针对性和有效性。

四、提升政务公开能力

（十五）完善制度规范。建立健全政务公开制度，注重将政务公开实践成果上升为制度规范，对不适应形势要求的规定及时予以调整清理。修订政府信息公开条例，完善主动公开、依申请公开信息等规定。建立公开促进依法行政的机制，推动相关部门解决行政行为不规范等问题。建立健全政务公开内容、流程、平台、时限等相关标准。推进政务服务中心标准化建设，统一名称标识、进驻部门、办理事项、管理服务等。制定政府网站发展指引，明确功能定位、栏目设置、内容保障等要求。

（十六）建立政务公开负面清单。各省（自治区、直辖市）政府和国务院各部门要依法积极稳妥制定政务公开负面清单，细化明确不予公开范围，对公开后危及国家安全、经济安全、公共安全、社会稳定等方面的事项纳入负面清单管理，及时进行调整更新。负面清单要详细具体，便于检查监督，负面清单外的事项原则上都要依法依规予以公开。健全公开前保密审查机制，规范保密审查程序，妥善处理好政务公开与保守秘密的关系，对依法应当保密的，要切实做好保密工作。

（十七）提高信息化水平。积极运用大数据、云计算、移动互联网等信息技术，提升政务公开信息化、集中化水平。加快推进“互联网＋政务”，构建基于互联网的一体化政务服务体系，通过信息共享、互联互通、业务协同，实行审批和服务事项在线咨询、网上办理、电子监察，做到利企便民。推动信用信息互联共享，促进“信用中国”建设。充分利用政务微博微信、政务客户端等新平台，扩大信息传播，开展在线服务，增强用户体验。

（十八）加强政府门户网站建设。强化政府门户网站信息公开第一平台作用，整合政府网站信息资源，加强各级政府网站之间协调联动，强化与中央和地方主要新闻媒体、主要新闻网站、重点商业网站的联动，充分运用新媒体手段拓宽信息传播渠道，完善功能，健全制度，加强内容和技术保障，将政府网站打造成更加全面的信息公开平台、更加权威的政策发布解读和舆论引导平台、更加及时的回应关切和便民服务平台。

（十九）抓好教育培训。各级政府要把政务公开列入公务员培训科目，依托各级党校、行政学院、干部学院等干部教育培训机构，加强对行政机关工作人员特别是领导干部的培训，增强公开意识，提高发布信息、解读政策、回应关切的能力。制定业务培训计划，精心安排培训科目和内容，分级分层组织实施，力争3年内将全国从事政务公开工作人员轮训一遍，支持政务公开工作人员接受相关继续教育。教育主管部门要鼓励高等学校开设政务公开课程，培养政务公开方面的专门人才。

五、强化保障措施

（二十）加强组织领导。各级党委和政府要高度重视政务公开工作。各级政府要在党委统一领导下，牵头做好政务公开工作，确定一位政府领导分管，建立健全协调机制，明确责任分工，切实抓好工作落实。各级政府及其工作部门办公厅（室）是政务公开工作的主管部门，具体负责组织协调、指导推进、监督检查本地区本系统的政务公开工作，要整合政务公开方面的力量和资源，加强与新闻媒体、新闻网站等的沟通协调，做好统筹指导；进一步理顺机制，明确工作机构，配齐配强专职工作人员。有条件的应把政务公开、政务服务、政府数据开放、公共资源交易监督管理等工作统筹考虑、协同推进。要加强政务公开工作经费保障，为工作顺利开展创造条件。鼓励通过引进社会资源、购买服务等方式，提升政务公开专业化水平。

（二十一）加强考核监督。把政务公开工作纳入绩效考核体系，加大分值权重。鼓励支持第三方机构对政务公开质量和效果进行独立公正的评估。指导新闻媒体和政府网站做好发布政府信息、解读政策、回应关切的工作。充分发挥人大代表、政协委员、民主党派、人民团体、社会公众、新闻媒体对政务公开工作的监督作用。强化激励和问责，对政务公开工作落实好的，按照有关规定予以表彰；对公开工作落实不到位的，予以通报批评；对违反政务公开有关规定、不履行公开义务或公开不应当公开事项，并造成严重影响的，依法依规严肃追究责任。

国务院办公厅根据本意见制定相关实施细则。各地区各部门要结合实际，制定具体实施办法，细化任务措施，明确责任分工，认真抓好落实。

关于完善国家工作人员学法用法制度的意见*

2016 年 3 月 22 日

为全面贯彻党的十八大和十八届三中、四中、五中全会精神，深入贯彻习近平总书记系列重要讲话精神，推动国家工作人员学法用法工作进一步制度化、规范化，切实提高国家工作人员法治素养和依法办事的能力，现就完善国家工作人员学法用法制度提出如下意见。

一、完善国家工作人员学法用法制度的重要性

国家工作人员学法用法是全面依法治国的基础性工作，是深入推进社会主义核心价值观建设的重要内容，是切实加强干部队伍建设的有效途径。党中央、国务院历来高度重视国家工作人员学法用法工作。党的十八大以来，习近平总书记多次对国家工作人员学法用法工作作出重要指示、提出明确要求，为国家工作人员学法用法工作指明了方向。各地各部门认真贯彻落实中央决策部署，采取有力措施，大力推进国家工作人员学法用法工作，取得显著成效。国家工作人员的学法自觉性不断提高，法律意识和法治素养明显增强，依法决策、依法行政、依法管理的能力普遍提高，在推进国家法治建设中发挥了重要作用。但同时也要看到，与全面依法治国的新要求相比，国家工作人员在学法用法方面还存在一些问题。有的领导干部对国家工作人员学法用法重视不够，有的地方和部门学法用法制度不够健全，有的国家工作人员法治观念淡薄，有的甚至知法犯法、以言代法、以权压法、徇私枉法。各地各部门一定要从全面依法治国的战略高度，充分认识国家工作人员学法用法的重要性，进一步健全完善学法用法各项制度，大力推动国家工作人员带头尊法学法守法用法，切实提高运用

* 2016 年 3 月 22 日，中共中央组织部、中共中央宣传部、司法部、人力资源和社会保障部印发《关于完善国家工作人员学法用法制度的意见》，并发出通知，要求各地区各部门结合实际认真贯彻执行。

法治思维和法治方式解决问题的能力，不断促进全社会树立法治意识、厉行法治，为建设社会主义法治国家做出应有贡献。

二、国家工作人员学法用法的指导思想和主要内容

（一）指导思想

全面贯彻党的十八大和十八届三中、四中、五中全会精神，坚持以马克思列宁主义、毛泽东思想、邓小平理论、“三个代表”重要思想、科学发展观为指导，深入学习贯彻习近平总书记系列重要讲话精神，贯彻落实中央关于法治宣传教育工作的决策部署，适应全面依法治国和全面从严治党的新要求，坚持学法用法相结合，进一步完善国家工作人员学法用法各项制度，健全考核评估机制，创新工作方式方法，不断推进国家工作人员学法用法工作持续深入开展，努力提高国家工作人员法治素养，增强运用法治思维和法治方式推动发展的能力水平，充分发挥在建设社会主义法治国家中的重要作用，为全面建成小康社会，实现“两个一百年”奋斗目标，实现中华民族伟大复兴的中国梦创造良好的法治环境。

（二）主要内容

国家工作人员学法用法要紧密结合实际，认真学习以宪法为核心的各项法律法规，牢固树立社会主义法治理念，努力提高法治素养，不断增强在法治轨道上深化改革、推动发展、化解矛盾、维护稳定的能力。各级领导干部要做尊法学法守法用法的模范，带头学习宪法和法律，带头厉行法治、依法办事。党员干部要深入学习党章和党内法规，尊崇党章，增强党章党规党纪意识，做党章党规党纪和国家法律的自觉尊崇者、模范遵守者、坚定捍卫者。

1．突出学习宪法。坚持把学习宪法放在首位，深入学习宪法确立的基本原则、国家的根本制度和根本任务、国体和政体、公民的基本权利和义务等内容，培养宪法意识，树立宪法至上理念，自觉遵守宪法，维护宪法实施。

2．学习国家基本法律。认真学习宪法相关法、民法商法、行政法、经济法、社会法、刑法、诉讼与非诉讼程序法、国防法以及国际法等方面的法律，认真学习党的十八大以来制定修改的法律，努力掌握法律基本知识，不断提高法律素养。

3．学习与经济社会发展和人民生产生活密切相关的法律法规。认真学习社会主义市场经济法律法规、文化建设法律法规、生态环境保护法律法规，以及教育、就业、收入分配、社会保障、医疗卫生等保障和改善民生方面的法律法规，不断提高运用法律手段管理经济社会事务的水平。

4. 学习与履行岗位职责密切相关的法律法规。坚持干什么学什么、缺什么补什么，有针对性地加强与履职相关法律知识的学习，切实提高依法办事能力。

5. 深入推进法治实践。坚持与法治实践相结合，把法治实践成效作为检验国家工作人员学法用法工作的重要标准，积极推进国家工作人员结合岗位需求开展用法活动，严格按照法律规定履行职责，不断提高社会治理法治化水平。

三、进一步健全完善国家工作人员学法用法制度

（一）健全完善党委（党组）中心组学法制度。坚持领导干部带头尊法学法，把宪法法律和党内法规列入各级党委（党组）中心组年度学习计划，组织开展集体学法。党委（党组）书记认真履行第一责任人职责，带头讲法治课，做学法表率。坚持重大决策前专题学法，凡是涉及经济发展、社会稳定和人民群众切身利益等重大问题，决策前应先行学习相关法律法规。逐步建立和完善领导干部学法考勤、学法档案、学法情况通报等制度，把领导干部学法各项要求落到实处。

（二）健全完善日常学法制度。结合国家工作人员岗位需要，推动学法经常化。坚持以自学为主的方法，联系实际制定学习计划，明确学习任务，保证学习时间和效果。定期组织法治讲座、法治论坛、法治研讨等，利用国家宪法日、宪法宣誓、法律颁布实施纪念日等开展学法活动，推动经常性学法不断深入。依托全国党员干部现代远程教育系统、各级政府网站、专门普法网等资源，建设网络学法学校、网络学法课堂，搭建和完善学法平台。注重微博、微信、微视、移动客户端等新技术在学法中的运用，组织开展以案释法、旁听庭审、警示教育等，不断拓宽学法渠道，推进学法形式创新。

（三）加强法治培训。把法治教育纳入干部教育培训总体规划，明确法治教育的内容和要求。把宪法法律列为各级党校、行政学院、干部学院、社会主义学院和其他相关培训机构的培训必修课，进一步加强法治课程体系建设，不断提高法治教育的系统性和实效性。把法治教育纳入国家工作人员入职培训、晋职培训的必训内容，确保法治培训课时数量和培训质量。根据实际需要组织开展专题法治培训，加大各类在职业务培训中法治内容的比重。在组织调训中增加设置法治类课程，明确法治类课程的最低课时要求。

（四）坚持依法决策。严格遵守宪法和法律规定决策，做到法定职责必须为、法无授权不可为。落实重大决策合法性审查机制，对重大事项的决策权限、内容和程序等进行合法性审查，未经合法性审查或经审查不合法的。不得提交讨论。积极推进政府法律顾问制度，为政府重大决策提供法律意见，预防和减少违法决策行为的发生。各级党政机关和人民团体要普遍设立公职律师，参与决策论证，提高决策质量。推动在国有企业设立公司律师，防范经营风险，实现国有资产保值增值。落实重大决策终身责任追究制度及责任倒查机制，对于违法决策以及滥用职权、怠于履职造成重大损失、恶劣影响的，都要严格依法追究法律责任。

（五）严格依法履职。牢固树立权由法定、权依法使等基本法治观念，严格按照法律规定和法定程序履行职责，把学到的法律知识转化为依法办事的能力。严格实行执法人员持证上岗和资格管理制度，未取得执法资格的，不得从事执法活动。严格执行重大执法决定法制审核制度，对重大执法决定未经法制审核或者审核未通过的，不得作出决定。落实信息公开制度，依法公开职责权限、法律依据、实施主体、流程进度、办理结果等事项，自觉接受社会各方面监督。落实执法案卷评查、案件质量跟踪评判工作，努力提高执法质量和执法水平。执法、司法机关领导干部要以更高的标准和要求学法用法，忠于法律、捍卫法治。落实执法责任制，严格责任追究。

（六）完善考核评估机制。加强国家工作人员录用、招聘中法律知识的考察测试，增加公务员录用考试中法律知识的比重。定期组织开展国家工作人员法律考试，健全完善国家工作人员任职法律考试制度，推动以考促学、以考促用。对拟从事行政执法人员组织专门的法律考试，经考试合格方可授予行政执法资格。把学法用法情况列入公务员年度考核重要内容。领导班子和领导干部在年度考核述职中要围绕法治学习情况、重大事项依法决策情况、依法履职情况等进行述法。把法治观念、法治素养作为干部德才的重要内容，把能不能遵守法律、依法办事作为考察干部的重要依据。探索建立领导干部法治素养和法治能力测评指标体系，将测评结果作为提拔使用的重要参考。把国家工作人员学法用法情况纳入精神文明创建内容，列入法治城市、法治县（市、区）创建考核指标，增加考核的分值权重。

四、切实加强组织领导

各地各部门要把国家工作人员学法用法工作摆在重要位置，切实加强领导。主要领导负总责，分管领导具体抓，并明确专门机构和人员负责学法用法工作的具体落实。把国家工作人员学法用法作为一项长期性、经常性工作来抓，纳入本部门、本单位工作总体布局中，做到与业务工作同部署、同检查、同落实，细化各项制度措施，体现不同岗位特点，并为国家工作人员学法用法创造条件、提供保障。把国家工作人员学法用法工作纳入“法律进机关（单位）”、学习型党组织建设、学习型机关建设、机关（单位）法治文化建设的重要内容，推动学法用法向纵深发展。积极探索建立激励机制，按照国家有关规定表彰奖励先进单位和个人，充分调动国家工作人员学法用法的积极性和自觉性。注重总结宣传学法用法工作的成功经验和做法，充分发挥典型示范作用。

各有关部门要在党委的统一领导下，明确职责分工，加强协调配合，完善国家工作人员学法用法工作机制，进一步形成各司其职、各负其责、齐抓共管的工作格局。党委组织部门要对国家工作人员学法用法工作进行宏观指导和监督，把国家工作人员学法用法列人干部培训计划，协调培训院校落实宪法法律必修课，把学法用法情况作为考察干部的重要内容。党委宣传部门要协助落实党委（党组）中心组学法制度，加强对学法用法工作的舆论宣传。公务员主管部门要把法治知识纳入公务员录用考试、培训和年度考核范围。司法行政部门要具体承担国家工作人员学法用法的组织协调、指导和检查。

各地各部门要按照本意见的精神，研究制定符合本地本部门实际的国家工作人员学法用法制度，认真组织实施。

关于推行法律顾问制度和公职律师公司律师制度的意见*

2016年6月16日

为贯彻落实党的十八大和十八届三中、四中、五中全会精神，积极推行法律顾问制度和公职律师、公司律师制度，充分发挥法律顾问、公职律师、公司律师作用，现提出以下意见。

一、指导思想、基本原则和目标任务

（一）指导思想。认真贯彻落实党的十八大和十八届三中、四中、五中全会精神，以邓小平理论、“三个代表”重要思想、科学发展观为指导，深入学习贯彻习近平总书记系列重要讲话精神，坚定不移走中国特色社会主义法治道路，从我国国情出发，遵循法治建设规律和法律顾问、律师工作特点，积极推行法律顾问制度和公职律师、公司律师制度，提高依法执政、依法行政、依法经营、依法管理的能力水平，促进依法办事，为协调推进“四个全面”战略布局提供法治保障。

（二）基本原则。坚持正确政治方向。坚持党的领导，选拔政治素质高、拥护党的理论和路线方针政策的法律专业人才进入法律顾问和公职律师、公司律师队伍。

坚持分类规范实施。从实际出发，在党政机关、人民团体、国有企事业单位分类推行法律顾问制度和公职律师、公司律师制度，明确政策导向和基本要求，鼓励各地区各部门各单位综合考虑机构、人员情况和工作需要，选择符合实际的组织形式、工作模式和管理方式，积极稳妥实施。

坚持统筹衔接推进。着眼于社会主义法治工作队伍建设大局，处理好

---

* 2016年6月16日，中共中央办公厅、国务院办公厅印发《关于推行法律顾问制度和公职律师公司律师制度的意见》，并发出通知，要求各地区各部门结合实际认真贯彻执行。

法律顾问与公职律师、公司律师之间的衔接，畅通公职律师、公司律师与社会律师、法官、检察官之间的交流渠道。实行老人老办法、新人新办法，国家统一法律职业资格制度实施后，党政机关、人民团体、国有企事业单位拟担任法律顾问的人员应当具有法律职业资格或者律师资格。

（三）目标任务。2017 年年底前，中央和国家机关各部委，县级以上地方各级党政机关普遍设立法律顾问、公职律师，乡镇党委和政府根据需要设立法律顾问、公职律师，国有企业深入推进法律顾问、公司律师制度，事业单位探索建立法律顾问制度，到 2020 年全面形成与经济社会发展和法律服务需求相适应的中国特色法律顾问、公职律师、公司律师制度体系。

二、建立健全党政机关法律顾问、公职律师制度

（四）积极推行党政机关法律顾问制度，建立以党内法规工作机构、政府法制机构人员为主体，吸收法学专家和律师参加的法律顾问队伍。

党政机关内部专门从事法律事务的工作人员和机关外聘的法学专家、律师，可以担任法律顾问。党内法规工作机构、政府法制机构以集体名义发挥法律顾问作用。

（五）在党政机关已担任法律顾问但未取得法律职业资格或者律师资格的人员，可以继续履行法律顾问职责。国家统一法律职业资格制度实施后，党政机关拟担任法律顾问的人员应当具有法律职业资格或者律师资格。

（六）县级以上地方党委和政府以及法律事务较多的工作部门应当配备与工作任务相适应的专职人员担任法律顾问；法律事务较少的县级以上地方党委和政府工作部门可以配备兼职人员履行法律顾问职责。乡镇党委和政府可以根据工作需要，配备专职或者兼职人员履行法律顾问职责。

（七）党政机关法律顾问履行下列职责：

1．为重大决策、重大行政行为提供法律意见；

2．参与法律法规规章草案、党内法规草案和规范性文件送审稿的起草、论证；

3．参与合作项目的洽谈，协助起草、修改重要的法律文书或者以党政机关为一方当事人的重大合同；

4．为处置涉法涉诉案件、信访案件和重大突发事件等提供法律服务；

5. 参与处理行政复议、诉讼、仲裁等法律事务；

6. 所在党政机关规定的其他职责。

（八）外聘法律顾问应当具备下列条件：

1. 政治素质高，拥护党的理论和路线方针政策，一般应当是中国共产党党员；

2. 具有良好职业道德和社会责任感；

3. 在所从事的法学教学、法学研究、法律实践等领域具有一定影响和经验的法学专家，或者具有5年以上执业经验、专业能力较强的律师；

4. 严格遵纪守法，未受过刑事处罚，受聘担任法律顾问的律师还应当未受过司法行政部门的行政处罚或者律师协会的行业处分；

5. 聘任机关规定的其他条件。

（九）外聘法律顾问应当通过公开、公平、公正的方式遴选。被聘为法律顾问的，由聘任机关发放聘书。

（十）外聘法律顾问在履行法律顾问职责期间享有下列权利：

1. 依据事实和法律，提出法律意见；

2. 获得与履行职责相关的信息资料、文件和其他必需的工作条件；

3. 获得约定的工作报酬和待遇；

4. 与聘任机关约定的其他权利。

（十一）外聘法律顾问在履行法律顾问职责期间承担下列义务：

1. 遵守保密制度，不得泄漏党和国家的秘密、工作秘密、商业秘密以及其他不应公开的信息，不得擅自对外透露所承担的工作内容；

2. 不得利用在工作期间获得的非公开信息或者便利条件，为本人及所在单位或者他人牟取利益；

3. 不得以法律顾问的身份从事商业活动以及与法律顾问职责无关的活动；

4. 不得接受其他当事人委托，办理与聘任单位有利益冲突的法律事务，法律顾问与所承办的业务有利害关系、可能影响公正履行职责的，应当回避：

5. 与聘任机关约定的其他义务。

（十二）市、县、乡同级党委和政府可以联合外聘法律顾问，为党政机关提供服务；党委和政府可以分别统一外聘法律顾问，为党委和政府及其工作部门提供服务。

（十三）各级党政机关根据本意见设立公职律师。公职律师是依照本意见第二十五条、第二十六条规定取得公职律师证书的党政机关公职人员。

（十四）公职律师履行党政机关法律顾问承担的职责，可以受所在单位委托，代表所在单位从事律师法律服务。公职律师在执业活动中享有律师法等规定的会见、阅卷、调查取证和发问、质证、辩论等方面的律师执业权利，以及律师法规定的其他权利。

（十五）公职律师不得从事有偿法律服务，不得在律师事务所等法律服务机构兼职，不得以律师身份办理所在单位以外的诉讼或者非诉讼法律事务。

（十六）党政机关法律顾问、公职律师玩忽职守、徇私舞弊的，依法依纪处理；属于外聘法律顾问的，予以解聘，并记入法律顾问工作档案和个人诚信档案，通报律师协会或者所在单位，依法追究责任。

三、建立健全国有企业法律顾问、公司律师制度

（十七）工商、金融、文化等行业的国有独资或者控股企业（以下简称国有企业）内部专门从事企业法律事务的工作人员和企业外聘的律师，可以担任法律顾问。

在国有企业已担任法律顾问但未取得法律职业资格或者律师资格的人员，可以继续履行法律顾问职责。国家统一法律职业资格制度实施后，国有企业拟担任法律顾问的工作人员或者外聘的其他人员，应当具有法律职业资格或者律师资格，但外聘其他国有企业现任法律顾问的除外。少数偏远地方国有企业难以聘任到具有法律职业资格或者律师资格的法律顾问的，可以沿用现行聘任法律顾问的做法。

法律顾问的辅助人员可不具有法律职业资格或者律师资格。

国有企业外聘法律顾问参照本意见第八条、第九条、第十条、第十一条规定办理。

（十八）国有企业可以根据企业规模和业务需要设立法律事务机构或者配备、聘请一定数量的法律顾问。

国有大中型企业可以设立总法律顾问，发挥总法律顾问对经营管理活动的法律审核把关作用，推进企业依法经营、合规管理。

（十九）国有企业法律顾问履行下列职责：

1. 参与企业章程、董事会运行规则的制定；

2. 对企业重要经营决策、规章制度、合同进行法律审核；

3. 为企业改制重组、并购上市、产权转让、破产重整、和解及清算等重大事项提出法律意见；

4. 组织开展合规管理、风险管理、知识产权管理、外聘律师管理、法治宣传教育培训、法律咨询；

5. 组织处理诉讼、仲裁案件；

6. 所在企业规定的其他职责。

（二十）国有企业法律顾问对企业经营管理行为的合法合规性负有监督职责，对企业违法违规行为提出意见，督促整改。法律顾问明知企业存在违法违规行为，不警示、不制止的，承担相应责任。

（二十一）国有企业根据需要设立公司律师。公司律师是与企业依法签订劳动合同，依照本意见第二十五条、第二十六条规定取得公司律师证书的员工。

（二十二）公司律师履行国有企业法律顾问承担的职责，可以受所在单位委托，代表所在单位从事律师法律服务。公司律师在执业活动中享有律师法等规定的会见、阅卷、调查取证和发问、质证、辩论等方面的律师执业权利，以及律师法规定的其他权利。

（二十三）公司律师不得从事有偿法律服务，不得在律师事务所等法律服务机构兼职，不得以律师身份办理所在单位以外的诉讼或者非诉讼法律事务。

四、完善管理体制

（二十四）党内法规工作机构、政府法制机构和国有企业法律事务部门，分别承担本单位法律顾问办公室职责，负责本单位法律顾问、公职律师、公司律师的日常业务管理，协助组织人事部门对法律顾问、公职律师、公司律师进行遴选、聘任、培训、考核、奖惩，以及对本单位申请公职律师、公司律师证书的工作人员进行审核等。

（二十五）在党政机关专门从事法律事务工作或者担任法律顾问、在国有企业担任法律顾问，并具有法律职业资格或者律师资格的人员，经所在单位同意可以向司法行政部门申请颁发公职律师、公司律师证书。经审查，申请人具有法律职业资格或者律师资格的，司法行政部门应当向其颁发公职律师、公司律师证书。

（二十六）国家统一法律职业资格制度实施前已担任法律顾问、未取得法律职业资格或者律师资格的人员具备下列条件，经国务院司法行政部门考核合格的，由国务院司法行政部门向其颁发公职律师、公司律师证书：

1. 在党政机关、国有企业担任法律顾问满15年；

2. 具有高等学校法学类本科学历并获得学士及以上学位，或者高等学校非法学类本科及以上学历并获得法律硕士、法学硕士及以上学位或者获得其他相应学位；

3. 具有高级职称或者同等专业水平。

（二十七）公职律师、公司律师脱离原单位，可以申请转为社会律师，其担任公职律师、公司律师的经历计入社会律师执业年限。依照本意见第二十六条规定担任公职律师、公司律师，申请转为社会律师的，应当符合国家统一法律职业资格制度的相关规定。公职律师、公司律师依照有关程序遴选为法官、检察官的，确定法官、检察官等级应当考虑其从事公职律师、公司律师工作的年限、经历。

（二十八）律师协会承担公职律师、公司律师的业务交流指导、律师权益维护、行业自律等工作。

五、加强组织领导

（二十九）党政机关主要负责同志作为推进法治建设第一责任人，要认真抓好本地区本部门本单位法律顾问、公职律师、公司律师制度的实施。

（三十）党政机关要按照以下要求充分发挥法律顾问、公职律师的作用：

1. 讨论、决定重大事项之前，应当听取法律顾问、公职律师的法律意见；

2. 起草、论证有关法律法规规章草案、党内法规草案和规范性文件送审稿，应当请法律顾问、公职律师参加，或者听取其法律意见；

3. 依照有关规定应当听取法律顾问、公职律师的法律意见而未听取的事项，或者法律顾问、公职律师认为不合法不合规的事项，不得提交讨论、作出决定。

对应当听取法律顾问、公职律师的法律意见而未听取，应当请法律顾问、公职律师参加而未落实，应当采纳法律顾问、公职律师的法律意见而未采纳，造成重大损失或者严重不良影响的，依法依规追究党政机关主要负责人、负有责任的其他领导人员和相关责任人员的责任。

（三十一）国有企业要按照以下要求充分发挥法律顾问、公司律师的作用：

1. 讨论、决定企业经营管理重大事项之前，应当听取法律顾问、公司律师的法律意见；

2. 起草企业章程、董事会运行规则等，应当请法律顾问、公司律师参加，或者听取其法律意见；

3. 依照有关规定应当听取法律顾问、公司律师的法律意见而未听取的事项，或者法律顾问、公司律师认为不合法不合规的事项，不得提交讨论、作出决定。

对应当听取法律顾问、公司律师的法律意见而未听取，应当交由法律顾问、公司律师进行法律审核而未落实，应当采纳法律顾问、公司律师的法律意见而未采纳，造成重大损失或者严重不良影响的，依法依规追究国有企业主要负责人、负有责任的其他领导人员和相关责任人员的责任。

（三十二）各级党政机关要将法律顾问、公职律师、公司律师工作纳入党政机关、国有企业目标责任制考核。推动法律顾问、公职律师、公司律师力量建设，完善日常管理、业务培训、考评奖惩等工作机制和管理办法，促进有关工作科学化、规范化。

（三十三）党政机关要将法律顾问、公职律师经费列入财政预算，采取政府购买或者财政补贴的方式，根据工作量和工作绩效合理确定外聘法律顾问报酬，为法律顾问、公职律师开展工作提供必要保障。

（三十四）县级以上地方各级党委和政府以及教育、卫生等行政主管部门要加强指导、分类施策、重点推进、鼓励探索，有步骤地推进事业单位法律顾问制度建设。

（三十五）人民团体参照本意见建立法律顾问、公职律师制度。

（三十六）各地区各部门可结合实际，按照本意见制定具体办法。

国务院办公厅关于加强和改进行政应诉工作的意见

2016年6月27日国办发〔2016〕54号

各省、自治区、直辖市人民政府，国务院各部委、各直属机构：

为贯彻落实《中共中央关于全面推进依法治国若干重大问题的决定》关于“健全行政机关依法出庭应诉、支持法院受理行政案件、尊重并执行法院生效裁判的制度”的要求，保障行政诉讼法有效实施，全面推进依法行政，加快建设法治政府，经国务院同意，现就加强和改进行政应诉工作提出以下意见。

一、高度重视行政应诉工作。行政诉讼是解决行政争议，保护公民、法人和其他组织合法权益，监督行政机关依法行使职权的重要法律制度，做好行政应诉工作是行政机关的法定职责。行政诉讼法施行以来，各地区、各部门依法履行行政应诉职责，取得了积极成效。但消极对待行政应诉、干预人民法院受理和审理行政案件、执行人民法院生效裁判不到位、行政应诉能力不强等问题依然存在，有的还较为突出。各地区、各部门要从协调推进“四个全面”战略布局的高度，充分认识做好行政应诉工作对于依法及时有效化解社会矛盾纠纷、规范行政行为、加强政府自身建设的重要意义，把加强和改进行政应诉工作提上重要议事日程，切实抓紧抓好。

二、支持人民法院依法受理和审理行政案件。行政机关要尊重人民法院依法登记立案，积极支持人民法院保障公民、法人和其他组织的起诉权利，接受人民法院依照行政诉讼法的规定对行政机关依法行使职权的监督，不得借促进经济发展、维护社会稳定等名义，以开协调会、发文件或者口头要求等任何形式，明示或者暗示人民法院不受理依法应当受理的行政案件，或者对依法应当判决行政机关败诉的行政案件不判决行政机关败诉。

三、认真做好答辩举证工作。被诉行政机关要严格按照行政诉讼法的规定，向人民法院提交答辩状，提供作出行政行为的证据和依据。要提高答辩举证工作质量，做到答辩形式规范、说理充分，提供证据全面、准确、及时，不得拒绝或者无正当理由迟延答辩举证。

四、依法履行出庭应诉职责。被诉行政机关负责人要带头履行行政应诉职责，积极出庭应诉。不能出庭的，应当委托相应的工作人员出庭，不得仅委托律师出庭。对涉及重大公共利益、社会高度关注或者可能引发群体性事件等案件以及人民法院书面建议行政机关负责人出庭的案件，被诉行政机关负责人应当出庭。经人民法院依法传唤的，行政机关负责人或者其委托的工作人员不得无正当理由拒不到庭，或者未经法庭许可中途退庭。

五、配合人民法院做好开庭审理工作。被诉行政机关出庭应诉人员要熟悉法律规定、了解案件事实和证据，配合人民法院查明案情。要积极协助人民法院依法开展调解工作，促进案结事了，不得以欺骗、胁迫等非法手段使原告撤诉。要严格遵守法庭纪律，自觉维护司法权威。

六、积极履行人民法院生效裁判。被诉行政机关要依法自觉履行人民法院生效判决、裁定和调解书。对人民法院作出的责令重新作出行政行为的判决，除原行政行为因程序违法或者法律适用问题被人民法院判决撤销的情形外，不得以同一事实和理由作出与原行政行为基本相同的行政行为。对人民法院作出的行政机关继续履行、采取补救措施或者赔偿、补偿损失的判决，要积极履行义务。

七、明确行政应诉工作职责分工。要强化被诉行政行为承办机关或者机构的行政应诉责任，同时发挥法制工作机构或者负责法制工作的机构在行政应诉工作中的组织、协调、指导作用。行政复议机关和作出原行政行为的行政机关为共同被告的，应当共同做好原行政行为的应诉举证工作，可以根据具体情况确定由一个机关实施。

八、加强行政应诉能力建设。各地区、各部门要加强行政应诉工作力量，合理安排工作人员，积极发挥政府法律顾问和公职律师作用，确保行政应诉工作力量与工作任务相适应。要切实保障行政应诉工作经费、装备和其他必要的工作条件。要建立行政应诉培训制度，每年开展一到两次集中培训、旁听庭审和案例研讨等活动，提高行政机关负责人、行政执法人员等相关人员的行政应诉能力。

九、有效预防和化解行政争议。行政机关要不断规范行政行为，认真研究落实人民法院提出的司法建议，提高依法行政水平，从源头上预防和化解行政争议。要进一步加强行政复议工作，提高行政复议办案质量，努力把行政争议化解在基层，化解在初发阶段，化解在行政程序中。

十、强化行政应诉工作监督管理。要加强行政应诉工作考核，将行政机关出庭应诉、支持人民法院受理和审理行政案件、执行人民法院生效裁判以及行政应诉能力建设情况纳入依法行政考核体系。要严格落实行政应诉责任追究制度，对于行政机关干预、阻碍人民法院依法受理和审理行政案件，无正当理由拒不到庭或者未经法庭许可中途退庭，被诉行政机关负责人不出庭应诉也不委托相应的工作人员出庭，拒不履行人民法院对行政案件的判决、裁定或者调解书的，由任免机关或者监察机关依照行政诉讼法、《行政机关公务员处分条例》、《领导干部干预司法活动、插手具体案件处理的记录、通报和责任追究规定》等规定，对相关责任人员严肃处理。各级政府应当加强对本意见执行情况的监督检查。

各省、自治区、直辖市人民政府和国务院各部门要根据本意见，结合本地区、本部门实际，制定加强和改进行政应诉工作的具体实施办法。

国家税务总局关于全面推进依法治税的指导意见

2015年2月27日 税总发〔2015〕32号

各省、自治区、直辖市和计划单列市国家税务局、地方税务局，局内各单位：

为深入贯彻党的十八大和十八届三中全会、四中全会精神，根据《中共中央关于全面推进依法治国若干重大问题的决定》，现就税务系统全面推进依法治税提出以下意见。

一、深刻认识全面推进依法治税的重要性和紧迫性

（一）立足大局，充分认识重大意义。十八届四中全会是党的历史上第一次以法治为主题的全会，通过了我国历史上第一个关于加强法治建设的专门决定，描绘了全面推进依法治国的总蓝图，是建设社会主义法治国家伟大征程上的一次历史性跨越，具有重大的现实意义和深远的历史意义。

十八届四中全会《决定》（以下简称四中全会《决定》）与十八届三中全会《决定》形成姊妹篇。法治是国家治理体系和治理能力的重要依托，是实现国家治理现代化的必然要求，事关我们党执政兴国，事关人民幸福安康，事关党和国家长治久安。

全面推进依法治税，是依法治国基本方略在税收领域的集中体现，是党的主张和人民意志在税收工作中的全面贯彻。只有坚持依法治税，才能顺应全面建成小康社会、全面深化改革、全面依法治国、全面从严治党的新形势，才能有效适应经济发展新常态和需求个性化、诉求多元化、信息网络化的新变化，才能为税收改革和发展提供可靠的法治保障，有力推动税法体系完备规范、税制体系成熟定型、服务体系优质便捷、征管体系科学严密、信息体系稳固强大、组织体系高效清廉，真正在法治轨道上有序推进税收现代化。

（二）直面问题，清醒认识紧迫形势。改革开放以来，税务系统推进依法治税取得了明显成效，明确提出依法治税是税收工作灵魂、依法行政是税收工作生命线和基本准则，制度体系不断健全，执法行为逐步规范，管理方式日趋科学，法治保障持续加强，法治正从一种治税手段发展成为税收治理的基本方式。

同时，必须清醒看到，与四中全会《决定》要求相比，与经济社会发展趋势相比，与实现税收现代化目标相比，与广大纳税人期待相比，税收法治建设还存在许多不适应、不符合的问题，主要表现为：税收法治观念不强，一些税务人员特别是少数领导干部法治观念淡薄、依法治税能力不强，部分纳税人依法纳税意识较弱、税法遵从度不高；税法权威性不足，税收立法级次和立法质量有待提高，制度建设存在一定的部门化倾向，有些制度的针对性、可操作性、确定性较差；依法治税工作体制机制运行不畅，依法行政工作领导小组统筹协调工作机制没有实现规范化、常态化，内部协同推进依法治税的合力尚未形成，一些重要的依法治税制度机制有待建立和完善；执法规范化程度不高，执法不严、随意执法、选择性执法现象在一些税务机关依然不同程度地存在，执法监督的体制机制不能很好适应形势发展需要，依法行政信息化建设相对滞后，权利保护制度机制不够完善，权利救济渠道不够通畅；税收法治环境不良，一些地方干预税收执法，脱离实际对收入任务层层加码，冲击税收法治建设的状况没有得到根本改变，同时政府部门协同治税、社会主体共同治税的制度体制机制尚未有效建立。这些问题，违背法治原则，损害纳税人合法权益，妨碍税收事业科学发展，必须切实加以解决。

全面推进依法治税是税收治理领域一场广泛而深刻的革命。税务系统必须站在历史和大局的高度，勇于担当、奋发有为，更加自觉地实行依法行政，更加扎实地推进依法治税，让依法治税生命线深深扎根全系统。

二、全面推进依法治税的指导思想、总体要求及实施路径

（一）指导思想

全面贯彻党的十八大和十八届三中全会、四中全会精神，深入贯彻习近平总书记系列重要讲话精神，紧紧围绕全面建成小康社会、全面深化改革、全面依法治国、全面从严治党的战略布局，坚定不移走中国特色社会主义法治道路，坚持中国特色社会主义法治理论和法治原则，落实税收法定，坚决维护税法权威，坚持征纳双方法律面前平等，依法维护国家税收利益，依法维护纳税人合法权益，依法发挥税收职能作用，以税收公平公正促进社会公平正义，为实现税收现代化提供有力法治保障。

（二）总体要求

从税收工作实际出发，严格依法行政，坚持依法决策、规范执行、严密监督共同推进，坚持法治化、规范化、信息化一体建设，以约束权力、保护权利为重点，抓住领导干部这个关键，创新体制机制，改进方式方法，最大限度便利纳税人、最大限度规范税务人，加强税法遵从和税收共治，推进税收法治化，促进税收现代化。

（三）实施路径

全面推进依法治税是一个系统工程，必须既充分吸收已有经验，又勇于改革创新；既抓住税收法治建设关键，又体现税收事业发展全局要求；既强调顶层设计，又做到切实管用；既讲近功，又求长效。

一是整体规划、分步实施。全面回顾总结税务系统依法治税工作，研究制定“十三五”时期税务系统推进依法治税工作规划，明确推进依法治税的总体目标、具体任务和工作部署。

根据依法治税“十三五”规划，对各项任务进行分解，制定路线图、时间表和任务书，进一步细化工作目标、具体措施、工作标准和完成时限，形成项目化推进机制，循序渐进，分步实施。

二是统筹推进、重点突破。根据依法治税“十三五”规划和分步实施计划，统筹制定推进依法治税年度重点任务。按照职责分工，落实到相关部门，明确责任主体，制定考评标准，纳入绩效管理。

坚持改革精神和创新思维，推动部门联合、综合试点，积极探索破除制约依法治税的一系列体制机制障碍和既得利益格局，为全面推进依法治税摸索方法、积累经验、取得突破。

三是内外结合、上下互动。深刻认识、主动适应外部环境和条件变化，树立法治思维，转变管理理念，增强服务意识，积极回应社会关切，正确对待纳税人诉求，努力争取各方支持，内外结合促进依法治税。

坚持上下互动，发挥“司令部”和“基层连队”两个积极性，切实做到尊重基层、服务基层，认真听取基层意见，充分吸收基层智慧，共同推进依法治税。

三、依法履行税收工作职能

（一）依法组织税收收入。认真贯彻落实新预算法和税收征管法，严格依法征税。构建新型税收收入管理体系，科学预测各地税收收入增长目标，探索从制度机制上解决任务层层加码问题。深入开展税收收入质量检查，坚决遏制“空转”、收“过头税”、越权减免税等违法行为，坚决依法落实各项税收优惠政策。

（二）依法发挥税收调控作用。按照促进我国经济提质升级、促进社会公平正义要求，着眼全局、积极作为，全面落实中央重大决策部署，在法治轨道上推动税收改革，依法制定和执行相关税收政策，充分发挥税收调控经济、调节分配的职能作用。进一步清理规范税收优惠政策，建立税收减免核算管理制度，健全优惠政策制定和管理长效机制，维护全国统一市场和公平竞争。发挥数据优势，深化税收分析，更好地为经济社会发展大局服务。

（三）切实保障依法履责。完善行政组织和行政程序制度，推进机构、职能、权限、程序、责任法定化、规范化。积极转变职能，简政放权，推行权力清单、责任清单、负面清单，坚决做到法无授权不可为、法定职责必须为，防止不作为、乱作为。不得法外设定权力，没有法律法规依据不得作出减损纳税人合法权益或者增加其义务的决定。

四、提高税收制度建设质量

（一）积极推动相关税收立法。扎实推进税收征管法修订相关工作，积极参与房地产税、环境保护税立法和个人所得税法修订等工作，主动配合把成熟稳定的单行税种法规上升为法律。将法治精神贯穿税收改革，坚持改革决策和立法决策相统一、相衔接，做到重大改革于法有据，改革与法治同步推进，对税收改革中形成的、实践证明科学可行的方案和措施，积极稳妥地推动其上升为法律制度。

（二）加快税收政策工作规范化机制建设。把法治要求落实到税收政策的立改废释中，建立规范化、程序化税收政策动态调整长效机制。根据党中央、国务院部署和经济社会发展趋势，做好税收政策前瞻性研究和储备，提高税收政策服务水平。完善税收政策跟踪问效机制，定期进行效应评估分析，对引发涉税争议的税收政策及时评估，将评估结果作为政策调整的重要依据。对不符合经济社会发展需要、与上位法不一致或者相互之间不协调的税收政策，及时调整或者废止。建立健全规范、高效的税收政策解读机制，增强政策执行的合法性、统一性和确定性。

（三）完善税收规范性文件制定程序。修订《税收规范性文件制定管理办法》。完善制定规范性文件的制度体制机制，防止政策和措施部门化倾向。健全涉及纳税人重大利益的规范性文件起草、论证、协调、审议机制，严格落实向下级税务机关征询意见机制，探索建立税收制度建设基层联系点制度。建立健全规范性文件公开征求意见制度、专家咨询论证制度、公开听证制度，增强税收制度的科学性、针对性和可操作性。

（四）拓宽税收规范性文件合法性审查范围和内容。税务部门牵头与其他部门联合制定的涉税规范性文件应当进行合法性审查，未经审查，不得对外签发。加强规范性文件合理性审查，保证税收制度的可操作性，从源头上根除制度性侵权。加强世贸规则适用性调研，建立健全税收规范性文件合规性审查机制，防范和减少国际贸易涉税争端。

（五）深度参与国际税收规则制定。增强国际税收话语权和影响力，深度参与应对税基侵蚀和利润转移等重要国际税收问题研究，做好涉税国际谈判、条约签订、转化生效等工作，健全中国特色国际逃避税防控体系和“走出去”企业税收管理服务体系，维护国家税收权益，服务我国对外开放大局。

五、健全依法决策机制

（一）推进依法科学民主决策。结合税收工作实际，把税务系统发展规划、税收改革及信息化建设、重大税收规范性文件制定、重大税务案件审理等涉及重大公共利益、纳税人切身权益和对税收管理产生重大影响的事项纳入重大决策范围。明确重大行政决策和内部重大决策程序。把公众参与、专家论证、风险评估、合法性审查、集体讨论决定确定为重大行政决策法定程序，确保决策制度科学、程序正当、过程公开、责任明确，努力实现决策规范化、制度化、程序化。建立税务机关内部重大决策合法性审查机制，未经合法性审查或者经审查不合法的，不得提交讨论。

（二）积极推行法律顾问制度。建立以税务机关法制机构人员为主体、吸收专家和律师参加的法律顾问队伍，明确法律顾问的工作职责和工作程序，保证法律顾问在制定税务重大行政决策、推进依法行政中发挥积极作用。

（三）加强重大决策责任追究。建立重大决策终身责任追究制度及责任倒查机制，明确重大决策责任的追责范围和追责程序。探索建立重大行政决策评估机制，每年选取部分重大行政决策事项进行评估。

六、坚持严格规范公正文明执法

（一）推动业务流程制度化规范化。深入开展“便民办税春风行动”，认真实施和完善纳税服务规范，制定推行税收征管规范、行政管理规范，研究制定完善岗责规范，逐步形成全国统一的内控规范，实现税收业务流程的整体优化。加强行政执法信息化建设及信息共享，以科技为驱动，通过制度加科技，实现流程规范化、风险集成化、预警前置化、防控实时化、问责常态化，提高执法效率和规范化水平。

（二）深化行政审批制度改革。不折不扣地落实国务院关于行政审批制度改革的要求，取消非行政许可审批事项或者依法调整为行政许可，严禁以事前核准性备案等方式变相实施审批。加强工作协同和部门联动，确保取消或者下放税务行政审批事项有效落实。规范行政许可设定和实施，严格按照法定权限、范围、条件、程序实施行政许可。探索推进网上审批和“阳光审批”。坚持放管结合，强化后续管理，以行政审批制度改革为突破口，推进以信息化为支撑、以税收风险管理为核心的税收征管改革。

（三）坚持严格公正执法。依法打击税收违法犯罪活动，加大重点领域执法力度，加强税务稽查工作，健全税收行政执法与刑事司法衔接机制，保持税法威慑态势，为诚实守信纳税人营造公平公正的税收法治环境。加强技术创新，推行增值税发票系统升级版，让守法者更为便利，让违法者无隙可钻。建立和执行重大执法决定法制审核制度，未经法制审核或者审核未通过的，不得作出决定。落实重大税务案件审理办法。

（四）加强规范文明执法。完善执法程序，建立执法全过程记录制度。规范税务行政裁量权，完善税务行政裁量权基准制度，制定全国统一的规范税务行政处罚裁量权行使规则。稳步推行重大税收执法行为说明理由制度，积极探索税务行政执法案例指导制度。积极探索运用柔性指导、疏导等方式，促进税收共治，提升税法遵从度。

（五）完善纳税人权利救济机制。认真落实行政复议法和行政诉讼法，进一步完善税务行政复议工作体制及和解、调解等制度，发挥行政复议解决税收争议主渠道作用，切实保护纳税人合法权益。推进行政复议和应诉工作专业化，税务总局机关和省国税机关成立专门的税务行政复议办公室，统筹、协调、处理税务行政争议，妥善化解矛盾。省地税机关可以比照执行。建立税务行政复议相关部门协同应对机制、行政复议发现问题回应机制，以及行政复议诉讼衔接机制。按照税收协定有关规定，积极开展对外协商，有效解决国际税收争议，维护纳税人权益。加强纳税服务投诉管理，认真受理和及时解决纳税服务投诉。

七、强化权力制约和监督

（一）健全权力制约机制。实行分事行权、分岗设权、分级授权，定期轮岗，强化内部流程控制，防止权力滥用。全面推进内控机制信息化升级版建设，实现“两覆盖、两优化、两提升”，促进权力依法运行。严格执行税收个案批复相关规定，认真履行个案批复程序要求。

（二）推进监督检查常态化。进一步加强巡视、督察内审、督查、监察等方面监督的协调配合，做到各有侧重、资源共享、成果共用，努力实现制度化、有机化、协同化。强化税收执法督察，重点关注易发生执法问题的薄弱环节，推动中央决策部署和税收政策有效落实，对严重违规执法行为予以通报。加强对预算执行、基本建设、政府采购等重要资金和重点项目的审计监督，坚决纠正违规行为，严肃财经纪律。探索督察内审体制机制改革。加大执法监察和效能监察工作力度，增强对税收执法、行政管理重点岗位和关键环节的监督制约。建立健全行政执法案卷评查制度。

（三）自觉接受外部监督。健全纳税人监督机制，拓宽纳税人监督渠道，依法保障纳税人监督权利。自觉接受人大及其常委会监督、政协民主监督以及人民法院、人民检察院和审计、纪检监察等部门依法实施的监督。建立健全新闻媒体以及社会公众监督投诉处理机制。

（四）严格责任追究。坚持加强监督与责任追究相结合，做到有权必有责、用权受监督、违法必追究，坚决纠正有法不依、执法不严、违法不究行为。深化税收执法责任制，推动以部门规章等形式完善实行行政执法责任制的规定。严格执行行政监察法、公务员法、行政机关公务员处分条例和关于实行党政领导干部问责暂行规定等监督问责方面的法律法规和相关制度。完善纠错问责机制，健全责令公开道歉、停职检查、引咎辞职、责令辞职、免职等问责方式和程序。对发生重大违法案件、造成严重社会后果的，必须严肃问责、依法追究。涉嫌违纪的，移送纪检监察部门处理；涉嫌犯罪的，移送司法机关。

八、全面推进政务公开

（一）拓展公开领域和事项。坚持以公开为常态、不公开为例外原则，推进决策公开、执行公开、管理公开、服务公开、结果公开。依据权力清单，向社会全面公开税收工作职能、法律依据、实施主体、职责权限、管理流程、监督方式等事项。

（二）完善政务信息公开制度。健全税务部门政务信息公开的监督和保障机制，定期对政务信息公开工作进行考核和评议。加强信息公开载体建设。在利用和整合现有资源基础上，不断拓展政务公开渠道。推进政务公开信息化，加强互联网政务信息数据服务平台和便民服务平台建设。逐步推行税收执法公示制度。

九、增强全社会税收法治观念

（一）提升税务人员法治理念。坚持把领导干部带头学法、模范守法作为树立法治意识的关键，制定领导干部依法行政知识培训计划，把宪法法律列入党组中心组学习内容。健全税务人员法治培训长效机制。把依法行政知识作为各类税务人员培训的必修课程，规范设置法治培训内容，切实提高税务人员运用法治思维和法治方式解决实际问题的能力。

（二）增进纳税人税法遵从意识。准确界定税务机关和纳税人的权利义务，强化税收征管与优化纳税服务有机结合，既加强管理，又方便办税。落实纳税信用管理办法和税收“黑名单”制度，加强信用评价结果应用，建立奖优罚劣的税收信用机制，积极推动社会信用体系建设，维护公平公正的税收秩序。支持外部门、社会组织和公众参与税收治理，鼓励相关中介机构提供优质涉税专业服务，支持注册税务师协会等依法实施行业自律，调动各方面积极因素推进税收法治建设。

（三）增强全民税收法治观念。加强税收普法宣传教育，加强办税服务厅、税务网站等主阵地建设，发挥税务报刊图书的作用。实行税务机关“谁执法谁普法”的普法责任制。利用“税收宣传月”加强税收法治宣传。探索分级设立纳税人学堂。推进税收法治教育纳入国民教育体系，在校园普及税法知识。支持税收法治理论研究。着力抓好税收法治文化建设。

十、加强税收法治工作队伍建设

（一）健全税收法制机构。合理界定税务机关法制机构职责，确保其集中精力从事税收法制工作。强化法制机构人员保障，省国税机关应当配强专业力量，市国税机关应当配足专职人员，县国税机关应当设置法制机构，各级地税机关可以比照执行，促进税务机关法制机构和法制人员依法履行职责。

（二）提升法治队伍素质。加强税务领军人才库和税收专门人才库建设。建立交流机制，畅通上下级税务机关、税务机关各部门之间干部交流渠道。加强涉外税收法律人才培养。提高从法律专业高校毕业生中招录公务员和从基层遴选税收法治干部的比例。严格执法资格管理，实行税收执法人员持证上岗和资格管理制度，未经执法资格考试合格，不得授予执法资格，不得从事执法活动。

（三）普遍建立公职律师制度。建立公职律师团队，使之成为税务系统参与决策论证、提供法律意见、促进依法办事、防范法律风险的骨干力量，带动提升税收工作的整体法治水平。统筹解决公职律师制度运转中遇到的问题和困难，支持公职律师依法履行职责，加大公职律师锻炼培养力度。

十一、加强党组对依法治税工作的领导

（一）提高领导干部依法治税、依法带队的能力和水平。各级税务机关领导干部是推进依法治税的关键，应当以身作则、以上率下，做尊法学法守法用法的模范，带头营造办事依法、遇事找法、解决问题用法、化解矛盾靠法的法治环境，不断提高依法治税、依法带队的能力和水平，坚决纠正和解决法治不彰问题，引领带动推进依法治税。把能否遵守法律、依法办事作为考察干部的重要内容，在相同条件下优先提拔使用法治素养好、依法行政能力强的干部，把善于运用法治思维和法治方式推动工作的干部选拔到领导岗位上来。对特权思想严重、法治观念淡薄的领导干部应当批评教育，不改正的应当调离领导岗位。把法治建设成效作为衡量领导班子和领导干部工作实绩的重要内容，纳入政绩考核。抓紧对领导干部推进法治建设实绩的考核制度进行设计，对考核结果运用作出规定。

（二）加强党组领导下的依法行政工作领导小组建设。贯彻落实四中全会《决定》加强和改进党对法治工作领导的明确要求，把依法行政工作领导小组建设成为税务系统各级党组对全面推进依法治税实施统一领导、统一部署、统筹协调的核心平台。依法行政工作领导小组组长应由主要负责同志担任，履行推进法治建设第一责任人职责，其他党组成员是领导小组成员，相关部门参加，集体研究依法治税工作重大问题，审议依法治税工作规划，作出推进依法治税重大决策部署，总揽和监督本单位依法治税工作。建立和落实领导小组例会制度，定期听取依法治税工作汇报，分析研判形势，加强工作统筹，切实解决实际问题。

（三）积极创新依法治税体制机制。选择基层税务机关进行试点，并确定为税务总局党组联系点，由税务总局联合中央有关部门和地方省委、省政府开展依法治税综合试点，进一步探索破除影响和制约依法治税的体制机制障碍。积极探索总法律顾问制度，主要负责同志分管法治工作，开展主要负责同志述职述廉述法，倡导主要负责同志出庭应诉等。推动法治税务示范基地建设，发挥先进典型的示范引领作用，把法治税务示范基地建设作为推进基层税务机关依法治税的重要载体和有力抓手。

十二、狠抓工作任务落实

（一）加强统筹协调。税务系统各级党组应当充分发挥推进依法治税的领导核心作用，把法治建设提上重要议事日程，利用依法行政工作领导小组这一平台，全力做好统筹协调和组织推动工作。对不认真履行第一责任人职责的税务机关主要负责同志，上级机关应当及时告诫和约谈，严肃批评。依法行政工作领导小组办公室应当强化出谋划策、调研指导、协调服务等职能，承担好相关日常工作。依法行政工作领导小组各成员单位应当强化主体意识，积极协同、主动作为，共同全面推进依法治税。

（二）加强工作保障。对依法治税重点项目优先予以立项，将依法治税全局性、基础性工作所需资金纳入预算，强化经费保障。进一步加强法治工作部门组织建设，充实和加强法治工作专门力量。加强依法治税信息化建设，将法治化与信息化高度融合，提高法治工作的信息技术保障水平。

（三）加强绩效考核。将依法治税年度重点任务纳入绩效管理，明确完成时限，对任务落实进度和效果进行绩效考评，强化推进依法治税各项工作的过程和结果管理，做到年初有分工、年中有督察、年末有考核、全年有台账。积极探索建立科学、有效、相对独立的依法行政指标体系，融入绩效管理，促进持续、深入、全面推进依法治税。加强督查督办。建立健全限期报告、调查复核、情况通报、责任追究和督查调研等工作督查督办制度，狠抓依法治税制度措施和工作任务落实，将法治精神和要求贯彻到税收工作的各个方面和全部过程。

各省税务机关应当根据四中全会《决定》和本指导意见，结合实际制定具体贯彻落实措施，实化、细化、分解各项任务，建立健全责任落实机制，并将贯彻落实情况及时上报税务总局，确保全面推进依法治税各项工作部署落到实处。

各级税务机关和广大税务干部要紧密团结在以习近平同志为总书记的党中央周围，高举中国特色社会主义伟大旗帜，深入学习贯彻党的十八大和十八届三中全会、四中全会精神，积极投身全面推进依法治税伟大实践，坚持崇法善治、厉行法治，坚持提升站位、服务大局，为加快税收法治化建设、推动实现税收现代化而努力奋斗！

国家税务总局关于印发《税收政策合规工作实施办法（试行）》的通知

2015 年 10 月 10 日　税总发〔2015〕117 号

各省、自治区、直辖市和计划单列市国家税务局、地方税务局，局内各单位：

为贯彻落实国务院办公厅《关于进一步加强贸易政策合规工作的通知》（国办发〔2014〕29 号），做好税收政策合规性评估工作，税务总局制定了《税收政策合规工作实施办法（试行）》，现印发给你们，请认真贯彻执行。执行中遇到的问题，请及时报告国家税务总局（政策法规司）。

附件：税收政策合规工作指引

税收政策合规工作实施办法（试行）

第一条　为了规范税收政策合规工作，根据国务院办公厅《关于进一步加强贸易政策合规工作的通知》（国办发〔2014〕29 号），制定本办法。

第二条　本办法所称税收政策，是指依法制定的可能影响货物贸易、服务贸易以及与贸易有关的知识产权的税务部门规章、税收规范性文件，以及税务机关与其他部门联合制定文件中涉及的税收政策和管理措施，不包括针对特定行政相对人实施的具体行政行为。

前款中的税收政策和管理措施包括但不限于：

（一）直接影响进出口的税收政策，包括：

1. 影响进口的间接税；

2. 出口税；

3. 出口退税；

4. 加工贸易税收减让。

（二）可能影响贸易的税收优惠政策；

（三）执行上述税收政策的管理措施。

第三条 本办法所称合规，是指税收政策应当符合世界贸易组织规则。

世界贸易组织规则，包括《世界贸易组织协定》及其附件和后续协定、《中华人民共和国加入议定书》和《中国加入工作组报告书》。

第四条 设区的市（盟、州、地区）以上税务机关应当按照本办法的规定，对税收政策进行合规性评估。

第五条 设区的市（盟、州、地区）以上税务机关从事政策法规工作的部门或人员（以下简称政策法规部门）负责对税收政策进行合规性评估。

税收政策未经政策法规部门进行合规性评估的，办公厅（室）不予核稿，局领导不予签发。

第六条 税收政策在送交合规性评估时，税收政策起草部门应当对其制定背景、制定依据、政策目标等进行说明。

起草部门未按前款规定对税收政策进行说明的，政策法规部门应将起草文本退回起草部门，由其进行补充说明。

第七条 政策法规部门主要依据以下内容，对税收政策起草文本是否合规进行评估：

（一）最惠国待遇原则；

（二）国民待遇原则；

（三）透明度原则；

（四）有关补贴的规定；

（五）其他世界贸易组织规则。

第八条 政策法规部门根据不同情形，分别提出以下评估意见：

（一）认为起草文本符合世界贸易组织规则的，提出无异议评估意见；

（二）认为起草文本可能引发国际贸易争端的，向起草部门作出风险提示；

（三）认为起草文本不符合世界贸易组织规则、必然引发国际贸易争端的，向起草部门作出风险提示，并提出修改的意见和理由。

第九条 经评估，政策法规部门对起草文本提出无异议评估意见的，在签署同意意见后，按公文处理程序办理。

第十条 政策法规部门认为起草文本可能或必然引发国际贸易争端，起草部门同意政策法规部门意见的，由起草部门根据政策法规部门的风险提示进行分析，按公文处理程序办理。

第十一条 政策法规部门认为起草文本可能或必然引发国际贸易争端，起草部门不同意政策法规部门的意见，经充分协商仍不能达成一致的，由起草部门在起草说明中注明各方意见和理由，报局领导确定。

第十二条 设区的市（盟、州、地区）以上税务机关难以确定税收政策是否合规的，可由政策起草部门征求同级商务部门意见后，报局领导确定。

如有必要，设区的市（盟、州、地区）以上税务机关可以邀请有关部门、专家学者、中介机构等对税收政策的合规性和引发国际贸易争端的风险进行论证。

第十三条 合规性评估过程中发现起草文本所依据的税收政策不符合世界贸易组织规则的，由起草机关层报该税收政策制定机关处理。

第十四条 设区的市（盟、州、地区）以上税务机关应当在税收政策印发之日起30日内将正式文本报上级税务机关政策法规部门备案。

第十五条 上级税务机关政策法规部门应当对下级税务机关报备的税收政策进行合规性评估，提出处理意见。

根据世界贸易组织规则发展变化情况，税务总局及时组织设区的市（盟、州、地区）以上税务机关对税收政策进行专项清理。

第十六条 各省、自治区、直辖市和计划单列市税务机关应当于每年1月31日前向国家税务总局报告本地区上一年度合规性评估工作开展情况，包括当年合规性评估文件数量、名称、政策法规部门的评估意见以及文件最终制定情况。

第十七条 税收政策文本印发后，应当按照世界贸易组织规则的要求翻译成英文。

税收政策翻译工作实施办法由税务总局另行制定。

第十八条 国务院商务主管部门转来的世贸组织成员提出的税收政策合规问题，由税务总局统一负责，参照本办法的规定办理。

第十九条 设区的市（盟、州、地区）以上税务机关可以根据需要，建立合规工作专家支持体系。

第二十条 本办法自2015年11月1日起实施。

国家税务总局关于深化行政审批制度改革切实加强事中事后管理的指导意见

2016年2月28日　税总发〔2016〕28号

各省、自治区、直辖市和计划单列市国家税务局、地方税务局，局内各单位：

为落实中办、国办印发的《深化国税、地税征管体制改革方案》关于“切实加强事中事后管理”要求，协同推进简政放权、放管结合、优化服务，不断提高税收征管效能，推动实现税收现代化，现提出如下意见。

一、总体要求

（一）指导思想

全面贯彻党的十八大和十八届三中、四中、五中全会精神，深入落实《深化国税、地税征管体制改革方案》，按照国务院关于简政放权、放管结合、优化服务的要求，深化税务行政审批制度改革，转变税收管理理念，创新税收管理方式，增强税收管理效能，提高纳税人税法遵从度，推进税收征管体制和征管能力现代化。

（二）基本原则

1．依法管理。坚持法定职责必须为、法无授权不可为，严格依法行政，推进事中事后管理制度化、规范化、程序化。

2．科学高效。运用现代管理理念、方式和手段，优化征管资源配置，提高税收管理效能。

3．权责明确。厘清征纳双方权利、义务和责任，还权明责于纳税人，促进税法遵从。

4．统筹协调。加强国税局与地税局、各级税务机关及其部门之间的协同配合，形成管理合力。

5．社会共治。推进社会综合治税，构建纳税人自律、社会监督和行政监管相结合的税收治理格局。

（三）目标任务

继续深化税务行政审批制度改革，实现税收管理由主要依靠事前审批向加强事中事后管理转变；强化纳税人自主申报，完善包括备案管理、发票管理、申报管理等在内的事中事后管理体系；以税收风险管理为导向，运用大数据理念、技术和资源，落实“互联网＋税务”行动计划，推动社会共管共治。

二、具体措施

（一）提高制度质量，利于理解遵从

1．增强税收政策的确定性、协调性。把法治理念落实到税收政策的立、改、废、释之中，建立规范化、程序化政策动态调整长效机制，完善政策解读机制，建立税收政策确定性管理制度，切实增强税收政策的统一性、权威性、确定性和可操作性；健全政策协调机制，增强同一税种政策调整的前后衔接，增强不同税种政策调整的相互协调，以利于纳税人和税务机关准确理解、正确适用。

2．增强管理措施的针对性、有效性。推行税收执法权力清单和责任清单，准确界定税务机关的权力和责任。对纳税人实施分类分级管理。跟踪评估已经取消或者下放行政审批事项后续管理措施的执行效果；根据后续管理工作需要，完善和细化相关管理措施，增强管理措施的针对性和有效性。定期开展税收规范性文件清理，并同步修订相关业务规范、修改表证单书和升级征管信息系统，增强文件依据、业务规范、表证单书、信息系统的协同性、一致性。

3．提高税收规范性文件制定的科学性、民主性。完善制定税收规范性文件的制度和机制，防止政策和措施部门化倾向。健全税收规范性文件起草、论证、协调、审议机制，落实向基层税务机关征询意见机制，建立税收制度建设基层联系点制度。建立健全税收规范性文件公开征求意见制度、异议处理制度、有效期制度。根据法律、行政法规修改情况，及时修订完善税务规章和税收规范性文件。制定税收规范性文件的同时，明确相应业务规范、表证单书。

（二）加强服务引导，明确纳税人权责

4．优化纳税服务。创新纳税服务方式，丰富纳税服务举措，开展针对性纳税辅导，提供权威专业纳税咨询，提高纳税人自主办税能力，引导纳税人依法自觉履行纳税义务。

5. 强化申报管理。根据后续管理工作需要，调整、优化纳税申报表，明确纳税人报送资料要求。加强税收征管基础信息与申报信息的分析比对。探索办税人员身份确认制度，强化诚信纳税意识和法律责任意识。

6. 规范备案管理。制定减免税备案管理办法，规范备案形式，明确备案程序和监督管理措施，明确备案的相关法律责任，增强备案管理刚性。探索备查管理，对资料复杂、无法通过案头审核进行有效监管的事项，由纳税人保存相关备查资料。探索并逐步推广网上备案。

（三）实施有效监管，提高管理效能

7. 推进大数据应用。统一数据采集标准，健全数据采集规范。拓宽数据采集范围和渠道，完善信息互联互通机制，整合第三方涉税信息和互联网涉税信息。深化数据分析，提高“互联网+税务”时代运用大数据加强事中事后管理的能力。

8. 加强风险管理。落实风险管理扎口统筹制度。加强税收风险规律研究，建立和完善税收风险特征库及分析识别模型。根据风险识别结果，按照风险管理流程，采取风险提醒、纳税评估、税务审计、反避税调查、税务稽查等方式进行差别化应对，有效实施风险管理。

9. 加强发票管理。逐步推行电子发票，推广使用增值税发票管理升级版系统，实现所有发票网络化运行，推行发票电子底账。构建发票信息综合分析利用平台。健全发票管理制度，加强发票印制、领用、开具等环节管理。强化发票日常核查。

10. 加强税务稽查。建立健全随机抽查制度和案源管理制度。加大重点领域执法力度，增强稽查精准性、震慑力。加强税警协作，健全税收行政执法与刑事司法衔接机制，依法打击税收犯罪活动。

（四）完善社会监督，促进共管共治

11. 推进信用管理。全面建立纳税人信用记录，纳入国家统一信用信息共享交换平台，推进纳税信用与其他社会信用联动管理。完善纳税信用管理制度。建立税收违法黑名单制度，加强协同监管并对税收违法失信行为实施联合惩戒。

12. 发挥涉税专业服务社会组织作用。发挥涉税专业服务社会组织的资源优势，鼓励和引导纳税人使用涉税专业服务社会组织提供的涉税服务，并加强监管、规范涉税服务活动。

13. 引导公众监督。推进政务信息公开。依法公示行政许可、行政处罚等信用信息。畅通公众投诉举报通道。曝光税收违法典型案件，落实欠税公告，强化舆论监督。

三、组织实施

（一）统一思想认识

加强事中事后管理是协同推进简政放权、放管结合、优化服务改革的重要任务，是转变税收管理理念和管理方式的必然要求，是完善税收治理体系、提升税收治理能力的有效举措。各级税务机关务必高度重视，将思想、认识和行动统一到税务总局的部署上来，不断增强做好事中事后管理工作的积极性、主动性和创造性。

（二）加强组织领导

各级税务机关应当充分发挥依法行政工作领导小组统筹协调作用，主要负责同志应当亲自研究、亲自部署、亲自推动，相关业务部门要按照“谁主管、谁负责、谁监管”原则，具体组织、实施和推进事中事后管理工作，并加强协调配合，形成工作合力。各地国税局、地税局应当加强协同配合，对共性管理事项探索联合制定制度措施。

（三）明确工作职责

税务总局负责顶层设计和统筹规划，制定切实加强事中事后管理指导意见，健全管理体系，完善管理措施；省税务局负责安排部署和组织推进，并结合实际细化管理措施，跟踪评估执行效果，完善制度办法，对税务总局制定的管理措施提出改进建议；市县税务局负责组织实施和贯彻落实，反馈税务总局和省税务局相关管理措施的实施效果，针对突出问题提出意见建议。

（四）狠抓任务落实

各级税务机关应当分解落实任务，明确责任部门，根据实际情况制定事中事后管理工作措施的路线图、时间表和任务书，综合运用督查督办、执法督察、绩效管理等方法，强化对事中事后管理工作跟踪问效和监督问责，确保工作落到实处、取得实效。

国家税务总局关于印发《“十三五”时期税务系统全面推进依法治税工作规划》的通知

2016 年 12 月 2 日　税总发〔2016〕169 号

各省、自治区、直辖市和计划单列市国家税务局、地方税务局，局内各单位：

为加快“十三五”时期税收法治建设，全面推进依法治税，税务总局制定了《“十三五”时期税务系统全面推进依法治税工作规划》，现印发给你们，请结合实际认真贯彻执行。

“十三五”时期税务系统全面推进依法治税工作规划

为加快“十三五”时期税收法治建设，全面推进依法治税，根据《中共中央关于全面推进依法治国若干重大问题的决定》《法治政府建设实施纲要（2015—2020 年）》《“十三五”时期税收发展规划》《国家税务总局关于全面推进依法治税的指导意见》，制定本规划。

一、总体要求

（一）工作思路

全面贯彻党的十八大和十八届三中、四中、五中、六中全会精神，深入贯彻习近平总书记系列重要讲话精神，落实《法治政府建设实施纲要（2015—2020 年）》《深化国税、地税征管体制改革方案》《国家税务总局关于全面推进依法治税的指导意见》，坚持依法决策、规范执行、严密监督共同推进，坚持法治化、规范化、信息化一体建设，抓住领导干部这个“关键少数”，以约束税务机关权力、保护纳税人权利为重点，最大限度规范税务人、最大限度便利纳税人，促进税法遵从和税收共治，在更高层次更高水平上推进依法治税，为实现税收现代化提供有力法治保障。

（二）基本原则

——坚持税收法定。增强税收制度制定的科学性、民主性和透明度，提高税收制度建设质量，推动实现税收领域良法善治。

——坚持征纳双方法律面前平等。牢固树立平等理念，依法平等保护相关主体合法权益，征纳双方相互尊重、诚实守信、信赖合作。

——坚持依法行政。坚持权由法定、权依法使，遵循正当程序，合法合理行政，提高税收执法效能和执法公信力。

——坚持简政放权。协同推进简政放权、放管结合、优化服务改革，转变税收管理理念和管理方式，激发市场活力和社会创造力。

——坚持从税收工作实际出发。将税收法治工作与纵合横通强党建、绩效管理抓班子、数字人事带队伍、培育人才提素质等特色工作深度融合，提升税收法治建设实效。

（三）主要目标

到2020年基本建成法治、创新、廉洁和服务型税务机关，努力实现以下目标：

——税收职能依法全面履行。依法征税理念牢固树立，税收改革依法稳步推进，税收筹集财政收入、调节分配和调控经济职能作用更加有效发挥。

——税收制度体系更加完备。税收立法级次显著提升，税收制度的及时性、系统性、针对性、有效性明显增强，税收法律制度体系完备规范。

——税收行政行为更加规范。依法决策机制健全，税收征管严格规范，纳税服务优质便捷，权力制约监督严密有效，纳税人合法权益保障有力。

——税收法治环境更加优化。税务机关和税务干部尊法学法守法用法氛围浓厚，纳税人税法遵从意识明显增强，综合治税体系不断完善，税收共治格局基本形成。

二、工作任务

（一）依法全面履行税收工作职能

1. 严格依法征税。认真贯彻落实预算法和税收征管法等税收相关法律。适应经济发展新常态，建立健全新型税收收入管理体系。坚持依法组织收入原则，依法防止和制止收“过头税”，加强税收收入质量考核评价，实施收入质量动态监测和管理，坚决遏制提前征收、延缓征收、摊派税款、越权减免税等违法违规行为。

2. 依法发挥税收职能。贯彻“创新、协调、绿色、开放、共享”发展理念，主动适应改革发展需要，在法治轨道上持续推进税收改革，依法制定、严格执行各项税收政策，不折不扣落实税收优惠政策，服务供给侧结构性改革。加快税收政策工作规范化机制建设，做好税收政策前瞻性研究和储备，完善政策解读机制，建立税收政策确定性管理制度，健全税收政策协调机制，落实税收政策执行情况反馈报告制度，着力构建政策全链条管理机制。

3. 深化行政审批制度改革。全面取消非行政许可审批事项，全面清理中央指定地方实施的行政审批事项，严格控制新设行政许可，规范和改进行政许可行为。坚持放管结合，强化纳税人自主申报，完善包括备案管理、发票管理、申报管理等在内的事中事后管理体系，推进大数据应用，加强风险管理，实现税收管理由主要依靠事前审批向加强事中事后管理转变。在会同有关部门共同推进工商营业执照、组织机构代码证、税务登记证“三证合一”的基础上，再整合社会保险登记证和统计登记证，实现“五证合一、一照一码”，协调相关部门推进个体工商户“两证整合”。探索完善对“一址多照”和“一照多址”纳税人实施有效管理。

4. 推行权力清单和责任清单。落实中办、国办《关于推行地方各级政府工作部门权力清单制度的指导意见》和国办《关于印发国务院部门权力和责任清单编制试点方案的通知》，做好税务系统权责清单编制和实施工作。2016 年底完成国务院部门权责清单编制试点工作任务。积极配合有关部门做好推行负面清单相关工作。省税务局、市县税务局按照税务总局和地方政府相关安排开展权责清单制度推行工作。

5. 推进税务机关及其部门职责规范化。落实《深化国税、地税征管体制改革方案》，结合税制改革新要求，适应税源结构新变化，把握税收管理新趋势，优化组织结构、职责划分、资源配置，推进各级税务机关及其部门的职能、权限、程序、责任科学化、规范化，进一步完善岗责体系，促进税务机关依法高效履行职责。推进非税收入法治化建设，健全地方税费收入体系。

（二）提高税收制度建设质量

6. 推动和参与税收立法。推动落实税收法定原则，加快税收征管法修订工作，做好税收征管法及其实施细则修订后的实施工作，推动环境保护税和房地产税立法，把主要税种的征收依据逐步由行政法规上升为法律，进一步完善税收法律制度体系。整合、规范、优化税收优惠政策。

7. 完善税务部门规章和税收规范性文件制定程序。适时修订《税务部门规章制定实施办法》《税收规范性文件制定管理办法》，逐步提高税务部门规章作为税收行政执法依据的比重。提高税务部门规章和税收规范性文件制定的公众参与度，落实税收政策和管理制度出台前征求意见相关要求，做好制定税务部门规章、税收规范性文件过程中公开征求意见工作，进一步研究健全公开征求意见、论证咨询、意见采纳情况反馈等机制。除依法需要保密的外，税务部门规章草案应当通过网络、报纸等媒体向社会公开征求意见，期限一般不少于 30 日。探索税收制度建设基层联系点制度。探索委托第三方起草税务部门规章草案。

8. 强化税务部门规章和税收规范性文件审查。加大合法性审查力度，没有法律或者国务院行政法规、决定、命令的依据，税务部门规章不得设定减损公民、法人和其他组织权利或者增加其义务的规范，不得增加税务部门的权力或者减少税务部门的法定职责。税收规范性文件未经公告形式公布，不得作为税收执法依据。加大合理性审查力度，增强税务部门规章和税收规范性文件的针对性、可操作性，从源头上根除制度性侵权，防范制度性风险。完善合规性评估机制，对税务部门规章和税收规范性文件的世贸规则合规性进行审查。加大备案审查力度，把所有税收规范性文件纳入备案审查范围。健全公民、法人和其他组织建议审查制度。

9. 健全税务部门规章和税收规范性文件清理长效机制。按照国务院部署，对现行税务部门规章和税收规范性文件开展清理，清理结果向社会公布。健全和落实日常清理和集中清理机制。实行税务部门规章和税收规范性文件目录与文本动态化、信息化管理，及时更新文件目录及文本。

10. 深度参与国际税收规则制定。加强国际税收合作，全面深入参与应对税基侵蚀和利润转移（BEPS）行动计划，将相关成果融入我国的反避税、非居民税收管理、协定谈判和执行以及国际税收征管协作等实践中，建立健全跨国企业税收监控机制，防范国际逃避税，推进双边协商，规范税收协定执行。以推动实施“一带一路”战略、支持国际产能和装备制造合作为重点，加快税收协定谈签和修订进程，全面加强国外税收政策咨询服务，建立与重点国家税务部门常态化沟通机制，及时协调解决“走出去”企业有关涉税争端。

（三）推进依法科学民主决策

11. 健全依法决策机制。根据中央关于加强依法科学民主决策的要求和有关制度规定，结合税收工作实际，完善重大行政决策程序，健全依法决策内部机制，强化决策程序的刚性约束。

12. 增强公众参与实效。对于事关经济社会发展大局和涉及纳税人切身利益等重大行政决策事项，应当广泛听取意见，与利害关系人进行充分沟通。注重听取人大代表、政协委员、人民团体、基层组织、社会组织的意见。加强公众参与平台建设，对社会关注度高的决策事项，应当公开信息、解释说明，及时反馈意见采纳情况和理由。

13. 提高专家论证和风险评估质量。建立健全重大行政决策事项法律咨询制度，在重大事项决策前，进行法律咨询和论证。研究建立税务机关行政决策咨询论证专家库，组织专家、专业机构对专业性、技术性较强的决策事项进行论证。选择论证专家应当注重专业性、代表性、均衡性，支持其独立开展工作。逐步实行专家信息和论证意见公开。落实重大行政决策事项社会稳定风险评估机制。

14. 加强合法性审查。建立税务机关内部重大决策合法性审查机制，讨论、决定重大事项之前，应当听取法律顾问、公职律师的法律意见。依照有关规定应当听取法律顾问、公职律师的法律意见而未听取的事项，或者法律顾问、公职律师认为不合法的事项，不得提交讨论、作出决定。对应当听取法律顾问、公职律师的法律意见而未听取，应当请法律顾问、公职律师参加而未落实，应当采纳法律顾问、公职律师的法律意见而未采纳，造成重大损失或者严重不良影响的，依法追究税务机关主要负责人、负有责任的其他领导人员和相关责任人员的责任。

15. 坚持集体讨论决定。重大行政决策事项应当经会议集体讨论，由税务机关主要负责人在集体讨论基础上作出决定。主要负责人拟作出的决定与会议组成人员多数人的意见不一致的，应当在会上说明理由。集体讨论情况和决定应当如实记录、完整存档。

16. 严格决策责任追究。决策机关应当跟踪决策执行情况和实施效果，根据实际需要进行重大行政决策后评估。健全并严格实施重大行政决策事项终身责任追究制度及责任倒查机制，对决策严重失误或者依法应该及时作出决策但久拖不决造成重大损失、恶劣影响的，严格追究税务机关主要负责人、负有责任的其他领导人员和相关责任人员的党纪政纪和法律责任。

（四）坚持严格规范公正文明执法

17. 改革税收行政执法体制。优化各层级税务机关征管职责，完善税务稽查机构设置，根据不同层级税务机关的事权和职能，按照减少层次、整合队伍、提高效率、适当提升管理层级的原则，合理配置执法资源。进一步优化基层税务机关岗责体系，科学定岗定责定编，提高编制使用效益，实现人力资源向征管一线倾斜。

18. 推进税收业务和内部管理规范化。落实和完善纳税服务规范、税收征管规范、出口退（免）税管理规范、国税地税合作工作规范、政府采购工作规范、巡视工作规范、税务稽查规范、督察审计规范等。推行数字人事，完善干部考核管理体系。

19. 完善税收执法程序。制定实施全国统一的税务行政处罚裁量权适用规则，推动省国税局和省地税局联合制定本地区统一适用的税务行政处罚裁量基准。探索扩大规范税务行政裁量权的领域。健全税收执法调查取证、告知、听证、集体讨论、决定、文书送达等制度规定。建立执法全过程记录制度，重点规范税款征收、行政许可、行政处罚、行政强制、行政检查等执法行为。严格实施重大税务案件审理办法。完善重大税收执法决定法制审核制度，未经法制审核或审核未通过的，不得作出执法决定。健全税务行政执法与刑事司法衔接机制，完善信息共享、案情通报、案件移送制度。建立完善公安派驻税务部门联络机制。修订和规范税收执法文书。

20. 创新税收执法方式。深入推进税务稽查随机抽查，建立健全“双随机、一公开”机制，确保稽查执法公正公平公开。推行重大税收执法说明理由制度和行政执法公示制度。建立和实施税务行政执法案例指导制度。探索运用行政指导、行政奖励、说服教育、调解疏导、劝导示范等非强制性执法手段。推进跨区域国税、地税信息共享、资质互认、征管互助，不断扩大区域税收合作范围。

21. 加强税收执法信息化建设。全面完成金税三期工程建设任务，实施“互联网＋税务”行动计划，建设电子税务局，2017年基本实现网上办税。深入推进信息管税，研究建立适应综合与分类相结合的个人所得税制等改革需要的信息系统，推广使用增值税发票管理新系统，建立统一规范的信息交换平台和信息共享机制，保障及时获取第三方涉税信息。依法建立健全税务部门税收信息对外提供机制，加强数据管理，保障信息安全。

（五）强化权力制约和监督

22. 完善权力制约机制。实行分事行权、分岗设权、分级授权，定期轮岗，强化内部流程控制，防止权力滥用。严格执行税收个案批复工作规程，规范税收个案批复行为。建立和实施税收执法案卷评查制度。规范税务机关税收政策咨询服务。推进内控机制信息化升级版建设，对税务廉政风险进行评估，查找和梳理风险点，依靠科技手段把制度要求嵌入软件设计，做到流程监控、痕迹管理，实现廉政风险和执法风险的信息化防控。

23. 切实加强内部监督。各级税务机关党组应当切实履行党风廉洁建设和反腐败工作的主体责任，主要负责人是第一责任人，对本税务机关党风廉洁建设负总责。强化政治巡视，发挥巡视监督作用。加强督察内审、督查等监督方式的协调配合。强化税收执法督察，推动中央决策部署和税收政策有效落实，重点关注易发生执法问题的薄弱环节。加强对预算执行、基本建设、政府采购等重点资金和重大项目的审计监督。严格执行税收违法案件“一案双查”制度。定期通报和曝光违法行政典型案例。

24. 自觉接受外部监督。依法接受人大监督、司法监督、审计监督，自觉接受民主监督、社会监督、舆论监督。健全纳税人监督机制，完善举报投诉制度，拓宽纳税人监督渠道，落实纳税人满意度调查制度。发挥报刊、广播、电视等传统媒体监督作用，高度重视互联网等新兴媒体监督作用，健全网络舆情监测、收集、研判、处置机制。

25. 完善纠错问责机制。深化税收执法责任制，以部门规章形式修订完善税收执法责任制的相关制度规定，在核准、公告、分解税收执法职权基础上，科学确定税收执法人员的执法责任，完善执法责任制考核系统，健全常态化责任追究机制。加强行政问责规范化、制度化建设，增强行政问责的针对性和时效性。加大问责力度、严格责任追究，坚决纠正行政不作为、乱作为，坚决克服懒政、庸政、怠政，坚决惩处失职、渎职。认真落实党风廉洁建设责任制，坚持有错必纠、有责必问。

（六）完善权利救济和纠纷化解机制

26．加强纠纷预防机制建设。建立健全利益表达和协商沟通等机制，引导和支持纳税人理性表达诉求、依法维护权益。探索建立涉税纠纷预警机制，收集、分析和归纳纠纷信息，及时研判纠纷隐患，制定纠纷应对措施。

27．完善复议应诉工作体制机制。税务总局设立专门的税务行政复议机构，省国税局应当明确承担税务行政复议职责的机构，加强行政复议工作力量，保证一般案件至少有2人承办，重大复杂案件有3人承办，省地税局可以比照执行。完善税务行政复议案件审理机制，加大公开听证审理力度，增强行政复议的专业性、透明度和公信力。建立行政复议相关部门协同应对机制，健全行政复议发现问题回应机制。落实行政复议专项经费、办案场所以及其他装备保障，行政复议经费列入预算。制定加强和改进税务行政应诉工作的实施办法，适时修订《税务行政应诉工作规程（试行）》，建立健全税务机关负责人依法出庭应诉等制度，支持法院审理税务行政诉讼案件，尊重并执行生效裁判。

28．健全多元化纠纷解决机制。深入研究税务行政和解调解制度，实现调解和解、行政复议、行政诉讼等纠纷解决方式有机衔接、相互协调。促进投诉管理规范化，畅通纳税人投诉渠道，建立纳税人以及第三方对税收工作质量定期评价反馈制度，对部分投诉事项实行限时受理、处置和反馈。推进信访办理法治化，规范信访工作程序，实行网上受理信访制度，严格实行诉访分离，推进通过法定途径分类处理信访投诉请求，落实涉法涉诉信访依法终结制度。

（七）全面推进政务公开

29．拓展公开领域和事项。全面落实《国家税务总局关于全面推进政务公开工作的意见》，加大税务行政权力公开力度，做好税收政策法规公开，完善税收征管执法公开内容，扩大纳税服务公开范围，推进税务机关自身建设公开，增强税务机关公信力、执行力，保障纳税人和社会公众的知情权、参与权、表达权、监督权，推动税收执法权和行政管理权在阳光下运行。

30. 完善公开工作制度机制。健全完善税务部门政务信息公开监督保障机制，规范依申请公开对外答复和内部办理机制，强化对政务公开工作的考评监督。落实政府新闻发言人、突发事件信息发布等制度，做好对涉税热点敏感问题的舆论引导，及时回应社会关切。探索推行政务公开运转规范，包括政务公开工作场所建设标准、政府信息依申请公开答复范本、网站信息发布标准要求等。

31. 加强公开载体建设。利用和整合相关资源，积极运用新技术、新软件、新平台，创新政府公开方式，拓展政务公开渠道。加快推进“互联网+税务”行动计划，将税务网站打造成更加全面的信息公开平台、更加权威的政策发布解读和舆论引导平台、更加及时的回应关切和便民服务平台。充分发挥新媒体的主动推送功能，扩大发布信息的受众面和到达率，开展在线服务，增强用户体验和影响力。

（八）增强全社会税收法治观念

32. 提升税务机关领导干部法治理念。按照中组部、中宣部、司法部、人力资源和社会保障部《关于完善国家工作人员学法用法制度的意见》，建立税务机关领导干部学法用法制度，制定实施领导干部年度学法计划，落实党组中心组集体学法、党组书记带头讲法治课等要求。各级税务机关在年度教育培训计划中，每年至少安排1期领导干部法治专题培训班。省以下税务局领导班子每年至少举办2次法治讲座。建立健全领导干部法律知识考试考核制度，按照干部管理权限，采取多种形式，加强对领导干部法律知识的考试考核，逐步建立和完善领导干部学法考勤、学法档案、学法情况通报等制度，把法律素质和依法行政能力作为领导干部考核的重要内容，定期对领导干部完成年度或阶段性学法情况、法律知识考试情况和遵纪守法、依法行政、依法办事等情况进行考核。

33. 增强税务人员法治意识。把宪法、法律作为各类税务人员培训的必修课程。健全税收执法人员岗位培训制度，每年组织开展通用法律知识、税收法律知识、新法律法规等专题培训。加大公务员初任培训中法律知识培训力度，法律知识培训不少于20学时。积极探索运用以案说法、模拟法庭、法律知识竞赛等创新方式提高学法热情，提升培训效果。

34. 加强税法宣传教育。落实“谁执法谁普法”的普法责任制，建立税收执法人员以案释法制度。全面实施“七五”普法。在国家宪法日、税收宣传月等重要节点，集中开展税收法治宣传活动。依托办税服务厅、税务网站、税务报刊图书、纳税人学堂等渠道和方式，实现税法宣传常态化、多样化。支持税法理论研究，推进税法教育纳入国民教育体系。着力抓好税收法治文化建设。开展税收普法示范基地建设。

35．引导形成诚信纳税氛围。创新方式方法发挥税务机关在诚信纳税建设中的示范作用。积极推动社会信用体系建设，开展纳税信用评价，向社会主动公开A级和“黑名单”纳税人，对纳税信用好的纳税人依法提供更多便利，对纳入“黑名单”的纳税人依法实施联合惩戒。加强宣传，形成正向激励和反向警示的双向合力，为诚信纳税营造良好氛围。

36．促进税收社会共治。推动建立健全党政领导、税务主责、部门合作、社会协同、公众参与的税收共治格局。支持以地方立法等形式加强协税护税制度建设，努力提升综合治税水平。推动健全税收司法保障机制。依法实施涉税中介行业监督管理，支持和引导行业协会依法开展行业自律，鼓励相关中介机构提供优质涉税专业服务。坚决整治“红顶中介”，切断税务部门与涉税中介服务机构之间的利益链条，促进涉税中介服务行业公平竞争。

（九）加强税收法治工作队伍建设

37．健全税务机关法制机构。合理界定税务机关法制机构职责，突出税收法制工作主业。加强法制机构力量配备，强化法制机构人员保障，省国税局应当配强专业力量，市国税局应当配足专职人员，县国税局应当设置法制机构，各级税务机关法制机构要有一定数量的法律专业人员。各级地税局可以比照执行。

38．完善税收执法人员管理制度。2016年底前，对税收执法人员进行一次严格清理，全面实行税收执法人员持证上岗和资格管理制度，未经执法资格考试合格，不得授予执法资格，不得发放税务检查证，不得从事执法活动。研究制定《税务人员执法资格认证和执法证件管理办法》。结合数字人事管理体系建设，逐步推行行政执法人员平时考核制度，科学合理设计考核指标体系，考核结果作为执法人员职务级别调整、交流轮岗、教育培训、奖励惩戒的重要依据。规范执法辅助人员管理，明确其适用岗位、身份性质、职责权限、权利义务、聘用条件和程序等。

39．加强税收法治人才培养和使用。根据中央《关于完善国家统一法律职业资格制度的意见》，研究落实相关岗位人员法律职业资格管理要求，加大对具有法律职业资格人员的录用力度，鼓励税务干部考取法律职业资格。结合税务领军人才和专门人才选拔培养等工作，进一步加强税收法治人才培养，探索推进税收法治领军人才建设。

40. 健全法律顾问和公职律师制度。全面建立以税务机关法制机构人员为主体，吸收专家和律师参加的法律顾问队伍，建立健全税务系统公职律师制度，处理好法律顾问与公职律师之间的衔接，充分发挥法律顾问和公职律师在推进依法行政中的参谋助手作用。

（十）健全依法治税领导体制机制

41. 加强依法行政工作领导小组建设。各级税务机关按照要求建立依法行政工作领导小组并制定议事规则，建立和落实领导小组例会制度，领导小组每季度至少召开1次会议，研究部署依法治税工作规划，统筹推进法治税务建设重点任务。

42. 树立重视法治素养和法治能力的用人导向。根据中央有关规定，充分发挥用人导向作用，把法治观念强不强、法治素养好不好作为衡量干部德才的重要标准，把能不能遵守法律、依法办事作为考察干部重要内容。在相同条件下，优先提拔使用法治素养好、依法行政能力强的干部。对特权思想严重、法治观念淡薄的干部予以批评教育、督促整改，问题严重或违法违纪的，依法依纪严肃处理。加强对领导干部任职前法律知识考查和依法行政能力测试，将考查和测试结果作为领导干部任职的重要参考。实行公务员晋升依法行政考核制度。

43. 建立税收法治建设政绩考核制度。根据中央有关要求，把法治建设成效作为衡量各级税务机关领导班子和领导干部工作实绩的重要内容，纳入政绩考核指标体系，改进完善政绩考核办法，提高法治指标所占比重。

44. 探索创新依法治税体制机制。开展省以下税务局设立总法律顾问试点工作，在总结试点经验基础上完善相关制度办法，逐步推广。实行税务机关领导班子成员述职述廉述法，鼓励主要负责人分管法治工作，倡导主要负责人出庭应诉。适时选择基层税务机关开展依法治税综合试点。

三、组织实施

（一）组织领导

各级税务机关应当充分发挥依法行政工作领导小组职能作用，落实主要领导负总责、分管领导具体抓、法规部门组织协调、相关部门各尽其职、齐抓共管的工作要求。各级税务机关主要负责人应当切实履行推进依法治税第一责任人职责。县以上（含县）税务局每年第一季度应当向上一级税务局报告上一年度法治税务建设情况，报告应当通过税务机关门户网站等向社会公开。

（二）宣传引导

广泛宣传税务系统全面推进依法治税工作部署、先进经验、典型做法，营造良好舆论环境。全面开展法治税务示范基地创建活动，税务总局、省税务局分别命名全国税务系统、省税务系统法治税务示范基地，及时总结、交流和推广法治税务示范基地创建工作经验，发挥先进典型的示范带动作用。

（三）督促考核

各省税务局应当根据本规划制定实施方案，结合实际细化工作任务、明确责任部门、列明进度安排，并于2016年12月底前上报税务总局（政策法规司）。各级税务机关应当将依法治税年度重点任务纳入绩效管理，把任务和责任分解到相关部门，强化考核评价和督促检查，确保依法治税工作取得扎实成效。

三、重要讲话

在首都各界纪念现行宪法公布施行30周年大会上的讲话

2012年12月4日　习近平

同志们，朋友们：

1982年12月4日，五届全国人大五次会议通过了《中华人民共和国宪法》。我国现行宪法公布施行至今已经30年了。今天，我们在这里隆重集会，纪念这一具有重大历史意义和现实意义的事件，就是要保证宪法全面有效实施、推动全面贯彻党的十八大精神。

历史总能给人以深刻启示。回顾我国宪法制度发展历程，我们愈加感到，我国宪法同党和人民进行的艰苦奋斗和创造的辉煌成就紧密相连，同党和人民开辟的前进道路和积累的宝贵经验紧密相连。

我国现行宪法可以追溯到1949年具有临时宪法作用的《中国人民政治协商会议共同纲领》和1954年一届全国人大一次会议通过的《中华人民共和国宪法》。这些文献都以国家根本法的形式，确认了近代100多年来中国人民为反对内外敌人、争取民族独立和人民自由幸福进行的英勇斗争，确认了中国共产党领导中国人民夺取新民主主义革命胜利、中国人民掌握国家权力的历史变革。

1978年，我们党召开具有重大历史意义的十一届三中全会，开启了改革开放历史新时期，发展社会主义民主、健全社会主义法制成为党和国家坚定不移的基本方针。就是在这次会议上，邓小平同志深刻指出："为了保障人民民主，必须加强法制。必须使民主制度化、法律化，使这种制度和法律不因领导人的改变而改变，不因领导人的看法和注意力的改变而改变。”根据党的十一届三中全会确立的路线方针政策，总结我国社会主义建设正反两方面经验，深刻吸取十年“文化大革命”的沉痛教训，借鉴世界社会主义成败得失，适应我国改革开放和社会主义现代化建设、加强社会主义民主法制建设的新要求，我们制定了我国现行宪法。同时，宪法只有不断适应新形势、吸纳新经验、确认新成果，才能具有持久生命力。1988年、1993年、1999年、2004年，全国人大分别对我国宪法个别条款和部分内容作出必要的、也是十分重要的修正，使我国宪法在保持稳定性和权威性的基础上紧跟时代前进步伐，不断与时俱进。

我国宪法以国家根本法的形式，确立了中国特色社会主义道路、中国特色社会主义理论体系、中国特色社会主义制度的发展成果，反映了我国各族人民的共同意志和根本利益，成为历史新时期党和国家的中心工作、基本原则、重大方针、重要政策在国家法制上的最高体现。

30年来，我国宪法以其至上的法制地位和强大的法制力量，有力保障了人民当家作主，有力促进了改革开放和社会主义现代化建设，有力推动了社会主义法治国家进程，有力促进了人权事业发展，有力维护了国家统一、民族团结、社会稳定，对我国政治、经济、文化、社会生活产生了极为深刻的影响。

30年来的发展历程充分证明，我国宪法是符合国情、符合实际、符合时代发展要求的好宪法，是充分体现人民共同意志、充分保障人民民主权利、充分维护人民根本利益的好宪法，是推动国家发展进步、保证人民创造幸福生活、保障中华民族实现伟大复兴的好宪法，是我们国家和人民经受住各种困难和风险考验、始终沿着中国特色社会主义道路前进的根本法制保证。

再往前追溯至新中国成立以来60多年我国宪法制度的发展历程，我们可以清楚地看到，宪法与国家前途、人民命运息息相关。维护宪法权威，就是维护党和人民共同意志的权威。捍卫宪法尊严，就是捍卫党和人民共同意志的尊严。保证宪法实施，就是保证人民根本利益的实现。只要我们切实尊重和有效实施宪法，人民当家作主就有保证，党和国家事业就能顺利发展。反之，如果宪法受到漠视、削弱甚至破坏，人民权利和自由就无法保证，党和国家事业就会遭受挫折。这些从长期实践中得出的宝贵启示，必须倍加珍惜。我们要更加自觉地恪守宪法原则、弘扬宪法精神、履行宪法使命。

在充分肯定成绩的同时，我们也要看到存在的不足，主要表现在：保证宪法实施的监督机制和具体制度还不健全，有法不依、执法不严、违法不究现象在一些地方和部门依然存在；关系人民群众切身利益的执法司法问题还比较突出；一些公职人员滥用职权、失职渎职、执法犯法甚至徇私枉法严重损害国家法制权威；公民包括一些领导干部的宪法意识还有待进一步提高。对这些问题，我们必须高度重视，切实加以解决。

同志们、朋友们！

党的十八大强调，依法治国是党领导人民治理国家的基本方略，法治是治国理政的基本方式，要更加注重发挥法治在国家治理和社会管理中的重要作用，全面推进依法治国，加快建设社会主义法治国家。实现这个目标要求，必须全面贯彻实施宪法。

全面贯彻实施宪法，是建设社会主义法治国家的首要任务和基础性工作。宪法是国家的根本法，是治国安邦的总章程，具有最高的法律地位、法律权威、法律效力，具有根本性、全局性、稳定性、长期性。全国各族人民、一切国家机关和武装力量、各政党和各社会团体、各企业事业组织，都必须以宪法为根本的活动准则，并且负有维护宪法尊严、保证宪法实施的职责。任何组织或者个人，都不得有超越宪法和法律的特权。一切违反宪法和法律的行为，都必须予以追究。

宪法的生命在于实施，宪法的权威也在于实施。我们要坚持不懈抓好宪法实施工作，把全面贯彻实施宪法提高到一个新水平。

第一，坚持正确政治方向，坚定不移走中国特色社会主义政治发展道路。改革开放以来，我们党团结带领人民在发展社会主义民主政治方面取得了重大进展，成功开辟和坚持了中国特色社会主义政治发展道路，为实现最广泛的人民民主确立了正确方向。这一政治发展道路的核心思想、主体内容、基本要求，都在宪法中得到了确认和体现，其精神实质是紧密联系、相互贯通、相互促进的。国家的根本制度和根本任务，国家的领导核心和指导思想，工人阶级领导的、以工农联盟为基础的人民民主专政的国体，人民代表大会制度的政体，中国共产党领导的多党合作和政治协商制度、民族区域自治制度以及基层群众自治制度，爱国统一战线，社会主义法制原则，民主集中制原则，尊重和保障人权原则等，这些宪法确立的制度和原则，我们必须长期坚持、全面贯彻、不断发展。

坚持中国特色社会主义政治发展道路，关键是要坚持党的领导、人民当家作主、依法治国有机统一，以保证人民当家作主为根本，以增强党和国家活力、调动人民积极性为目标，扩大社会主义民主，发展社会主义政治文明。我们要坚持国家一切权力属于人民的宪法理念，最广泛地动员和组织人民依照宪法和法律规定，通过各级人民代表大会行使国家权力，通过各种途径和形式管理国家和社会事务、管理经济和文化事业，共同建设，共同享有，共同发展，成为国家、社会和自己命运的主人。我们要按照宪法确立的民主集中制原则、国家政权体制和活动准则，实行人民代表大会统一行使国家权力，实行决策权、执行权、监督权既有合理分工又有相互协调，保证国家机关依照法定权限和程序行使职权、履行职责，保证国家机关统一有效组织各项事业。我们要根据宪法确立的体制和原则，正确处理中央和地方关系，正确处理民族关系，正确处理各方面利益关系，调动一切积极因素，巩固和发展民主团结、生动活泼、安定和谐的政治局面。我们要适应扩大人民民主、促进经济社会发展的新要求，积极稳妥推进政治体制改革，发展更加广泛、更加充分、更加健全的人民民主，充分发挥我国社会主义政治制度优越性，不断推进社会主义政治制度自我完善和发展。

第二，落实依法治国基本方略，加快建设社会主义法治国家。宪法确立了社会主义法制的基本原则，明确规定中华人民共和国实行依法治国，建设社会主义法治国家，国家维护社会主义法制的统一和尊严。落实依法治国基本方略，加快建设社会主义法治国家，必须全面推进科学立法、严格执法、公正司法、全民守法进程。

我们要以宪法为最高法律规范，继续完善以宪法为统帅的中国特色社会主义法律体系，把国家各项事业和各项工作纳入法制轨道，实行有法可依、有法必依、执法必严、违法必究，维护社会公平正义，实现国家和社会生活制度化、法制化。全国人大及其常委会要加强重点领域立法，拓展人民有序参与立法途径，通过完备的法律推动宪法实施，保证宪法确立的制度和原则得到落实。国务院和有立法权的地方人大及其常委会要抓紧制定和修改与法律相配套的行政法规和地方性法规，保证宪法和法律得到有效实施。各级国家行政机关、审判机关、检察机关要坚持依法行政、公正司法，加快推进法治政府建设，不断提高司法公信力。国务院和地方各级人民政府作为国家权力机关的执行机关，作为国家行政机关，负有严格贯彻实施宪法和法律的重要职责，要规范政府行为，切实做到严格规范公正文明执法。我们要深化司法体制改革，保证依法独立公正行使审判权、检察权。全国人大及其常委会和国家有关监督机关要担负起宪法和法律监督职责，加强对宪法和法律实施情况的监督检查，健全监督机制和程序，坚决纠正违宪违法行为。地方各级人大及其常委会要依法行使职权，保证宪法和法律在本行政区域内得到遵守和执行。

第三，坚持人民主体地位，切实保障公民享有权利和履行义务。公民的基本权利和义务是宪法的核心内容，宪法是每个公民享有权利、履行义务的根本保证。宪法的根基在于人民发自内心的拥护，宪法的伟力在于人民出自真诚的信仰。只有保证公民在法律面前一律平等，尊重和保障人权，保证人民依法享有广泛的权利和自由，宪法才能深入人心，走入人民群众，宪法实施才能真正成为全体人民的自觉行动。

我们要依法保障全体公民享有广泛的权利，保障公民的人身权、财产权、基本政治权利等各项权利不受侵犯，保证公民的经济、文化、社会等各方面权利得到落实，努力维护最广大人民根本利益，保障人民群众对美好生活的向往和追求。我们要依法公正对待人民群众的诉求，努力让人民群众在每一个司法案件中都能感受到公平正义，决不能让不公正的审判伤害人民群众感情、损害人民群众权益。我们要在全社会加强宪法宣传教育，提高全体人民特别是各级领导干部和国家机关工作人员的宪法意识和法制观念，弘扬社会主义法治精神，努力培育社会主义法治文化，让宪法家喻户晓，在全社会形成学法尊法守法用法的良好氛围。我们要通过不懈努力，在全社会牢固树立宪法和法律的权威，让广大人民群众充分相信法律、自觉运用法律，使广大人民群众认识到宪法不仅是全体公民必须遵循的行为规范，而且是保障公民权利的法律武器。我们要把宪法教育作为党员干部教育的重要内容，使各级领导干部和国家机关工作人员掌握宪法的基本知识，树立忠于宪法、遵守宪法、维护宪法的自觉意识。法律是成文的道德，道德是内心的法律。我们要坚持把依法治国和以德治国结合起来，高度重视道德对公民行为的规范作用，引导公民既依法维护合法权益，又自觉履行法定义务，做到享有权利和履行义务相一致。

第四，坚持党的领导，更加注重改进党的领导方式和执政方式。依法治国，首先是依宪治国；依法执政，关键是依宪执政。新形势下，我们党要履行好执政兴国的重大职责，必须依据党章从严治党、依据宪法治国理政。党领导人民制定宪法和法律，党领导人民执行宪法和法律，党自身必须在宪法和法律范围内活动，真正做到党领导立法、保证执法、带头守法。

我们要坚持党总揽全局、协调各方的领导核心作用，坚持依法治国基本方略和依法执政基本方式，善于使党的主张通过法定程序成为国家意志，善于使党组织推荐的人选成为国家政权机关的领导人员，善于通过国家政权机关实施党对国家和社会的领导，支持国家权力机关、行政机关、审判机关、检察机关依照宪法和法律独立负责、协调一致地开展工作。各级党组织和党员领导干部要带头厉行法治，不断提高依法执政能力和水平，不断推进各项治国理政活动的制度化、法律化。各级领导干部要提高运用法治思维和法治方式深化改革、推动发展、化解矛盾、维护稳定能力，努力推动形成办事依法、遇事找法、解决问题用法、化解矛盾靠法的良好法治环境，在法治轨道上推动各项工作。我们要健全权力运行制约和监督体系，有权必有责，用权受监督，失职要问责，违法要追究，保证人民赋予的权力始终用来为人民谋利益。

同志们、朋友们！

全党全国各族人民要紧密团结在党中央周围，高举中国特色社会主义伟大旗帜，坚持以邓小平理论、“三个代表”重要思想、科学发展观为指导，坚持依法治国、依法执政、依法行政共同推进，坚持法治国家、法治政府、法治社会一体建设，扎扎实实把党的十八大精神落实到各项工作中去，为全面建成小康社会、开创中国特色社会主义事业新局面而努力奋斗！

（来源：新华网）

关于《中共中央关于全面推进依法治国若干重大问题的决定》的说明

2014 年 10 月 23 日　习近平

受中央政治局委托，我就《中共中央关于全面推进依法治国若干重大问题的决定》起草情况向全会作说明。

一、关于全会决定起草背景和过程

党的十八届三中全会后，中央即着手研究和考虑党的十八届四中全会的议题。党的十八大提出了全面建成小康社会的奋斗目标，党的十八届三中全会对全面深化改革作出了顶层设计，实现这个奋斗目标，落实这个顶层设计，需要从法治上提供可靠保障。

党的十八大提出，法治是治国理政的基本方式，要加快建设社会主义法治国家，全面推进依法治国；到 2020 年，依法治国基本方略全面落实，法治政府基本建成，司法公信力不断提高，人权得到切实尊重和保障。党的十八届三中全会进一步提出，建设法治中国，必须坚持依法治国、依法执政、依法行政共同推进，坚持法治国家、法治政府、法治社会一体建设。全面贯彻落实这些部署和要求，关系加快建设社会主义法治国家，关系落实全面深化改革顶层设计，关系中国特色社会主义事业长远发展。

法律是治国之重器，法治是国家治理体系和治理能力的重要依托。全面推进依法治国，是解决党和国家事业发展面临的一系列重大问题，解放和增强社会活力、促进社会公平正义、维护社会和谐稳定、确保党和国家长治久安的根本要求。要推动我国经济社会持续健康发展，不断开拓中国特色社会主义事业更加广阔的发展前景，就必须全面推进社会主义法治国家建设，从法治上为解决这些问题提供制度化方案。

改革开放以来，我们党一贯高度重视法治。1978 年 12 月，邓小平同志就指出："应该集中力量制定刑法、民法、诉讼法和其他各种必要的法律，例如工厂法、人民公社法、森林法、草原法、环境保护法、劳动法、外国人投资法等，经过一定的民主程序讨论通过，并且加强检察机关和司法机关，做到有法可依，有法必依，执法必严，违法必究。”党的十五大提出依法治国、建设社会主义法治国家，强调依法治国是党领导人民治理国家的基本方略，是发展社会主义市场经济的客观需要，是社会文明进步的重要标志，是国家长治久安的重要保障。党的十六大提出，发展社会主义民主政治，最根本的是要把坚持党的领导、人民当家作主和依法治国有机统一起来。党的十七大提出，依法治国是社会主义民主政治的基本要求，强调要全面落实依法治国基本方略，加快建设社会主义法治国家。党的十八大强调，要更加注重发挥法治在国家治理和社会管理中的重要作用。

党的十八大以来，党中央高度重视依法治国，强调落实依法治国基本方略，加快建设社会主义法治国家，必须全面推进科学立法、严格执法、公正司法、全民守法进程，强调坚持党的领导，更加注重改进党的领导方式和执政方式；依法治国，首先是依宪治国；依法执政，关键是依宪执政；新形势下，我们党要履行好执政兴国的重大职责，必须依据党章从严治党、依据宪法治国理政；党领导人民制定宪法和法律，党领导人民执行宪法和法律，党自身必须在宪法和法律范围内活动，真正做到党领导立法、保证执法、带头守法。

现在，全面建成小康社会进入决定性阶段，改革进入攻坚期和深水区。我们党面对的改革发展稳定任务之重前所未有、矛盾风险挑战之多前所未有，依法治国在党和国家工作全局中的地位更加突出、作用更加重大。全面推进依法治国是关系我们党执政兴国、关系人民幸福安康、关系党和国家长治久安的重大战略问题，是完善和发展中国特色社会主义制度、推进国家治理体系和治理能力现代化的重要方面。我们要实现党的十八大和十八届三中全会作出的一系列战略部署，全面建成小康社会、实现中华民族伟大复兴的中国梦，全面深化改革、完善和发展中国特色社会主义制度，就必须在全面推进依法治国上作出总体部署、采取切实措施、迈出坚实步伐。

基于这样的考虑，今年 1 月，中央政治局决定，党的十八届四中全会重点研究全面推进依法治国问题并作出决定。为此，成立由我任组长，张德江同志、王岐山同志任副组长，相关部门负责同志、两位省里的领导同志参加的文件起草组，在中央政治局常委会领导下进行文件起草工作。

1月27日，党中央发出《关于对党的十八届四中全会研究全面推进依法治国问题征求意见的通知》。2月12日，文件起草组召开第一次全体会议，文件起草工作正式启动。2月18日至25日，文件起草组组成8个调研组分赴14个省区市进行调研。

从各方面反馈的意见和实地调研情况看，大家一致认为，党的十八届四中全会研究全面推进依法治国问题并作出决定，意义重大而深远，符合党和国家事业发展需要和全党全国各族人民期盼。大家普遍希望通过这个决定明确全面推进依法治国的指导思想和总体要求，深刻阐明党的领导和依法治国的关系等法治建设的重大理论和实践问题，针对法治工作中群众反映强烈的突出问题提出强有力的措施，对社会主义法治国家建设作出顶层设计。

文件起草组在成立以来的8个多月时间里，深入调查研究，广泛征求意见，开展专题论证，反复讨论修改。其间，中央政治局常委会召开3次会议、中央政治局召开2次会议分别审议全会决定。8月初，决定征求意见稿下发党内一定范围征求意见，包括征求党内老同志意见，还专门听取了各民主党派中央、全国工商联负责人和无党派人士意见。

从反馈的情况看，各方面一致认为，全会决定直面我国法治建设领域的突出问题，立足我国社会主义法治建设实际，明确提出了全面推进依法治国的指导思想、总目标、基本原则，提出了关于依法治国的一系列新观点、新举措，回答了党的领导和依法治国的关系等一系列重大理论和实践问题，对科学立法、严格执法、公正司法、全民守法、法治队伍建设、加强和改进党对全面推进依法治国的领导作出了全面部署，有针对性地回应了人民群众呼声和社会关切。各方面一致认为，全会决定鲜明提出坚持走中国特色社会主义法治道路、建设中国特色社会主义法治体系的重大论断，明确建设社会主义法治国家的性质、方向、道路、抓手，必将有力推进社会主义法治国家建设。

在征求意见的过程中，各方面提出了许多好的意见和建议。中央责成文件起草组认真梳理和研究这些意见和建议。文件起草组对全会决定作出重要修改。

二、关于全会决定的总体框架和主要内容

中央政治局认为，全面推进依法治国涉及改革发展稳定、治党治国治军、内政外交国防等各个领域，必须立足全局和长远来统筹谋划。全会决定应该旗帜鲜明就法治建设的重大理论和实践问题作出回答，既充分肯定我国社会主义法治建设的成就和经验，又针对现实问题提出富有改革创新精神的新观点新举措；既抓住法治建设的关键，又体现党和国家事业发展全局要求；既高屋建瓴、搞好顶层设计，又脚踏实地、做到切实管用；既讲近功，又求长效。

全会决定起草突出了5个方面的考虑。一是贯彻党的十八大和十八届三中全会精神，贯彻党的十八大以来党中央工作部署，体现全面建成小康社会、全面深化改革、全面推进依法治国这“三个全面”的逻辑联系。二是围绕中国特色社会主义事业总体布局，体现推进各领域改革发展对提高法治水平的要求，而不是就法治论法治。三是反映目前法治工作基本格局，从立法、执法、司法、守法4个方面作出工作部署。四是坚持改革方向、问题导向，适应推进国家治理体系和治理能力现代化要求，直面法治建设领域突出问题，回应人民群众期待，力争提出对依法治国具有重要意义的改革举措。五是立足我国国情，从实际出发，坚持走中国特色社会主义法治道路，既与时俱进、体现时代精神，又不照抄照搬别国模式。

全会决定共分三大板块。导语和第一部分构成第一板块，属于总论。第一部分旗帜鲜明提出坚持走中国特色社会主义法治道路、建设中国特色社会主义法治体系、建设社会主义法治国家，阐述全面推进依法治国的重大意义、指导思想、总目标、基本原则，阐述中国特色社会主义法治体系的科学内涵，阐述党的领导和依法治国的关系等重大问题。

第二部分至第五部分构成第二板块，从目前法治工作基本格局出发，对科学立法、严格执法、公正司法、全民守法进行论述和部署。第二部分讲完善以宪法为核心的中国特色社会主义法律体系、加强宪法实施，从健全宪法实施和监督制度、完善立法体制、深入推进科学立法民主立法、加强重点领域立法4个方面展开，对宪法实施和监督提出基本要求和具体措施，通过部署重点领域立法体现依法治国同中国特色社会主义事业总体布局的关系。第三部分讲深入推进依法行政、加快建设法治政府，从依法全面履行政府职能、健全依法决策机制、深化行政执法体制改革、坚持严格规范公正文明执法、强化对行政权力的制约和监督、全面推进政务公开6个方面展开。第四部分讲保证公正司法、提高司法公信力，从完善确保依法独立公正行使审判权和检察权的制度、优化司法职权配置、推进严格司法、保障人民群众参与司法、加强人权司法保障、加强对司法活动的监督6个方面展开。第五部分讲增强全民法治观念、推进法治社会建设，从推动全社会树立法治意识、推进多层次多领域依法治理、建设完备的法律服务体系、健全依法维权和化解纠纷机制4个方面展开。

第六部分、第七部分和结束语构成第三板块。第六部分讲加强法治工作队伍建设，从建设高素质法治专门队伍、加强法律服务队伍建设、创新法治人才培养机制3个方面展开。第七部分讲加强和改进党对全面推进依法治国的领导，从坚持依法执政、加强党内法规制度建设、提高党员干部法治思维和依法办事能力、推进基层治理法治化、深入推进依法治军从严治军、依法保障“一国两制”实践和推进祖国统一、加强涉外法律工作7个方面展开。最后，号召全党全国为建设法治中国而奋斗。

三、关于需要说明的几个问题

第一，党的领导和依法治国的关系。党和法治的关系是法治建设的核心问题。全面推进依法治国这件大事能不能办好，最关键的是方向是不是正确、政治保证是不是坚强有力，具体讲就是要坚持党的领导，坚持中国特色社会主义制度，贯彻中国特色社会主义法治理论。党的领导是中国特色社会主义最本质的特征，是社会主义法治最根本的保证。中国特色社会主义制度是中国特色社会主义法治体系的根本制度基础，是全面推进依法治国的根本制度保障。中国特色社会主义法治理论是中国特色社会主义法治体系的理论指导和学理支撑，是全面推进依法治国的行动指南。这3个方面实质上是中国特色社会主义法治道路的核心要义，规定和确保了中国特色社会主义法治体系的制度属性和前进方向。

全会决定明确提出，坚持党的领导，是社会主义法治的根本要求，是党和国家的根本所在、命脉所在，是全国各族人民的利益所系、幸福所系，是全面推进依法治国的题中应有之义；党的领导和社会主义法治是一致的，社会主义法治必须坚持党的领导，党的领导必须依靠社会主义法治。全会决定围绕加强和改进党对全面推进依法治国的领导提出“三统一”、“四善于”，并作出了系统部署。

把坚持党的领导、人民当家作主、依法治国有机统一起来是我国社会主义法治建设的一条基本经验。我国宪法以根本法的形式反映了党带领人民进行革命、建设、改革取得的成果，确立了在历史和人民选择中形成的中国共产党的领导地位。对这一点，要理直气壮讲、大张旗鼓讲。要向干部群众讲清楚我国社会主义法治的本质特征，做到正本清源、以正视听。

第二，全面推进依法治国的总目标。全会决定提出，全面推进依法治国，总目标是建设中国特色社会主义法治体系，建设社会主义法治国家，并对这个总目标作出了阐释：在中国共产党领导下，坚持中国特色社会主义制度，贯彻中国特色社会主义法治理论，形成完备的法律规范体系、高效的法治实施体系、严密的法治监督体系、有力的法治保障体系，形成完善的党内法规体系，坚持依法治国、依法执政、依法行政共同推进，坚持法治国家、法治政府、法治社会一体建设，实现科学立法、严格执法、公正司法、全民守法，促进国家治理体系和治理能力现代化。

提出这个总目标，既明确了全面推进依法治国的性质和方向，又突出了全面推进依法治国的工作重点和总抓手。一是向国内外鲜明宣示我们将坚定不移走中国特色社会主义法治道路。中国特色社会主义法治道路，是社会主义法治建设成就和经验的集中体现，是建设社会主义法治国家的唯一正确道路。在走什么样的法治道路问题上，必须向全社会释放正确而明确的信号，指明全面推进依法治国的正确方向，统一全党全国各族人民认识和行动。二是明确全面推进依法治国的总抓手。全面推进依法治国涉及很多方面，在实际工作中必须有一个总揽全局、牵引各方的总抓手，这个总抓手就是建设中国特色社会主义法治体系。依法治国各项工作都要围绕这个总抓手来谋划、来推进。三是建设中国特色社会主义法治体系、建设社会主义法治国家是实现国家治理体系和治理能力现代化的必然要求，也是全面深化改革的必然要求，有利于在法治轨道上推进国家治理体系和治理能力现代化，有利于在全面深化改革总体框架内全面推进依法治国各项工作，有利于在法治轨道上不断深化改革。

第三，健全宪法实施和监督制度。宪法是国家的根本法。法治权威能不能树立起来，首先要看宪法有没有权威。必须把宣传和树立宪法权威作为全面推进依法治国的重大事项抓紧抓好，切实在宪法实施和监督上下功夫。

党的十八届三中全会提出，要进一步健全宪法实施监督机制和程序，把实施宪法要求提高到一个新水平。这次全会决定进一步提出，完善全国人大及其常委会宪法监督制度，健全宪法解释程序机制；加强备案审查制度和能力建设，依法撤销和纠正违宪违法的规范性文件；将每年12月4日定为国家宪法日；在全社会普遍开展宪法教育，弘扬宪法精神。

全会决定提出建立宪法宣誓制度。这是世界上大多数有成文宪法的国家所采取的一种制度。在142个有成文宪法的国家中，规定相关国家公职人员必须宣誓拥护或效忠宪法的有97个。关于宪法宣誓的主体、内容、程序，各国做法不尽相同，一般都在有关人员开始履行职务之前或就职时举行宣誓。全会决定规定，凡经人大及其常委会选举或者决定任命的国家工作人员正式就职时公开向宪法宣誓。这样做，有利于彰显宪法权威，增强公职人员宪法观念，激励公职人员忠于和维护宪法，也有利于在全社会增强宪法意识、树立宪法权威。

第四，完善立法体制。新中国成立以来特别是改革开放以来，经过长期努力，我国形成了中国特色社会主义法律体系，国家生活和社会生活各方面总体上实现了有法可依，这是一个了不起的重大成就。同时，我们也要看到，实践发展永无止境，立法工作也永无止境，完善中国特色社会主义法律体系任务依然很重。

我们在立法领域面临着一些突出问题，比如，立法质量需要进一步提高，有的法律法规全面反映客观规律和人民意愿不够，解决实际问题有效性不足，针对性、可操作性不强；立法效率需要进一步提高。还有就是立法工作中部门化倾向、争权诿责现象较为突出，有的立法实际上成了一种利益博弈，不是久拖不决，就是制定的法律法规不大管用，一些地方利用法规实行地方保护主义，对全国形成统一开放、竞争有序的市场秩序造成障碍，损害国家法治统一。

推进科学立法、民主立法，是提高立法质量的根本途径。科学立法的核心在于尊重和体现客观规律，民主立法的核心在于为了人民、依靠人民。要完善科学立法、民主立法机制，创新公众参与立法方式，广泛听取各方面意见和建议。全会决定提出，明确立法权力边界，从体制机制和工作程序上有效防止部门利益和地方保护主义法律化。一是健全有立法权的人大主导立法工作的体制机制，发挥人大及其常委会在立法工作中的主导作用；建立由全国人大相关专门委员会、全国人大常委会法制工作委员会组织有关部门参与起草综合性、全局性、基础性等重要法律草案制度；增加有法治实践经验的专职常委比例；依法建立健全专门委员会、工作委员会立法专家顾问制度。二是加强和改进政府立法制度建设，完善行政法规、规章制定程序，完善公众参与政府立法机制；重要行政管理法律法规由政府法制机构组织起草；对部门间争议较大的重要立法事项，由决策机关引入第三方评估，不能久拖不决。三是明确地方立法权限和范围，禁止地方制发带有立法性质的文件。

需要明确的是，在我们国家，法律是对全体公民的要求，党内法规制度是对全体党员的要求，而且很多地方比法律的要求更严格。我们党是先锋队，对党员的要求应该更严。全面推进依法治国，必须努力形成国家法律法规和党内法规制度相辅相成、相互促进、相互保障的格局。

第五，加快建设法治政府。法律的生命力在于实施，法律的权威也在于实施。“天下之事，不难于立法，而难于法之必行。”如果有了法律而不实施、束之高阁，或者实施不力、做表面文章，那制定再多法律也无济于事。全面推进依法治国的重点应该是保证法律严格实施，做到“法立，有犯而必施；令出，唯行而不返”。

政府是执法主体，对执法领域存在的有法不依、执法不严、违法不究甚至以权压法、权钱交易、徇私枉法等突出问题，老百姓深恶痛绝，必须下大气力解决。全会决定提出，各级政府必须坚持在党的领导下、在法治轨道上开展工作，加快建设职能科学、权责法定、执法严明、公开公正、廉洁高效、守法诚信的法治政府。全会决定提出了一些重要措施。一是推进机构、职能、权限、程序、责任法定化，规定行政机关不得法外设定权力，没有法律法规依据不得作出减损公民、法人和其他组织合法权益或者增加其义务的决定；推行政府权力清单制度，坚决消除权力设租寻租空间。二是建立行政机关内部重大决策合法性审查机制，积极推行政府法律顾问制度，保证法律顾问在制定重大行政决策、推进依法行政中发挥积极作用；建立重大决策终身责任追究制度及责任倒查机制。三是推进综合执法，理顺城管执法体制，完善执法程序，建立执法全过程记录制度，严格执行重大执法决定法制审核制度，全面落实行政执法责任制。四是加强对政府内部权力的制约，对财政资金分配使用、国有资产监管、政府投资、政府采购、公共资源转让、公共工程建设等权力集中的部门和岗位实行分事行权、分岗设权、分级授权，定期轮岗，强化内部流程控制，防止权力滥用；完善政府内部层级监督和专门监督；保障依法独立行使审计监督权。五是全面推进政务公开，推进决策公开、执行公开、管理公开、服务公开、结果公开，重点推进财政预算、公共资源配置、重大建设项目批准和实施、社会公益事业建设等领域的政府信息公开。这些措施都有很强的针对性，也同党的十八届三中全会精神一脉相承，对法治政府建设十分紧要。

第六，提高司法公信力。司法是维护社会公平正义的最后一道防线。我曾经引用过英国哲学家培根的一段话，他说："一次不公正的审判，其恶果甚至超过十次犯罪。因为犯罪虽是无视法律——好比污染了水流，而不公正的审判则毁坏法律——好比污染了水源。"这其中的道理是深刻的。如果司法这道防线缺乏公信力，社会公正就会受到普遍质疑，社会和谐稳定就难以保障。因此，全会决定指出，公正是法治的生命线；司法公正对社会公正具有重要引领作用，司法不公对社会公正具有致命破坏作用。

当前，司法领域存在的主要问题是，司法不公、司法公信力不高问题十分突出，一些司法人员作风不正、办案不廉，办金钱案、关系案、人情案，"吃了原告吃被告"，等等。司法不公的深层次原因在于司法体制不完善、司法职权配置和权力运行机制不科学、人权司法保障制度不健全。

党的十八届三中全会针对司法领域存在的突出问题提出了一系列改革举措，司法体制和运行机制改革正在有序推进。这次全会决定在党的十八届三中全会决定的基础上对保障司法公正作出了更深入的部署。比如，为确保依法独立公正行使审判权和检察权，全会决定规定，建立领导干部干预司法活动、插手具体案件处理的记录、通报和责任追究制度；健全行政机关依法出庭应诉、支持法院受理行政案件、尊重并执行法院生效裁判的制度；建立健全司法人员履行法定职责保护机制，等等。为优化司法职权配置，全会决定提出，推动实行审判权和执行权相分离的体制改革试点；统一刑罚执行体制；探索实行法院、检察院司法行政事务管理权和审判权、检察权相分离；变立案审查制为立案登记制，等等。为保障人民群众参与司法，全会决定提出，完善人民陪审员制度，扩大参审范围；推进审判公开、检务公开、警务公开、狱务公开；建立生效法律文书统一上网和公开查询制度，等等。全会决定还就加强人权司法保障和加强对司法活动的监督提出了重要改革措施。

第七，最高人民法院设立巡回法庭。近年来，随着社会矛盾增多，全国法院受理案件数量不断增加，尤其是大量案件涌入最高人民法院，导致审判接访压力增大，息诉罢访难度增加，不利于最高人民法院发挥监督指导全国法院工作职能，不利于维护社会稳定，不利于方便当事人诉讼。

全会决定提出，最高人民法院设立巡回法庭，审理跨行政区域重大行政和民商事案件。这样做，有利于审判机关重心下移、就地解决纠纷、方便当事人诉讼，有利于最高人民法院本部集中精力制定司法政策和司法解释、审理对统一法律适用有重大指导意义的案件。

第八，探索设立跨行政区划的人民法院和人民检察院。随着社会主义市场经济深入发展和行政诉讼出现，跨行政区划乃至跨境案件越来越多，涉案金额越来越大，导致法院所在地有关部门和领导越来越关注案件处理，甚至利用职权和关系插手案件处理，造成相关诉讼出现"主客场"现象，不利于平等保护外地当事人合法权益、保障法院独立审判、监督政府依法行政、维护法律公正实施。

全会决定提出，探索设立跨行政区划的人民法院和人民检察院。这有利于排除对审判工作和检察工作的干扰、保障法院和检察院依法独立公正行使审判权和检察权，有利于构建普通案件在行政区划法院审理、特殊案件在跨行政区划法院审理的诉讼格局。

第九，探索建立检察机关提起公益诉讼制度。现在，检察机关对行政违法行为的监督，主要是依法查办行政机关工作人员涉嫌贪污贿赂、渎职侵权等职务犯罪案件，范围相对比较窄。而实际情况是，行政违法行为构成刑事犯罪的毕竟是少数，更多的是乱作为、不作为。如果对这类违法行为置之不理、任其发展，一方面不可能根本扭转一些地方和部门的行政乱象，另一方面可能使一些苗头性问题演变为刑事犯罪。全会决定提出，检察机关在履行职责中发现行政机关违法行使职权或者不行使职权的行为，应该督促其纠正。作出这项规定，目的就是要使检察机关对在执法办案中发现的行政机关及其工作人员的违法行为及时提出建议并督促其纠正。这项改革可以从建立督促起诉制度、完善检察建议工作机制等入手。

在现实生活中，对一些行政机关违法行使职权或者不作为造成对国家和社会公共利益侵害或者有侵害危险的案件，如国有资产保护、国有土地使用权转让、生态环境和资源保护等，由于与公民、法人和其他社会组织没有直接利害关系，使其没有也无法提起公益诉讼，导致违法行政行为缺乏有效司法监督，不利于促进依法行政、严格执法，加强对公共利益的保护。由检察机关提起公益诉讼，有利于优化司法职权配置、完善行政诉讼制度，也有利于推进法治政府建设。

第十，推进以审判为中心的诉讼制度改革。充分发挥审判特别是庭审的作用，是确保案件处理质量和司法公正的重要环节。我国刑事诉讼法规定公检法三机关在刑事诉讼活动中各司其职、互相配合、互相制约，这是符合中国国情、具有中国特色的诉讼制度，必须坚持。同时，在司法实践中，存在办案人员对法庭审判重视不够，常常出现一些关键证据没有收集或者没有依法收集，进入庭审的案件没有达到“案件事实清楚、证据确实充分”的法定要求，使审判无法顺利进行。

全会决定提出推进以审判为中心的诉讼制度改革，目的是促使办案人员树立办案必须经得起法律检验的理念，确保侦查、审查起诉的案件事实证据经得起法律检验，保证庭审在查明事实、认定证据、保护诉权、公正裁判中发挥决定性作用。这项改革有利于促使办案人员增强责任意识，通过法庭审判的程序公正实现案件裁判的实体公正，有效防范冤假错案产生。

全面推进依法治国是一个系统工程，是国家治理领域一场广泛而深刻的革命。制定好这次全会决定具有十分重要的意义。大家要深刻领会中央精神，从党和国家事业发展全局出发，全面理解和正确对待全会决定提出的重大改革举措，深刻领会有关改革的重大现实意义和深远历史意义，自觉支持改革、拥护改革。在讨论中，希望大家相互启发、相互切磋，既提出建设性的修改意见和建议，进一步完善全会决定提出的思路和方案，又加深理解，以利于会后传达贯彻。让我们共同努力，把这次全会开好。

（来源：人民网）

加快建设社会主义法治国家*

2014 年 10 月 23 日　习近平

坚定不移走中国特色社会主义法治道路

全面推进依法治国，必须走对路。如果路走错了，南辕北辙了，那再提什么要求和举措也都没有意义了。全会决定有一条贯穿全篇的红线，这就是坚持和拓展中国特色社会主义法治道路。中国特色社会主义法治道路是一个管总的东西。具体讲我国法治建设的成就，大大小小可以列举出十几条、几十条，但归结起来就是开辟了中国特色社会主义法治道路这一条。

恩格斯说过："一个新的纲领毕竟总是一面公开树立起来的旗帜，而外界就根据它来判断这个党。"推进任何一项工作，只要我们党旗帜鲜明了，全党都行动起来了，全社会就会跟着走。一个政党执政，最怕的是在重大问题上态度不坚定，结果社会上对有关问题沸沸扬扬、莫衷一是，别有用心的人趁机煽风点火、蛊惑搅和，最终没有不出事的！所以，道路问题不能含糊，必须向全社会释放正确而又明确的信号。

这次全会部署全面推进依法治国，是我们党在治国理政上的自我完善、自我提高，不是在别人压力下做的。在坚持和拓展中国特色社会主义法治道路这个根本问题上，我们要树立自信、保持定力。走中国特色社会主义法治道路是一个重大课题，有许多东西需要深入探索，但基本的东西必须长期坚持。

第一，必须坚持中国共产党的领导。党的领导是中国特色社会主义最本质的特征，是社会主义法治最根本的保证。坚持中国特色社会主义法治道路，最根本的是坚持中国共产党的领导。依法治国是我们党提出来的，

---

* 本文是 2014 年 10 月 23 日习近平总书记在党的十八届四中全会第二次全体会议上的讲话的第二部分和第三部分。

把依法治国上升为党领导人民治理国家的基本方略也是我们党提出来的，而且党一直带领人民在实践中推进依法治国。全面推进依法治国，要有利于加强和改善党的领导，有利于巩固党的执政地位、完成党的执政使命，决不是要削弱党的领导。

坚持党的领导，是社会主义法治的根本要求，是全面推进依法治国题中应有之义。要把党的领导贯彻到依法治国全过程和各方面，坚持党的领导、人民当家作主、依法治国有机统一。只有在党的领导下依法治国、厉行法治，人民当家作主才能充分实现，国家和社会生活法治化才能有序推进。

坚持党的领导，不是一句空的口号，必须具体体现在党领导立法、保证执法、支持司法、带头守法上。一方面，要坚持党总揽全局、协调各方的领导核心作用，统筹依法治国各领域工作，确保党的主张贯彻到依法治国全过程和各方面。另一方面，要改善党对依法治国的领导，不断提高党领导依法治国的能力和水平。党既要坚持依法治国、依法执政，自觉在宪法法律范围内活动，又要发挥好各级党组织和广大党员、干部在依法治国中的政治核心作用和先锋模范作用。

第二，必须坚持人民主体地位。我国社会主义制度保证了人民当家作主的主体地位，也保证了人民在全面推进依法治国中的主体地位。这是我们的制度优势，也是中国特色社会主义法治区别于资本主义法治的根本所在。

坚持人民主体地位，必须坚持法治为了人民、依靠人民、造福人民、保护人民。要保证人民在党的领导下，依照法律规定，通过各种途径和形式管理国家事务，管理经济和文化事业，管理社会事务。要把体现人民利益、反映人民愿望、维护人民权益、增进人民福祉落实到依法治国全过程，使法律及其实施充分体现人民意志。

人民权益要靠法律保障，法律权威要靠人民维护。要充分调动人民群众投身依法治国实践的积极性和主动性，使全体人民都成为社会主义法治的忠实崇尚者、自觉遵守者、坚定捍卫者，使尊法、信法、守法、用法、护法成为全体人民的共同追求。

第三，必须坚持法律面前人人平等。平等是社会主义法律的基本属性，是社会主义法治的基本要求。坚持法律面前人人平等，必须体现在立法、执法、司法、守法各个方面。任何组织和个人都必须尊重宪法法律权威，都必须在宪法法律范围内活动，都必须依照宪法法律行使权力或权利、履行职责或义务，都不得有超越宪法法律的特权。任何人违反宪法法律都要受到追究，绝不允许任何人以任何借口任何形式以言代法、以权压法、徇私枉法。

各级领导干部在推进依法治国方面肩负着重要责任。现在，一些党员、干部仍然存在人治思想和长官意识，认为依法办事条条框框多、束缚手脚，凡事都要自己说了算，根本不知道有法律存在，大搞以言代法、以权压法。这种现象不改变，依法治国就难以真正落实。必须抓住领导干部这个"关键少数"，首先解决好思想观念问题，引导各级干部深刻认识到，维护宪法法律权威就是维护党和人民共同意志的权威，捍卫宪法法律尊严就是捍卫党和人民共同意志的尊严，保证宪法法律实施就是保证党和人民共同意志的实现。

我们必须认认真真讲法治、老老实实抓法治。各级领导干部要对法律怀有敬畏之心，带头依法办事，带头遵守法律，不断提高运用法治思维和法治方式深化改革、推动发展、化解矛盾、维护稳定能力。如果在抓法治建设上喊口号、练虚功、摆花架，只是叶公好龙，并不真抓实干，短时间内可能看不出什么大的危害，一旦问题到了积重难返的地步，后果就是灾难性的。对各级领导干部，不管什么人，不管涉及谁，只要违反法律就要依法追究责任，绝不允许出现执法和司法的"空档"。要把法治建设成效作为衡量各级领导班子和领导干部工作实绩重要内容，把能不能遵守法律、依法办事作为考察干部重要依据。

第四，必须坚持依法治国和以德治国相结合。法律是成文的道德，道德是内心的法律，法律和道德都具有规范社会行为、维护社会秩序的作用。治理国家、治理社会必须一手抓法治、一手抓德治，既重视发挥法律的规范作用，又重视发挥道德的教化作用，实现法律和道德相辅相成、法治和德治相得益彰。

发挥好法律的规范作用，必须以法治体现道德理念、强化法律对道德建设的促进作用。一方面，道德是法律的基础，只有那些合乎道德、具有深厚道德基础的法律才能为更多人所自觉遵行。另一方面，法律是道德的保障，可以通过强制性规范人们行为、惩罚违法行为来引领道德风尚。要注意把一些基本道德规范转化为法律规范，使法律法规更多体现道德理念和人文关怀，通过法律的强制力来强化道德作用、确保道德底线，推动全社会道德素质提升。

发挥好道德的教化作用，必须以道德滋养法治精神、强化道德对法治文化的支撑作用。再多再好的法律，必须转化为人们内心自觉才能真正为人们所遵行。“不知耻者，无所不为。”没有道德滋养，法治文化就缺乏源头活水，法律实施就缺乏坚实社会基础。在推进依法治国过程中，必须大力弘扬社会主义核心价值观，弘扬中华传统美德，培育社会公德、职业道德、家庭美德、个人品德，提高全民族思想道德水平，为依法治国创造良好人文环境。

第五，必须坚持从中国实际出发。走什么样的法治道路、建设什么样的法治体系，是由一个国家的基本国情决定的。“为国也，观俗立法则治，察国事本则宜。不观时俗，不察国本，则其法立而民乱，事剧而功寡。”全面推进依法治国，必须从我国实际出发，同推进国家治理体系和治理能力现代化相适应，既不能罔顾国情、超越阶段，也不能因循守旧、墨守成规。

坚持从实际出发，就是要突出中国特色、实践特色、时代特色。要总结和运用党领导人民实行法治的成功经验，围绕社会主义法治建设重大理论和实践问题，不断丰富和发展符合中国实际、具有中国特色、体现社会发展规律的社会主义法治理论，为依法治国提供理论指导和学理支撑。我们的先人们早就开始探索如何驾驭人类自身这个重大课题，春秋战国时期就有了自成体系的成文法典，汉唐时期形成了比较完备的法典。我国古代法制蕴含着十分丰富的智慧和资源，中华法系在世界几大法系中独树一帜。要注意研究我国古代法制传统和成败得失，挖掘和传承中华法律文化精华，汲取营养、择善而用。

坚持从我国实际出发，不等于关起门来搞法治。法治是人类文明的重要成果之一，法治的精髓和要旨对于各国国家治理和社会治理具有普遍意义，我们要学习借鉴世界上优秀的法治文明成果。但是，学习借鉴不等于是简单的拿来主义，必须坚持以我为主、为我所用，认真鉴别、合理吸收，不能搞“全盘西化”，不能搞“全面移植”，不能照搬照抄。

扎扎实实把全会提出的各项任务落到实处

这次全会对全面推进依法治国作出了全面部署，提出的重大举措有180多项，涵盖了依法治国各个方面。全党要以只争朝夕的精神和善作善成的作风，扎扎实实把全会提出的各项任务落到实处。

第一，紧紧围绕全面推进依法治国总目标，加快建设中国特色社会主义法治体系。全面推进依法治国总目标是建设中国特色社会主义法治体系，建设社会主义法治国家。这是贯穿决定全篇的一条主线，既明确了全面推进依法治国的性质和方向，又突出了全面推进依法治国的工作重点和总抓手，对全面推进依法治国具有纲举目张的意义。

依法治国各项工作都要围绕全面推进总目标来部署、来展开。法治体系是国家治理体系的骨干工程。落实全会部署，必须加快形成完备的法律规范体系、高效的法治实施体系、严密的法治监督体系、有力的法治保障体系，形成完善的党内法规体系。

“立善法于天下，则天下治；立善法于一国，则一国治。”要坚持立法先行，坚持立改废释并举，加快完善法律、行政法规、地方性法规体系，完善包括市民公约、乡规民约、行业规章、团体章程在内的社会规范体系，为全面推进依法治国提供基本遵循。要加快建设包括宪法实施和执法、司法、守法等方面的体制机制，坚持依法行政和公正司法，确保宪法法律全面有效实施。要加强党内监督、人大监督、民主监督、行政监督、司法监督、审计监督、社会监督、舆论监督，努力形成科学有效的权力运行和监督体系，增强监督合力和实效。

要完善党内法规制定体制机制，注重党内法规同国家法律的衔接和协调，构建以党章为根本、若干配套党内法规为支撑的党内法规制度体系，提高党内法规执行力。党章等党规对党员的要求比法律要求更高，党员不仅要严格遵守法律法规，而且要严格遵守党章等党规，对自己提出更高要求。

第二，准确把握全面推进依法治国工作布局，坚持依法治国、依法执政、依法行政共同推进，坚持法治国家、法治政府、法治社会一体建设。

全面推进依法治国是一项庞大的系统工程，必须统筹兼顾、把握重点、整体谋划，在共同推进上着力，在一体建设上用劲。

“天下之事，不难于立法，而难于法之必行。”依法治国是我国宪法确定的治理国家的基本方略，而能不能做到依法治国，关键在于党能不能坚持依法执政，各级政府能不能依法行政。我们要增强依法执政意识，坚持以法治的理念、法治的体制、法治的程序开展工作，改进党的领导方式和执政方式，推进依法执政制度化、规范化、程序化。执法是行政机关履行政府职能、管理经济社会事务的主要方式，各级政府必须依法全面履行职能，坚持法定职责必须为、法无授权不可为，健全依法决策机制，完善执法程序，严格执法责任，做到严格规范公正文明执法。

法治国家、法治政府、法治社会三者各有侧重、相辅相成。全面推进依法治国需要全社会共同参与，需要全社会法治观念增强，必须在全社会弘扬社会主义法治精神，建设社会主义法治文化。要在全社会树立法律权威，使人民认识到法律既是保障自身权利的有力武器，也是必须遵守的行为规范，培育社会成员办事依法、遇事找法、解决问题靠法的良好环境，自觉抵制违法行为，自觉维护法治权威。

第三，准确把握全面推进依法治国重点任务，着力推进科学立法、严格执法、公正司法、全民守法。全面推进依法治国，必须从目前法治工作基本格局出发，突出重点任务，扎实有序推进。

推进科学立法，关键是完善立法体制，深入推进科学立法、民主立法，抓住提高立法质量这个关键。要优化立法职权配置，发挥人大及其常委会在立法工作中的主导作用，健全立法起草、论证、协调、审议机制，完善法律草案表决程序，增强法律法规的及时性、系统性、针对性、有效性，提高法律法规的可执行性、可操作性。要明确立法权力边界，从体制机制和工作程序上有效防止部门利益和地方保护主义法律化。要加强重点领域立法，及时反映党和国家事业发展要求、人民群众关切期待，对涉及全面深化改革、推动经济发展、完善社会治理、保障人民生活、维护国家安全的法律抓紧制订、及时修改。

推进严格执法，重点是解决执法不规范、不严格、不透明、不文明以及不作为、乱作为等突出问题。要以建设法治政府为目标，建立行政机关内部重大决策合法性审查机制，积极推行政府法律顾问制度，推进机构、职能、权限、程序、责任法定化，推进各级政府事权规范化、法律化。要全面推进政务公开，强化对行政权力的制约和监督，建立权责统一、权威高效的依法行政体制。要严格执法资质、完善执法程序，建立健全行政裁量权基准制度，确保法律公正、有效实施。

推进公正司法，要以优化司法职权配置为重点，健全司法权力分工负责、相互配合、相互制约的制度安排。各级党组织和领导干部都要旗帜鲜明支持司法机关依法独立行使职权，绝不容许利用职权干预司法。“举直错诸枉，则民服；举枉错诸直，则民不服。”司法人员要刚正不阿，勇于担当，敢于依法排除来自司法机关内部和外部的干扰，坚守公正司法的底线。要坚持以公开促公正、树公信，构建开放、动态、透明、便民的阳光司法机制，杜绝暗箱操作，坚决遏制司法腐败。

推进全民守法，必须着力增强全民法治观念。要坚持把全民普法和守法作为依法治国的长期基础性工作，采取有力措施加强法制宣传教育。要坚持法治教育从娃娃抓起，把法治教育纳入国民教育体系和精神文明创建内容，由易到难、循序渐进不断增强青少年的规则意识。要健全公民和组织守法信用记录，完善守法诚信褒奖机制和违法失信行为惩戒机制，形成守法光荣、违法可耻的社会氛围，使尊法守法成为全体人民共同追求和自觉行动。

第四，着力加强法治工作队伍建设。全面推进依法治国，建设一支德才兼备的高素质法治队伍至关重要。我国专门的法治队伍主要包括在人大和政府从事立法工作的人员，在行政机关从事执法工作的人员，在司法机关从事司法工作的人员。全面推进依法治国，首先要把这几支队伍建设好。

立法、执法、司法这3支队伍既有共性又有个性，都十分重要。立法是为国家定规矩、为社会定方圆的神圣工作，立法人员必须具有很高的思想政治素质，具备遵循规律、发扬民主、加强协调、凝聚共识的能力。执法是把纸面上的法律变为现实生活中活的法律的关键环节，执法人员必须忠于法律、捍卫法律，严格执法、敢于担当。司法是社会公平正义的最后一道防线，司法人员必须信仰法律、坚守法治，端稳天平、握牢法槌，铁面无私、秉公司法。要按照政治过硬、业务过硬、责任过硬、纪律过硬、作风过硬的要求，教育和引导立法、执法、司法工作者牢固树立社会主义法治理念，恪守职业道德，做到忠于党、忠于国家、忠于人民、忠于法律。

律师队伍是依法治国的一支重要力量，要大力加强律师队伍思想政治建设，把拥护中国共产党领导、拥护社会主义法治作为律师从业的基本要求。

第五，坚定不移推进法治领域改革，坚决破除束缚全面推进依法治国的体制机制障碍。解决法治领域的突出问题，根本途径在于改革。如果完全停留在旧的体制机制框架内，用老办法应对新情况新问题，或者用零敲碎打的方式来修修补补，是解决不了大问题的。在决定起草时我就说过，如果做了一个不痛不痒的决定，那还不如不做。全会决定必须直面问题、聚焦问题，针对法治领域广大干部群众反映强烈的问题，回应社会各方面关切。

这次全会研究和部署全面推进依法治国，虽然不像三中全会那样涉及方方面面，但也不可避免涉及改革发展稳定、内政外交国防、治党治国治军等各个领域，涉及面、覆盖面都不小。这次全会提出了180多项重要改革举措，许多都是涉及利益关系和权力格局调整的“硬骨头”。凡是这次写进决定的改革举措，都是我们看准了的事情，都是必须改的。这就需要我们拿出自我革新的勇气，一个一个问题解决，一项一项抓好落实。

法治领域改革涉及的主要是公检法司等国家政权机关和强力部门，社会关注度高，改革难度大，更需要自我革新的胸襟。如果心中只有自己的“一亩三分地”，拘泥于部门权限和利益，甚至在一些具体问题上讨价还价，必然是磕磕绊绊、难有作为。改革哪有不触动现有职能、权限、利益的？需要触动的就要敢于触动，各方面都要服从大局。各部门各方面一定要增强大局意识，自觉在大局下思考、在大局下行动，跳出部门框框，做到相互支持、相互配合。要把解决了多少实际问题、人民群众对问题解决的满意度作为评价改革成效的标准。只要有利于提高党的执政能力、巩固党的执政地位，有利于维护宪法和法律的权威，有利于维护人民权益、维护公平正义、维护国家安全稳定，不管遇到什么阻力和干扰，都要坚定不移向前推进，决不能避重就轻、拣易怕难、互相推诿、久拖不决。

法治领域改革有一个特点，就是很多问题都涉及法律规定。改革要于法有据，但也不能因为现行法律规定就不敢越雷池一步，那是无法推进改革的，正所谓“苟利于民不必法古，苟周于事不必循旧”。需要推进的改革，将来可以先修改法律规定再推进。对涉及改革的事项，中央全面深化改革领导小组要认真研究和督办。

同志们，全面推进依法治国是一个系统工程，是国家治理领域一场广泛而深刻的革命，必须加强党对法治工作的组织领导。各级党委要健全党领导依法治国的制度和工作机制，履行对本地区本部门法治工作的领导责任，找准工作着力点，抓紧制定贯彻落实全会精神的具体意见和实施方案。要把全面推进依法治国的工作重点放在基层，发挥基层党组织在全面推进依法治国中的战斗堡垒作用，加强基层法治机构和法治队伍建设，教育引导基层广大党员、干部增强法治观念、提高依法办事能力，努力把全会提出的各项工作和举措落实到基层。

（来源：求是网）

在国务院机构职能转变动员电视电话会议上的讲话

2013年5月13日　李克强

同志们：

加快转变政府职能，深化行政体制改革，是党中央、国务院作出的重大决策。今天我们召开这次会议，就是要全面贯彻党的十八届二中全会精神，落实国务院第一次全体会议要求，总结前一段国务院机构职能转变工作，对下一步工作进行再动员、再部署，确保各项任务落到实处。因为这件事涉及面广，需要各方面共同努力、协同动作，所以开个范围比较大的会。

这次国务院机构改革和职能转变，是在改革开放以来历次机构改革、简政放权的基础上进行的。其特点是改革方案把机构改革和职能转变有机结合起来，把职能转变作为核心，把行政审批制度改革作为突破口和抓手，这是我们思路的进一步创新。转变政府职能，就是要解决好政府与市场、政府与社会的关系问题，通过简政放权，进一步发挥市场在资源配置中的基础性作用，激发市场主体的创造活力，增强经济发展的内生动力；就是要把政府工作重点转到创造良好发展环境、提供优质公共服务、维护社会公平正义上来。也就是说，既要把该放的权力放开放到位，又要把该管的事务管住管好，这不仅是当前形势下稳增长、控通胀、防风险的迫切需要，也是保持经济长期持续健康发展的重大举措，是我国经济社会发展到这一阶段的客观要求。

这次国务院机构调整力度不小，涉及十几个部门，撤掉了4个正部级机构，很多部门的职权、人员都要划转，动作比较大，相关部门“三定”方案正在陆续出台。机构改革不易，职能转变更难。这次职能转变工作，在国务院领导同志指导推动、各部门高度重视和共同努力下，经国务院常务会议两次审议，前两批共批准取消和下放了133项行政审批等事项，重点是经济领域投资、生产经营活动的项目，包括一些对企业投资项目的核准，涉及企业生产经营活动的许可，以及涉及企业、社会组织和个人的资质资格认定等。在这么短的时间里取得这样的进展，是不容易的。开弓没有回头箭，下一步还要继续推进，后面的任务更艰巨。下面，我讲三点意见。

一、该放的权坚决放开放到位，激发市场主体创造活力，增强经济发展内生动力

我们已公开承诺，本届政府任期内，国务院部门实施的行政审批事项要减少1/3以上，今年就要有所突破、有好的开头。做好这方面工作，进一步激发市场、社会的创造活力，增强经济社会发展内生动力，既有利当前又惠及长远，是释放改革红利、打造中国经济升级版的重要一招。

首先，要以简政放权促进经济稳定增长。今年以来，我国经济社会发展开局平稳，各方面工作取得新进展。但当前经济发展形势错综复杂，下行的压力较大，一些行业产能过剩的矛盾又凸显，财政金融领域还存在多种风险隐忧。4月份铁路货运量等经济运行指标并不乐观，制造业采购经理人指数比上月下降0.3个百分点。财政收入增长缓慢，中央财政持续负增长，在存量货币较大的情况下，广义货币供应量增速较高。要实现今年发展的预期目标，靠刺激政策、政府直接投资，空间已不大，还必须依靠市场机制。实际上，市场机制本身对经济运行具有自动调节作用，是能够调整一般性经济波动的。如果过多地依靠政府主导和政策拉动来刺激增长，不仅难以为继，甚至还会产生新的矛盾和风险。市场主体是社会财富的创造者，是经济发展内生动力的源泉。现在民间投资还有很大的潜力。近20年来，民间投资在全社会固定资产投资中的比重已从30%上升到60%，外商投资也有潜力。然而由于有“玻璃门”、“弹簧门”的问题，民间投资仍存在有钱无处投、想进进不去的现象。前几天，我看到一个调查材料，企业新上一个项目，要经过27个部门、50多个环节，时间长达6—10个月，这显然会影响企业投资创业的积极性。要下决心进一步打开转变政府职能这扇大门，把该放的权力放到位，激发各类市场主体发展活力和创造力。这对于促进经济稳定增长，无疑是不花钱能办事、少花钱多办事的“良方”。

目前，国务院各部门还有大量行政审批事项。有些审批事项看起来让人费解，如对一些城市轨道交通设施的社会投资进行核准、对某些渔船船名进行核定等。这不仅包办了该由企业负责的决策，费力办了事，又不符合发展要求，还影响政府形象。这次改革，就是要坚持市场化改革取向，做到最大限度减少对生产经营活动和产品物品的许可，最大限度缩小投资项目审批、核准、备案的范围，最大可能减少对各类机构及其活动的认定，原则上取消不符合行政许可法规定的资质资格许可。今后，政府一般不再新设行政审批事项，确需新设的必须严格遵守行政许可法，切实防止行政审批事项边减边增、明减暗增。

第二，要以简政放权推动经济转型。做好经济工作不仅要立足当前，也要着眼长远，把稳当前和增后劲结合起来。增后劲就必须加快推动经济转型升级。首先要调整产业结构，在优化工业结构、推动现代农业发展的同时，大力发展服务业。服务业没有大的发展，转型升级就难以实现，消费拉动也拉不起来。今年前几个月社会商品零售总额增幅是多年来同期较低的，一季度服务业增加值只增长 8.3%，4 月份服务业采购经理人指数回落到51.1。这些都反映了我国服务业发展仍然相对缓慢，结构调整任务还相当艰巨。而制约服务业发展的最大障碍是体制机制问题，无论是金融、通信、物流，还是养老、医疗产业、非义务教育，都存在行政性垄断、审批过多的问题，市场准人的门槛较高甚至很高，而这些产业恰恰是中等收入阶段发展潜力巨大的产业。相比之下，信息消费领域由于市场化程度较高，近几年快速发展，2012 年我国网民总数已达 5.6 亿人，电子商务交易规模超过 8 万亿元，今年一季度达 2.4 万亿元，同比增长 45%，这方面仍有文章可做。

加快经济转型升级，必须创新体制机制。市场机制具有优胜劣汰的功效。企业只有积极参与市场竞争，才有源源不断的动力实现技术进步和产品创新，才能在竞争中立于不败之地。我们要相信市场机制的力量，必须转变职能、下放权力，下决心减少政府对企业生产经营活动的直接干预，打破市场分割与垄断，消除制约转型发展的体制机制障碍，使企业和产业在竞争中优化升级，为经济转型提供“源头活水”。目前，我国正处于工业化、城镇化加快推进的重要阶段，经济发展空间十分广阔，只要将增长的潜力和企业的活力有机融为一体，就能形成促进经济持续健康发展的强大动力。

第三，要以简政放权释放就业创业创新活力。我们稳增长、促发展从根本上讲是为了扩大就业。今年前几个月，在经济增长放缓的情况下，就业形势保持了稳定。但就业的压力依然存在，特别是大学生就业难问题突出。今年高校毕业生达699万，是历史上最多的一年，解决好他们的就业问题是一项重要任务。而扩大就业仅靠大企业、国有单位是有限的，必须大力发展中小微企业、多种所有制经济。目前中小微企业就业已占城镇就业80%以上，成为我国吸纳就业的主体。但现在创办中小微企业还有不少限制，既影响发展也不利于就业。前不久，我看到了一组数据，今年一季度，全国新登记注册的企业同比下降6.7%，而有些地方率先试行工商登记改革，取消前置审批，新登记注册企业增幅高达40%～50%，其中多数为中小微企业。这两次已取消和下放的133项行政审批等事项，很多都是有利于促进中小微企业发展的，下一步还要加快企业工商登记等制度改革，为人民群众增加更广的就业门路和更多就业机会，激发社会的创造力。

就业创业难，也与政府部门的资质资格要求多、认定多、考试多、证书多有相当大的关系。据统计，目前国务院部门许可的个人资格有110项，各级政府部门颁发的资质资格证书有229种，名目繁多的资质资格认定，事实上抬高了就业门槛，一纸证书漫长的认定过程挡住了不少人的就业创业之路。我国人力资源十分丰富，人才的创业创新蕴藏着新的人口红利，而过多和费时过长的行政审批恰恰制约了我们这一最大优势的发挥。要通过转变职能、减少审批环节，继续清理不必要的资质资格许可和认定，注意发挥和落实行业协会的作用与责任，在不降低资质资格水平的前提下，降低就业创业门槛，营造就业创业的公平环境，调动创新创造的积极性。

第四，要以简政放权更好地发挥地方的作用。我国地域辽阔，地区之间经济社会发展很不平衡，中央和地方两个积极性都要发挥好，该下放给地方的要坚决下放。如四川芦山地震当天，我们在灾区现场察看灾情、进行协调部署后明确，中央政府和地方政府在抗震救灾中要各负其责，形成以地方为主、中央各部门和有关方面统一对口省里的一体化救援救灾应急机制，充分发挥地方党委和政府的作用。大量的具体救灾工作由地方和一线的同志承担，这有力有序地促进了抗震救灾。这样的大事急事经部署后都能交给地方为主去办去管，因此我们要相信地方也能办好管好其他很多事。反过来讲，国务院部门管得过多过细了，既管不了也管不好。各级政府要按照各自的事权分级管理，尤其是涉及改善民生的具体事项，要尽可能实行就近管理，不能什么事都到北京来批。

我们要充分发挥好地方政府贴近基层的优势，从有利于地方政府更好履职的要求出发，把一些确需审批但由地方实施更方便有效的投资审批事项，以及量大面广的生产经营活动审批事项，坚决下放给地方。比如这次就把城市快速轨道交通、机场扩建等投资项目审批或核准权放给了地方。事权调整必然涉及财权，必须加快推进财政转移支付制度改革。最近我们研究一个省现代农业综合配套改革试验时了解到，仅中央部门到省的涉农资金就有约100个专项，多头管理、撒胡椒面、跑冒滴漏，弊端很多。我们要下决心较大幅度减少中央对地方专项转移支付项目，“合并专项，扩大一般”，将适合地方管理的专项转移支付项目审批和资金分配工作下放地方，为地方政府更好履行职能提供财力保障。同时，有权必有责，地方政府要切实负起统筹资金使用的责任，把钱用到中央要求的方向上来，用到科学发展上来。

二、该管的事必须管住管好，创新行政管理方式，提高政府治理能力

国务院机构职能转变，不仅要取消和下放权力，还要改善和加强政府管理，关键是要在搞活微观经济的基础上搞好宏观管理，创新行政管理方式，增强政府治理能力，健全公共服务体系，提高政府效能，建设现代政府。这是提升政府公信力、执行力和权威性，更好地服务经济社会发展、服务人民群众的必然要求。

首先，要切实加强市场监管。我们最大限度地放权，一个重要目的就是要为各类市场主体营造公平竞争的发展环境。只有建立公平的环境，才能实现公平的竞争。目前，我国市场经济秩序还很不规范，经营不讲诚信、假冒伪劣屡禁不绝、侵犯知识产权时有发生、寻租行为不少。这些现象得不到有效制止，对于诚实守信的经营者就是不公平，就会产生“劣币驱逐良币”的扭曲现象，从而伤害整个经济健康发展。这不仅会影响国内各种所有制企业的正常经营，也会影响国外投资者来华投资发展。所以，我们这次改革绝不是一放了之，在放权的同时必须加强市场监管。

当前，一定要把监管的重点放到人民群众反映强烈、对经济社会发展可能造成大的危害的领域上来。比如食品安全问题就涉及千家万户，关系人民群众身体健康和生命安全，人是一日三餐，民是以食为天，从中央到地方政府都要加强监管。最近，“掺假羊肉”、“毒生姜”事件接连发生，加重了群众对食品安全的担忧。这些虽然只是局部的、苗头性的问题，但影响恶劣，危害很大，一定要高度重视、严格监管、严厉打击，重拳方有效，重典才治乱，要让犯罪分子付出付不起的代价，决不能再出现问题奶粉那样的信任危机。虽然现在我们财政紧张，也要在加强基层监管手段上舍得用力花钱，让老百姓对食品安全有信心。还有环保问题，不仅是重大发展问题，也是重大民生问题。近年来，环保方面采取了不少措施，对建设项目实行了环境评价制度，但重事前审批、轻事中事后监管问题仍然严重，未能实行全过程监管，造成一些项目在建设过程中和投入运营后，又因环境问题引发很多社会矛盾。我们说在环保工作上要不欠新账、多还老账，如果不加强监管是做不到的。加强监管还有利于环保和节能产业发展，培育新的经济增长点。

这次转变职能，放和管是两个轮子，只有两个轮子都做圆了，车才能跑起来。大量减少行政审批后，政府管理要由事前审批更多地转为事中事后监管，实行“宽进严管”。加强事中事后监管，发现问题就必须叫停、处罚，这往往要得罪人，甚至要做“恶人”，比事前审批难得多。工作方式也不一样，事前审批是别人找上门，事后监管则是自己要下去，到现场了解情况，实施监管。同时，我们一些政府机关和干部在行政审批方面通常是轻车熟路，但在市场监管方面办法还不多、经验也不足。这主要不是因为干部水平本身的问题，还是体制不对头，所以事倍功半。这种管理方式上的转变，对各部门、各级政府都是新的考验和挑战，责任更重了，要求更高了。我们作为人民的政府和国家的公务员，要对人民负责、对国家负责，就要担这个责任，不断提高自身水平，这是无法回避的。

第二，要创新公共服务提供方式。加强社会管理和公共服务，是政府的重要职责。在经济领域简政放权的同时，我们为人民群众提供优质公共服务的职责必须加强。总体上看，现在我们的产品供应是充足甚至有些方面是过剩的，而服务则存在短缺问题，质量也需要提高。增加服务供给，满足社会需求，必须把政府的作用与市场和社会的力量结合起来。要把政府的工作重点放到“保基本”上来，加快织就织好一张覆盖全民的社会保障"安全网"，特别是要"补短板"、"兜底线"，为人民基本生活提供保障。同时，在非基本的公共服务领域，要更多更好发挥市场和社会的作用。要加快事业单位改革步伐，提供更多更有效的服务。大力引入社会资本，增加竞争，满足多样化需求。即使是基本公共服务，也要深化改革、利用市场机制、创新供给方式，更多地利用社会力量，加大购买基本公共服务的力度，要加快制定出台政府向社会组织购买服务的指导意见。凡适合市场、社会组织承担的，都可以通过委托、承包、采购等方式交给市场和社会组织承担，政府办事不养人、不养机构。这样既能加快解决公共服务产品短缺问题，又能形成公共服务发展新机制，对企业、老百姓和政府，都是"惠而不费"的好事。当然，在公共服务领域引入市场机制的同时，政府也要加强监管、搞好服务。

第三，要优化必要的行政审批程序。政府转型要有个过程，不该审批的不再审批，该审批的则要把关审好。由于多种原因，像钢铁、水泥等行业上项目都是需要审批的，但多年来恰恰没有管住管好，以致造成产能严重过剩。相比之下，家电、服装等行业早已走上市场化轨道，不用政府审批，靠市场优胜劣汰，没有严重的产能过剩问题。这说明，该审批的审批不严格、执行不到位的，费力办了事而又事与愿违，还不如已放给市场的。这确实值得我们深思、反思。履行审批职权就要把责任担起来，本行业的事情一定要摸清摸透，出了问题要敢于碰硬，该报告的要及时报告，把确需审批的事项管住管好。现在经常有这样的情况，一个项目，可以批给张三，也可以批给李四；可以早批，也可以晚批；可以多批，也可以少批。这种自由裁量的随意性，不利于建设公平竞争的市场环境，影响了市场主体对未来发展的预期，也容易滋生腐败。解决这个问题，要提高规划布局和标准制定的水平，这才能真正考验我们的行政能力。还要从体制上加以保证，再造行政流程，完善审批制度，建立标准明确、程序严密、运作规范、制约有效、权责分明的管理制度。

第四，要加强和改善宏观管理。转变职能、减少微观事务管理后，政府可以腾出更多的精力管宏观，管好那些最该管的事。有所不为才能有所为。只有把那些该放的放了，才能抓大事、议长远、谋全局，少管微观、多管宏观。宏观部门的主要职责就是搞好宏观调控，要更加重视经济社会发展战略和政策的研究制定，保持经济总量平衡，促进重大结构优化，维护全国市场统一开放，保障国家经济安全。在当前错综复杂的经济环境下，既要处变不惊、按预期的发展目标搞好调控，又要未雨绸缪、充分考虑各种可能性，如经济下行压力继续加大怎么办，物价涨幅超出上限怎么办，农产品供给出现大的波动怎么办，诸如此类问题，都要超前谋划应变的调控预案。要增强宏观调控的针对性、有效性，把政府掌控的资源集中用在重点领域和关键环节，起到“四两拨千斤”的作用，确保经济持续健康发展。

我们发展社会主义市场经济，要调动中央和地方两个积极性，发挥政府和市场两只手的作用，中央在宏观调控上一定要有权威性，要留有“撒手锏”。在宏观形势发生重大变化时，国务院经统筹考虑采取必要的干预措施，地方也要理解并坚决执行。地方政府要有全国一盘棋的思想，要有大局意识和全局观念，自觉维护党中央、国务院权威，维护中央大政方针的统一性和严肃性，提高执行力，确保政令畅通、令行禁止。当前，大幅减少行政审批事项和转变职能，坚决遏制产能严重过剩行业盲目扩张，都是硬任务，要按照党中央、国务院的统一部署，确保完成。

这里，我还想特别强调的是，政府履行职能必须依靠法治。市场经济的本质是法治经济，转变政府职能本身就是建设法治政府的要求。国务院及各部门和地方各级人民政府要带头维护宪法法律权威，无论履行哪一项职能，从行为到程序、从内容到形式、从决策到执行都必须符合法律规定，让行政权力在法律和制度的框架内运行。要依法规范企业、社会组织和个人的行为，维护市场经济运行秩序，保障各类市场主体的合法权益。我们一定要用法治思维和法治方式履行政府职能，推动改革发展，建设现代政府。

三、加强领导，精心组织，坚决打好政府职能转变攻坚战

新一轮国务院机构职能转变的大幕已经拉开。我们要进一步提高对这项工作重要性紧迫性的认识，大幅减少对微观事务的干预，营造公平竞争的市场环境，提供必需的公共服务，切实加强宏观管理，以更大的勇气和智慧、更加坚定的决心和意志，坚决打好这场攻坚战。

一是组织领导要有力。这次政府职能转变，国务院部门包括内设机构已先行一步，要继续带好头，一级给一级作表率。国务院已经建立了机构职能转变的相关工作机制。各部门主要负责同志要对本部门的职能转变工作负总责，把责任落实到各司局、各处室。既要落实放权的责任，也要落实监管的责任，两者齐头并进，既防止放不到位，又防止出现监管真空，一定要走出“一放就乱、一乱就收、一收就死”的怪圈。中央编办等牵头部门要切实负起责任，认真研究审核各部门提出的职能转变事项，加强统筹协调，加大工作推进力度。

二是部门任务要落实。要进一步对现有行政审批事项进行摸底核实，不能捉迷藏，也不能掺水分。尽快研究提出新一批取消和下放的事项，优先取消和下放那些含金量高、能激发社会创造活力的审批权。对应当取消和下放但一时还做不到的事项，要明确提出时间表，积极创造条件尽早推出。对应当保留的事项，要提出明确意见，优化审批程序，提高效率。根据职能转变要求，抓紧按程序对现行法律法规进行清理和修订。要把取消和下放行政审批事项的工作情况纳入部门年度考核的主要内容，建立长效机制。

三是地方政府要跟进。地方各级政府对国务院取消的行政审批项目，需放给市场和社会的，任何一级都不得截留。对下放给地方的项目，要做好承接、加强规范，把后续监管做到位，切实负起责任。同时，结合实际抓紧研究出台本级政府职能转变的具体措施，该取消和下放的行政审批事项，坚决取消和下放。各省级人民政府要增强全局意识，统筹抓好本省的职能转变工作。

四是监督检查要有效。落实好职能转变要求，必须依靠严明的纪律和有效的监督。决不允许上有政策、下有对策，决不允许在贯彻执行中打折扣、做选择、搞变通，决不允许相互扯皮、推诿拖沓，明放暗不放。改革要公开透明进行，把取消、下放和保留的行政审批事项，适时以适当方式公开，接受舆论和社会的监督。有督促还要有检查，各部门都要逐一对照要求，搞好自查自纠，接受上级督查。国务院将在适当的时候派出督查组，了解已取消和下放审批事项的执行情况、存在的问题，对做得好的要表扬表彰，特别对通过简政放权稳增长、调结构、促发展成效明显的经验要及时推广，对工作开展不力的要进行问责，以推动职能转变工作的深化。

同志们，国务院机构职能转变是一项重大改革。改革贵在行动。我们要全面深入贯彻落实党的十八大精神，在以习近平同志为总书记的党中央领导下，高举中国特色社会主义伟大旗帜，以邓小平理论、“三个代表”重要思想、科学发展观为指导，精心组织、扎实工作，加快推进创新政府、廉洁政府、法治政府建设，为全面完成经济社会发展各项任务做出新的更大贡献！

（来源：人民网）

在全国推进简政放权放管结合职能转变工作电视电话会议上的讲话

2015 年 5 月 12 日　李克强

这次会议的主要任务，就是回顾总结两年多来简政放权、放管结合、政府职能转变情况，部署下一阶段的重点工作，把改革推向纵深。

一、深化行政体制改革、转变政府职能，是促进发展的强大动力和重要保障

党的十八大以来，以习近平同志为总书记的党中央对深化行政体制改革提出了明确要求。十八届二中全会指出，转变政府职能是深化行政体制改革的核心。十八届三中全会强调，经济体制改革的核心问题是处理好政府和市场的关系，使市场在资源配置中起决定性作用和更好发挥政府作用。本届政府成立伊始，开门办的第一件大事就是推进行政体制改革、转变政府职能，把简政放权、放管结合作为“先手棋”。长期以来，政府对微观经济运行干预过多、管得过死，重审批、轻监管，不仅抑制经济发展活力，而且行政成本高，也容易滋生腐败。推进简政放权、放管结合，就是解决这些突出矛盾和问题的关键一招，也紧紧抓住了行政体制改革和经济体制改革的核心，把握了完善社会主义市场经济体制、加强社会建设的要害。可以说，这项改革是“牛鼻子”，具有牵一发动全身的重要作用。

两年多来，简政放权、放管结合工作取得明显成效。国务院部门共取消或下放行政审批事项 537 项，本届政府承诺减少三分之一的目标提前两年多完成。投资核准事项中央层面减少 76%，境外投资项目核准除特殊情况外全部取消。工商登记实行“先照后证”，前置审批事项 85% 改为后置审批；注册资本由实缴改为认缴，企业年检改为年报公示。资质资格许可认定和评比达标表彰事项大幅减少。中央层面取消、停征、减免 420 项行政事业性收费和政府性基金，每年减轻企业和个人负担近千亿元。在放权的同时，采取措施加强事中事后监管。地方各级政府认真贯彻中央决策部署，积极做好“接、放、管”工作。有些省份进展较快，行政审批事项取消和下放比例超过一半、最高的达70%，有的省级非行政许可已全面取消。

这一系列改革举措有力解放和发展了生产力，激发了市场活力和社会创造力，促进了稳增长、调结构、惠民生，也推动了政府治理能力提升和廉政建设，取得了一举多得的成效。新增市场主体呈现“井喷式”增长，去年达1293万户，其中新注册企业增长45.9%；尽管经济增速放缓，但城镇新增就业仍达到1322万人。今年一至四月份，新注册企业继续保持每天1万户，城镇新增就业445万人。这两年，在国内外形势错综复杂、我国经济下行压力加大的情况下，我们没有采取短期强刺激措施，而是创新宏观调控方式，全面深化改革，使经济运行保持在合理区间，就业连创历史新高，增长速度在世界主要经济体中名列前茅，其中简政放权等改革红利的释放发挥了关键作用。

在推进简政放权等改革、促进经济社会发展过程中，各地区各部门的同志们顾全大局，勤勉敬业，做了大量艰苦细致的工作，付出了很大的辛劳。在此，我代表党中央、国务院向大家表示敬意和感谢!

简政放权等改革虽初见成效，但与人民群众的期待和经济社会发展要求相比，还有很大差距。一方面，政府一些该放的权还没有放，手伸得还是太长；另一方面，已出台的简政放权措施尚未完全落实到位，“中梗阻”现象大量存在，“最后一公里”还没有完全打通。当然，“最先一公里”也存在问题。这里面既有思想认识不到位、管理方式不适应的原因，也有地方和部门利益在作梗。企业和基层反映，不少审批事项只是换了个“马甲”，从明的转成暗的、从上面转到下面、从政府转到与政府有关的中介，审批服务中的各种“要件”、程序、环节等还是关卡林立。比如，稳增长必须发挥投资的关键作用，而当前投资仍处于下行状态，像重大水利工程、中西部铁路、棚户区改造、城市基础设施等，有的项目批了，中央投资也到位了，但就是迟迟开不了工，钱也花不出去。到3月底，地方国库库存余额创历史同期最高水平。其中有不作为的问题，但确实还有审批慢、审批难、环节多的问题，影响了投资进度。同时不少群众反映，办事还是存在难与慢，部门之间经常扯皮，这个章那个证还是很多，经常被折腾来折腾去。比如，商事制度改革实现了“先照后证”，有些人反映拿了照以后还是碰到层层阻碍。缺一个“证”，企业就运行不了。一些谁听了都会觉得荒唐的“证”仍然存在。其实不只是普通群众，就是今天参加会议的领导干部，离开你管的“一亩三分地”，自己或家属办事也会遇到诸如此类的不少难题。另外，从国际比较来看，世界银行发布了全球2015年营商环境报告，我国虽比上年上升3位，但在189个经济体中仍排在第90位，主要原因还是各类行政审批等管制措施太多。名目繁多、无处不在的审批“当关”、证明“围城”、公章“旅行”、公文“长征”，对个人来说，耗费的是时间和精力，增添的是烦恼和无奈；对企业来说，浪费的是人力和物力，贻误的是市场机遇；对社会来说，削弱的是公平和公正，挤压的是创业创新空间，尤其是抑制劳动生产率提高；对党和政府来说，影响的是形象和威信，挫伤的是人心民意。对此，如果不努力加以改变，束缚社会生产力的发展，损害的是全体人民的共同利益，延误的是中华民族的伟大复兴进程。

在新的历史时期，深化简政放权等改革，不是权宜之计，而是既利当前又惠长远，具有多方面的重大意义和作用。实现“双中高”目标，需要靠深化简政放权等改革培育新动能。当前，世界经济复苏进程艰难曲折、复杂多变。我国经济发展进入新常态，“三期叠加”矛盾逐步凸显，到了爬坡过坎关键时期。今年一季度经济增长也面临很多困难。但我们从去年下半年以来采取的定向调控措施逐步见效，一定程度上对冲了经济下行压力。当前经济运行总体平稳，一些方面出现向好的趋势，比如调查失业率4月份有所降低，工业也在回升。但有一些方面压力还比较大，比如投资还在继续下行。我们必须采取更有力的措施，把向好的趋势巩固住，把下行的压力顶住。这从根本上讲还要靠简政放权、放管结合、优化服务。我们有信心有能力使经济运行保持在合理区间，完成今年主要目标任务，并在较长时期内保持经济中高速增长、迈向中高端水平。我们这个底气来自于我国经济发展的巨大潜力、韧性和回旋余地。只要我们坚定不移地深化改革，打造好“双引擎”，就能进一步形成更为强劲而持久的发展动力，促进中国新一轮经济“破茧成蝶”、行稳致远。构建开放型经济新体制，需要靠深化简政放权等改革提供支撑。随着国际经贸格局深刻调整和我国资源要素条件变化，我们传统的竞争优势在弱化。当前国际市场低迷，我国进出口增长压力很大。因此，我们必须加快构建开放型经济新体制，建设面向全球的高标准自贸区网络和国际化、法治化营商环境，探索实行准入前国民待遇和负面清单管理模式，培育和扩大国际合作竞争新优势。这对政府工作的核心要求，就是简政放权、放管结合、优化服务。我到上海等四个自贸区都去看过，他们最主要的措施就是简政放权，让企业能够在自贸区内迅速登记，投资项目能较快落地。提高政府治理能力，需要靠深化简政放权等改革“修枝壮干”。政府有所不为方能更好有所为。只有进一步把该放的权放掉、把不该管的事交出，集中力量把该管的事管好、该服务的服务到位，才能有效推进政府的治理创新，更好地遂民意、促发展、利和谐。

特别是推进大众创业、万众创新，需要靠深化简政放权等改革清障搭台。历史是人民创造的，国家的繁荣进步来自于人民创造力的发挥。我们党的群众路线是一切为了群众、一切依靠群众。我们提出推进“双创”，就是着眼于尊重人民群众的主体地位，充分发挥人民群众的无限创造力，让他们平等参与现代化进程、共同分享改革红利和发展成果。

——推进“双创”，既是发展的动力之源，也是富民之道、公平之计、强国之策，是建设中国特色社会主义题中应有之义。让群众起来搞创业、以创业带动就业，可以不断增加收入、扩大内需，还能使其在创造财富过程中实现精神追求和人生价值。这也是逐步实现共同富裕的必由之路，因为缩小收入分配差距，仅靠“二次分配”是不够的，主要得靠“一次分配”让更多的人富起来。实践证明，哪个地方创业的环境好、创业的人数多，哪个地方的经济就充满活力、居民收入就高、贫富差距也就小。我们倡导万众创新，形成全社会的创新文化，这样创新的土壤就更为深厚，创新的动力就更为强劲，创新的效应也更为巨大。推进“双创”，不仅有利于增强国家经济“硬实力”，而且有利于提升国家“软实力”。“双创”着眼于实现广大人民群众的根本利益，有效契合了每个劳动者的内在需求。一个创业创新蔚然成风的国家，必然是昂扬向上、充满活力和希望的。

——推进“双创”，不仅限于个人和新生企业，现有企业包括大企业也要通过不断创业创新来保持活力和竞争力。看看那些长盛不衰的企业，哪一个不是与时俱进、经历过多次创业创新的？否则，它的事业早就可能走到尽头了。近年来，有些大企业积极顺应互联网发展和消费个性化趋势，对管理模式进行再造，将传统的层级管控组织重塑为新型创业创新平台，让员工成为创客，并将平台向外部开放，创客在这个平台上孕育产生的“奇思妙想”，既可以自己用，也可以与外边合作开发，使企业变成一个大的创新资源聚集之地。这样，带动的配套中小企业更多了，创新能力更强了，产品更丰富了。企业推进创业创新是大有可为的。

——推进“双创”，我们有得天独厚的条件。我国有13亿多人口、9亿劳动力，目前劳动年龄人口平均受教育年限达到10年、高于世界平均水平，新增劳动力达到13年、接近中等发达国家平均水平，人力资源转化为人力资本的潜力巨大。同时，我们还有7000多万市场主体，其中有1800多万家企业。广大人民群众和市场主体拥有强烈的创业创新愿望，但仍有不少有形无形的枷锁束缚着他们的手脚。必须通过深化简政放权等改革，破枷清障、铺路搭桥，使他们轻装前进、不断发展壮大。我们已就深化上海自贸区改革进行了部署，吸引了大批国内创业者以及金融企业和中介机构，不少外商也跟进了。广东、天津、福建三个自贸区的体制机制创新也在加快推进。这些自贸区探索的经验要及时复制推广，使我国拥有更好的营商环境，是外资的最佳选择地。

深化简政放权等改革不仅是基于两年多来的有效实践，而且是基于历史的启示，特别是我国37年来改革开放内在成功逻辑的启示。中华民族几千年文明史中有很多优秀文化，值得我们借鉴。我在政府工作报告里讲“大道至简，有权不可任性”，代表们是赞成的。《礼记》“礼运篇”说，“大道之行也，天下为公”。“大道至简”中的“简”字是什么意思呢？《论语》“雍也篇”中讲，要“居敬行简”，可解释为心里牵挂着百姓，做事有敬畏，但行为是“简”的，不扰民、不烦民，这是政府应该做的。但同时又讲，不能“居简行简”，可以解释说，如果心里没有百姓，已经很“简”了，再去“行简”，那就太“简”、不负责任、没有法度了。纵观中国历史，凡盛世往往都用“居敬行简”的办法，轻徭薄赋、让百姓休养生息。而那些衰亡的王朝都是烦民扰民多，所谓苛政猛于虎。党的十一届三中全会以来，我国之所以取得举世瞩目的伟大成就，走的是改革开放之路，“大道至简”与此是相契合的。其核心内容是放开搞活，有力激发蕴藏在人民群众之中的创造活力。拿当年农村改革来说，地还是那些地，人还是那些人，就是因为实行家庭承包制，给农民生产经营自主权，很快就解决了温饱问题。当然放权不是不管，而是既管也服务。几千年的中国历史和37年的改革开放实践证明，管多就会管死，只有放开才能搞活，从而解放和发展社会生产力，使人民生活水平不断提高，政府施政的要义在于以敬民之心行简政之道。

当前和今后一个时期，深化行政体制改革、转变政府职能总的要求是：简政放权、放管结合、优化服务协同推进，即“放、管、服”三管齐下，推动大众创业、万众创新，充分发挥中央和地方两个积极性，促进经济社会持续健康发展，加快建设与社会主义市场经济体制和中国特色社会主义事业发展相适应的法治政府、创新政府、廉洁政府和服务型政府，逐步实现政府治理能力现代化。为此，我们要善于借鉴汲取“大道至简”等优秀文化传统，并结合新的时代要求予以发扬光大，放手让一切劳动、知识、技术、管理、资本的活力竞相迸发，让一切创造社会财富的源泉充分涌流，让所有社会成员各得其所、各展其能、机会公平，打造经济发展新引擎，开辟社会进步新天地，营造团结和谐新气象，使我们的国家始终充满生机与活力。

二、推动简政放权向纵深发展，进一步释放市场活力和社会创造力

深化简政放权，既要有勇气，也要有智慧。改革进行到现在，要更多触及深层次矛盾、触动利益的“奶酪”，还要改变原来习惯的管理方式，很不容易。何况，简政放权实质是政府的自身革命，自我削权限权就像割自己的肉，更为困难。目前这一改革如同顶风逆水搏激流，不仅不进则退，慢进也会退。为了国家发展和人民福祉，为了使经济运行保持在合理区间，实现经济社会持续健康发展，我们必须以壮士断腕的决心和勇气，着力把简政放权加快向前推进。坚决把该“放”的彻底放开、该“减”的彻底减掉、该“清”的彻底清除，不留尾巴、不留死角、不搞变通。同时，要做好深化简政放权的统筹谋划，因地制宜，讲究策略和方法，确保改革顺利推进和取得更大成效。

深化简政放权，要注重把握好三点：一要开门搞改革。民之所望，施政所向。人民群众对审批之弊感受最深，对改什么、如何改最有发言权。我们要把主要由政府部门“端菜”变为更多由人民群众“点菜”，以群众需求为导向、从反映强烈的突出问题入手，确定深化改革的重点、措施和路径，更为精准、更加精细地清除阻碍创新发展的“堵点”、影响干事创业的“痛点”和监管服务的“盲点”。二要上下联动。上下同欲者胜。在简政放权这场重大改革中，上下必须协同推进。上级政府在设计改革方案时，要重视听取下级特别是基层政府的意见，使改革举措更具可行性、操作性。下级政府在贯彻执行上级要求的同时，要结合自身实际制定好落实的具体办法。除涉及国家安全、生态安全和公众健康等重大公共利益事项外，其他的审批事项原则上要以取消为主。确需下放的，各部门要协调同步，把整个审批链全下放，不能你放他不放、责放权不放。只要有一个部门不放，企业创业和投资项目就整个运作不起来。因此，有关部门对确需保留的审批事项，不论是前置还是后置，都要有时限要求，而且要联网、要公开。事项下放到哪一级，要根据地方各级政府的职责来确定，不能层层往下甩包袱，最后导致基层接不住。三要由人民群众和实践评判改革成效。群众和企业满意不满意，实践效果如何，是检验简政放权成效的根本标准。不能光看你下了多大功夫，数字上取消下放了多少，关键要看群众和企业办起事来是不是快了、花钱少了、成本低了。

关于今年的简政放权工作，最近国务院常务会议已作出全面部署，各地区各部门要认真贯彻执行。为确保落实到位，必须突出重点、明确时限、扎实推进。

（一）再砍掉一批审批事项，切实降低就业创业创新门槛。5 月底前，全面完成国务院部门非行政许可审批事项清理工作，今后不再保留这一审批类别。年底前，再取消一批“含金量”高的行政审批、投资项目核准及前置审批、资质资格许可认定、评比达标表彰等事项。清理取消中央指定地方实施的行政审批事项，年底前取消 200 项以上，为地方放权进一步打开空间。

（二）再砍掉一批审批中介事项，切实拆除“旋转门”、“玻璃门”。要抓紧制定并公布国务院部门行政审批中介服务事项清单，精简中介评估事项。加快摘掉中介机构的“红顶”，与行政审批部门彻底脱钩，斩断利益链条。这里要明确，我们国家中介服务业与发达国家相比还有很大差距，发展空间很大，是新的经济增长点。清理规范中介服务，不是要限制这个行业发展，而是要通过营造公平竞争环境，强化服务职能，使其更好更快发展。

（三）再砍掉一批审批过程中的繁文缛节，切实方便企业和群众办事。9 月底前，国务院部门要简化行政审批流程，压缩前置审批环节并公开时限，推行并联审批和网上审批，着力解决环节多、时间长、随意性大等问题。加快建设信息共享、覆盖全国的投资项目在线审批监管平台。6月底前实现部门间“横向联通”，年底前实现中央和地方“纵向贯通”。

（四）再砍掉一批企业登记注册和办事的关卡，切实清除创业创新路障。继续推进工商注册便利化，年内实现“三证合一”、“一照一码”。这是对能否破除部门利益的一个重要检验。我到地方去调研，有的已实现了“三号”变“一码”，但是只能在当地实施，其他地方还不认，遇到不少困难。要尽快在全国实现“一照一码”，推动全国市场实现统一公开透明和公平竞争。继续创新优化登记方式，实行“一址多照”和“一照多址”。取消没有法律法规依据、不必要的后置办证事项。要通过深化商事制度改革，努力使新增企业数持续保持较快增长，新企业活跃度不断提高，为稳增长、保就业奠定基础。

（五）再砍掉一批不合法不合规不合理的收费，切实减轻企业和群众负担。收费必须规范。去年以来我们采取了一系列定向调控措施，包括对小微企业和“三农”等减税、定向降准、不对称降息等，向市场发出了积极信号，实践证明这些措施是有效的。但是如果各种收费减不下来，其它措施就是再多，也会被冲减甚至抵消掉。5月底前，要对收费专项清理规范工作作出部署。年底前，没有法律法规依据且未按规定批准、越权设立的收费基金项目，一律取消。擅自提高征收标准、扩大征收范围的，一律停止执行。属于政府提供普遍公共服务或一般性管理职能的行政事业性收费，不适应经济发展的政府性基金，没有法定依据的行政审批中介收费，一律取消。超过服务成本的收费和有较大结余的基金，一律降低征收标准。

政府在减权放权的同时，要以刚性的制度来管权限权，厉行法治，依法行政，建设法治政府。要坚持职权法定原则，加快建立“三个清单”，划定政府与市场、企业、社会的权责边界。以权力清单明确政府能做什么，“法无授权不可为”；以责任清单明确政府该怎么管市场，“法定职责必须为”；以负面清单明确对企业的约束有哪些，“法无禁止即可为”。通过建立“三个清单”，依法管好“看得见的手”，用好“看不见的手”，挡住“寻租的黑手”。今年，要基本完成省级政府部门权力清单的公布，研究推行国务院部门权力清单和责任清单制度并开展试点。

三、创新和加强政府管理，使市场和社会活而有序

深化行政体制改革、转变政府职能，不仅要取消和下放权力，还要改善和加强政府管理，提高政府效能，增强依法全面履职能力，使市场和社会既充满活力又规范有序，促进经济持续健康发展和社会公平正义。

加强市场监管，为各类市场主体营造公平竞争的发展环境，是当务之急。目前，我国市场经济秩序还很不规范。商事制度等改革之后，新的市场主体大批涌现，如果监管跟不上，市场秩序混乱现象会加剧，“劣币驱逐良币”的扭曲效应会放大，严重制约诚实守信经营者和新的市场主体发展。我到地方调研，不少企业包括台商、外商反映，侵犯知识产权、坑蒙拐骗等行为，企业自身难以解决，如果政府把这些问题管住了，企业的“心头之痛”就解除了。因此，在大量减少审批后，政府要更多转为事中事后监管，切实把市场管住、管好。这是政府管理方式的重大转变，难度更大、要求更高。各级政府及其工作人员要积极适应这一转变，切实履行好管理职责。

要转变监管理念，强化法治、公平、责任意识。现在我们在市场监管上，一方面，各种检查太多，随意性太大，企业疲于应付，还有不少寻租行为。另一方面，该监管的还没有管或没有管住、管好。政府监管要“居敬行简”，不扰民、不烦民但法度不缺，制定科学有效的市场监管规则、流程和标准，向社会公示，使市场主体明晓界限、守法经营，并缩小监管者自由裁量权。同时，要依法开展监管，维护和保障市场公平竞争秩序，当好“裁判员”，不犯规的不去烦扰，轻微犯规的及时亮“黄牌”警告，严重犯规的马上“红牌”罚下场。当然，裁判要履职尽责、公平公正执法，不能该吹哨的不吹，更不能吹“黑哨”。监管者必须受监督，要公开信息，健全并严格执行监管责任制和责任追究制。

要创新监管机制和监管方式，提高监管效能。这两年，各地积极探索实践，积累了很多行之有效的经验和做法。要继续推进监管创新。一是实行综合监管和执法。抓紧建立统一的监管平台，把部门间关联的监管事项都放到平台上来，同时清理整合各类行政执法队伍，推进跨部门、跨行业综合执法，让几个“大盖帽”合成一个“大盖帽”，形成监管和执法合力，避免交叉重复或留空白死角。监管和执法的结果应公示，并留底备查，阳光是治理监管和执法不公最有效的手段。二是推广随机抽查监管。

有些地方和行业把企业和监管部门人员放在同一平台上，通过两次摇号，按一定比例对企业进行抽检，随机确定检查人员，企业有了压力，也减少了监管部门寻租机会。要抓紧推广这一做法。三是推进“智能”监管。积极运用大数据、云计算、物联网等信息化手段，探索实行“互联网＋监管”模式。加快部门之间、上下之间信息资源的开放共享、互联互通，打破“信息孤岛”。推进统一的社会信用体系建设，建立信息披露和诚信档案制度、失信联合惩戒机制和黑名单制度，让失信者一处违规、处处受限。四是强化社会监督。畅通投诉举报渠道，对举报者要给予有足够吸引力的奖励并严格保密。强化企业首负责任，通过倒逼形成层层追溯、相互监督机制。加强行业自律，鼓励同行监督。充分发挥媒体舆论监督作用。无数双眼睛盯着每一个角落，就能织就监督的“恢恢天网”。

四、优化政府服务，更好满足人民群众和经济社会发展需求

全心全意为人民服务，是我们党的根本宗旨，让老百姓过上好日子，是人民政府的天职。这几年，各级政府在加强服务方面花了不少力气，但公共产品短缺、公共服务薄弱等问题依然突出。加快解决这一问题，可以有效提升政府服务能力和水平，也可以增加有效投资、有利于顶住经济下行压力。这要靠深化简政放权等改革破除障碍，把市场机制作用发挥好。改革的实效也要从增加公共产品、公共服务方面来体现。我们要努力通过提供比较充裕的公共产品、优质高效的公共服务，使创业创新过程更顺畅、经济发展之路更通畅、人民群众心情更舒畅，使整个社会更温馨、更和谐、更有凝聚力和活力。

（一）为大众创业、万众创新提供全方位服务。“双创”有利于扩大就业，稳增长也是为了保就业。一是加强政策支持。在降税清费减负基础上，要研究出台一批扶持创业创新特别是小微企业的政策措施。对众创空间、创新工场等各种孵化器，要在租金、场地、税费等方面给予支持。发挥财政资金杠杆作用，采取贴息、补助、创投基金等方式，撬动社会投入；完善投融资机制，大力发展风险投资、天使投资等投资方式，探索新型商业模式，多措并举帮助创业者解决资金困难问题。二是提供平台综合服务。创业创新需要什么服务，政府就要在这个平台上提供什么服务。强化政策、法律和信息咨询服务。加强知识产权保护。做好对大学生的就业创业指导服务和农民工的职业技能培训。这些服务有的政府部门可以直接提供，有的可以向专业机构购买，有的还要鼓励中介组织等积极参与。三是服务要便捷高效。群众创业创新不易，各级政府及其工作人员要设身处地为他们着想，提供更加人性化、更富人情味的服务，态度要好、手续要少、速度要快。继续办好政务服务中心和办事大厅，实行“一个窗口受理、一站式审批、一条龙服务”，规范流程、明确标准、缩短时间。

（二）为人民群众提供公平、可及的公共服务。增加公共产品和公共服务供给，政府不能唱“独角戏”，要创新机制，尽可能利用社会力量，并搞好规划、制定标准、促进竞争、加强监管。凡是企业和社会组织有积极性、适合承担的，都要通过委托、承包、采购等方式交给他们承担；确需政府参与的，要实行政府和社会资本合作模式。即使是基本公共服务，也要尽量这样做。政府办事要尽可能不养人、不养机构，追求不花钱能办事或少花钱多办事的效果。这也有利于形成公共服务发展新机制，促进民办教育、医疗和养老等服务业发展。我们既要努力提供充裕的公共服务，更要增强公共服务的公平性和可及性。要创新服务方式，最大程度地便民利民。有些服务事项，最好能让群众不出门，通过网上办理、代办服务、上门服务等方式来完成。如果需要群众直接来，要提前告知各种要求，力争来一两次就办成。对要求群众出具的各种“证明”，要清理规范，能免的就免、能合的就合，确实需要的，尽可能通过部门之间信息共享和业务协同来核查解决。各级政府及其工作人员都要有这样一个服务理念，就是宁可自己多辛苦，也要让群众少跑路。

（三）履行好政府保基本的兜底责任。我国还是一个发展中国家，全国有7000多万低保人口、7000多万贫困人口。虽然我们建立了覆盖全民的社会保障制度，但保障水平还比较低。现在不少地方财政吃紧，但再困难也要保障好困难群众的基本生活。底线兜住了，也可为创业者特别是青年人创业解除后顾之忧，即使失败了也有机会再次创业。当前，要更加关注困难群体的就业、社保、教育、医疗、养老等问题，加快城市棚户区和农村危旧房改造。需要指出的是，提供基本公共服务、保障和改善民生不能脱离实际，要与经济社会发展水平相适应。

五、抓好组织领导，确保各项改革举措落地生根

深化行政体制改革、转变政府职能，是一场深刻革命，涉及面广、难度大，必须按照中央统一部署，切实加强领导，周密组织，使改革积极稳妥向前推进。

第一，强化机制、明确责任。国务院将继续着力推进简政放权、放管结合、优化服务工作。各地区各部门也要充实加强相应的领导机制和工作机制，主要领导要直接抓，及时拍板解决改革中的重大问题。每个改革事项都要细化任务和分工，有时间表、路线图和责任状。改革涉及政府自身利益，我们必须狠下心来自己“多割点肉”，让群众“多长点肉”，让大家都富裕起来。

第二，协调行动、积极探索。简政放权、放管结合、优化服务是一个系统工程，需要统筹安排、整体推进。各地区各部门要牢固树立大局意识和全局观念，不折不扣地贯彻执行党中央、国务院的决策部署，确保令行禁止，不能各吹各的号、各唱各的调。国务院作出的各项改革决定，相关文件和配套措施必须尽快出台，不能久拖不办。尊重基层和群众的首创精神，是我国改革开放的一条基本经验。很多重大改革举措都是先从地方做起，然后推向全国的。在这次简政放权等改革中，给地方留了很大空间。各地要从自身实际出发，根据国务院总的要求和原则，大胆探索创新，在改革中力争上游，同时要注意学习借鉴其他地区的好经验、好做法，互促共进。

第三，主动作为、干事创业。我们的公务员队伍总体是好的，是尽职尽责、勤勉实干的。改革开放以来我国取得的巨大成就，是各级干部和群众一起干出来的，今后推动改革发展还得靠干部带着群众一起干。现在，一些干部中确实不同程度存在着懒政怠政、消极敷衍等现象。对此，一方面，要加强思想教育，引导公务员积极适应简政放权、放管结合、优化服务的新形势，加快转变观念，不断取得新的工作业绩，富一方百姓、保一方平安。另一方面，要完善激励约束机制，鼓励各级干部愿干事、敢干事、能干成事。现在政府工作人员，特别是基层公务员工作很辛苦，收入也不高，我们既要坚决堵住“偏门”，解决公务人员以权力参与分配、牟取不当利益问题，也要打开“正门”，建立健全正常的工资增长机制，使其收入随着经济发展不断提高，保障他们的合理待遇和应有的尊严。去年，国务院对完善机关事业单位工资和养老保险制度出台了政策，今年6月底前，各地工资调整一定要落实到位。

第四，加强督查、狠抓落实。各地区各部门要把简政放权、放管结合、优化服务情况纳入绩效考核体系，并完善考评机制。加大督查力度，创新督查方式，并与第三方评估、社会评价结合起来，好经验要及时推广，发现的问题要抓紧解决，对落实不力的要严肃追究责任，确保各项改革措施落到实处。近期，国务院要对部门和地方开展重点督查，坚决打通“放、管、服”举措落实的“最先一公里”和“最后一公里”，推动稳增长、促改革、调结构、惠民生各项政策落地见效。

第五，依法改革、有序推进。法律是治国之重器，良法是善治之前提。简政放权等改革要在法治轨道上推进，重大改革要于法有据，同时法律法规也要适应改革需要，及时加以调整和完善，使激发释放活力和维护保障秩序有机统一起来。有关部门在放权的同时要提出修法建议。修法立法要严格把关，防止部门利益法制化；严禁法外设权扩权，走出精简膨胀循环的怪圈。要按照国务院要求，抓紧对规范性文件进行全面清理，凡是于法无据、损害群众合法权益的，都要废止或进行修改。

深化行政体制改革、转变政府职能，推动大众创业、万众创新，承载着亿万人民群众的期望与向往，关系着国家的繁荣和富强。我们要紧密团结在以习近平同志为总书记的党中央周围，按照“四个全面”战略布局要求，坚持发展是第一要务，着力推动科学发展，奋发有为，扎实工作，以实实在在的改革成果，为建设富强、民主、文明、和谐的社会主义现代化国家、实现“两个一百年”奋斗目标和中华民族伟大复兴的中国梦作出新的更大贡献。

（来源：新华网）

在全国推进简政放权放管结合优化服务改革电视电话会议上的讲话*

2016年5月9日 李克强

这次会议的主要任务是，总结回顾三年多来简政放权、放管结合、优化服务改革情况，部署下一阶段重点工作，以更有力举措深化“放管服”，推进行政体制改革、转职能、提效能。下面，我讲几点意见。

一、深化简政放权放管结合优化服务改革，是推动经济社会持续健康发展的战略举措

推进行政体制改革，是全面深化改革、完善社会主义市场经济体制的重要内容，也是提高政府现代治理能力的关键举措，是政府的自身改革。党的十八大以来，以习近平同志为总书记的党中央高度重视有关工作，提出明确要求。十八届二中全会指出，转变政府职能是深化行政体制改革的核心。十八届三中全会强调，经济体制改革的核心问题是处理好政府和市场的关系，使市场在资源配置中起决定性作用和更好发挥政府作用，其关键就是转变政府职能。本届政府成立以来，我们牢牢扭住转变政府职能这个“牛鼻子”，先是着力推进简政放权、放管结合，去年又将优化服务纳入其中，“放管服”三管齐下、协同推进，中央和地方上下联动、合力攻坚，不断将改革推向深入。

本届政府成立之初，国务院部门各类审批达1700多项，投资创业和群众办事门槛多，审批过程手续繁、收费高、周期长、效率低，这不仅严重抑制市场活力、制约经济社会发展，还容易导致权力寻租、滋生腐败，企业和群众对此反映强烈。为此，我们提出要以壮士断腕的决心和勇气向市场和社会放权，郑重承诺本届政府要减少行政审批事项三分之一以上。三年多来，经过不懈努力，国务院部门共取消和下放行政审批事项618

---

* 2016年5月9日，国务院召开全国推进简政放权放管结合优化服务改革电视电话会议。中共中央政治局常委、国务院总理李克强发表重要讲话。

项，占原有审批事项的36%，本届政府承诺的目标提前超额完成。非行政许可审批彻底终结。连续两次修订政府核准的投资项目目录，中央层面核准的项目数量累计减少约76%，95%以上的外商投资项目、98%以上的境外投资项目改为网上备案管理。实施商事制度改革取得明显成效，工商登记由“先证后照”改为“先照后证”，前置审批精简85%，注册资本由实缴改为认缴，全面实施“三证合一、一照一码”。个人和企业资质资格认定事项压减44%。加大减税和普遍性降费力度，先后出台了一系列税收优惠政策，不断扩大营改增试点范围，砍掉了大部分行政审批中介服务事项，取消、停征、减免一大批行政事业性收费和政府性基金，据测算每年可减轻企业负担1500多亿元。中央政府定价项目减少80%，中央对地方财政专项转移支付项目减少一半以上。在放权的同时，创新和加强事中事后监管，针对群众期盼优化公共服务。各地在承接上级下放权限的同时，积极推进本层级的“放管服”改革，多数省份行政审批事项减少50%左右，有的达到70%。

这一系列改革，很大程度上为企业“松了绑”、为群众“解了绊”、为市场“腾了位”、也为廉政“强了身”，极大激发了市场活力和社会创造力。特别是推动了新动能加快成长，大众创业万众创新热情空前高涨，新增市场主体持续快速增长，去年至今全国平均每天新增4万户，其中新登记企业平均每天新增1.2万户，企业活跃度保持在70%左右。我国营商环境明显改善，市场准入和运行的制度成本大幅降低，全要素生产率稳步提升。世界银行发布报告，近两年中国内地的营商便利度在全球的排名每年提升6个位次。这几年，在国内外经济形势严峻复杂、国内传统动能减弱的情况下和“三期叠加”的背景下，我们没有搞强刺激，而是坚持把深化“放管服”改革作为“先手棋”和“当头炮”，着力推进结构性改革尤其是供给侧结构性改革，释放市场的潜力和活力。我国经济运行之所以保持在合理区间，增长速度在世界主要经济体中位居前列，城镇新增就业连续三年超过1300万人，居民收入不断增长，社会保持和谐稳定，“放管服”改革发挥了关键性作用。

在充分肯定成绩的同时，也要清醒地看到，政府仍然管了很多不该管的事，一些该管的却没有管或没有管住、管好，转职能、提效能还有很大空间。从简政放权方面看，该放的权有些还没有放，一些已出台的放权措施还没有完全落地。比如，投资领域审批虽经压缩，但各种审批“要件”、程序、环节等还是繁多，审批时间还是比较长，有的审批只是由“万里长征”变成了“千里长征”。各种证照包括职业资格认定和行业准入证、上岗证仍有很多，可以说是五花八门。还有，在办理一些证照时，有关部门的标准和要求互为前置，“蛋生鸡、鸡生蛋”，搞得群众团团转。从实际情况看，放权过程中也存在不少问题。有些权放得不对路，本该直接放给市场和社会的，却由上级部门下放到下级部门，仍在政府内部打转转。有些权放得不配套，涉及多个部门、多个环节的事项，有的是这个部门放了、那个部门没放，有的是大部分环节放了、但某个关键环节没放。有些权放得不恰当，没考虑基层承接能力不足，致使下放的审批事项要么大量积压，要么又“反委托”给上级部门代为审批，时间拖得更长，“最后一公里”不够畅通。这些问题在一些方面突出存在，导致有的放权事项不到位、难落实，群众和企业获得感还不强。从事中事后监管方面看，执法不公、检查任性、缺失疏漏、监管不力等问题比较突出。天津港特别重大火灾爆炸事故、最近的非法经营疫苗系列案件，就暴露出监管方面还存在一些漏洞。从公共服务方面看，仍然存在不少薄弱环节。群众和企业对政务公开不全面不及时、规则不公平、政府部门办事效率低等也有不少意见。同时，“放管服”改革实施以来，一些政府部门在工作方式方法、管理制度等方面没有作出相应转变，一定程度上影响了改革的成效。

当前和今后一个时期，我国发展仍处于可以大有作为的战略机遇期，也面临着诸多矛盾叠加、风险隐患增多的严峻挑战。我们要实现全面建成小康社会目标、跨越“中等收入陷阱”，必须坚持党的基本路线，坚持发展是第一要务，必须靠深化改革促发展，核心问题仍是处理好政府与市场的关系，使市场在资源配置中起决定性作用和更好发挥政府作用。简政、减税、创新等都是结构性改革尤其是供给侧结构性改革的重要内容。为此，必须在更大范围、更深层次上深化简政放权、放管结合，进一步优化服务，继续推进行政体制改革、转职能、提效能，促进去产能、去库存、去杠杆、降成本、补短板，牵引和带动其他方面的改革，推动全面深化改革。

第一，这是应对当前经济下行压力、保持经济平稳运行的迫切需要。今年以来，世界经济增长乏力，不稳定不确定因素明显增多，国际货币基金组织（IMF）认为今年将面临近几年来最严峻的形势，世界贸易组织（WTO）预计今年全球贸易增速是多年来最低的。从国内看，长期积累的矛盾和风险进一步显现。今年一季度经济平稳运行，结构、质量方面出现一些积极变化，有些指标好于预期，但经济下行压力仍然比较大，稳中向好的支撑仍不牢固。比如，近些年增长速度快、投资份额占60%以上的民间投资，一季度增速同比降低7.9个百分点。我到地方调研时，反映比较集中的问题就是各种有形无形的障碍还很多，玻璃门、弹簧门、旋转门随处可见，有的是无门可进。这不仅是在投资和基础设施领域，也包括公共服务和消费领域，既严重影响了各类市场主体投资积极性，也制约了消费潜力的发挥。要把经济稳中向好的势头巩固住，必须创新用好宏观调控工具箱里的各类工具，不仅要运用好财政和货币政策，更要运用好“放管服”改革这个关键性工具，营造稳定的宏观经济环境，不断释放市场活力，持续增强发展内生动力，有效对冲经济下行压力。大家一定要从稳增长、调结构、惠民生这个大局来看待这项改革。继续下好“放管服”改革这个“先手棋”，有利于走活经济发展“整盘棋”。

第二，这是降低制度性交易成本、促进经济提质增效升级的迫切需要。近年来，由于多方面原因，不少企业经营困难、效益不好。对此，我们采取了多项措施帮助企业减负，包括结构性减税降费、阶段性降低“五险一金”费率等，这个力度是不小的。企业普遍欢迎政府通过减税降费等措施来帮助降低成本，但更希望政府通过简政放权、放管结合、优化服务来降低制度性交易成本。现在企业面临的不仅是市场准人的门槛高，而且运营中的制度性交易成本高，各种认证、评估、检查、检测等既多又不规范、还乱收费。办企业都是讲效益的，这么高的交易成本，就会使一些企业减少必要的创新研发等投入，降低产品质量。所以，必须下决心把各种制度性交易成本减下来，让企业和各类市场主体轻装上阵，集中精力提质增效，推动中国经济迈向中高端水平。

第三，这是推动大众创业万众创新、培育发展新动能的迫切需要。人是生产力中最活跃最重要的因素，发展的根本动力在于人民群众创造力的发挥，这关键取决于社会制度安排和政府治理方式。“天下多忌讳，而民弥贫”。烦苛管制必然导致停滞与贫困，简约治理则带来繁荣与富裕，必须简除烦苛、禁察非法。这几年，我们推进“放管服”改革、促进“双创”，效果超出预期，就是有力的例证。在我国经济发展进入新常态、新旧动能转换的背景下，要实现“双中高”，必须坚持实施创新驱动发展战略，营造更加有利于激发人民群众创造力的制度环境，为发展源源不断注入强劲动能。我国有9亿多劳动力、1亿多受过高等教育和有专业技能的人才，人民群众勤劳而智慧，这是我们发展的最大资本和动力源泉。推进社会创造创新，首先要推进政府治理创新。只有加快推进政府职能转变，以敬民之心，行简政之道、革烦苛之弊，施公平之策、开便利之门，推动“双创”深入开展，才能加快发展新经济、培育壮大新动能、改造提升传统动能，推动发展转向更多依靠人力人才资源和创新，提高全要素生产率，使更多的人依靠勤劳和智慧富起来，让中国经济的无限活力充分迸发出来。深化“放管服”改革、推动“双创”和发展新经济与改造提升传统产业，是有机统一的整体，要统筹安排、协同推进。

第四，这是实施新一轮高水平对外开放、培育国际竞争新优势的迫切需要。这几年，我国传统国际竞争优势出现弱化趋势，外贸增速持续下降，利用外资增速也在放缓。大量加工贸易企业，许多还是国际知名品牌企业，把生产线转到了其他国家。这既有我国资源要素条件变化和外需不振的因素，也与营商环境有关。面对这种形势，如果我们不妥善应对，不仅外贸下滑态势难以扭转，还会影响就业。目前我国就业压力很大，特别是中西部地区有大量的劳动力需要安置。加工贸易虽然利润不高，但可以吸收劳动力就业，不能都转到国外去，合适的要想方设法引导其从东部沿海地区转向中西部和东北地区。这方面我们还是有优势的，因为我国的科技水平、基础设施、产业配套能力等较强。关键是要营造更有吸引力的国际化、法治化、便利化营商环境，探索实行准入前国民待遇加负面清单管理制度。所以，要通过持续深化“放管服”，继续推进行政体制改革、转职能、提效能，构建开放型经济新体制，以优质高效、低成本的服务，促进国际竞争新优势的培育和提升。

第五，这是提高政府治理能力、全面正确履行政府职能的迫切需要。虽然近几年转变政府职能取得了很大进展，但与社会主义市场经济体制和中国特色社会主义事业发展的要求相比，现在政府在履行职能方面还存在不少问题，既有缺位、越位、不到位问题，也有治理能力和方式不适应、运行效率不高问题，还有各级政府之间职责和权力边界不清问题，经济社会发展的诸多矛盾与此密切相关。只有继续推进“放管服”改革，进一步理顺政府和市场、政府和社会、中央和地方的关系，更好发挥市场和社会的作用，充分调动中央和地方两个积极性，才能全面正确履行政府职能，打造法治政府、创新政府、廉洁政府和服务型政府，实现政府治理能力现代化，促进经济社会持续健康发展。

二、推动简政放权向纵深发展，更好激发市场活力和社会创造力

我们推进简政放权改革，说到底是要为市场增活力、为发展添动力。但这不能仅是说说而已，要有衡量改革成效的具体标准。这起码有三个，就是改革后企业申请开办的时间压缩了多少、项目审批提速了多少、群众办事方便了多少，每个方面都要有明确的量化指标，不能用模糊不清的概念。为此，简政放权要坚持“简”字当头，坚决革除不合时宜的陈规旧制，打破不合理的条条框框，砍掉束缚创业创新的繁文缛节，把该放的权力彻底放出去，能取消的尽量取消、直接放给市场和社会。

实施精准协同放权。坚持问题导向、需求导向、目标导向，聚焦“痛点”、瞄准“堵点”，今年再削减国务院部门行政审批事项和中央指定地方实施行政审批事项50项以上，削减国务院部门设置的职业资格比例达到70%以上，削减一批生产许可证、经营许可证和资质认定。为更好发挥投资对稳增长、调结构、惠民生的关键性作用，中央层面核准的企业投资项目削减比例要达到90%以上，简化整合投资项目报建审批，保留的审批事项要纳入全国统一的投资项目在线审批监管平台，实行“一站式”网上并联审批，明确标准、缩短流程、限时办结。要进一步提高放权的协同性、联动性，对跨部门、跨领域、跨地域的审批事项，相同或相近类别的要一并取消或下放，关联审批事项要全链条整体取消或下放。对下放给基层的审批事项，要在人才、经费、技术、装备等方面予以保障，确保基层接得住管得好。大幅减少和规范涉企收费及审批评估事项，坚决管住伸向企业乱收费的“黑手”。要推动规范化审批，提高审批效率。天津滨海新区、宁夏银川市、江苏南通市等不少地方把各部门的审批权集中到一起，组建了行政审批局，实行综合审批、一颗印章管到底，收到明显效果，这些经验可以先在地市一级推广。四个自贸试验区在试点区域简政放权力度大、效果也很好，相关做法要加以推广。

深入推进商事制度改革。继续大力削减工商登记前置审批事项，今年再取消三分之一，累计压减比例达到90%以上，同步取消后置审批事项50项以上。大幅砍掉各类不必要的证照，在“三证合一”基础上，把涉及企业的社会保险登记证、统计登记证也整合进来，尽快推行“五证合一、一照一码”；年内还要实现个体工商户的营业执照和税务登记证“两证合一”。要推进工商登记全程电子化试点，加快推行电子营业执照。同步推进“证照分离”改革试点，除涉及国家安全、生态安全和公众健康等重大公共利益外，能分离的“证”都要分离出去，切实解决“办照容易办证难”问题。强化现有制度规定与“三证合一、一照一码”的有效衔接、联动实施，真正实现“一照走天下”。

合理扩大高校和科研院所自主权。我国经济要转型升级，根本上还是要靠创新驱动。高校和科研院所是推动科技创新的主力军，但由于一些管理制度和办法不合理、卡得太死，有关部门干预多，束缚了手脚、影响了积极性、抑制了发明创造。今年要把合理扩大高校和科研院所办学、科研的自主权，作为一项重要工作来抓，国务院有关部门要抓紧研究制定相关文件并颁布实施。对束缚教学科研人员积极性创造性发挥的不合理规定，都要取消或修改；对高校和科研院所能够自主管理的事项，相关权限都要下放，特别是要扩大经费使用、成果处置、职称评审、薪酬分配、设备采购、学科专业设置等方面的自主权。总之，对高校和科研单位办学、搞科研必须按照教育、科研规律办事，不能简单照搬党政机关的管理办法，对兼任院系领导职务的教学科研人员不能简单套用管理纯行政干部任职的有关规定。要落实完善支持教学科研人员创业创新的股权期权激励等相关政策，促进科技成果转化，对从事兼职创业的要创造宽松条件。政府部门要加强督导监管，重点是管方向、管政策、管引导、管评价。高校和科研院所要依法遵规行使自主权，完善内部治理机制，防止腐败现象发生。

简政放权要取得更大实效，必须以更大力度推进政务公开。人民群众和企业对不合理审批之弊感受最深，对改什么、如何改、成效如何，最有发言权。同时，只有让人民群众和企业了解放权情况，监督放权进程，评价放权效果，才能确保放权落到实处。公开透明是现代政府的基本特征，全面推进政务公开，让权力在阳光下运行，对于发展社会主义民主政治，保障人民知情权、参与权、表达权、监督权具有重要意义，这也是简政放权的应有之义。一要加快清单制定和公开。这也是清权、减权的过程，清单越合理、越清晰、越公开，放权改革效果就越大。要加紧制定国务院部门权力清单和责任清单；在部分地区试点市场准入负面清单制度，进一步压缩负面清单；加快编制行政事业性收费、政府定价或指导价经营服务性收费、政府性基金和国家职业资格、基本公共服务等各方面清单。清单形成之后，要及时主动向社会公开，推动政府更好依法规范履职，做到法定职责必须为、法无授权不可为。二要全面推进政府信息公开。坚持“公开为常态、不公开为例外”，推进决策、执行、管理、服务、结果公开和重点领域信息公开。特别是要加大决策公开力度，对涉及群众切身利益的重大决策，要采取公开草案、听证论证等方式广泛听取公众意见。一旦作出决策，要及时做好政策解读、解疑释惑。还要加大政府信息数据开放力度。现在我国信息数据资源80%以上掌握在各级政府部门手里、“深藏闺中”，这无疑是极大的浪费。除涉及国家安全、商业秘密、个人隐私的以外，都应向社会开放，使之转化为社会财富。三要打通“信息孤岛”。过去较长时期，一些地方和部门的信息化建设各自为政，形成一个个互不相连的“信息孤岛”和“数据烟囱”，严重制约了政府效能的提升，给企业和群众办事创业造成很大不便。必须下决心打通数据壁垒，拆除“隔离墙”，实现各部门、各层级数据信息互联互通、充分共享，最大程度地便民利民。四要及时公开突发敏感事件处置信息。对突发事件特别是涉及群众健康和公共安全的事件，必须尽早进行科学处置，及时公开信息，回应社会关切，澄清不实传言，避免引起误解、炒作。各级政府要高度重视信息公开基础建设，增加公开渠道，打造网站、新媒体、传统媒体相互联动的立体式、多功能信息公开平台，畅通联接政府与群众的信息“高速路”。

三、推进政府监管体制改革，促进社会公平正义

为政之善，莫过于公正。转变政府职能要以促进社会公平正义、增进人民福祉为出发点和落脚点。这是中国特色社会主义的本质要求，是由我们党和政府的宗旨与性质所决定的，也攸关改革的成败。要创新和加强政府管理，推进监管体制改革，促进权利公平、机会公平、规则公平，让全体人民共享改革发展成果，使社会既充满活力又和谐有序。

目前，我国市场经济秩序还不规范，不公平竞争现象还大量存在。我们给市场放权不是放任，而是为了腾出手来加强监管。只有管得好、管到位，才能放得更开、减得更多。要改革监管体制，创新监管模式，强化监管手段，切实提高事中事后监管的针对性、有效性，使市场活而不乱。

一要实施公正监管。“双随机、一公开”是监管体制的重大改革，充分体现了监管的公平性、规范性和简约性，国内外实践都证明是行之有效的科学监管方式。双随机抽查对任何市场主体来说，被检查几率都是一样的，这样既让企业始终对监管有敬畏之心、不敢心存侥幸，从而自我约束、守法经营，也有效减少了执法者的自由裁量权和寻租机会，防止因徇私舞弊而随意执法和选择性监管，促进依法行政、执法公正。今年要全面推开“双随机、一公开”监管，抓紧建立随机抽查事项清单、检查对象名录库和执法检查人员名录库，制定随机抽查工作细则，今年县级以上地方政府都要拿出上述“一单、两库、一细则”。随机抽查的事项，年内要达到本部门市场监管执法事项的70%以上，其他行政执法事项的50%以上，争取明年能基本实现全覆盖。同时，要与信用监管、智能监管联动，积极运用大数据、云计算、物联网等信息技术，强化线上线下一体化监管，加快建设企业信用信息“全国一张网”，建立健全市场主体诚信档案、行业黑名单制度和市场退出机制，年底前建立起联合激励与惩戒机制，使“守信者一路绿灯，失信者处处受限”。

二要推进综合监管。各类市场主体千差万别，越来越多的企业跨行业、跨区域经营，要做到有效监管，必须建立综合监管体系，发挥好各种监管资源的最大效益。长期以来，存在着多头执法、重复检查、标准不一等痼疾，既加重企业负担，也造成很多不公平。今年，要按照权责一致原则，继续推进市县两级市场监管领域综合行政执法改革，落实相关领域综合执法机构监管责任。同时，要建立健全跨部门、跨区域执法联动响应和协作机制，实现违法线索互联、监管标准互通、处理结果互认，消除监管盲点，降低执法成本。还要加强行业自律，鼓励社会公众参与市场监管，发挥媒体监督作用，共同织就一张无时不有、无处不在的监管网。

三要探索审慎监管。当前新技术、新产业、新业态、新模式层出不穷，是我国发展的希望所在。要使这些新经济持续健康发展，不能不进行监管，否则就可能会引发风险。但这些新经济在发展模式、机制和特点等方面与传统经济有很大的不同，有的远远超出了我们已有的认知能力和水平，监管不能简单套用老办法，否则就可能将其扼杀在萌芽状态，既制约创新创造活力，对创新创业者也不公平。如何合理有效监管，既支持创新发展又防止出现偏差，或者说既不能管死也要防范风险，是我们面临的一个新课题。要本着鼓励创新原则，区分不同情况，探索适合其特点的审慎监管方式。对那些看得准的新生事物，比如基于“互联网+”和分享经济的新业态，要量身定制监管模式，不能削足适履，企业也希望通过规范管理，营造行业健康发展的环境。对有些一时看不准的，可以先观察一段时间，不要一上来就把它管死。对于那些潜在风险很大、有可能造成严重不良社会后果的，要严格加强监管，发现问题果断出手。对那些打着创新之名行非法经营之实的，要坚决予以取缔。总之，我们要通过审慎而有效的监管，去芜存菁、修枝壮干，推动新经济健康发展。

当前互联网金融发展迅速、作用积极，但也存在良莠不齐、鱼龙混杂等问题，有的偏离正确方向、经营严重违规，有的打着互联网金融名义搞非法集资。党中央、国务院高度重视互联网金融发展，始终强调要一手抓规范发展，一手抓防范风险。今年 4 月，国务院已对互联网金融风险专项整治工作进行了部署，各地区、各有关部门要认真抓好落实，鼓励和保护真正有价值的互联网金融创新，整治违法违规行为，坚决打击非法集资，切实防范和化解风险，建立监管长效机制，促进互联网金融规范有序发展。

四要促进各类市场主体公平竞争。一方面，要在降门槛、同规则、同待遇上下功夫。特别是要坚持“两个毫不动摇”，不断增强国有经济活力、控制力、影响力，提高核心竞争力，更好激发非公经济和民间投资的活力，支持民营企业扩大投资。凡是法律法规未明确禁入的行业和领域，都应允许各类市场主体进入；凡是已向外资开放或承诺开放的领域，都应向国内民间资本放开；凡是影响民间资本公平进入和竞争的不合理障碍，都要统统打掉。国务院有关部门正在研究促进民间投资的配套政策和实施细则。要在相关试点基础上，抓紧建立市场准人负面清单制度，破除民间投资进入电力、电信、交通、油气、市政公用、养老、医疗、教育等领域的不合理限制和隐性壁垒，坚决取消对民间资本单独设置的附加条件和歧视性条款，做到一视同仁、同股同权，切实保障民营资本的合法权益。另一方面，要重典治乱。对侵犯知识产权、制售假冒伪劣、非法集资、信贷欺诈 j 电信诈骗等行为，必须依法予以严厉打击，否则对诚信守法的经营者就是不公平，就会产生“劣币驱逐良币”的扭曲现象。

促进社会公平正义，要努力创造人人平等的发展机会。城乡区域之间发展不平衡是我国最大的结构性矛盾，也是影响社会公平的突出问题。我们推进以人为核心的新型城镇化，也是促进社会公平的重大举措。要深化户籍制度改革，放宽城镇落户条件，加快让居住证覆盖未落户的城镇常住人口，提高居住证的“含金量”，保障他们依法享有居住地教育、就业、医疗、社保等基本公共服务，着力解决三个1亿人问题。教育是公平的起点，是社会成员纵向流动和发展的通道。要大力促进教育公平，改造农村薄弱学校，逐步消除城镇学校“大班额”现象，落实和完善农民工随迁子女在当地就学和升学考试政策，继续扩大重点高校面向贫困地区农村的招生规模。就业是民生之本、公平之基。要切实维护劳动者平等就业和自主择业的权利，落实完善促进就业创业的各项政策，鼓励以创业带动就业，坚决稳住就业这个经济运行的“底盘”。

四、优化政府服务，提高行政办事效率

为人民群众提供比较充裕的公共产品和优质高效的公共服务，让老百姓过上好日子，是政府的重要职责，在当前形势下也可以增加有效投资、鼓励居民消费，有利于顶住经济下行压力。转变政府职能，要从人民群众需要出发，加强薄弱环节、解决突出问题，努力提升服务能力和水平。同时，转变政府职能的成效，最终要体现在办事效率的提升上。只有高效运行的服务型政府，才是人民满意的政府。

一要着力提高“双创”服务效率。大众创业万众创新是推动发展的强大动力，也是人民群众的迫切愿望。这几年，“双创”对于扩大就业、促进新经济发展、支撑新旧动能转换发挥了关键作用，是供给侧结构性改革的重要举措。今年就业压力很大，有765万高校毕业生、500多万中职毕业生需要就业，还有退役军人需要安置。特别是在推进重点行业化解过剩产能过程中，不能造成大量富余职工失业，而要通过多方面措施创造新岗位实现转岗就业。同时，还得给农民工就业留出空间，1000万人以上的城镇新增就业目标必须达到。现在每天新增的4万户市场主体，是扩大就业的主要渠道。“双创”仍有很大发展空间，群众和企业参与的积极性很高，还有大量农民工返乡创业，但也遇到不少障碍。各地区各部门要因势利导，主动服务、跟踪服务，扶上马送一程，及时解决遇到的困难和问题，努力营造良好的就业创业环境。要加大对企业减税降费力度。落实好已出台的小微企业所得税优惠、固定资产加速折旧、阶段性降低“五险一金”费率等政策。从5月份开始全面推开营改增试点，衡量这项改革的一个重要标准，就是要确保所有行业税负只减不增，确保小微企业特别是其中的“双创”企业税负总体上只减不增。各地也要结合实际，出台支持“双创”的减税降费措施。同时，要不断完善综合服务体系。实施企业开办和成长“一条龙”服务，点对点地提供政策、信息、法律、人才、场地等全方位服务，让更多的市场主体雨后春笋般地破土而出，确保新注册企业增长势头不减，活跃度提升，让它们生得出、长得好，促进人民群众的收入水平不断提高。

二要着力提升公共服务供给效率。目前我国公共服务总体供给不足，结构不尽合理，需求和潜力都很大。要坚持普惠性、保基本、均等化、可持续的方向，加快完善基本公共服务体系。增加基本公共服务，要创新机制，推广政府和社会资本合作（PPP）模式，调动社会各方面参与积极性。对于群众多层次、多样化的非基本公共服务需求，应主要通过市场和社会来满足。要放开服务业市场，大力发展民办教育、医疗、养老等服务业，发展文化体育产业，多渠道提高公共服务共建能力和共享水平。这样不仅可以形成公共服务供给新机制，提高供给质量和效率，也能直接带动投资和消费，助力打造经济增长新动能。

三要着力提高政务服务效率。政务服务涉及各类市场主体和千家万户，群众、企业打交道最多。要简化优化服务流程、创新服务方式，让企业和群众办事更方便、更快捷、更有效率。但现在有些事项办理，从理念到方式都还很落后，办起来费时费力。所以，在改进政府服务方面还要加大力度。要依托各级政府的“互联网+政务服务”，打造政务服务“一张网”，力争年内实现各类服务事项预约、申报、办理、查询等全流程网上运行。要把实体政务大厅、网上政务平台、移动客户端、自助终端、服务热线结合起来，实行线上线下一体化运行，让企业和群众打个电话或点下鼠标，好多事就能得到回应和解决。

优化政府服务，要抓好基础性工作。当前，一些部门职责不清、体制不顺，不少事情政出多门、多头管理，既降低了效率，又增加了成本。要推进政府职责优化配置和统筹整合，减少部门职能交叉，理顺职责关系，解决制度"碎片化"问题。同时，要推进流程优化再造。政府所有事项都要有规范的标准，程序上简约、管理上精细、时限上明确，推动政府运转流畅高效，决不可久议不决、久拖不办。

优化政府服务，还要切实兜住民生底线。现在仍有一部分社会群体生活比较困难。全国有6600万低保人口、8500万残疾人、5500多万农村贫困人口，还有320万流浪乞讨人员。当前，一些地区财政收支压力加大，但再困难也要保住基本民生、兜住底线。底线兜住了，也可为创业者特别是青年人创业解除后顾之忧，即使失败了也有机会再次创业。要不断完善社会保障制度，《政府工作报告》已对此作出部署，地方各级政府一定要不折不扣落到实处。

五、加强组织领导，确保改革举措落到实处

深化简政放权、放管结合、优化服务，与政务公开、促进公平、提高效率三个方面是紧密相连的。政务公开是简政放权取得实效的重要基础，促进公平是放管结合的重要准则，提高效率是优化服务的重要衡量标准。最终，是通过持续推进行政体制改革、也是政府自身改革，实现政府职能转变和效能的不断提高。

"放管服"是一场牵一发动全身的深刻社会变革，意义重大，任务艰巨。上下同欲者胜。各地区各部门要按照党中央、国务院统一部署，切实增强责任感、使命感和紧迫感，以背水一战的决心、大道至简的智慧，勠力同心，坚决把这场改革深入向前推进。

一要继续以壮士断腕的勇气深化改革。"放管服"改革实质是政府的自我革命，要削手中的权、去部门的利，放权于市场和社会，让利于群众和企业。现在改革已进入攻坚期，将更多涉及长期形成的利益格局的调整、权责关系的重塑、管理模式的再造、工作方式的转型。这对各级政府及其工作人员来说，需要作出很大改变，其过程很多时候是艰难的、痛苦的。但我们的政府是人民政府，公务员是人民的公仆。要相忍为国，让利于民，计利当计天下利，一切以国家和人民根本利益为依归。用政府的减权限权，换来市场活力和社会创造力的释放，从而推动国家发展、增进人民福祉。各级政府及其工作人员应有这样的境界和追求，要谨记责任，牢记使命，积极推进"放管服"改革，自觉做改革的坚定拥护者、支持者、践行者，努力创造无愧于时代、无愧于人民、无愧于历史的业绩。

二要以工匠精神组织实施改革。“放管服”改革涉及面广，哪一个重要方面、哪一个重点环节出问题，都会影响改革的成效，必须加强领导、统筹谋划、周密组织。各地区各部门要把这项改革放在突出位置，主要领导要亲自抓。要对照党中央、国务院要求，结合各自实际，聚焦突出问题，抓紧制定具体实施方案，逐项细化“施工图”，倒排时间表，拿出实招硬招，一项一项抓落实。要充分发挥各级政府推进职能转变协调机构的作用，加强统筹协调和指导，及时研究解决工作中的新情况、新问题。要加强对改革进展的督导，好经验要及时推广，发现的问题要抓紧解决。要坚持运用法治思维和法治方式推进改革，抓紧清理废除不再适用的政策性文件，涉及法律法规需要修改的，要同步系统提出修订意见和建议，按程序加快修法，做到改革于法有据、依法推进。

三要鼓励地方积极探索创新。我们国家幅员辽阔、各地情况千差万别，深化改革的重点难点不尽相同，必须因地制宜。改革开放以来，很多改革举措都是从地方先做起来，积累经验后再推开的。像商事制度改革、“双随机、一公开”抽查，最先都是地方基层探索开展的。要大力鼓励地方从实际出发，创造性地开展工作。特别是各地的自贸试验区、综合配套改革试验区、自主创新示范区、经济技术开发区、高新技术产业开发区等，要先行先试、敢闯敢试，当好改革“排头兵”、打造改革“新高地”。对基层和地方结合自身实际、符合改革方向的探索，上级部门不得随意干预。要建立容错机制，对探索中的失误，只要符合改革大方向和地方实际，都应予以宽容，不能求全责备。当然，发现问题也要及时纠正。

四要严格责任落实和督查问责。多年来，我们建立了一系列工作责任制，像“米袋子”省长负责制、“菜篮子”市长负责制，安全生产属地责任和行业责任等，现在看有些还没有完全得到落实。比如，前段时间不少地方菜价、肉价大幅上涨，这虽然有季节性因素，但也与“菜篮子”市长负责制没有落实到位有关。因此，要把落实工作责任制作为转变政府职能、提高效能的重要任务来抓。对《政府工作报告》确定的重点改革任务、重要政策举措、重大项目建设和民生工程，都要明确落实责任。今年国务院要继续有针对性地开展大督查，创新督查和评估方式，完善督查奖惩机制，对工作积极主动、成效明显的地方，予以通报表扬和政策激励；对落实不力的，该通报的通报、该约谈的约谈，对失职渎职的，要严肃追究责任。

五要充分调动广大政府工作人员积极性。我们的公务员队伍总体是好的，是尽职尽责、勤勉实干的。我在今年《政府工作报告》中讲，“中国改革开放30多年的辉煌成就，就是广大干部群众干出来的”，引起了代表委员的强烈共鸣。做好政府工作，落实各项改革发展任务，关键在干部。现在，一些干部中确实不同程度存在着懒政怠政、消极敷衍等现象或者说不作为问题。要针对干部思想认识上存在的这样或那样的问题，深入细致地做好思想教育工作，让干部放下包袱，让他们愿作为、敢担当。要加强干部学习培训，提高工作能力和水平，让他们会作为、善作为。对于现实中一些不科学、不合理、束缚干部干事创业手脚的条条框框，也要根据实际情况作出调整，把干部的积极性、主动性充分调动起来。要关心爱护干部，进一步健全正向激励机制，保障好履职所需的工作条件和合理的收入待遇，帮助解决实际困难和问题，让他们把主要精力放在抓改革、促发展上，兢兢业业做好本职工作。

深化简政放权、放管结合、优化服务，继续推进行政体制改革、转职能、提效能，事关经济发展、社会进步、人民福祉。让我们紧密团结在以习近平同志为总书记的党中央周围，坚持党的基本路线，按照“五位一体”总体布局和“四个全面”战略布局，奋发有为，开拓进取，推动改革发展取得更大成效，为建设富强、民主、文明、和谐的社会主义现代化国家，实现“两个一百年”奋斗目标和中华民族伟大复兴的中国梦作出新的贡献。

（来源：上海市人民政府网）

提高依法治税水平*

2015 年 5 月 11 日　王　军

《中共中央关于全面推进依法治国若干重大问题的决定》（以下简称《决定》）确定了全面推进依法治国的总蓝图、路线图、施工图，是指导新形势下社会主义法治国家建设的纲领性文件。习近平同志在省部级主要领导干部全面推进依法治国专题研讨班上的重要讲话，立足“四个全面”战略布局，阐明了全面依法治国的关键和根本问题，提出了法治中国建设的新命题、新思想、新论断，为马克思主义法治思想宝库增添了新篇章。税务部门必须全面贯彻落实《决定》和习近平同志关于全面依法治国的重要讲话精神，不断开创依法治税工作新局面。

依法治税是依法治国的重要组成部分

依法治税是依法治国的题中应有之义，是依法治国在税收领域的具体体现。税务部门必须站在历史和大局的高度，充分认识税收法治的重要性、紧迫性，进一步增强推进依法治税的使命感、责任感。

依法治税是国家治理现代化的重要内容。税法是否科学完善、能否得到有效实施，直接反映国家治理现代化水平。党的十八届三中全会从推进国家治理体系和治理能力现代化的高度部署税制改革和税收工作，使税收职能作用不仅仅局限在经济领域，而是拓展到经济、政治、文化、社会、生态文明等诸多领域，更深地参与国家治理的各个方面，成为治国理政的基础和重要支柱。推进依法治税，有助于更好地发挥税收职能作用，加速税收治理现代化进程，并在推进国家治理现代化中发挥重要作用。

依法治税是适应经济新常态的迫切需要。随着我国经济发展进入新常态，税收工作呈现新的阶段性特征：一是税收增速总体放缓，税制结构存在的顺周期调节问题凸显。二是税源结构深刻变化，一方面跨地区、跨国

---

* 本文原载于《人民日报》2015 年 5 月 11 日。

经营的大企业集团不断涌现，税源的复杂性、隐蔽性和流动性越来越强；另一方面随着涉及个人的直接税改革推进，将增加数量庞大的自然人纳税人，对依法管理和纳税服务提出了新要求。只有坚持用法治思维和法治方式调整税收关系、规范税收秩序、化解税收矛盾，才能妥善应对税收工作的新情况、新问题、新挑战，为经济在新常态下健康发展提供税收法治保障。

依法治税是全面深化改革的必然要求。习近平同志强调，凡属重大改革都要于法有据。当前，改革已进入攻坚期和深水区。税制改革与其他领域改革紧密相连，直接影响人民群众的切身利益，社会高度关注，诉求复杂多元，矛盾问题和风险挑战前所未有。只有全面推进依法治税，坚持改革于法有据、依法推进，运用法治力量凝聚改革共识、打破利益樊篱、巩固改革成果，才能保障税制改革顺利推进，从而密切配合和有力支持全面深化改革，促进经济健康发展、社会和谐稳定、国家长治久安。

在更高层次更高水平上推进依法治税

近年来，税收法律制度体系不断健全，税收执法行为逐步规范，税收管理方式日趋科学，法治从治税手段发展成为税收治理的基本方式。但是，同党和国家事业发展要求相比，同广大纳税人的期待和社会关切相比，同税收现代化目标相比，税收治理中仍然存在税法权威性不足、执法规范化程度不高、税收法治环境亟待改善等问题，必须按照加快建设法治政府的要求，在更高层次、更高水平上推进依法治税。

落实税收法定原则，健全税收法律体系。推进依法治税，首先要落实税收法定原则，用法律来科学界定国家与纳税人等方面的利益关系。在现行的18个税种中，只有《个人所得税法》《企业所得税法》《车船税法》3部法律和《税收征管法》由全国人大制定，其他都是国务院制定的条例或暂行条例，税收法律层级不高。应按照《决定》“加强重点领域立法”的要求，加快税收法律的制定和修改，提升税法层级和效力，建立健全符合我国国情、适应国际发展趋势、与国家治理体系和治理能力现代化相匹配的科学完备的税收法律制度体系。当前，应处理好法律规范稳定性与税收制度动态性、法律调整复杂性与税收调节灵活性、法治建设统一性与政策需求多样性等矛盾，把握好深化税制改革与完善税收立法的关系，区分轻重缓急，积极稳妥推进。一是加快修订《税收征管法》。主要是建立纳税人识别号制度、进一步规范税收征管基本程序、明确自然人税收征管和服务制度安排、建立涉税信息共享制度、完善纳税人权益保护体系等。二是推动环境保护税等新税种立法。三是提升现有税法层级。结合税制改革进程，主动配合，将成熟稳定的单行税种法规上升为法律，完善税收基本法律规范。四是提高税收制度建设质量。进一步规范税务部门规章和规范性文件的制定管理行为，强化合法性、合理性以及世贸规则合规性审查，建立程序化、规范化的税收政策动态调整机制等。

贯彻依法行政要求，规范税收执法行为。习近平同志强调，全面推进依法治国的重点是保证法律严格实施。税收执法关系人民群众切身利益，体现政府的执行力和公信力，必须严格按照法定权限和程序行使权力、履行职责。坚持严格规范公正文明执法，持续推进税务行政审批制度改革，取消非行政许可审批类别，继续减少审批项目、规范审批行为。同时，推行网上审批、“阳光审批”，提高审批效率。约束和规范权力行使，分期分批推出税收执法权力清单和责任清单，制定全国统一的税务行政处罚裁量权规范，做到透明用权、阳光行权。规范执法程序，建立健全全国统一的涵盖税收执法业务全过程、各环节的具体操作规范，统一执法标准，固化执法流程，最大限度减少执法随意性，最大限度规范税务人，最大限度便利纳税人。严厉打击税收违法行为，为诚实守信纳税人营造公平公正的税收法治环境。加大税收执法监督力度，推动监督检查常态化，既要强化税务部门内部监督，又要自觉接受人大、政协及审计等部门和新闻媒体的监督，拓宽纳税人监督渠道。强化执法过错责任追究，坚决纠正有法不依、执法不严、违法不究行为。

树立征纳平等理念，维护纳税人合法权益。推进依法治税，必须牢固树立征纳双方法律面前平等的理念，更加注重维护纳税人合法权益。在立法环节，通过科学立法、民主立法，科学平衡配置税务机关与纳税人的权利和义务，使税法真正反映广大人民的共同意愿。在决策环节，健全科学民主依法决策的机制和程序，把涉及重大公共利益、纳税人权益的事项纳入重大决策范围，把公众参与、专家论证、风险评估、合法性审查、集体讨论决定作为重大行政决策法定程序，并按照“谁决策、谁负责”的原则建立重大决策终身责任追究制度及责任倒查机制，确保重大决策制度科学、程序正当、过程公开、责任明确。在救济环节，全面贯彻执行行政复议法和行政诉讼法，进一步完善税务行政复议等税收争议化解体制机制，妥善化解矛盾争议。

形成依法治税强大合力

推进依法治税是税收治理领域一场广泛而深刻的革命，是一项浩繁而艰巨的工程，不仅需要税务部门全力投入，而且需要纳税人积极参与和方方面面共同努力。

领导干部带头尊法学法守法用法。习近平同志强调，各级领导干部的信念、决心、行动，对全面推进依法治国具有十分重要的意义。税务部门各级领导干部作为"关键少数"，必须坚定法治信仰，认真践行宪法和法律，躬身前行、矢志不渝，做推进依法治国和维护党的领导的模范。重点抓好总局、省局、总局各司局领导班子成员，使之成为尊法学法守法用法的模范，进一步运用法治思维和法治方式做好各项税收工作。

税务部门模范遵从税法。税务部门行使国家赋予的税收管理权力，必须带头遵从税法，使税法得到公正执行和普遍遵从。一方面，通过强化法治教育培训、加大税收法治建设绩效考评分量等措施，引导广大税务人员牢固树立法治信仰，不断提高法治素养和依法治税能力，努力打造一支公正执法、清正廉洁的税务法治之师、文明之师；另一方面，广大税务人员要自觉维护税法尊严和权威，将法治精神贯穿于税收工作始终，有效引导纳税人遵从税法。

带动全社会尊崇税法。税务部门要认真落实"谁执法谁普法"的普法责任制，探索分级设立纳税人学堂，广泛开展税收普法宣传教育，抓好税收法治文化建设，推动税收法治教育纳入国民教育体系，培养公民树立依法纳税意识，在全社会引导形成崇尚税法、遵守税法、捍卫税法的良好氛围。

社会各界共同参与税收治理。推进税收保障体系建设，强化与政府职能部门和第三方的信息协作与执法协助制度，增强税务部门获取信息的能力，提高税收执法水平和效率；引导注册税务师协会等社会组织加强行业自律，依法依规提供优质涉税专业服务，促进提高税法遵从度；积极推动社会信用体系建设，落实纳税信用管理办法，完善诚信纳税褒奖机制和税收违法行为惩戒机制，让诚信守法者畅行无阻，让失信违法者寸步难行。

坚持依法行政　着力推进改革为税收现代化建设奠定坚实基础

——在全国税收政策法规工作会议上的讲话

2014 年 4 月 10 日　解学智

同志们:

这次会议的主要任务是，贯彻落实党的十八大、十八届三中全会精神，按照 2013 年全国税务工作会议要求，总结 2012 年 7 月全国税收政策法规工作会议以来的重点工作，研究部署当前和今后一个时期的工作任务。下面，我讲三个问题。

一、协同奋进，全国税收政策法规工作成效显著

近两年来，全国税务系统政策法规部门认真贯彻落实总局的工作部署，按照党的群众路线教育实践活动的有关要求，转变作风，改进工作，积极推进税制改革，研究完善税收政策，加强税收法治建设，规范税收执法行为，各项工作取得了新进展。

（一）税制改革稳步推进

一是牵头拟定税制改革总体方案。加强顶层设计，形成了总局税制改革总体方案和分步实施建议，对中央和地方收入划分、直接税与间接税比例关系、地方税体系建设及具体税种改革方向等问题提出了建议，为深化财税体制改革、提高国家治理水平提供了重要参考。同时，积极参与推进单项税种改革，配合推动营业税改征增值税试点，参与研究实施资源税、消费税改革，参加环境保护税立法起草工作。

二是提出了有关税制改革预案。政策法规司牵头开展专题调研，形成了关于小微企业税费负担情况的有关报告，提出税收政策预案；完成电子商务税收政策等专题研究任务，得到中财办等部门的充分肯定。组织开展了建立有利于结构优化和社会公平的税收制度、证券投资基金税收制度等课题研究工作。上海国税、山东国税、深圳地税等单位积极参与，较好地完成了研究任务。

(二) 综合税政工作不断加强

一是充分发挥了综合税政的牵头主导作用。对内，积极联系各税种管理和征管等部门，统筹协调税收政策的制定；对外，代表税务部门发声，努力使税收政策与其他调控手段融为一体，为培育和激发经济发展内生性动力，促进结构优化，保障和改善民生，实现经济社会持续健康发展发挥了积极作用。同时，税收政策执行情况评价反馈工作也得到了各级税务机关的高度重视。各地在详尽、可靠的定量、定性分析的基础上，对税收政策是否能够达到制定初衷，以及其合理性、可操作性问题作了实事求是的评价，提出了修改建议，为调整相关政策，打下了良好基础。

二是有效完善了促进结构优化的税收政策。适应经济社会发展需要，以国家发展战略为导向，加强政策研究和统筹协调，不断提升支持经济社会发展的针对性、有效性。牵头完善了一系列有利于转方式、调结构的税收政策，研究提出促进生活服务业发展和应对大气污染的税收政策建议，得到国务院领导同志的肯定，其中应对大气污染的税收政策建议列入《国家大气污染防治行动计划》。着眼于支持科技创新和战略性新兴产业发展，扩大研发费用加计扣除政策适用范围，在中关村试点新的鼓励企业自主创新的税收政策，完善了转制文化企业税收政策；着眼于促进区域协调发展，出台了支持上海自贸区、赣南原中央苏区、民族地区、边疆地区发展的税收政策；着眼于推动资本市场发展，加大投资者保护力度，继续对保险保障基金和期货保障基金予以税收优惠。省局政策法规部门着眼于推动本地区协调发展，认真落实地方党委政府税收政策需求，积极向总局提出区域发展的税收政策建议，为促进结构优化的税收政策出台，作出了不可或缺的贡献。

三是有效完善了改善民生的税收政策。在保障和改善民生的重要领域发力，牵头完善了一系列税收政策。为充分发挥小微企业促进就业、扩大消费、推动经济增长等方面重要作用，研究提出减轻其税收负担的税收政策。支持老有所养，研究提出促进多层次养老保险体系发展的税收政策；支持住有所居，研究提出促进棚户区改造的税收政策；支持学有所教，研究提出促进职业教育发展的税收政策。

（三）各方政策建议和诉求得到积极回应

各级政策法规部门重视“两会”涉税提案议案回复工作，认真听取人大代表、政协委员对税收工作的建议，各省局办理提案议案回复意见7000余件，在税收政策宣传解释上做了大量细致工作。主动配合落实本地区重大发展战略和本区域发展规划，积极建言献策，把好政策“出口”，回应、会办各类税收政策需求性文件15000余件。

（四）世贸税收工作成效显著

为增强涉税反补贴应对工作的系统性，总局下发《涉税反补贴调查应对工作规程》，上海、大连、青岛等国税局，浙江、大连等地税局及时制定了实施办法。办理12起涉税反补贴调查案件，配合做好世贸被诉案件应对工作，答复外方对我“贸易补贴政策及补贴通报问题单”，积极做好第五次贸易政策审议配合工作，定期向世贸组织通报我国税收政策的阶段性变化。这些工作不仅有力维护了国家权益，还大大增进了世贸组织和世贸成员国对我国税收政策的理解与支持。

（五）依法行政制度机制逐步完善

一是健全了依法行政基础性制度。出台《关于严格执行税收政策和管理制度出台前征求意见规定的通知》明确，总局制发部门规章、税收规范性文件，应当广泛征求并研究社会公众意见，评估对纳税人合法权益的影响。这项制度将增强税收政策和管理制度的民主性、科学性，是保护纳税人合法权益的重要程序性措施。在政策法规部门的积极主导下，福建、湖北、湖南、广西、青岛、深圳等地税务部门，采取有力措施推动地方人大、政府颁布了税收保障地方性法规或规章，强化协税护税工作，为推进依法行政和下一步税收征管法的修订提供了方向性参考。

二是发挥了依法行政推进机制的积极作用。各级税务机关普遍建立了依法行政领导小组，将依法行政的重大决策、工作部署通过领导小组统筹安排，在协调各部门共同推进依法行政方面发挥了重要作用。按照依法行政“十二五”规划的总体安排，各级税务机关均结合本地实际制定了依法行政年度工作计划，并定期报告依法行政工作情况，有针对性地稳步推进依法行政工作。依法行政综合绩效考核和依法行政示范单位创建的导向作用日益凸显。总局对10家试点单位开展了依法行政综合绩效考核。按照总局部署，大部分省局对市局、市局对县局，创造性地探索依法行政综合绩效考核的有效途径。湖北、贵州国税，江苏地税等单位的创建实践取得了良好效果。考核和创建工作对凝聚法治共识，形成依法行政整体合力，发挥了促进和示范作用，得到了国务院法制办的充分肯定。

三是强化了依法行政意识和能力。各级税务机关有针对性地开展依法行政培训工作。总局专门举办了十八大法治精神专题学习班和税收法定原则论坛；安排了8期地市局主要负责同志依法行政培训班，轮训650余人次。各省局按照依法行政“十二五”规划要求轮训了区县局主要负责同志。省以下各级税务机关按照加强法治政府建设的意见，每年至少安排两次党组中心组集体学法，两次局办公会会前学法和一次依法行政专题讲座。在各级各类培训中，依法行政知识已经成为必学内容。这些措施显著增强了广大税务干部，特别是领导干部依法行政的意识和能力。

（六）税收执法更加规范

一是更加注重税收执法依据合法性管理。各级政策法规部门认真贯彻《税收规范性文件制定管理办法》，把住了合法性审查、清理、备案审查三个环节。近两年，经过合法性审查的税收规范性文件，总局有150余件，省局近1000件，基本做到了出台税收规范性文件必须经过合法性审查；县区税务机关基本上不再制定税收规范性文件。绝大多数省局做到了对本机关制定的税收规范性文件两年清理一次。总局和省局加强了对税收规范性文件的备案管理，基本上做到了有件必备、有备必审、有错必纠，税收执法依据合法性得到了有效保障。

二是稳步推进税务行政审批改革。2013年，总局公布取消、下放税务行政审批项目11项。其中，国务院取消、下放9项，总局自行取消2项。初步摸清了税务行政审批项目底数。按照国务院要求，总局发布了《关于公开行政审批事项等相关工作的公告》，公布了87项行政审批项目，实现了行政审批目录化管理，未列入目录的，一律不得审批。

三是重点规范税务行政裁量权。印发《关于规范税务行政裁量权工作的指导意见》以来，90%以上的省局已经制定了税务行政处罚裁量基准或实施办法。其中，10余个省市区国税、地税联合制定了裁量基准或实施办法。部分省局还对其他税务行政裁量权进行了规范。例如，安徽国税明确了税务行政裁量权行使规则，吉林、贵州国税，天津、贵州地税规制了行政强制裁量权。江苏地税明确了税款征收行政裁量标准。海南国税、地税探索了依托信息技术规范税务行政裁量权的新路径。

四是充分发挥税务行政复议作用。总局和山西、安徽国税以及河南地税等单位成立了行政复议委员会，探索建立了税务主导、专业保障、社会专家参与的案件审理新机制。一些税务机关还通过听证、实地核实、当面听取意见等方式公开审理案件。这些措施有力提高了行政复议的权威性、专业性和社会公信力，提高了行政效率，降低了社会成本。近两年审结的793件行政复议案件中，复议纠正原决定的102件，和解、调解的205件，共计占38.7%。其中609件实现了案结事了。

五是显著强化重大税务案件审理工作的制权防险作用。近两年来，各级税务机关共审理重大税务案件44873件，超过稽查立案数的15.1%。其中，退回补充调查和改变处理意见6859件，约占15.3%。实践表明，扎实做好重大税务案件审理工作，对促进重大事项的科学民主决策、规制税收执法权及防范执法风险起到了积极作用。

六是不断拓展规范执法新路径。部分基层税务机关立足实际创造性开展工作，通过税收执法案卷评查、案例指导，对行政强制、大额欠税管理、减免税审批等重大执法事项，实行集体审理、合法性审查，找准了规范执法的有效抓手，开辟了防范执法风险的崭新路径，扎实推进了依法行政，值得充分肯定。

回顾近两年来的工作，我们取得了显著成绩，这主要得益于政策法规部门一如既往地做到了三个“坚定不移”。

一是坚定不移地践行服务理念，将政策法规工作的出发点放在方便纳税人、保障基层、服务大局上。以深入开展党的群众路线教育实践活动和职能转变为契机，我们转作风、建机制、抓落实。出台税收制度，注重倾听纳税人呼声，保护纳税人权益；规范税收执法，注重解决基层执法中遇到的实际问题，提供具有针对性的法律服务；制定税收政策，注重围绕稳增长、调结构、惠民生的宏观大局，服务经济社会的科学发展，逐步实现了政策法规工作的有为有位。

二是坚定不移地探索改革创新，将政策法规工作的突破口放在转变工作机制和方式上。在工作中，我们由单兵突进向协同作战转变，充分发挥依法行政领导小组的统领作用，突出一把手责任，注重各部门沟通协调，整合各方资源；由以监督和规制为主向服务和规范并重转变，通过提供法律服务，引导和保障各项税收工作在法律框架和法治轨道上运行，思路清晰，效果突出。

三是坚定不移地推进依法行政，将政策法规工作的着力点放在规制税务机关的权力运行上。各级政策法规部门牢牢把握依法行政这条生命线，将其贯穿于税收工作的各个方面和重要环节。事前，按照依法行政的精神和要求，建立健全工作机制，做好制度准备；事中，把好合法性审查关口，确保行政行为合法有效；事后，运用依法行政的标准加以检验，持续提升税务系统依法行政水平。由此，权力关进了笼子，纳税人合法权益得到了有力保障。

成绩来之不易，经验弥足珍贵。这些经验行之有效，必须在今后的工作中持之以恒地坚持下去！

同志们，各级政策法规部门付出了艰辛的努力，做了大量卓有成效的工作。在此，我代表总局党组，向从事政策法规工作的广大干部表示衷心的感谢和崇高的敬意！

二、凝聚共识，明确推进税收现代化的努力方向

这次会议，是在十八届三中全会作出全面深化改革决定的背景下召开的。《决定》对税收改革和法治建设提出了明确要求，总局据此提出了到2020年基本实现税收现代化的目标。实现税收现代化，要求税法体系完备规范、税制体系成熟定型、服务体系优质便捷、征管体系科学严密、信息体系稳固强大、组织体系高效清廉。税制体系和税法体系是税收现代化的重要基础和核心内容。只有深化税制改革，才能形成成熟定型的税制体系；只有加强法治建设，才能形成完备规范的税法体系。

面对深化税制改革的新形势，适应推进税收法治建设的新要求，政策法规工作既存在税收政策的有效性还不够强、制度建设质量还不够高、执法不够规范等没有妥善解决的老问题，又面临着在服务大局中站位不高、推进依法行政的体制机制还不够顺畅、运用法治思维和法治方式解决实际问题能力不强等新挑战。各级政策法规部门必须适应新形势，把握新要求，明确新思路，解决老问题，迎接新挑战。

（一）深入研究政府与市场的关系，找准税收政策作用空间，明确推进税制改革的途径方法

全面深化改革，要求处理好政府和市场的关系，要求政府工作的重点

转到创造良好发展环境、提供优质公共服务、维护社会公平正义上来。税收作为政府组织收入、调控经济、调节分配的重要手段，需要找到合理的作用边界和作用方式，在保证市场发挥配置资源决定性作用的前提下，更好地发挥其职能作用。

巩固市场配置资源的地位，增强税收的职能作用，必须深化税制改革。深化税制改革，应当加大间接税改革力度，全面推进营改增，适当简化税率，建立现代增值税制度；进一步调整消费税征收范围、税率结构和征收环节。逐步建立综合与分类相结合的个人所得税制，加快房地产税立法并适时推进改革，逐步提高直接税比重。通过推进资源税改革、开征环境保护税和房地产税等措施，建立起税种搭配合理、收入增长比较稳定、有利于增强地方财力的地方税体系。按照统一税制、公平税负、促进公平竞争的原则，加强对税收优惠特别是区域税收优惠政策的规范管理。改革过程中，还要注重结构调整导向，不断完善税收政策。

年初，总局成立了王军局长任组长的税收改革领导小组，并设立领导小组办公室和税制改革总体方案、营改增等 5 个专题工作小组。政策法规司牵头税制改革总体方案设计，统筹各项改革内外协调任务，参加其他专题工作小组工作。相应地，地方各级政策法规部门也要在推进税制改革和政策调整中承担繁重的工作任务。为此，政策法规部门应当做到三个“进一步增强”。

一是进一步增强统筹协调作用。按照职责分工，政策法规部门联系各税种管理和税收征管等部门，表明了税收政策研究制定与效果评估的复杂性。各级政策法规部门要找准定位，不要认为具体政策都由业务部门管理，政策法规部门研究政策就是“干了别人的活、种了别人的地”，应当从各税种政策搭配合理、结构安排得当等角度统筹考虑制定政策，而不是将综合政策需求简单“分包”给业务部门；应当改进工作方式方法，做好内外部门的联系沟通，推动各方意见充分交流，保证研究制定政策的针对性和协调性。

二是进一步增强前瞻性研究。政策法规部门对内牵头联系业务部门，对外联系党委政府，具有视野开阔、信息广泛的工作优势，可以敏锐捕捉经济社会发展的新动向新趋势，及时开展前瞻性和开拓性研究，在掌握税收运行规律的基础上，审慎研判可能的政策组合，既注重在税收政策能够充分发挥调控作用的领域用好税收政策，又应当破除“税收万能”的固化思维，防止税收政策弄巧成拙。同时，政策法规部门还要勇于纠正政策制定与自身工作关系不大的观念偏差，充分发挥自身优势，挖掘潜力，加强调查研究，为税制改革、政策调整提供工作建议及智库支持。

三是进一步增强后续评估和追踪分析。客观地分析评估政策效果，加强政策执行反馈，根据政策实施情况，及时研究完善措施，提出立改废建议，确保政策措施得力、有效。

（二）深入研究改革与法治的关系，坚守税收改革原则底线，明确法治保障税收改革的职能定位

改革是推动发展的不竭动力，法治是保障改革的基本遵循。坚持改革在法治轨道上运行，不仅是法治建设自身的需要，也是防止借口“改革”侵害人民群众合法权益的需要，更是维护国家长治久安的需要。没有法治，改革就不具有合法性，正如习近平总书记在中央全面深化改革领导小组第二次会议上强调的，凡属重大改革都要于法有据；在整个改革过程中，都要高度重视运用法治思维和法治方式，发挥法治的引领和推动作用，加强对相关立法工作的协调，确保在法治轨道上推进改革。

税收法治既是税收改革的目标，也是税收改革的原则。因此，税收改革的过程，实际上就是税收法治理念根植、税收法治方式确立的过程。我们既要通过税收改革完善税收法治，也要以税收法治保障税收改革的正确方向。政策法规部门在促进税收改革、推进税收法治建设过程中，应当做到三个“始终坚持”。

一是始终坚持税收改革在谋划设计上大胆创新。在税收改革顶层设计、提出税制改革方案建议、研究完善综合性税收政策时，应当善于谋划，大胆设计，既应着眼于解决现实问题，更应放眼于未来发展，敢于打破思想禁锢，敢于打破条条框框，在思想上不能有禁区。

二是始终坚持税收改革在法治轨道上前行。任何税收改革方案落地实施，都必须依法进行，必须保证税收改革列车始终在税收法治的“钢轨”上前行。越是重大税收改革，越是需要税收法治保障。明确树立“定好规则再抓牌”的法治思维，在税收改革遇到现行制度掣肘时，必须先修改现行制度，坚决遏止税收改革“边抓牌边定规则”的随意做法，坚决纠正“先上车后买票”的惯性思维和错误做法。在税收改革遇到现行制度掣肘

时，必须先修改现行制度。税收改革试点必须有法律规定或者法律授权，没有法律规定或者法律授权的，不得进行试点，不得实施所谓“改革”。

三是始终坚持税收改革推动法治建设。改革就是通过革除现行制度中不利于经济社会发展的桎梏，不断推动发展。没有改革，就没有良法，也不会有善治。税收改革实质是税收法治的动态表现形式。对税收改革中形成的，实践证明是科学的、可行的方案、具体措施，应当积极稳妥地推动其上升为法律制度。单行税种改革应当嵌入法治程序，努力以法治方式引领和规范单行税种改革。税收改革攻坚到哪里，税收法治建设就应及时跟进到哪里。通过税收改革，实现税收制度与时俱进，最终实现税收制度良法化。

（三）深入研究治理与法治的关系，确立税收治理的法治方式，明确税收法治化的着力重点

国家治理就是党、国家和人民群众依法共同管理国家事务、经济社会文化事务、自身事务。国家治理体系和治理能力现代化是全面深化改革的重要目标。国家治理体系和治理能力是一个国家的制度和制度执行能力的集中体现。治理必须适应国家现代化进程，实现制度化、规范化、程序化。说到底，“制度化、规范化、程序化”就是法治化，法治是治理的最好方式。

税收既是国家治理的重要内容，也是国家治理的重要手段，在国家治理体系和治理能力现代化中居于重要地位，应当实现法治化。这就要求我们必须用法治价值指引税收治理，用法治关系界定税收治理，用法治规则规制税收治理，用法治程序规范税收治理，用法治方式解决涉税矛盾。税收治理体系和治理能力现代化必须体现在推动良法善治，切实转变旧式“管理思维”，提高税务机关运用法治思维和法治方式解决问题和矛盾的能力，最大限度便利纳税人，最大限度规范税务人。为此，政策法规部门应当做到三个“着力于”。

一是着力于推动落实税收法定。税收基本制度只能由法律作出规定，法无明文规定则无税。落实税收法定原则须尊重历史，考虑现实能力，区分轻重缓急，循序渐进，这是立法法允许的。当前，应当主动配合推动税收立法，将经济社会发展必需、纳税人期盼、税收实践证明可行的税收事项，通过权力机关立法加以落实，积极推动成熟稳定的现行低位阶单行税

种法规上升为法律。同时，提高税务机关权限范围内的制度建设质量，促进税收遵从，防止制度性侵权，保障纳税人的权利公平、规则公平，努力通过制定良法实现税收上的公平正义，努力通过制度建设凝聚共识，逐步提高科学性、公信力和执行力。

二是着力于规范税收执法。应当树立“规范执法是最好服务”理念，推动税务机关转变职能、简政放权，加强自身建设，规制自身权力，促进规范执法、公正执法。当前，应当集中力量解决税收执法合理性不足、税收执法随意性过大的问题；解决借口便民办税，疏于依法征税，甚至突破法治底线、失职渎职、损害税收执法威慑力，以及税收制度缺陷依赖征管措施弥补所带来的税收执法风险问题。

三是着力于推动税收共治。从内部来讲，就是充分发挥依法行政领导小组的统筹作用，协调各方，共同推进税收法治建设；从外部来讲，就是运用法治方式推动社会各界对税收工作予以积极支持，不断优化依法治税的社会环境。特别是，应当从目前税务机关治税，逐步演进发展到政府治税、社会治税，从而渐进推动税收治理能力现代化。

三、突出重点，扎实做好当前和今后一个时期的税收政策法规工作

根据政策法规工作面临的新形势，结合工作实际，当前和今后一个时期政策法规工作总体要求是：深入贯彻党的十八大、十八届三中全会和全国税务工作会议精神，坚持依法行政，着力推进改革，充分发挥政策法规部门职能作用，为税收现代化提供有力支持。落实上述总体要求，政策法规部门应当在做好各项常规工作的基础上，突出重点，扎实做好以下工作。

（一）进一步推进税制改革

一是完善和细化税制改革总体方案。贯彻落实十八届三中全会有关税制改革的各项要求，深入开展税制改革中长期规划研究，加强顶层设计，在既有框架下继续细化税制改革总体方案。建立健全实施税制改革方案的相关机制，编制和落实时间表、路线图，分项、分步推进改革；充分借鉴国际税制改革的经验和做法，及时提出完善税制改革方案的意见和建议。

二是清理规范税收优惠政策。税收优惠政策是健全税制体系的重要组成部分，对于实现特定经济社会发展目标有着积极作用。目前的主要问题是，区域性税收优惠过多，妨碍全国市场统一；优惠政策碎片化，税制复杂，影响税收征管和纳税遵从；大量优惠政策以规范性文件形式发布，刚性不足，削弱税收法治化程度。十八届三中全会提出，“按照统一税制、公平税负、促进公平竞争的原则，加强对税收优惠特别是区域税收优惠政策的规范管理。税收优惠政策统一由专门税收法律法规规定，清理规范税收优惠政策”。应当按照有利于引导市场公平、统一、有序，以及在资源配置中发挥决定性作用的要求，遵循产业政策主导、区域政策辅助、措施方式规范、税收优惠法定的原则，对税收优惠政策进行细化归类和效应分析，逐步减少税收优惠政策，规范优惠方式，抑制税收优惠主观随意。对于各地违规制定的各种形式的税收优惠政策，一律取消，不得实施。探索引入负面清单管理，建立长效机制，遏制“清理、新设、再清理、再新设”的路径依赖和行为怪圈。

（二）进一步完善税收政策

一是完善现行税收政策。紧紧围绕经济转型升级、扩大就业、增加居民收入、生态环境保护以及改善社会民生等重点领域，完善税收政策，配合推进营改增，加大扶持就业创业和支持小微企业的力度，促进科技进步和自主创新，促进城镇化发展，促进生态文明建设、文化发展和环境保护以及教育医疗和养老服务业发展，等等。

二是探索建立税收政策快速响应机制。政策法规部门应当吃透党中央、国务院各项方针政策的精神实质，增强对宏观形势变化的敏感性，善于捕捉经济社会发展中的新情况、新信息、新热点，在深入开展评价评估的基础上，主动作为，快速反应，选准税收政策着力点，从高站位、宽视野、利长远的角度，及时大胆提出税收政策建议。充分发挥顶层设计与创新精神，变被动应付为主动出击，为科学决策服务，为经济社会发展大局服务。

三是强化政策储备性研究。根据经济社会发展需要，结合税制改革和政策调整的重点，做好有利于稳增长、调结构的税收政策研究，丰富政策储备。继续推进现行政策跟踪分析、评价反馈和效应评估工作。

四是加强世贸税收工作。建立税收规范性文件世贸规则合规性审核机制，着力提高世贸税收工作的主动性和前瞻性，从源头上加强国内税法对世贸规则的协调性。指导地方制定《涉税反补贴应对工作规程》实施办法；探索建立世贸税收信息共享反馈机制，更好地为“走出去”企业服务。

（三）进一步提高税收制度建设质量

一是加强合法性审查。严格执行《税收规范性文件制定管理办法》，凡是规范性文件必须经过合法性审查，严禁以公告以外的形式制定对纳税人权利义务具有普遍约束力的政策措施；凡是没有通过合法性审查的，一律不得颁布实施。消除税务机关内部存在的“部门立法”倾向，防止和解决税收政策互相“打架”的问题。兼顾合理性审查，推进实质性合法。

二是严格落实制度建设的程序性规定。坚决落实税收政策和管理措施公布前征求意见制度。以公开征求意见为原则，以不公开为例外。除涉密和其他特殊情形外，制定税收规范性文件必须公开征求意见。文件起草部门在起草说明中必须说明公开征求意见情况、不公开征求意见的理由、意见采纳情况和不予采纳的理由，以及对纳税人权益影响的评估情况。

三是不断强化备案审查。今年，总局将颁布《税收规范性文件备案审查管理办法》，健全备案审查制度。各级税务机关应当做好对下级税务机关备案文件的审查工作。凡备案审查发现的问题，下级税务机关必须纠正。

四是控制制度性执法风险。执法人员普遍反映，由于税收制度缺陷造成的执法风险过大，特别是一些没有明显不尽职行为的税务人员被追究了刑事责任。这一问题，应当引起高度重视。首先，应当加强制度性执法风险评估，在文件起草阶段，应当重点听取一线执法人员意见和建议，充分考虑征管能力，做不到就不出台，从根本上遏止制度缺陷转化为执法风险。第二，注重“立法”技术细节，保证文件结构严谨，条文规范，文字表达清晰准确，没有歧义，便于执行。第三，加强文件解读，及时、规范、统一回应税收执法疑问。

五是扎实推动税收制度的立改废。全面清理税收政策文件和管理服务规定，对违反上位法、超越权限、违法增加纳税人义务、严重影响纳税人权益、妨碍市场统一和公平竞争，以及脱离税收征管实际、增加税收执法风险的税收措施，必须在规定时限内予以修改或废止。对此，总局将开展监督检查。

（四）进一步规制权力运行

一是统筹落实权力清单制度。权力应当关进笼子，权力清单制度就是笼子。总局已经明确，税务系统的权力清单制度，要按照统一部署、上下联动、同步开展、分级清理、分级公开、分批实施的原则落实。权力清单制度包括清权、确权和晒权。首先是清权。总局负责梳理法律、行政法规、部门规章和总局规范性文件设定的权力事项，摸清权力底数。省局负责梳理自治条例、单行条例、地方性法规、地方规章和省局及以下税务机关规范性文件设定的权力事项。地市以下税务机关的清权，由省局统一负责。其次是确权。没有法定依据，不得列入权力清单，一律不得执行。总局负责编制直接实施的权力运行流程图，其他事项由省局负责。地市以下确权，编制权力运行流程图，须报省局批准。第三是晒权。清权以后，确权以前，应当将拟公布的权力清单和流程图广泛征求意见，有条件的可以进行专家论证，审查核实后依法公开，主动接受社会监督。

二是协同推进税务行政审批制度改革。税务行政审批归口各级政策法规部门牵头管理。总局将进一步压缩税务行政审批项目，加大取消、下放审批权限力度，统筹推行集中审批、并联审批、限时审批、公开审批和网上审批，提高审批效率。各级税务机关不得以"事前备案"等方式变相审批，坚决杜绝随意新设、边减边增、明减暗增、明收暗放等问题。继续加强制度建设，制定税务行政审批管理办法，修改《税收减免管理办法》、《关于实施税务行政许可若干问题的通知》等文件中与行政审批改革要求不一致的规定，解读行政审批的内涵、外延和有关问题，规范行政审批行为。严格源头管理，通过合法性审查、备案审查、行政复议、执法督察、行政监察等各种渠道防止税收规范性文件设定行政审批。配合加强后续管理，推动制定后续管理措施，坚持放管并重，实现责任和权力同步下放，放活和监管同步到位。

三是规范税务行政裁量权。下一步的重点工作是，总局制定全国统一适用的规范税务行政处罚裁量权的行使规则，省局负责统筹探索其他行政裁量权的规范行使。

四是健全落实重大案件审理制度。《重大税务案件审理办法》的修订，已经列入总局 2014 年一类规章制定计划，年内即将完成。办法颁布后，各级税务机关必须严格执行，总局将开展检查，对执行情况进行监督。

五是严格执行税收个案批复工作规程。规程实施后，总局作出的 70 件个案批复，是严格按规程规定执行的。但是，许多地方并没有执行规程。再次强调，各级税务机关不得以任何借口拒绝执行规程。未经督察内审部门会签、政策法规部门合法性审查的，不得作出个案批复。今年，政策法规司将与纪检监察、督查内审等部门共同开展个案批复工作监督检查，确保全部个案批复必经合法性审查。

六是全面推行税收执法案卷评查。实践证明，税收执法案卷评查对加强内部制约、规范税收执法、防范税收执法风险，具有非常重要的规制作用。从今年开始，各省局必须按照依法行政实施纲要和加强法治政府建设意见的要求，开展税收执法案卷评查。总局将对各省局开展情况进行检查，抽评税收执法案卷。

七是将合法性审查延伸到税收执法的重要环节。税收重大决策、税务行政审批、税务行政处罚三项工作应当进行合法性审查。同时，探索逐步将合法性审查延伸到税收工作的其他重要环节。

（五）进一步发挥行政复议化解矛盾的主渠道作用

一是畅通行政复议渠道。行政复议是解决行政争议的法定机制，也是运用法治思维和法治方式化解矛盾的重要平台。各级税务机关应当通过加强宣传、简化行政复议申请手续、加大对无正当理由不予受理的监督力度等多种措施，提高纳税人对行政复议的信任度，积极引导涉税争议进入行政复议渠道。

二是切实提高办案质量。办案质量是行政复议的生命线。全面审查合法性与合理性，对违法或者不当的决定，应当坚决予以纠正，确保每一件行政复议案件都能够经得起实践和历史检验。同时，应当注重法律效果和社会效果的统一，把依法化解矛盾作为衡量办案质量的重要尺度。对案件反映出的税收制度性问题应当及时反馈，充分发挥行政复议促进税收制度完善的弥补作用。通过公开审理、听证等方式，切实提高行政复议的公信力。

（六）进一步发挥推进依法行政的牵头作用

一是探索依法行政考核的新途径。按照税收法治建设要求，科学设置绩效管理中的依法行政指标体系和考核标准，逐步将依法行政考核融入绩效管理。鼓励省局探索在对市县局绩效管理中开展依法行政考核的新途径。

二是推进法治税务示范基地建设。按照全国税务工作会议要求，从今年开始，以省局为主体，通过建设“法治税务示范基地”的形式，对基层依法行政先进典型进行交流、总结、推广。“珐治税务示范基地”的建设方案和评价标准，可在依法行政示范单位创建的基础上，进一步改进和完善。总局将适时启动全国“法治税务示范基地”的创建工作。

三是统筹建立税收执法快速反应机制。在群众路线教育实践活动中，基层普遍反映在税收执法中遇有一些疑难问题，上级税务机关经常不回复、回复不及时、回复口径不统一。纳税人对此也有反映。为了改变这种现状，总局将探索统筹建立税收执法快速反应机制，对执法和纳税人反映的问题，推动及时回应、及时解决，做到件件反馈落实。有关答复和解释，应当在统一口径前提下根据工作职责归口进行。

四是研究建立税务系统法律顾问、公职律师制度。鼓励省局就建立总法律顾问制度进行探索和试点。支持省局与司法行政管理部门共同建立公职律师制度，有效整合税务系统内的法律人才资源，搭建一个宽阔有效的法律服务平台，更好地为决策服务、为税收执法服务，提升税收工作的整体法律水平和执法能力。对公职律师，省局可以在全省系统内施行统一登记、管理、培训和使用。总局将制定相应管理办法，推动法律顾问、公职律师制度规范化发展。

（七）进一步加强政策法规机构和队伍建设

机构是做好政策法规工作的组织保障，人才是做好政策法规工作的关键因素。政策法规部门头绪多、任务重、专业性强，需要进一步加强机构和队伍建设。省局政策法规处应当配强工作人员，具备法律职业资格的应不少于1人；地市局必须保证专职政策法规人员数量，其中至少1人为法律专业；区县局至少应有2名专职政策法规人员。当前，一是推动法律人才专业归位，现有法律专业人员必须优先安排在政策法规部门工作；二是统筹安排政策法规人员的业务培训工作，上级税务机关对下级税务机关有针对性地开展政策法规培训；三是加强人才库建设，做好人才储备。

同志们，推进依法行政，深化税制改革，任重道远。让我们以十八届三中全会精神为指引，高举改革旗帜，弘扬法治精神，在总局党组的坚强领导下，坚定信心，勇于担当，开拓进取，扎实工作，为全面推进税收现代化，做出新的更大的贡献！

崇法善治 服务大局为深入推进税收现代化提供坚强保障

——在全国税收政策法规工作会议上的讲话

2016年5月19日 顾 炬

同志们：

2016年全国税收政策法规工作会议今天召开。这次会议的主要任务是，深入贯彻党的十八届三中、四中、五中全会精神，落实法治政府建设实施纲要和全国税务工作会议要求，总结近年税收政策法规工作，分析当前税收法治建设形势，部署今明两年重点工作。

下面，我讲三个问题。

一、工作的回顾

近年来，全国税务系统政策法规部门认真贯彻总局工作部署，坚持依法治税，着力推进改革，取得显著成绩，为税收现代化建设奠定了坚实基础。

（一）依法治税全面推进

一是迅速贯彻四中全会精神。四中全会闭幕当天，总局党组就召开会议，迅速传达会议精神和习近平总书记重要讲话，研究部署税务系统贯彻落实措施。法规司立即成立了四中全会学习报告起草小组，深入调研、集思广益，形成了《崇法善治全面推进税收法治建设》的学习报告，得到了王军局长充分肯定。二是及时制定指导意见。起草全面推进依法治税指导意见，经全国税务工作会议讨论，总局依法行政工作领导小组会议审议通过，印发实施。指导意见从税收工作大局出发，以全面推进依法治税、实现税收法治化、促进税收现代化为总体定位，深刻阐述全面推进依法治税的重要性和紧迫性，明确指导思想、总体要求和实施路径，部署九大任务，是当前和今后一个时期税务系统全面推进依法治税的纲领性文件。三是细化措施真抓实干。各级税务机关认真贯彻指导意见，结合实际制定实施方案，分解任务，细化责任，狠抓落实。尤其是，突出体制机制建设，依法行政工作领导小组实现常态化运行；依法行政工作纳入绩效考核，法治建设成效成为衡量领导班子和领导干部工作实绩的重要内容。四是探索创新卓有成效。河北、四川、青海国税地税注重与地方政府法制部门合作，江苏、广东国税地税和宁波国税注重运用信息化手段，大力开展法治税务示范基地创建活动。山东、浙江、江西、陕西国税地税积极推动税收保障立法，综合治税工作走在前列。

（二）制度建设不断加强

一是加强规范性文件制定管理。两年来，共审核总局税收规范性文件174件、个案批复44件，集中审查省局报备文件1729件。2015年，实现省局报备文件年度审查向季度审查转变，进一步加快问题文件纠正速度，从源头上防止了制度性侵权，得到国务院法制办的充分肯定；世贸规则合规性评估启动推进。甘肃、山东、云南国税，江苏、广东、广西、云南地税在公开征求意见、推行有效期管理、系统清理文件等方面落实有力，成绩突出。二是完善重大税务案件审理制度。针对职责不清、对外作出决定主体不一等问题，修订重大税务案件审理办法，调整审理机构职责和审理范围，完善审理程序，明确对外作出决定主体，推动审理工作法制化规范化。2015年，全国税务系统审理重大税务案件15574件，审结15522件，审结率99.7%，案件审理质量进一步提高。三是规范行政处罚裁量权。积极以规范处罚裁量权为突破口，普遍试行税务行政处罚裁量权适用规则，明确裁量基准。目前，68家省局制定了适用规则，19家省国税地税联合制定了裁量基准，统一裁量范围，统一处罚尺度，一定程度上遏制了随意执法、处罚不公，税收执法得到进一步规范。

（三）简政放权成绩斐然

一是全面清理审批事项。按照国务院部署，税务系统全面开展行政审批事项清理，目前除保留7项行政许可事项外，80项非行政许可审批事项已全部取消或调整，彻底终结了非行政许可审批。国务院审改办和第三方评估组均给予高度评价。二是着力规范审批行为。落实国务院深化行政审批制度改革要求，更新行政许可事项目录，全面实行行政审批事项网上预受理预审查，规范行政审批行为，改进行政审批工作。各省局积极探索网上审批，实行阳光审批，强化审批服务，提高了审批质效。三是加强事中事后管理。落实国务院简政放权、放管结合、优化服务改革要求，制定深化行政审批制度改革切实加强事中事后管理指导意见，统筹推动制定取消事项后续管理措施。北京、江苏、广东、江西国税，北京、河南地税细化实化管理措施，探索推行实名制办税，推进后续管理信息化和可追溯，成效明显。

（四）税政服务积极主动

一是稳步推进税制改革。研究制定十三五税制改革规划，配合落实营改增等重大改革，深入开展小微企业“简单税制”、电子商务税收政策等基础性研究，为税制改革、政策完善提供建设性意见。二是主动服务重大战略。研究稳增长、调结构、促改革、惠民生、防风险有关税收政策，围绕供给侧结构性改革、大众创业万众创新等提出对策建议，做好长江经济带、京津冀协同发展、自贸试验区、全面创新改革试验区等区域发展相关税收工作。天津、上海、安徽、福建、广东、四川、陕西国税地税积极开展税收政策需求研究，服务地方改革发展。广东国税交流材料提出，税收政策研究既要有理论性，又要接地气，还要容易转化。总结归纳得很好，也是税收政策研究的方向。三是统筹服务领导决策。统筹开展综合性税收政策专题调研，形成前瞻性储备。扎口管理国务院和地方党委政府常务会议专题会议有关税收材料，确保发出积极有力声音。

（五）法律救济更加有力

一是依法妥善办理复议案件。两年来，全国收到税务行政复议申请1540件，年均增长29.5%。面对案件数量快速增长新形势，依法运用和解、调解等方式化解税收争议，在案结事了、定分止争上发挥了重要作用。上海、安徽、四川、新疆地税制定调解办法，推动法律效果与社会效果相统一。贵州、四川、河南国税推动行政复议委员会制度落实，出台相关实施办法，进一步提升税务行政复议工作公信力。江苏国税，广东、云南、四川地税优化行政复议受理方式，充分运用信息化手段推动工作。二是积极应对行政诉讼。两年来，全国共发生税务行政诉讼案件852件，年均增长54.7%，2015年增幅高达81.2%。落实新行政诉讼法要求，配套健全行政应诉工作机制，制定行政机关负责人出庭应诉制度。上海、广西、大连、深圳、厦门国税地税，青岛地税工作比较突出。三是加强复议应诉指导。专题调研政府信息公开引发复议应诉案件情况，组织开展举报投诉类案件研讨，指导各地税务机关有效应对，王军局长予以表扬。各省局普遍加强复议应诉案件分析，部分省局开展案例汇编，湖北、宁波国税，山东、大连地税推行案例指导制度，提高了案件办理质量。关于这项工作，我再强调一下。复议和诉讼案件要有归纳分析、查找原因、吸取教训、以案促管，每半年或者一年拿出一份全系统的复议诉讼分析报告，提出问题及相关建议，而且这些建议在明年全局性工作当中能够加以体现，从而将复议诉讼工作融入大局，引导法治建设向全系统推进。

（六）队伍建设全面加强

一是强化机构人员保障。加强法制机构建设和人力资源配置，各省局努力配强法制工作人员，市县局进一步加强法制机构建设、充实人员力量。二是人员结构得到优化。适应形势需要，优化政策法规部门人员结构，增加配置法律专业人才，河北、福建、贵州、云南、四川、湖南、广西、青岛国税探索实行公职律师制度，河北、山西、厦门国税积极推行法律顾问制度，取得良好效果。三是法治意识和能力明显提升。各级税务机关和广大税务干部法治观念进一步增强，运用法治思维和法治方式解决问题的能力有效提高。特别是政策法规干部，带头尊法学法守法用法，秉持法治精神、法治原则推动工作，带动提升了整体税收法治水平。

近年来，全国税务系统政策法规部门做了大量扎实有效的工作，积累了宝贵经验，值得总结肯定。一是始终坚持理念先行，突出法治引领。只有自觉运用法治思维谋划改革，运用法治方式推动发展，运用法治标准评价成效，才能确保各项税收工作在法治轨道上运行。二是始终坚持协同推进，强化服务保障。只有坚持全局思维，善于统筹协调，突出法律服务，注重整合资源，促进各方合作共治，才能增强服务和保障能力。三是始终坚持问题导向，着力制度创新。只有善于发现问题，敢于直面问题，通过解决问题完善制度，通过制度创新塑造良法，才能实现税收治理与税收制度良性互动。四是始终坚持主动作为，勇于履职担当。只有恪守法治信仰咬定法治目标，事不避难知难而上，锐意开拓砥砺进取，勇于任事敢于担责，才能积极履职破解法治难题。

同志们，以上成绩是总局党组正确领导的结果，是各级税务机关和全体税务干部共同努力的结果，凝聚着政策法规部门全体干部的辛勤和智慧。在此，我代表总局党组向大家表示衷心的感谢和崇高的敬意！

二、当前税收法治建设的形势

十八届四中全会确定了全面推进依法治国的总蓝图、路线图，法治政府建设实施纲要对深入推进依法行政、加快建设法治政府进行了全面部署，税收法治建设面临前所未有的历史性机遇。各级税务机关和广大税务干部务必认清形势、转变观念，自我加压、奋发作为，努力在更高层次更高水平上加快推进税收法治建设。

（一）认清形势，提高认识

首先，中央关于全面推进依法治国、加快法治政府建设和落实税收法定原则的决策部署，为全面推进税收法治建设提供了新机遇提出了新要求。税收是国家治理的基础和重要支柱，法治是治国理政的基本方式。全面推进依法治税，是依法治国基本方略在税收领域的集中体现，是税收领域牢固树立和贯彻落实创新、协调、绿色、开放、共享发展理念的可靠保障。税务机关是重要的行政执法机关，建成职能科学、权责法定、执法严明、公开公正、廉洁高效、守法诚信的税务机关是建成法治政府的应有之义。落实税收法定原则，标志着我国税收立法将逐步进入人大主导的新阶段，将为全面推进依法治税提供更加坚实的法律基础和更加有力的制度保障。各级税务机关和广大税务干部应当坚决落实税收法定原则，依法维护国家税收利益，依法发挥税收职能作用，不断增强运用法治思维和法治方式做好税收工作的能力，始终沿着法治轨道开展各项税收工作。

其次，广大纳税人和社会各界对税收的关注，对税收法治建设的参与度和期待不断增强，为全面推进税收法治建设提供了新机遇提出了新要求。近年来，纳税人和社会各界对税收越来越敏感，对税收获得感和税收公平正义的诉求越来越强烈，对税收取之于民、用之于民的意识越来越自觉，形成了税务系统全面推进税收法治建设的外在压力和强大动力。税务机关和广大税务干部应当主动适应和把握这一趋势，顺势而为，化挑战为机遇，始终坚持征纳双方法律面前平等，始终坚持以约束税务机关权力和保护纳税人权益为重点，最大限度便利纳税人、最大限度规范税务人，积极回应纳税人诉求和社会关切，以税收公平公正促进社会公平正义。

最后，税收现代化建设的持续深入推进，为全面推进税收法治建设提供了新机遇提出了新要求。《深化国税、地税征管体制改革方案》是指导和推进税收现代化建设的纲领性文件。《方案》确立五项基本原则的第一条就是依法治税，并强调以法治为引领，注重运用法治思维和法治方式推进改革，落实税收法定原则，完善征管法律制度，增强税收执法的统一性和规范性。全面推进依法治税、实现税收工作法治化，必须按照社会主义法治体系的目标和内涵建立健全税收法治体系，即完备的税收法律规范体系、高效的税收法治实施体系、严密的税收法治监督体系、有力的税收法治保障体系。两相对照，税收法治化的四大体系与税收现代化的六大体系高度一致。税收现代化内在地要求全面推进税收法治建设，并为税收法治建设提供了机遇、创造了条件。各级税务机关和广大税务干部应当坚持税收法治化与税收现代化一体建设，坚持法治化、规范化、信息化共同推进，积极发挥法治对税收现代化建设的服务和保障作用。

（二）直面问题，正视差距

与四中全会精神和法治政府建设实施纲要要求相比，与广大纳税人期待和社会发展趋势相比，与实现税收现代化总目标相比，税收法治建设还存在一些不适应不符合的突出问题，主要表现在：

一是税收法治观念不够强。长期以来，税收工作与依法行政工作结合还不够紧密，税收业务工作与税收法治建设“两张皮”的问题还比较突出，由此固化形成的管制思维、命令思维、权力思维亟待转变；一些税务干部特别是少数领导干部的法治观念比较淡薄，对税法精神理解不透彻，说起来重要、做起来次要、忙起来不要、越是关键时候越不要的现象还在一定程度上存在，同尊法学法守法用法的要求相比，还有不小差距。二是税收法律级次不够高。现行税种，除 3 个税种以外，还是由行政法规规定，规范性文件作为执法依据的情况较多，税收政策和管理制度制定的透明度不够高，征求、吸纳各方面意见不充分，出台后解读不权威、不通俗，有些操作性不强、确定性较差，同落实税收法定原则的要求相比，还有不小差距。三是税收行政执法不够严。执法不规范，随意性执法、选择性执法的问题依然存在，税务行政裁量权行使弹性较大，地区之间、国税局地税局之间税收执法尺度不统一，同严格规范公正文明执法的要求相比，还有不小差距。四是税收法治力量不够足。市县局法制机构不健全，各级税务机关法制工作人员普遍较少，法律专业人才普遍不足，税务干部队伍整体法治素养还不高，依法行政能力不强，同建设高素质法治工作队伍的要求相比，还有不小差距。五是税收法治环境不够优。部分纳税人依法纳税意识不强、税法遵从度不高；一些地方脱离实际对收入任务加码、收“过头税”的问题还没有完全解决；一些地方干预税收执法、干预案件查办的情况仍然存在，协税护税体制机制建设落后于经济社会形势发展和税收工作需要，同支持保障全面推进依法治税的要求相比，还有不小差距。六是税收法治建设不够平衡。各省之间、省内地市之间、省市县各层级之间、法规部门和其他部门之间、国税地税之间都存在工作不平衡的情况，同落实依法行政是税收工作生命线和基本准则的要求相比，还有不小差距。

对这些问题必须引起高度重视，深入分析、系统思考、综合施策，努力破解。

（三）转变观念，善作善成

全面推进税收法治建设时不我待、势在必行。各级税务机关和广大税务干部务必牢固树立正确观念，坚决克服片面认识，采取有力有效措施，全面持续深入推动各项税收工作法治化。

一是牢固树立法治观念和规则意识，克服税收工作的习惯性做法，善于运用法治思维和法治方式深化改革、推动发展、解决问题、化解矛盾。法律是人类最大的发明，是国家长治久安的根本保证。“奉法者强则国强，奉法者弱则国弱”。四中全会明确提出，法律的权威源自人民的内心拥护和真诚信仰。近年来，巡视、审计、督察、复议诉讼等暴露出来的种种问题，无不说明一些税务机关和税务干部法治观念淡薄、规则意识缺乏。全面推进税收法治建设，必须增强全系统、全社会税收法治观念，践行社会主义核心价值观，加强税收法治文化建设；坚持法无授权不可为、法定职责必须为，营造办事依法、遇事找法、解决问题用法、化解矛盾靠法的法治环境；努力使法治成为全体税务干部的一种信仰和习惯，使全体税务于部成为法治的忠实崇尚者、自觉遵守者、坚定捍卫者，真正把法治精神内化于心、外化于行。

二是牢固树立实践观念和大局意识，克服税收法治工作的僵化思想和本位主义，最大程度实现法律效果、社会效果、政治效果相统一。法律的生命在于实施，法律的权威也在于实施。法律如果不能有效实施、严格执行，所产生的“破窗效应”对法治更具破坏性。全面正确实施税法，是税务系统做好税收工作的主业和基础。税法及其实践与经济、社会、政治以及其他法律紧密相关，制定、理解和适用税法必须全面考量，防止就税收论税收、就税法论税法，应当善于从经济社会发展全局看税收看税法，善于运用法律原则和法律精神化解矛盾、解决争议，善于从执法实践发现税政、税法、税制的突出问题，不断完善制度、优化措施，实现税收法律与实践之间良性互动，推动良法善治。

三是牢固树立持久观念和目标意识，克服税收法治工作的急躁情绪，持续发力，久久为功，一步~个脚印扎实迈进。税收法治建设是一个系统工程，具有长期性、艰巨性、复杂性，有其自身规律和特点。对此，必须要有足够清醒的认识，必须克服激进思想和急躁情绪，但也必须坚定信念保持定力。特别是当前，我们应当抓住全面推进税收法治建设的重大历史机遇，瞄准到2020年基本建成法治型税务机关总目标，精准发力、主动作为，更好统筹税收法治建设的长期目标、阶段任务和具体工作，更好统筹依法决策、规范执法和有效监督，更好统筹权力制约、管理创新和权益保护，不断推进税收法治工作迈上新台阶。

税务机关是行政执法机关，总局、省市县局都是税法实施者；税政、征管、纳服、稽查等都是税收法治工作。各级税务机关及其职能部门都应当牢固树立全局观念，自觉运用法治思维和法治方式履行职责、推动工作。各级政策法规部门对全面推进税收法治建设更是责无旁贷，应当找准定位，更加注重发挥牵头协调、参谋助手和服务保障作用；更加注重依靠依法行政工作领导小组统筹各职能部门共同推进税收法治建设；更加注重整合全系统资源，发挥总局和基层两个积极性，做到顶层设计与基层探索有机结合，形成推动税收法治建设工作合力。

三、今明两年重点工作

关于十三五时期的依法治税工作，法规司牵头编制了十三五时期全面推进依法治税工作规划草稿，工作规划定位于对全面推进依法治税指导意见的进一步细化，是总局贯彻落实法治政府建设实施纲要的实施方案，并结合了四中全会以来中央一系列法治建设重要文件的新精神新要求。请大家认真讨论，提出意见。法规司要根据大家的意见进一步修改完善，把工作规划作为落实指导意见的配套文件，与指导意见一道，形成十三五时期税务系统全面推进依法治税的总蓝图、路线图和施工图，为到2020年基本建成法治型税务机关、基本实现税收法治化奠定坚实基础。

今明两年是落实法治政府建设实施纲要和《深化国税、地税征管体制改革方案》的关键时期，任务繁重，责任重大。全国税务系统政策法规部门要紧紧盯住税收现代化总目标，坚持围绕中心服务大局，坚持改革方向问题导向，持续夯实基础补齐短板，不断开拓进取狠抓落实。今明两年，做好下面六项工作，对全面推进依法治税、推动实现税收现代化具有重要作用和重大意义，我再重点强调一下。

（一）深入推进简政放权放管结合优化服务改革

推进放管服改革，是进一步处理好政府与市场关系，有效降低制度性交易成本，优化营商环境，激发市场活力和社会创造力，推动大众创业、万众创新，培育新动能、壮大新经济的重要举措，具有牵一发动全身的重要作用。各级税务机关要深入贯彻落实5月9日全国推进简政放权放管结合优化服务改革电视电话会议上李克强总理讲话精神和会议要求，按照国务院部署和地方政府安排，在更大范围、更深层次推进放管服改革。继续深化税务行政审批改革，对取消的审批事项，必须不折不扣坚决落实，绝不允许明放暗不放、形放实不放；对保留的审批事项，进一步规范审批流程，推进网上审批，提高审批效率，所有审批事项都要严格按法定时限做到“零超时”。要全面统筹落实总局加强事中事后管理指导意见，实施税务稽查随机抽查制度，健全税收黑名单制度，完善联合惩戒机制，切实转变管理理念，创新管理方式；推进办税便利化改革，深入推进国税地税合作，持续开展便民办税春风行动，有效落实各项税收优惠政策，不断提高税收服务水平。

推行权责清单制度是十八届三中、四中全会作出的重大决策部署，也是放管服改革的重要内容。2014年以来，法规司牵头制定推行税收执法权力清单制度相关文件，全面梳理税收执法权力事项，编制税务部门权责清单范本，公布第一批3类8项处罚权力事项，打下了较好工作基础，中央编办给予充分肯定。2015年年底，中央决定将总局列为国务院部门权责清单编制试点单位，充分体现了中央对税收工作的重视，对税务部门的信任。各级税务机关要坚持目标导向、问题导向、任务导向，“积极地试，稳妥地定”，主动加强与编办联系沟通，主动请示接受指导，并做好与地方政府部门权责清单的衔接工作。一是编制好总局基础权责清单。全面梳理权责事项，摸清权责底数，按照放管服改革要求，对权责事项进行清理规范，编制形成基础权责清单报送中央编办，并配合做好清单审核工作；对保留的权责事项，按照透明、高效、便捷原则，编制权力运行流程图，提高权力运行的科学化、规范化水平。二是统筹税务系统权责清单推行工作。2014 年以来，各省局积极推行权责清单制度，取得了重要进展，应当继续按照总局安排和地方要求，有序开展权责清单制度推行工作。总局将适时印发税务系统权责清单范本。三是健全权责清单动态调整和落实机制。各级税务机关要根据权责设定依据立改废释和机构职能调整情况，及时调整更新权责清单，并结合实施税收工作规范，确保权责清单有效落实。

（二）着力提高税收制度建设质量

良法是善治之前提。制度更带有根本性、全局性、稳定性和长期性。推进依法治税，提高税收制度建设质量是关键。税务部门规章和税收规范性文件是税收行政执法的重要依据，要健全规章和税收规范性文件起草、论证、协调、审议机制，落实向基层税务机关征询意见机制，建立税收制度建设基层联系点制度，建立健全税收规范性文件公开征求意见制度、异议处理制度、有效期制度。

今年，国务院法制办将总局纳入完善规范性文件合法性审查机制试点。我们要以此为契机，积极落实试点工作要求，重点解决税收规范性文件制定管理中的突出问题。一是修订《税收规范性文件制定管理办法》。重点是从制度上防止以非公告形式制定规范性文件，同步落实合法性审查与合规性评估要求，强化备案审查和文件清理机制，为进一步加强税收规范性文件制定管理提供制度依据。二是加强税收规范性文件制定管理。对征管实践中需要明确的制度措施，及时制定税收规范性文件；对个案批复中具有普遍性的事项，应当制定相关税收规范性文件。严格文件审查，同步进行合法性审查和政策合规性评估，既关注合法性，又关注合理性，还关注文件条款间的协调性和一致性；依法依规界定税务机关和纳税人权责关系，防止部门化倾向和制度性侵权。三是强化税收规范性文件事后管理。加大备案审查力度，总局按季审查，省局及时审查，鼓励随备随审，对问题文件早发现、早纠正，将不合法、不合理文件对征纳双方的影响降到最低。强化文件清理整合，坚持日常清理和集中清理相结合，每两年要开展一次集中清理，增强税收规范性文件体系的系统性和条理性。

（三）严格规范税收执法，切实保护纳税人合法权益

税务机关是行政执法机关，严格规范公正文明执法是税务机关行政执法的基本要求，也是对纳税人的最好服务。应当始终坚持权由法定、权依法使，坚持合法行政、合理行政，强化权力制约，防止权力滥用，营造公平税收环境。要稳步推行重大税收执法行为说明理由制度，积极探索税务行政执法案例指导制度，重点做好规范税务行政裁量权、重大税务案件审理和税务行政复议应诉等工作。

一是进一步规范税务行政裁量权。加快完善税务行政裁量权基准制度，制定全国统一的规范税务行政处罚裁量权行使规则，为有效规范处罚裁量权、减少随意处罚行为、确保公平公正处罚提供制度保障。有条件的地方，还可以进一步探索规范税款核定、税收减免、税务检查等税收行政执法活动中的裁量权，增强税收执法的规范性、统一性，防止和减少对纳税人权益的侵害，提高税收执法公信力。二是进一步加强重大税务案件审理工作。重大税务案件审理对强化权力制约、规范税收执法、保护纳税人权益，起到了积极作用。要继续加大重大税务案件审理办法落实力度，会同稽查部门实现应审尽审；各成员单位应当各司其职，提出负责的审理意见。法规司应当加强对各省局审理工作的督促指导。各省局应当完善配套措施，严格按照程序审理案件，切实提高审理质量。三是进一步完善权利救济和纠纷化解机制。加强纠纷预防机制建设，建立健全利益表达、协商沟通等机制，引导和支持纳税人理性表达诉求、依法维护权益。探索多元化纠纷解决机制，完善税务行政复议工作体制机制及和解、调解等制度，建立税务行政复议相关部门协同应对机制、行政复议发现问题回应机制，以及行政复议诉讼衔接机制，推进行政复议和应诉工作专业化，有效解决税收争议，切实保护纳税人合法权益。

（四）加强和改进综合税收政策研究及管理

税收政策是发挥税收宏观调控作用的重要方式，对经济社会发展具有重要作用。要按照五大发展理念要求，认识、把握和引领新常态，加强和改进税收政策研究及管理，进一步提高税收政策研究水平和税收政策建议质量，探索实施税收政策全链条管理，建立健全税收政策快速响应机制。

今明两年，要着力打造税收政策全链条管理机制，努力形成研究储备、制定发布、宣传解读、跟踪问效、问题传递、完善反馈的工作闭环，推动政策管理工作迈上新台阶。一是统筹确定问题清单。政策法规部门应当会同其他业务部门，围绕党中央国务院决策部署，密切关注税制改革趋势、经济社会发展形势和纳税人诉求，善于从两会建议提案办理、个案批复、案件审理、政策执行反馈等工作中，及时发现梳理政策管理中的新情况、新问题，区别轻重缓急，以清单形式列明。在确定问题清单过程中，政策法规部门既要防止政策梳理工作不必要，也要防止政策梳理后一定要。一方面，要发挥我们对企业、行业的微观经济比较了解，以及数据掌握比较全面的优势，主动作为，做好政策梳理；另一方面，要防止出现“我研究了一定要”，要放在全国层面思考这个政策的时机和条件。另外，要解决好法规部门和业务部门的关系。牵头、汇总、协调以及整体把握、问题清单梳理，是法规部门的工作；政策制定、政策解读，是业务部门的职责。二是准确把握环节要求。研究储备环节，要根据问题清单主动开展前瞻性研究，丰富政策储备；制定发布环节，要加强出台前论证审核，重大政策措施应当广泛听取基层税务机关和纳税人意见，组织专家论证和风险评估，保证合法性和协调性，提高科学性和可操作性；宣传解读环节，要统一渠道，统一口径，保证透明度，增强确定性和权威性；跟踪问效环节，要及时开展政策出台后效应评估，采取数据分析、问卷调查、执行反馈、第三方评估等多种途径和方式，分析执行效果和存在问题；问题传递环节，要对跟踪问效中发现的问题，合理分类，形成清单，及时传递；完善反馈环节，要对问题政策，迅速开展研究，根据问题性质分类提出完善意见，及时反馈回应。这里要特别强调的是，政策全链条管理必须坚持问题导向，依靠大数据分析问题、提出建议，决不能心中无“数”，主观臆断。三是全面落实工作责任。政策全链条管理需要各级税务机关及其职能部门通力合作，形成系统联动、部门互动的工作格局。总局和省局应当加强统筹指导，重点做好政策研究、效应评估、反馈回应，明确相关工作要求；市局和县局应当充分利用贴近纳税人和具体落实政策措施的优势，认真听取一线执法人员和广大纳税人意见建议，积极主动反馈政策执行情况。政策法规部门应当统筹做好政策研究储备、政策跟踪问效、清单汇总和分类传递工作，有效发挥协调各方的作用。

（五）扎实做好税收法治建设创新性工作

创新是不竭的动力。全面推进税收法治建设，必须坚持改革精神和创新思维，创造性地开展工作。应当尊重基层首创精神，继续鼓励基层围绕税收执法实践，推动创新行政执法方式，探索执法全过程记录制度、重大行政执法决定法制审核制度、行政执法公示制度，创新税收政策确定性管理工作。法治税务示范基地创建活动和公职律师工作，就是部分省局先行先试后逐步推开的，今年要在全国税务系统普遍开展。

1. 全面开展法治税务示范基地创建活动。关于这项工作，我再强调两点：一是创建活动核心是夯实基础。基层税务机关与纳税人直接打交道，是税收法治建设的重要阵地，也是示范创建的基本单元。法治税务示范基地创建不是别出心裁另搞一套，税收执法过程就是示范基地的创建过程，评价标准就是基层税务机关日常工作的标准，创建目的在于夯实税收法治工作基础，不搞“两张皮”，不增加基层负担。二是示范基地评选必须公开公正。各省局应当按照示范基地评价标准框架，结合本省实际细化评价标准和评分细则。评选工作应当严格按照程序进行，做到评定过程公开透明，评定结果令人信服，确保发挥示范引领作用。

2. 普遍开展公职律师工作。总局已经印发全国税务系统开展公职律师工作相关文件。法规司应当积极跟进各省局公职律师工作开展情况，加强指导，及时总结推广经验。各省局应当迅速行动，积极与当地司法行政机关沟通协调，取得支持和指导；应当结合本省实际制定开展公职律师工作实施方案和管理办法，重点实化细化公职律师管理使用要求和激励保障措施，兼顾处理好与法律顾问制度的关系，发挥各自优势，共同为税收法治建设服务。各级税务机关应当珍惜公职律师这个宝贵资源，充分发挥公职律师的作用，带动提升税务机关整体法治水平。

（六）大力加强政策法规队伍建设

全面推进依法治税、加快税收法治建设，队伍建设是基础。政策法规部门承担综合税政管理和税收法治建设重要职责，必须建设一支高素质干部队伍。

1. 优化人力资源配置。政策法规部门工作头绪多、任务重、专业性强，必须配强配足专业人员。省局应当按照要求配置人力资源，大力推动专业人员归位，现有法律专业人员应当优先安排在法制岗位，并逐步提高法律专业人员招录比例。依托税收政策法律人才库和公职律师，培养选拔税收法治领军人才，打造一批税收法治高端人才。应当用好政策法规干部，发挥其综合素质比较高、专业能力比较强的优势，加大培养、使用和交流力度，为领导决策当好参谋、助手和法律顾问，为税收执法和行政管理提供法律支持和法律服务。

2. 强化业务能力建设。政策法规干部要充分认识和主动适应新常态，不断自我加压，加强自主学习，努力增强个人综合素质。同时，做到学用一致，把能力建设放在更加突出位置。一是提高研究处理税收法律与其他相关法律关系的能力。税收法治建设是法治国家、法治政府、法治经济、法治社会建设的重要内容，不是孤立的。政策法规干部不仅要钻研税法，也必须熟悉其他相关法律，善于将税法的特别规定与相关法律的一般规定相结合，依法有效处理不同法律规定的适用问题，做到有机衔接、相互协调。二是增强提出优化征管流程意见建议的能力。政策法规干部应当从实体和程序上全面熟悉税法规定，在税收规范性文件制定管理、重大税务案件审理、税务行政复议等工作中，不仅关注税法适用是否合法，而且关注税法适用是否高效，尤其要善于运用法治思维发现征管流程中存在的合理性问题，积极提出优化完善的意见建议，促进税收征管水平不断提高。三是提高统筹协调推动工作的能力。作为综合部门，面对大量牵头工作，既需要积极协调相关部门关系，又需要及时总结分析工作情况，还需要从法治角度提供专业意见，对政策法规干部的综合能力提出了很高要求。为此，政策法规干部必须增强主观能动性，善于综合运用各种有利因素，协调不同部门意见，有效处理复杂问题，把握时机推动工作，不断提高统筹协调、组织推动、综合分析、服务保障、形成工作合力的能力。四是提高运用大数据研究问题的能力。制定政策、分析经济税收，以及研究税收政策对经济社会的影响，都要有数据支持，政策法规处要申请开通所在省局金税三期决策分析平台，马上开通，马上应用，由此提高分析判断能力，提高综合素质。

3. 加强思想政治建设。政策法规干部应当始终把纪律和规矩挺在前面，带头遵纪守法，强化廉洁意识，严格依法履职。落实中央要求和总局部署，积极开展“两学一做”学习教育，围绕“五个着力解决”，贯彻基础在学、关键在做各项要求，反复深入持久学，时时处处坚持做。一是要夯实学的基础。要学党章党规，学总书记系列讲话，要把学习党章党规和总书记系列讲话作为党员干部的自觉行动，作为提升自己素养的必修课和必需环节，而且是终身学习。二是要抓牢做的关键。敢于担当，真诚奉献。做“四讲四有”的合格共产党员。

同志们，做好今明两年的政策法规工作，既关系当前又影响长远，责任重大。政策法规部门要以对税收事业高度负责的积极态度和对法治建设持之以恒的坚定信念，强化绩效考核，狠抓工作落实，全面推进税收法治建设，为深入推进税收现代化提供坚强保障！

谢谢大家！